（清）夏尔匝·扎西坚赞 著
卡纳尔·格桑嘉措 译

雍仲本教法藏宝库

青海人民出版社

图书在版编目(CIP)数据

雍仲本教法藏宝库 / 夏尔匝·扎西坚赞著；卡纳尔·格桑嘉措译. —西宁：青海人民出版社，2012.11(2019.6 重印)
ISBN 978-7-225-04406-4

Ⅰ. ①雍… Ⅱ. ①夏…②卡… Ⅲ. ①喇嘛宗—研究
Ⅳ. ①B946.6

中国版本图书馆 CIP 数据核字（2012）第 269553 号

雍仲本教法藏宝库

〔清〕 夏尔匝·扎西坚赞 著

卡纳尔·格桑嘉措 译

出 版 人 樊原成
出版发行 青海人民出版社有限责任公司
西宁市五四西路 71 号 邮政编码:810023 电话:(0971)6143426(总编室)
发行热线 (0971)6143516/6137730
网 址 http://www.qhrmcbs.com
印 刷 西宁东宝印务有限责任公司
经 销 新华书店
开 本 720mm×1010mm 1/16
印 张 24.75
字 数 400 千
插 页 1
版 次 2013 年 1 月第 1 版 2019 年 6 月第 2 次印刷
书 号 ISBN 978-7-225-04406-4
定 价 68.00 元

夏尔匝·扎西坚赞大师像

前　言

卡纳尔·喜饶格桑嘉措活佛

在漫长的人类发展史中，曾经有许多宗教活跃在世界各地的政教舞台上，他们以各自不同的信仰和观点，以及各种名目繁杂的宗教仪轨为人类的发展作出了伟大的贡献，使人类在原始社会恶劣的环境中，有了能与自然界的各种灾难抗争的勇气，在积弊重重的社会历史中，有了度过苦厄的信念，成为人类赖以生存的精神支柱。同样，在祖国这片广袤的土地上也有众多宗教和学派，以各自的特色规范人类的思想与行为，将我们引领到一个文明的社会，极大地丰富了人类的精神世界。尤其无论是源自古象雄国的雍仲本教，还是来自印度的释迦教，都以正统的佛教思想与理论，以弃恶扬善的宗旨饶益芸芸众生，对愿求解脱的众有情指明了求得佛陀正果的无上方便之道。

至少在距今四千多年前，敦巴辛饶弥沃佛在象雄国的达瑟沃莫隆仁地方，废除了包括魔本、赞本等原始本教的一些陈规陋习，创立了雍仲本教的无上佛法。雍仲本教以是否皈依三宝或雍仲四皈依处和是否信奉四法印而区别内教和外道，将一切不皈依三宝和不信奉四法印的教派都归总于外道中。敦巴辛饶弥沃佛毕生所传的八万四千法门，都可归纳入三大法轮之中。在十六岁以前宣讲的五明与九乘佛法，是第一法轮；十七岁至三十岁之间宣讲四门五库之法，是第二法轮；自三十一岁起就宣讲内外密诸法，是第三法轮。

佛祖在世时雍仲本教就已传至汉地等各处，据佛经记载：在辛饶弥沃佛二十六岁时，有汉王贡策赤杰王在汉地修建噶那扎瑟佛堂，被罗刹王哈达杰久等妖魔破坏，极其紧要的关头，贡策赤杰王大声祈祷佛祖，此时佛祖亲率五千五百雍仲菩萨之众解救苦难，降伏罗刹王哈达杰久及一切妖魔鬼怪。在噶那扎瑟佛堂中遗留下佛经并传历算等佛法给贡策赤杰王等汉地之众生。贡策赤杰王献女给佛祖，被纳为王妃，后生王子贡查赤吾琼。以时间推算，这个汉族国王应该生活在夏朝之时或更早一些，准确地讲可能是一个原始部落的酋长，或几个部落的首领。藏语中对汉族称为“嘉”，是据“华夏族”的“夏”字音变而生的。据《藏族通史吉祥宝瓶》所讲：藏族对汉族（华夏族）的称谓最早始于夏代，称汉人为“嘉”，与“夏”字音近，它是对夏人的称呼，因夏字古读为“嘉”。

佛祖圆寂之后，在法太子穆雀德周弘扬佛法时有闻名世界的六庄严译师，其中就有汉地的译师拉当芒布大师。还有在著名的象藏八十持明中也有汉地的大证士、大持明甲本·僧巴图庆大师。笔者认为此译师应是当今四川松潘附近之人，因为藏区对一些圣人习惯在其家乡的名称后加一个主人语“巴”或“哇”，古代在藏区对松潘就称为桑曲，所以桑巴就是指松潘地区之人。汉文史书称松州或松潘也是自藏语中演变而来的名称。

雍仲本教在初期虽在汉地得到传播，然而随着时代的变迁和人类历史的发展，尤其是释迦牟尼的释教传入汉地后，雍仲本教就在汉地慢慢衰落而没有传播下去。据《汉地佛教源流》一书记载：“到了东汉初佛教传入中国，使汉地许多本教寺院和道教的道观里著名的典籍，不是被烧毁就是被埋藏起来。”因为时隔几千年之久，在汉史记载中只有释教的传入而鲜有对本教的记载。所以有很多人都不知本教曾在汉地传播，但是有一个有力的证据可以证明本教曾在汉地传播的事实。那就是在汉地的寺庙中，三世如来佛的胸前有汉语叫万字的雍仲符号，此雍仲符号是雍仲本教的不变标志，在藏区是众所周知的。在藏区除了雍仲本教之外，一切释教之宗都不用这个符号，在藏区释迦牟尼佛像的胸前是不会塑雍仲符号的。所以笔者认为释教在汉地传播时，为求顺利地传播和不遭原有教派的攻击，有意未改原有的辛饶弥沃佛的佛像，而只是改称为释迦牟尼佛，所以就有现在的胸前有雍仲符号，却被称为是释迦牟尼佛的奇怪现象。

虽然逝去的岁月里有很多鲜为人知之事与我们所推理的情况可能有出入，但是我们应该以各自的见解讲述不同的观点，最终使一些疑团能大白于世。

在几千年的历史变迁中，因种种原因雍仲本教虽然经历了几次灭顶之灾，但是仍以不屈不挠的顽强精神在世界各地传播。如今在党的一视同仁宗教政策的优越条件下，雍仲本教又以崭新的姿态向世人展示自己最真实的一面。当今在全世界都爆发起一股象雄文化热的同时，在汉地也有不少人渴望修习源自象雄的本教秘诀，然而藏区的高僧大德们多半不懂汉语，语言不通而使汉地的信徒们无法系统地聆听雍仲本教的无上佛法。又有在吐蕃王朝时释教从印度传入藏区后，为使得到贵族与一切吐蕃人的支持，一些释教徒对雍仲本教进行排斥、中伤、诽谤并歪曲。近几年藏传佛教其他派系的有些活佛在内地传法时，也有诽谤雍仲本教的可恶现象，使很多包括汉地在内的信徒们对雍仲本教产生了误解。

鉴于此等原因，为求使广大汉地的信徒们能清楚地了解雍仲本教之教义教规，使研究本教的汉族学者有一个可供参考的资料，又能使在汉地传播雍仲本教的高僧大德们有一本可以顺利传法的汉文经书，笔者自 2003 年起开始尝试翻译此书，却因法事众多而无暇恒常持续，以断断续续译至 2007 年 7 月之间才算完成。因笔者才学肤浅，又没有翻译方面的经验，不免有一些错误之处，还望方家能指正错误，以便日后更好更精辟地翻译佛经。

译　者

二〇一二年夏

夏尔匝·扎西坚赞大师传略

尊者上师普识证士夏尔匝仁波切扎西坚赞在藏历第十四饶迥的土羊己未年(1859)诞生于多康六岗之一的额扎萨姆岗山脉所属的杰萨雍仲龙布山脚,父亲名叫扎西噶,是一位智巧皆具又有善心之士。母亲名叫沃拉,貌美且又有利众之心。尊者俗名南坚才旦,从小就不爱玩耍与做杂乱之事,常常作学习经文与参禅打坐之姿,善业之串习具威力而天生就呈现出圣人大德之兆。尊者在九岁时在无上师尊扎智丹曾旺杰座前受共同之皈依戒,赐法号为扎西坚赞而又发愿此徒能广行利众与教法之事。之后拜雍仲坚赞为师,在其座前学习文字语法与念诵、书法时,只需学一遍就可通其意。

尊者在十一岁时在师尊扎敦大师座前受梵行居士戒,入辛教雍仲丹杰寺为僧。

尊者二十四岁时随扎敦大师之后,对上师的一切言行均以净相与恭敬而习,使自己被上师的密意加持之威力所摄而显现无可言喻的真实之自明智。之后在卫藏热拉雍仲林寺的第三代堪布格桑尼玛座前受沙弥戒,赐法号为丹巴周智。

尊者在而立之年时,在多康地区的十八位证士大德之一的豆秀之后裔、大菩萨,自曼日寺的堪布所传,戒律之续未间断而洁净的持戒大师辛加丹增,与八位善知识比丘大师座前受比丘圆满之戒,赐法号为丹巴周智知玫娘布。自此以后除食用自然死亡的牲畜之肉外,从不享用一切宰杀之肉与烟酒葱蒜、皮革坐骑等而恒常断弃。每月的长净仪轨与每日之礼拜、水供、忏悔等从不间断，遂成为世间一切持戒者所崇拜的骄傲之饰。

在三十四岁时，对主修参禅的密法之宗生喜爱之念，于是断弃一切无谓之事，以遁世者之禁行唯坐禅定之毡，恒常无间断无厌倦，专心地修习而亲瞻本尊之容颜。诸护法神如影子一般守卫而得共同与不共的不可思议的成就等，在尊者之正传中有详细记载。所著之经论有《五大库》等十五函之多。尊者终生唯以三轮之业而行利乐教众之事，在木狗年四月初，七十六高寿时为使迷恋轮回之士知无常之义，行诸善之事而将色身以无漏虹化光明之身解脱。

尊者所传弟子有：伏藏大师桑阿林巴夫妇、法太子洛智嘉措、虹化师达瓦扎巴、大班智达次成丹贝坚赞、扎敦班智达格桑丹贝坚赞、扎智格桑丹贝尼玛、耿卓虹欠卓德林巴大师等具贤证两德之高僧大德，能行教众之事的贤哲上千人。在尊者座前得灌顶、教言、授法的弟子，自尼泊尔以下至汉地贵德以上不计其数。

此传略系曼日夏智敏卓林之堪布次成丹巴周智所作。

目 录

雍仲本教法藏宝库

根本文

象雄语曰：杰西萨周布热嘉色他玉德君热那达督吉。藏语曰：德诺仁波切佐叶银君味代。汉语曰：法藏宝库如意宝藏。礼敬雍仲四处众。三宝贤名远播之妙音，赤氏仙女耳闻之同时，谁都慰至涅槃之岸的，明示妙法而降为上师。千首妙言海洋汇集畔，虽无挖掘盐碱之井需，然依教与贤哲之善论，是以少许利众心而讲。任何博闻强记之智者，无需我等愚者劝其学，亲见安乐之道而弃者，唯恋俗务之辈也不调。信与精进智慧皆全者，永断轮回苦海之煎熬，为求能至解脱之宫殿，均可以心乐而闻习之。何人不依佛祖教法而，证得正果之辈世无闻，佛祖教法三大总纲者，行与修习参禅三者也，观待人士根器之优劣，唯有修习三藏之捷径。道之要点皆知为上师，不依其等何处求解脱。轮回苦海远离解脱岸，生老病死江河汹涌流，难忍痛苦波涛凶猛至，其为不依上师秘诀弊，恶人多布不信佛祖言，堕入恶趣无有救等同。恰巴因察佛祖之言行，恰巴魔者也生佛陀心，如依贤者难调冥顽者，随其修习功德如其生。妮琼追随魔佛变心般，凡夫极易随缘因友变，因需远离恶与居家友，何时不可离弃善上师。慈心润意悲心行其事，疲也不舍难调也不厌，以乐引信功德海之宝，胜增智慧正知取舍精，舍心无有亲疏无世事，不求利敬证悟超绝伦，以悲行事菩提发心全，永无忿怒他利视如金。示法词明善以喻示意，精通词意加持威力巨，身心温和行事能力全，所修得势体会至意境。尤得灌顶常居誓言基，秘诀意具念修得吉兆，以证自解成就释他续，具此法相上师真佛陀。三智果实不具尽为穷，犹如枯木功德从根离，争端根深易怒常相争，如同毒蛇放逸行恶业，沽名钓誉唯有邪心念，如同施毒意行两相违，背驰善道常行俗人事，如同毒酒增长诸恶业。以贤自居虽讲广佛法，无有发心犹如疯向导。不具功德以誉而摄的，愚人利养如藏琼乌般，难示解脱之道需舍之。具相上师需有善徒依，具信人乘博施之良马，执勤之鞭披挂坚忍甲，舍弃放任眷属能苦行，聪慧心宽实为具相徒。如同疯者言多无诚信，言意犹如烟雾心难调，阳奉阴违善谎爱偷盗，追随贱者如风喜放任，喜新厌旧此辈应舍弃。信之良田引灌悲心水，实践务农播种秘诀种，修习雨降意义果而富。常思他利好施可靠者，他人难诱自主悔昔恶。堪忍无欲勤奋决心大。内外佛法之库上师也，秘诀甘露之泉无穷尽，引至解脱道之真向导，能摧轮回牢笼大勇士，能枯轮回苦海如火焰，能驱两障黑暗如日月，并非捏造实有佛陀颂。如来佛祖魔者视为伪，雍仲佛法外道视为邪，上师之德弟子视为过，此等均为己意不净故，实为三宝三根皆全身，如非上师难瞻其尊容。上师起则不可坐于地，行非前后右而左后方，跟随或自左前方而迎，应断垂询不答违背谎，不可怒与怨恨贪其物。优者唯命是从行诸事，中者三学无垢无表里，劣者也应利养量力行。四灌顶象传经饰装扮，秘诀之鼻紧拥善缘意，奉旨受命四水之恩师，四恩上师比己命更重，灌顶传法又示秘诀意，两恩三恩此为经中言。长远之计实为修菩提，其之启蒙者为上师也，恩情更胜佛陀之上故，常依刹那间也不邪见。雍仲本教法藏宝库中，示依止上师法为第一品。

善趣之中邪恶所依者，自此堕落即入三恶趣，长寿天与佛不出世境，边鄙六根不全执邪见，背弃佛法亡命荒野中。以嗔之业而堕地狱者，快刀利刃又又割身心，欲火自焚饿鬼三部众，难忍饥饿之苦无穷尽，极其羸弱愚昧畜生众，困于己身命运异熟笼，生存业障长而自此又，脱则放逸无想阻而苦。又又自此企图再起然，无缘之故常被佛陀弃。世之太阳光辉遍洒然，无缘之士流亡背阴林，又有所依六根不全者，无有能观取舍法之目，虽幸能遇驶出苦海舟，却对佛法狠射邪见箭。佛法明相空之八无暇，断则暇满之身需珍惜。比天更胜善身白檀香，尤在三法梯级顶峰美，生之花开六根花蕊艳，所依尊宝远离恶行泥，信之巨象潜入法之海。如来空之宝贝降于世，法之莲花盛开教之苑，恶运缘时之霜不侵住，无比上师常执解脱伞，大悲心之荫凉苑下住。十满之说《驱暗明灯》言。如依《绝顶》此洲得人身，圣地中土六根功德全，心识胜任业行均为美，业障不曾随恶入善道，不失六德而饰所依身。外缘得遇佛法善上师。内缘种性觉醒遇大乘，顺缘皆全何事均能成。共同暇满之身同时全，如依《心经》身安心温和，魔者不惑远离恶敌犯，不恋轮回前世善运具，又具闲暇共同七满身。此身佛之本体非他身，智慧所依不离此而修，能证涅槃成熟之所依，得遇果乘其他无有缘，依此即可亲证佛陀果。元始基中解脱无可疑。如此功德皆全人身舟，得此倘若不出轮回海，他日难得犹如墙面豆，稀如昙花少如白昼星，灾难众多犹如秋之果，非是恒常好似晨之露。恶趣有情总比善趣多，畜生少而零星者与人，如计多少暇满身者稀。持戒之基施等诸友助，愿心连接因不全者非。得其功德如王具权势，能出苦海舵手如意宝，遇解脱道穷人得宝般。不得之弊永离佛陀相，不遇上师福之日落，永不解脱漂泊轮回境。因此不可糟蹋暇满身。雍仲本教法藏宝库中，示暇满难得之讲为第二品。

一切有为法相均无常，佛祖示于四法印之首。动静两世间之所属者，成住坏空四劫无常变。成劫风轮直至地狱成，一中劫成器世十九情，器自下成情自上方降。住劫劫初诸返劫末三，八万减至十龄为劫初，十八返之十八中劫时，亏减三小劫时亡众生，器世将有天崩地裂灾，厌其断恶寿增八万龄。坏劫十九情自下往生，一劫毁坏三千世界的，七火一水风劫如此至，土水火灭不动风也灭，三禅天下自下依次坏。如此一辈之中也多灾。遍识一切殊胜如来也，破斥常念劝人行善故，一次亲示寂灭涅槃态，生死自在雍仲菩萨众，自在圣人八十持明等，虽得四种自主之身然，为示无常寂灭需明视。世尊梵天帝释众生主，均被死魔相邀何须说，都将败于阎王之战中，因此众生须常思无常。草木生枯日月之升落，尸林之尸无定之处修。一切定死死期无有定，均不能助死期将亲临。一个不剩谁都不可阻，减寿不断无有添寿法，自因生者定将坏而死。寿龄无定死因何其多，身者极其羸弱变无常，五去之中不定何时死。亲友众多所居城池坚，家财万贯身强体虽壮，均不能助自己一人死。大限亲临人之将死时，身心静思无望留于世，此时已至最后四末时，虽恋人世应死不由己，唯以四苦送别今生寿，中阴道中来世景象迎，恶趣城中命运邀为客，难忍之苦众多请为宴，思其应须进入善道修。四士射往四方之利箭，同时擒之身手如是快，比此日月饿鬼更为快，比此更有人生几倍快，因此如今之计须修善。如此既知诸法无常后，爱惜自身为善不忍苦，唯谋今利对敌生嗔心，对亲生怜对财极吝啬，多行迷乱放任懒惰心，不修真意唯思词者愚。如生无常之心在此时，能舍轮回即入善业门，信之友坚精进良驹快。能证究竟功德空性奥，中阴景象知为如幻象，诸道皆现如梦如幻般，所得之果知其如幻影。雍仲本教法藏宝库中，示生死无常之段为第三品。

生者死则并非成无有，前世命运必生轮回境，轮回三境无乐唯苦境，佛陀示于四法印之二。其中三恶趣为苦中苦，善趣坏苦一切轮回均，遍行之苦极苦不堪视。尤其地狱之苦如此也，自此两万由旬之地下，行于嗔道化生身无定，幻景杀戮行为皆为苦。总有四部分则十八部。铜铁之地烧沙火焰界。相互杀戮等活受之境，身弹墨线居者暗地狱，兽面石中挤压念为粗，炼炉火中烤者无明主，如此两层炉者为诋毁，铁水沸中煮者极为暗，悬于天杖其受夺舍受，九层炼炉中烧金刚狱。其热九倍胜于世间火。寿命上方六狱欲天寿，一日能活如其一般寿，余者依次半中劫与一。其等四方火炕尸粪泥，刀剑之苑铁刺密林境，无渡江河之处又受罪。风雪交加之处狱中狱，虽以执著拥受被受欺，极为愚者严寒强迫伤，如信不放莲花名之狱，寒风之刃所伤阻乐受。其寒九倍胜于世间风。寿命容身芝坑百年中，取一而尽下方二十倍。两生同受热寒两者苦。两转轮受热寒苦乐受。饿鬼居于五百由旬底，行于贪道身于地狱同，幻景不净行为寻不得。总有三部分则十五部。外障食物人守血浓象，内障身有缺欠而不美，两障两苦同俱口吐焰。心念恶毒害人空游鬼。又又轮返转于六道中。寿龄外障一劫内障者，一月为昼寿有五百龄，两障饿鬼寿同梵天齐。畜生之境海洋黑暗洲，行于痴道四生身无定，幻景水草行为被人役。总有三部分则难计数。居处消罪于中为时迷，居空随缘解脱寿无定。如此假如生于三恶趣，难脱海底之石其苦为，难忍劫火不断如水流，如此任何有情都应思。雍仲本教法藏宝库中，示三恶趣之苦为第四品。

人之乐苦其为业之性，如来佛于第五乘时讲。得遇所行之缘如种子，善恶因中混生乐苦果，不遇未行行则必受果。善恶聚于十大根本中。身之杀生偷盗与邪淫，语之恶语绮语离间妄，意之贪欲嗔心与邪见。戒而反则皆为十善法，又如救生布施守戒律，语善诵经诚实使人和，利心悲心证谛行善法。总之直接间接害者恶，暂时究竟能利者为善。破戒之罪总比性罪重，受戒善比自然善更殊。意念善而行为恶之业，两者均善乐因反则苦。意行两全非亲不作积，如此这般反则积集业。寻常罪孽报远轮边无，破戒罪孽报近轮边显。何业虽小不毁生巨果，犹如菩提树之果实般，如此积大果实细微而，不熟者有悔与嗔所毁。意行不全全也无随喜，忏悔邪见根除不为受，三轮全或无悔因缘全，或大或小一定受其果。受之末尾前因终之余，现时亲熟今世受其果。引业威大其果无间而，相连来世之中所受业。业威小或前因未尽则，间接间隔几世定受果。熟则依次熟果以三毒，行业三恶趣中直接生，善之小中大者生善趣。用等流果行为同前世，受等流果依次短寿贪，妻婢不贞常闻逆耳言，不信己言密友遭离别，诽者众多所想事不成，不悦他意常执邪恶见，善果得具善身具安乐。自在熟器依次险恶处，五谷欠收荒凉烦心地，不平之地季节反常处，难行经济落后财富亏，凶险多灾生于边鄙处，善果外景秀丽内身美。增上之果均具其之缘，善果得遇善缘宿缘醒。何处具幸福者为善果，一切痛苦者为恶之果。如此观待他依暂时的，善与恶之十大业道的，利弊知则鹅王于水中，分解乳汁饮般修善业。雍仲本教法藏宝库中，示因果报应为第五品。

既知善恶之果之熟法，善之乐果见般心领则，愿得其的因要勤修故，要自下士意乐区别中，福泽同分善业所修的，善趣乐果示时请专心。福泽小中大殊所积力，善趣境身福泽依次得。四洲人与转轮王之人，比天更殊暇满人之身。居须弥山天与众药叉，衣饰同生寿身胜于人。须弥岩缝之中非天部，财富与天媲美寿身齐。须弥山顶精美天之城，三十三天布局极其美，四方四苑精致四良地。卡勒东坚天之聚会处，母子辛等宏扬佛法境。其上居空无争时分天，兄妹两人孪生化而生。其上无有家庭纷争处，法太子众常转法轮地。其上空中己之诸妙欲，自己变化而成乐化天。其上己之财富圆满者，己之化身他人殊而成。其上以喜而生梵众天，梵辅天与大梵天等三。其上以安而生少光天，净光无量光身内外明。其上以定而生少净天，遍净天与无量净天众。其上以谛而生光云天，为福天与广果天等三。比其更殊五净居天处。烦恼障蔽无想道行小，中央斯巴贡桑之圣地，辛饶之众聚众议事州，其上烦恼不苦无烦天，此有斯巴叶桑之圣地，菩萨之众初发愿心处。其上意趣善现天之境，中央哇拉沃塞圣地中，众多十地雍仲菩萨者，消除所知障之剩余处。其上见解极高善见天，贡曾夏益巨大城池中，未来之佛修习佛法处。其上最高色界究竟天，中央特殊功德庄严地，化身佛祖辛拉沃噶佛，曾对三世诸佛授权处。其上更有无色界四处，以定常住许多大劫时。其等各自境与财富等，不可思议节节升而殊，各自定与十善结合成，此为修习解脱之路基。雍仲本教法藏宝库中，示下士修安乐之道者为第六品。

堕入轮回深渊弱势众，虽然紧握善趣崖边草，不知昼夜两鼠食草者，应施圣人四谛之援军。其有应知诸苦等法示。迷恋胜生安乐之凡夫，命名之乐不识其为苦，对于轮回不生出离心，远离入解脱城之机遇。享受天人之乐如食毒，能灭乐命流落荒凉地。人居土地行于嫉妒道，四生直立幻景贫穷苦，行为众多总有两部众，分则十二承受无定苦。尤其生于此洲之众人，生老病死内之四大苦。 别离亲友遭遇强敌手，有财难理无财求不得。单四双八无有能避者。寿龄北洲千岁西与东，各自减半南洲寿无定。非天居于岩缝虚空中，行于慢道又以上下分，生为胎化身形威武体，幻景军械行为多征战。总有三部分则三十三。十三上部中为九部众，十一下部等为非天众。因妒天之财富而征战，难忍其苦寿龄无有定。天居须弥山与天空界，行于邪道生为胎与化，身形特殊幻景多财富，行为放逸总有三界天，分则二十七部前已讲。引业尽时堕入下界中，其中欲界诸天将死兆，显则承受剧烈痛苦死。人岁五十为昼五百龄，四王天寿其他人岁与，寿命倍增欲界诸天寿，上界两天更比欲界长。善趣天人财富虽悦意，犹如梦境得财虽欢喜，醒则不实一般而变法，无有实质之物谁会恋，有情识之本性众多故，业也众多所受无有定，本性均为痛苦应识之。总之轮回六道何处也，唯有痛苦远离安乐时，犹如海中无有陆地般，知其本性应以不返心，需育厌与坚定出离心。一切痛苦依处为五蕴，依于色而以受亲自证，以想执见以行行诸业，以识区分细粗次序喻，器食佐料厨师食用者，所缘受与执相行诸事，其等习气对基积具威。贪恋美丽之境憎丑陋，我慢自满无明本质愚，疑为两边我与执我见，坏聚见者皆执常断边，邪见颠倒真谛之正理，视其诸见为优之取见，戒律者与禁行取见者。能育一切痛苦缘起生，无明缘生诸行又自其，生识如此名色六入者，触受爱取有者而育生，生育老死等等将自至。三与四与三与二依次，引业所引能成所成者。又有前面二者为过去，八为现在余者未来时。摄则无明爱取为烦恼，有与行者为因其他果。烦恼具威之敌毁我故，披戒铠甲又与定之援，持慧利刃即往解脱城，皆可永恒胜于烦恼敌。出离之心普遍所引的，想断恶行作思显露与，此又需证三轮无缘法。外相内戒结合之缘故。以部分则在家出家二。以依分则斋戒居士二，沙弥比丘两者四部众。未授戒律授法八无暇，已断之身具足受戒心，具传智贤能行他利处，仪轨圆满之时知己得。所守之面外相内戒二。勤理发与胡须拔鼻毛，指甲不可留长剪成圆。浴等用水之时需观察，有无有情有则送原处，陆地有情如此不可犯。六种僧衣敷具应合格，昼夜等等取舍知而着。珍宝五物合佛珠则六，随需而用常用莲花袋。立与行坐食卧溜达与，语与夜之行为如法习。杀淫盗妄破戒四根本，六恶业与烦恼五毒与，十二误见二十三分根，床褥饮食大戒零星等，七部戒律分则四十戒。分支二百五十极区分。杀淫盗妄破戒四根本，女部摸仰隐瞒回遮四，加则根本有八分支有，六恶业与烦恼五毒与，误见之部一百又有十，颠倒之部一百又有九，未识恶友随他人言之，床褥三戒高屋部有七，非时饮食大戒三零星，合而计则三百六十戒。沙弥四根余者六恶业，饮食四戒三零星之部，床褥三戒理剪浴衣名，物之后守五者二十五。居士四根又戒一饮食，此为常守五戒分支有，一戒多戒梵行圆戒四。斋戒四根分支八戒其，只守一昼夜戒有边者。定与慧学将在后面述。修习道路亲证灭谛意。其有解脱同分善业果，解脱遍识一切得法为，观待发心见之区分而，不住解脱境之涅槃或，断证少许究竟依次得。尤其卅七法圆十一地，两利圆满具足两身而，延长常住四大悲心法，直至轮回尽时利众生。其之庄严功德少许者，虚空同边法身刹土也，超越名号无方不间断，寿龄眷众刹土具无五，自性本性大主宰之身，三时无时不分平等居。其中密严刹土究竟天，珍宝之地万字格子形，鲜花之苑八支俱全海，如意树中百鸟争相鸣，甘露河水香风飘四方，十方奇妙庄严十刹土，诸多珍宝而成无量宫，门与台阶供台皆为砖，滴水槽与飞檐流苏饰，宝瓶威轮伞顶鹏角与，利剑显示锋利巾幡饰，不分内外皆显光彩照，上下方位皆被云供满，内外之缘常颂佛法音。中央五兽珍宝莲月中，普贤佛祖如来海佛被，普贤不沉幢等十方之，法身普贤十佛环绕之，其等各自又有种族妃，子眷门将妙欲仙女等，与其不二无数眷众部，对其定示深奥重大意，各自刹土身之各部位，如此妙喜界等十方之，报身大刹土界无有数，布局奇妙庄严不可思，普显等等报身大佛众，各自种族益辛夫妇等，智慧自相十地眷众前，究竟天界相好圆满身，直至轮回尽时胜义法，姿势密意而对眷众示，具五决定相对众化机，送至不居解脱涅槃境。其等各自身之诸部位，十方十大变化刹土界，情器世间无量难计数，一毛孔中也有恒沙数，其等业与明相之区分，法灯明之各个刹土中，情器世间一百千万数，化身庄严也有百千万，由其又化无量不可计，具五不定之相度众生。如此水月彩虹一般身，未宣普遍而闻神通语，如所尽所智慧显明意，功德犹如珍宝如所愿，业绩不为而成威力般，己身已自一切苦中脱，能佑他人之苦具悲心，大解脱之功德自无量，为引信念而示少许也。因此为求善趣而修善，虽大得其果时自然尽，为求佛果刹那所思善，不会穷尽何时得果间，胜生善果又又得而又，依此地道依次能行走，由是任何含识善之业，使其增为雍仲精华因。雍仲本教法藏宝库中，贯通中士之道而示大解脱之功德为第七品。

弱者逢敌恐其灭己而，请能佑的具足威猛者，佑护一般以惧轮回心，能佑其的具力皈依处，诚心皈依不返需生信。对恐怖境心生畏惧念，能佑具威之处生信念，三士入门之法需先取。信之本性对处生信受。培育之法思其诸功德。如来您身须弥金山上，相好绝妙彩云饰其美，一切美妙均为善所修。您语同时都以自己语，能闻真谛佛法之妙音，六十支全而示八万法。您之一意遍及所知众，一切所知您意同时识，六十智慧等至诸门全。众生均被烦恼所束般，为解烦恼您意被悲束。六眼十智又有十自在，十力之主您比一切殊。能利三界众者唯有您，利众事业无上圆满成。雍仲法尊三身所居处，亲显身与示意语者与，无分别意各自极净的，四无碍解功德不可喻。使哑出声能佑轮回灾，现证正果明示胜义法。三乘道之辛饶菩萨众，出离喜与证与不返念，四无量与七圣财而富，精通取舍熟已脱他业。又随圣贤之后观佛法，常思乐苦恒修三智慧。信如涌泉不可挡般生，得其能引一切功德者。敬慕随后净信分善恶，胜解不返圆满至果境，信之功能次序皆如此。觐见圣者闻法授恩时，修习其法领悟依次得。如见诸善行与上师过，遭遇恶缘修行征兆迟，退减之缘不察上师过，知为前业不勤定能消。上师熟慢见惯恶业者，沉迷琐事结交邪恶友，见行被恶所侵使信失。不勤修善不敬诸圣士，善恶微慢取舍弃者无，勤于修善礼敬皈依处，善恶虽微能取舍者具。无弊海底之石无渡河，火烧之种断手至宝洲，有则修善人依精进马，能擒秘诀之库智慧宝。

需入被处佑护消灾法，一般皈依非凡皈依法。是以处时能依得法分。外内密与极密经中云。犹如珍宝难得明灯尊，三身之源传承上师众。如同昼星难显向导尊，众生怙主三世如来佛。犹如彩虹难见巧舌尊，教法之幢身语意所依。如同昙花难显钥匙尊，众生向导三乘辛饶众。四宝虚空本尊修己身，空行为眷有情悲心境。意念不混各自以聪慧，常断不思任何所缘离。万物虚空有法法相界，心所心相世俗胜义界。显密双运之宗外内密。显宗皈依佛法僧三宝，究竟佛果善谋悲心大。断证圆满两利任运成。两谛分则色与智慧身，意旨而分尊与三身主，其有声闻独觉大乘宗，意旨有三区别应知之。以两谛摄极净功德也。所诠能诠而分教与证，其中乘之尊卑之尊者，显续生圆证得自明智，观待离因离果灭道二。明与解脱功德如应具。 分则七住向与学无学。三宝是为护送道友因，三身愿得其等是为果。密宗上师本尊空行母，秘诀成就根本道之援。叶幸圆满脉风明点三，智慧天窗三脉之轮中，风如扼要性与喻明点，能证意之明点法身界。尤其不在别处自性相，居于己身为佛修习法，己身自解自脱为僧宝，连接真谛无垢无戏论，功德任运三宝果皈依。是入内教可为戒律基，能除前积恶障后不遇，诸灾不侵播得解脱种，能佑恶趣增长诸功德。常念三宝功德四威仪，皈依之学何言为得奖，就是舍命也不弃皈依。皈依三宝不敬轮回神，不犯他人不交外道友。如此礼敬佛像经典僧。失因邪见凶猛烦恼生，过于指望而失悔重授。雍仲本教法藏宝库中，示皈依法为第八品。

小乘声独主修我利池，因果七诀千束光芒而，灭其成如大乘海洋界。施戒忍精静虑五者的，本质无记原是铁之体，如染智悲双运金色料，身价倍增胜大菩提因。事相心与心所两者分。性相为利我他对佛果，乐欲卑尊之中为他利。乐欲菩提正果愿发心，修习其因者为行发心。世俗发心胜义见道上。方便因缘以姿所得与，超越其者法相而得者。其之恒常之友愿慈悲，偶尔之友无上十度是。专为有情所谋菩提尊。是以牧人向导舵手喻，送与引导同时度有情。所缘自他同换重于己。习法戒与摄法行业三。分界土金月亮火藏等，信乐解思等为廿三或，又或资行道为胜解心，第一地至七地净意乐，洁净三地异熟发心与，佛陀之地断惑发心具。何人自生菩提发心起，皆成佛陀之子礼敬处。如拭宝珠一般善业也，不被污染根深蒂固木，叶果一般善果又又熟，雨降海般虽小也增大，如日驱暗一般灭众恶，除根树般消除我执心，如同珍宝取舍遂己愿。自生菩提心后沉睡或，福泽不断而生一步心，以小乘心舍命也不及。具菩提心不失正佛果。其心因果七诀之珍宝，善于以信恭敬之中得。任何有情无有非母者，生死无量高低众多身，如依所得三理师则知。母使中阴之识得遇身，中间以食衣财而抚养，之后使遇佛法入善道。如此众生无有未抚者。报恩之举轮回之安乐，以何报也无有能报者，菩提心者能报须发心。此与有漏无漏诸安乐，暂时究竟都愿能得遇。其等被苦直接被两集，间接危害需修愿离苦。一定使其离苦使其具，诸乐使其度至佛陀地。如此发誓所愿之事业，能修无他唯有如来佛，为利众生我定修佛果。能依暇满之身具戒律。 种性觉醒悲心信念坚。处为具足三学精通者。三宝之前如来三依处。积资皈依之支需俱全。三门恭敬身之四肢伸，五支俱全礼敬三宝足。有主无主亲具及意化，无上云供普贤供会供。佛陀佛子功德海洋与，天人善会我都随喜之。六门所摄罪孽粗细都，四力俱全之法而忏悔。为度深陷苦海之众生，祈请诸佛常转三法轮。佛与佛子圣人贤士众，祈请不入涅槃常住世。时与能依加行两资粮，所聚善业需以三洁净，广大圆满极净而回向。之后需自显与不显处，依照仪轨又或依此取。如是昔时诸佛陀，曾发菩提尊心般，菩提萨铎之所学，其等依次所修般，我今也发菩提心，菩提萨铎之所学，如此依次定修习。轻已重人菩提心，如今我辈全所得，愿求一切众有情，也发此心而不失，愿此发心能增长。如是我之诸戒律，万一破戒则忏悔，但求不被悲心弃。菩提发心至尊宝，如今我辈已持之，自此皆成佛陀子，无论任何此发心，决不舍弃常修持，如此愿得佛陀者为果，修习其法是为因发心，信受土地等至如黄金，念如上弦之月一般增，菩提发心如以誓所摄，命危不弃细微何须言。菩提心宝得则对守护，不同所治盗贼当远拒，欺骗上师使人生悔心，说逆耳言狡诈欺他人，四黑法失发心反则增，不打妄语化机引入道，称赞具发心者不欺人。悲心如目见苦愿离苦，喻如独子之母为无量，生兆依他人苦阻已乐，以慈佑护其苦自他喜，舍心无有亲疏增发心。生行发心悲心菩萨宗，需守二十戒是《乘次》言，异于凡夫十二行止与，天人他依独觉之乘与，不混之行一百二十戒。怜爱卑贱断弃八污垢，转恶为友世间诸圆满，发悲心处不察他人过。行何善业均以三圣摄，四无记也应转变为善，忏悔恶业善业皆回向。名为二十以义三十戒。无戏论宗行自下方攀，见以顶覆基需取悲心，应修方便波罗密度法。行自下方攀为别解脱，一戒为依菩提戒宗与，悲心菩萨者与共同的，广为三百中者百单八，略者廿八又略四母与，极略只守一戒等等言，后面两者两宗无不同。见以顶覆万物诸法众，是心心者无变迁而住。方便如何度至彼岸法，彼岸是指寂灭涅槃境。应修施戒忍精定与慧。其等三轮无缘是无上。平心而居对财离贪恋，无有贪恋是为无上施，无贪而居不生诸烦恼，无有烦恼戒也知如此。无贪施中禁戒恶业忍，忍中生勤精进中生定，身心能任而生智慧度。施需断舍不净戒者需，不嗔忍断放逸而精进，专心而修之定在其时，重视如是证得谛之慧。以施修物依次身秀丽，正行善地无漏福泽果。以施积资如是消除障，守护福泽增善胜任贤。其等依次满足引信喜，能增乐欲增信除疑惑。施能无困脱贫守戒能，断己恶行不伤害他人，忍使己安摄人精进能，勤修两利定得神通而，他生乐欲慧度度两者。依次摄眷摄意犯不嗔，顺意修义亲证得解脱。其又不贪财物禁放逸，不失善法异于凡人行，烦恼所知能断方便尊。三为戒学静虑为定学，慧为慧学精进是众友。天降雨水蛇蜕水结冰，染布如聋幼童之母般，燃发燧木宝珠巨岩与，明灯利箭一般需知之。贪恋偏私烦恼反应快，放任自流易变持邪见。贪财不顾细微我慢大，悠闲恋乐愚昧使失其。增微博厚佯作不息与，迷恋身寂心掉不修谛。福泽智慧资粮圣者基，如不依此无有佛陀因。施者以念而舍不贪欲。法与无畏财等为三施。财施有三施者衣食财，全施者为施舍儿女等，极施者难需施己身命，非在此时而以乐欲修。他人之命人与非人与，大种灾中佑护至乐境。非胜解行得暖之圣者，三量结合两谛均衡法，非求敬养授于具信士。戒为异品恶行禁行心。禁与摄法绕益有情戒。四别解脱各自断禁与，共同不同之方均阻止。六度等等善法修宏扬。益者穰解以财衣食益，大益者为是依四摄事，引导众生得入解脱道，极益者为深奥空性之，本性亲示修而亲自证。忍者能受一切诸苦难。耐怨忍害安受谛察法。害之兵刃唯以忍甲迎。三门唯修难忍苦行法，少欲知足易供易满需。三宝无我佛菩善恶行，道与果法不生返回念。精进所缘善法勤修习。铠甲加行圆满三精进。长时难修不畏对所断，不败所得不惧铠甲披。聚集一切善法无满足。如同火业诸事均圆满。经中所集遮罪二十一。恼羞成怒心生怨恨念，又又诽谤毁灭其佛法，驱逐出境殴打言恶语，唆使他人不听善言劝。心胸残暴攻城又掠地，挑起诸多争端与战祸，强夺他人房屋财物等，严厉惩罚持戒犯戒辈，强取四宝供物人乐善，其等身语意的大中小。视无佛陀对法执邪见，诽谤佛法又言修佛法，无有解脱应弃等言语，改如佛法而示颠倒法。其等如若不是遮罪则，理应不犯各自之戒律。大乘宗中烦恼五毒与，两我执与不愿修佛果，虽愿需断为己而修心。出离轮回智慧空性与，增悲威力又发无上愿。自明之灯消除无明暗，以大禁行断轮得解脱，大悲之心普度轮回众，无量悲心能圆福资粮。雍仲本教法藏宝库中，示菩提心与其所学为第九品。

轮回境中恶业狂风作，以集生基被苦烈火煎。凡夫众被我执邪魔缚，颂己贬人落入爱憎网。始终积守难施之财物，今生来世苦之源与基。轮回房屋敌友财富是，违背修习正法应恒断。岛屿尸林深谷密林处，增长证悟功德成至尊。善鸣鸟与美丽之野兽，为伍不言恶语无侵害。其处具足七圣财功德，宝库无尽是为财至尊。总之断舍一切异品而，独居幽静之处修善法，修禅前要应先依律修。定学之义意念不动是。定义思维寂而居内止。分支凡夫近行义分别，如来善法是为三静虑。其有未入道与入道二，四静虑与四无色前者，后两定是超越世间定。近分法相明与胜解生，寂与聚喜观察加行果。初天寻伺喜乐与等至，近似正行特殊唯有伺，余之三者均无寻与伺，二天极净喜乐与等至，三天念知舍与安乐与，等至四禅天为舍与念，是具舍受等持为四支。阻止三想空无边之处，唯居识与连识阻止无，阻断粗想唯依细微想。其等是为圣贤道之基。比其入道极净等至有，入资粮道等至义分别，第一地上圣定如来善。因自极净正法戒中生。入门之首须取悲发心，舒适坐具普显七法等。字母明点特殊佛像与。专心一意而修持续合，如行独木桥与如坐牢，张驰适度不使生沉掉。弊为遗忘放任沉掉造，不造等六始中终之障。不忘精进作思不放任，不造作与天成识时消。浮得串固之兆依次得。轻安能使身心皆胜任，所缘为何均得自在力，轻安专一两者相互增，此时方为修成寂止时。虽然如此其非正解脱，如愿解脱止观双运修。功用能生安乐得神通。其果能得通慧等等果。慧学性相极分所知者。一切智慧之尊而谓之。参禅定与闻思修中生，智慧本性是指胜观言。功能消除烦恼断轮回，能使施等六度成无上。真实解脱是由证悟生，其又自闻智者讲经生。是以三智会持应持者，对物命名能明其含义。对所量法是以能量慧，四密意与四解脱而量，不了义导少许化机众，而且特殊缘故四密意，《本豆》经中明显所示般，别时意趣不修能成佛，人士意乐贬其取见心，别义意趣示法均无有，是具密意变为其他义，了义空性解脱无相脱，无愿自然光明解脱门。所示八万四千法门又，均可摄入世俗胜义谛。如此内外情器有寂法，暂时是为两谛之总体。同与迥异也非反体分。是以证者两识而区分。迷惑世俗胜义以此寂。凡夫贪恋圣贤证如幻，佛陀智慧不视诸戏论。目疾光影无疾则不显，净般相真无实无贪恋。蒙蔽慧眼凡夫均可显，此蔽净则其等自然断。遍计能蔽有相实有谛。义为胜者雍仲界中谛。凡夫显何明相不净蔽，如幻而显净者不能蔽。境根有误明相为误者，无有此误不惑为极净。胜义无戏缘相离名言，非为词喻识境离总体。示喻与数是应化机器。无中显有虚幻示性相。胜义无有性相极为断。但以远离诸戏论而示。世俗无有正理为虚故，因成不犯见义成涅槃，不察悦意察则不堪察。观待凡夫根器而所置，何有虚实之分其能立。色等世俗如幻一般示。胜义所立既断何言立。世俗察而无有名能立。两无我法佛祖辛饶示。外道邪教总执人我见，居士之乘证得人无我。对其尔之我者如有则，与五蕴同又或相异时，同则蕴之以外何须言，近取者与色蕴成一体，做事者与作业也如此，非为唯一恒常自主者，如言生灭前后异而违，作业失坏逢未积业果，后者生时前者也同住。五蕴之外如有我者则，区分五蕴我者求不得。异而另外还有可言则，有无是何有则非无言，无则其我根本成无有，如言假名则为我宗言。如此破斥人我之见而，对法执我也难得解脱，比丘之乘证得两无我。诸法无生我佛所示语。有则已有何需新生故，无则不生两者不会生。由已而生已有与生违，有而新生无谓不可及。由他生则即成布生瓶，如言其因中生言其理，如言其为明显实无定。自他两者中生也相违。常中不能生而离功能，无常昔灭未来已得同。无因虚空之花果为何，不曾观待他果而无有。聚而生则已有如瓶水，无则不生如沙不生油。因缘同则所生能生同，异则因与非因两者同，互不观待如同柱与瓶。内外诸法皆空佛所言。蕴界处者离一离许多，色为十五许多之分而，无一真实许多怎可有。有色之团破碎之片块。十方之尘如依中尘时，观其是否有无区别时，无则以尘难成团块等，有则并非无有方分物。如言真正实有明显故。其因五种分五无有因。细察实有无一真实体,所取一境能取相异生。非为有色三时之分者。刹那中前如不间断则,三时成一断则违无分。前后轮流观待中时时,时同或异同则成同时。实有虚空之花无区别,两者均无本性明相故。诸物显称如火之焚烧,凡夫迷惑不净执净同。诸法无实正理岂有实,燃柴之火自然而灭般。阻止诸物非立无实有,显物难获空性怎可获。如此诸物是以缘起生,因缘聚生如同种苗般,无有本质如空梦境般,现象不阻常断边中脱。唯以智慧单方难解脱,方便如无慧则入误途,智悲双运是得两身因。先依空性悲心之心续,大资粮与加行一法时,等持空性后得显悲心,得见道时两者可双运,极喜地时即见法相谛,修道十地相续后际时,即具如同雍仲之等至,消除微障而至十一地。我利法身他利两色身,净与不净化机之现象,是以无量利众之伟业,引导众生步入解脱地。雍仲本教法藏宝库中,示后两度为第十品。

雍仲菩萨密宗之乘者,又称果乘又称方便乘,又或称为密宗阿噶乘。是以四点殊于因之乘,速得正果以其为修道,不净之果自境遇而消,所知转道烦恼善变脱,不断异品不以苦行修。以变为道密宗大乘殊,原始光明不可言喻界,身与智慧不即不离住,本性极净却被客尘蔽,极净界中显现悲心道,亲证正果两利圆满成。基性智慧天成无遮隐,无阻智慧之力自显现。所诠之义基道果之续。能诠密宗又有七种类,明咒总持密咒相续咒,威咒帖咒炼药物等七,又如略则前三密咒又,方便智慧双运本性居。不管合分也可属四续,此有聚密续中之言证。以种性分婆罗门贵族,帝王族与平民等四类,应器而分根器迟钝与,中等优者极其聪慧者,应时而分满劫三分时,二分时与争执劫等四。法是行事叶幸大叶幸。前两者为外乘后两者,是为内乘内外各有二,见为外内行为断与取,神为自他果也如此般。总续十万另六各有万,密咒又有四万之正法,其他也有不可思议数,无垢经等众多经中言。分则外有主修沐浴与,行为清洁身语为行部。见观法相洁净无污垢,有法察而未得不具相,实有不柔粗糙身语意,三洁而视如神之肖像。行为以时清洁衣与食,所缘依是六咒与苦行。修为无相法与有相法,空性字母声色法印与,以六有相观想修本尊。誓言不弃三宝菩提心,咒印本尊上师不弃修,断舍卧床酒肉与大蒜。本尊与己视如主仆般,供赞认为可得成就果。其果七世之后得正果。外之行为内之等至等，同分而修称为事之部。见证两谛无戏离有相，此之加持化身显本尊，修习无相有相如叶幸，行为誓言如同行部般。生起智尊请至己之前，挚友一般修而求成就，行事两部有无自生与，有无智尊而分也无定，两者之支本尊与空性，四风念诵有无性相二，其果五世之中得正地。叶幸主修等至清洁与，身语之行为副依为友。见为胜义七财天然成，心相化身本尊大坛城。行为上供本尊下布施，消除己障而行利众事。修是生满依次有相为。田境身眷法时诸圆满，月褥字母法器至身成，融入智尊认为得正果。誓言业法身之法印持，等至灌顶加持供礼敬。所净基为身语意四行，身语意与业是所修果，四法印束修礼能净道。关联四智神相视无二。修习无相空性之大法。誓言不违五种性之誓。生起誓尊迎请智尊入，与己之心不二如兄弟，修得成就之后则恭送。其果三世之后得正果。至外三乘之顶大叶幸，净秽取舍同等主修意。见为法相光明无障界，正果智慧化身自显者，无需勤修本来天然住。修习父续母续无二续，三续显空无有不双运。父续注重生起方便道，迷惑境净修习两成就，母续主修圆满智慧道，脉风明点培育究竟乐，双运坛城总聚乘为大，九大业部修习智慧道，暂时究竟两利能圆满。基道果等相连续而居。能诠广大方便父之续，深奥母续难懂子之续，其之精华坛城五本尊，珍宝总聚之部有四部，广中略与极上要旨四，意义关联续教秘诀等，六义六续支分九部镜，九念十八修与九部业，九部明灯又有九钥匙，其他两续也有众多经。雍仲本教法藏宝库中，示密宗总义为第十一品。

四灌顶鹏见之六翼丰，行之良友修之心力生，誓言之空展开业之翅，飞至任运五种姓之界。未得灌顶闻思修习则，诸业不成将生不净界，无力行事诸业功德也，虽具少许所修果却空。得灌顶则即成佛陀子，得四灌顶有权行十业，世间又或超越世间的，任何功德速得地道满。灌顶上师贪邪恋妻室，行为粗暴以法生我慢，灌顶教与秘诀功德空，虽授灌顶却如盲引盲。所传之处应修六义故，灌顶上师应具六功德，得灌顶具见行两次第，自信誓言净而精通业，又谙空性得灌顶与教，精通密续得兆他人敬，种族尊贵不曾断贤续。传于何处被基所摄中，种姓觉醒尤为赡部洲，暇满人身心宽性温和，誓言坚定狡诈声誉弃，能为身语意子具恭敬，三智坚定意念不回返，又能接受嘱托断欲心，能敬上师能修善传法，寡欲聪慧善良种性净。意乐之依觉醒具皈依。反之试探侮辱轻视者，无信狡诈欺骗谤法友，察如不具器则应严断。灌顶明妃貌美心地善，具备三智可为法太子，聪慧精通仪式供祀者。灌顶上师具备四念修。新旧之处而修在新地，伺土求与持与自主居，能净业与加持四守护。设置坛城泼洒净水与，弹三线而画坛城为四。净瓶做置又置众供饰，又置上中下饰是为四。准备前行融增次第与，赐密名与宣讲誓言四。四五二十念修不具则，难得加持不能熟弟子。总之行续水与飘带与，赐予宝冠事续之部是，又赐法铃密名叶幸部，五灌顶与净瓶灌顶是，大叶幸续瓶密智慧与，词灌顶四大圆满戏论，无戏极无戏论绝无戏，上下密续灌顶之种类，无尽不属四灌顶者无。精华自身具备相应生，以法显现俱生因等二，聚资知仪轨是所缘缘，可传灌顶弟子是因缘，六基具备上师增上缘，亲证加持等无间之缘。本来圆满他人不可夺。所净脉风精液菩提心，欲界地的四种贪欲等，能净瓶密智慧词灌顶。单八灌顶依彩粉坛城，授于身时凝视欲望足，他化贪欲身之业障净，可修生起两者双运授，誓言如格雅般宣而守，亲证现空双运极重要，受身灌顶化身断证成。依靠阴轮而授密灌顶，传于语而满足含笑欲，乐化贪欲语之业障净，可为诵器风心双运授，誓言需守一百单八戒，亲证闻空双运极重要，受语灌顶报身功德成。三位俱全上师身坛城，依而授密灌顶外内密，三转变示身与智慧与。外内具性相之美少女，依其密轮而授智灌顶，传于意使执手欲满足，知足天欲净而四喜的，智慧修成意之业障净，可为定器智悲双运授，誓言严守三十密续戒，亲证乐空双运极重要，受意灌顶法身智慧得。无依自身三脉五脉轮，四十五部佛会本来住，四字加行化光融明点，聚于顶门之时上下的，四喜辨认三身置己处。依靠究竟唯一坛城而，得三者之经验喻智慧，反之自然光明大乐之，具四解脱无变之本性，无言而语知义词灌顶，传于身语意而时分天，互拥之欲三门业障净，大圆满器域慧双运授，誓言无戛唯一任运四，亲证见空双运极重要，自性身与俱生智慧成。又以四喻所喻智慧者，本性始空任运大自明，性相无二无可辨认是。成器灌与能成功德依，四大种业虚空区分同。具相王子流落民间者，继承皇位亲掌王权般，有缘弟子佛陀法太子，具巧上师授予佛子权，有寂以慧掌控得主权。得灌顶果五道功德与，究竟佛陀身语意智慧，无穷华丽饰之大轮也。雍仲本教法藏宝库中，示密宗入门法四灌顶为第十二品。

能使解脱之道生起与，圆满次第大圆满等三。生起基时证见极为要，旨教秘诀以理而决定。五身对眷以义姿与词，雍仲加持之语而示意。本性自明以姿而示语，无二智慧不混天满法。超越观察以伺知其义。本性无生化身无有阻，本质无二性相离心识。情器心识身与智慧满。菩萨胜义世俗同等中，能生增上同等显寂增。显法众多本性唯一住。本性自共离边分支中，喻之正理同音与义混。宗派之步而行越山坡，初学行为内外诸乘的，修习所学严守诸戒律，年幼皇帝亲政皇权般，如不迎顺众意使喜则，超出法旨将犯三戒律，密宗精华见行结合义。修习之法观想次第与，所净以四生而所生的，三界中的习气迷惑者，能净戏论者与小戏论，无戏论与极无戏论四，其有仪轨俱全生自果，结合空性净圆熟三全，其果除净迷惑果圆满，可成圆满次第之所熟。本性光明不作自然居，死有贪恋实有无色净，离戏法身亲显果圆满，究竟能熟光明于心续。未证真谛对众生悲心，中有贪恋空性色界净，报身之种增长而圆满，能成大悲心基熟上部。空悲双运放射字母云，明与稳固九相必须具，生有者与现空分别恋，欲界净而化身亲圆满，智慧佛身亲起成能熟。自空界中五大种之种，化为光辉相叠成须弥。四辐之轮莲花日月褥。甄字化光方形无量宫，五层宫墙白红黄绿蓝，妙欲供台金砖墙顶梁，金玉彩旗彩虹之流苏，金之屋顶珍珠檐瓶美。珍宝柱石柱与斗拱丽，梁与檩椽苫板涂金料。门房门框门坎门楣五，金门霹雳之锁饰钥匙，因与果之台阶各八层。须弥梯级宝瓶瓶座饰，贝斗莲花所托法轮叠，遮雨之伞夏日夏智具，五至尊部为调恶毒的，化机之众尸林无量宫，布局也有自仪轨中知。其等本性力之现象也，结合基道果而常念之。生起次第各自分类中，己子他子两种生起中，善逝之子自己修有六，散射种与之后得允许，摄入己身自己生起神，智慧招摄增长威力也，自己之子修他也有六，夫妇交媾空密精液射，其成字母聚为光团而，身之处等圆满置于褥。五现觉之所净是五蕴，五毒烦恼精血心等三，融为一体自此长成身，能净月褥日褥本尊种，法器变与其等融一体，自此身之形态圆满五，净果任雄噶秀尼买与，噶东耿恰能依五智慧。四仪轨之生法空性中，字母生身三处置字母，前者可净死有中阴等，二净心识融入精血中，三净成身四净出生前。格派所言刹那依次生，其有为净四生之习气，各分两部不属其者无。为净卵生戏论生起次，莲花座净产门日净血，月净精液本尊密咒净，中阴风心胎中疱时等，变为喻之其又变法器，成为光团而净生为蛋，其中生神净化生身时。胎生等同小戏论之宗，莲花产门日净母之血，月净精液密咒净自心，变为法器五界圆满时，光辉散收蕴界六处成，生起本尊身圆净出生。湿生等同无戏论之宗，莲花产门日月暖与湿，密咒成神净化成身时。化生等同极无戏论宗，自褥生神刹那生起的，如同鲤鱼跃出水面般。智慧身与智慧大坛城，本来就居回忆瞬间圆。普遍之宗三仪轨者是，幻化密意中阴之心识，食香近取之心精血中，融入依次圆身等相同。莲花日月产门血精液，字母中阴心识未融时，变为法器心识精血融，光辉散收胎中身体满，佛身圆满出生享受时，法印为身字母语雍仲，法器为意雍仲三仪轨，黑柱续中明确示其义。净果化身投胎与出世，上道之时莲花日月褥，燃滴交合字母法器使，风心入中脉而散收光，寂乐身满乐空佛身成。自对顿时依次依次生，是为应机根器优中劣。脉之一树又有三枝梢，六脉轮中各自风脉叶，如依总聚心脾肺肝肾，五大脉生色欠十夫妇，支脉十六智慧夫妇眷，四门脉生门将八夫妇，九鲜花中二十七佛母，力士将帅天王依仪生。都请智尊请入间接而，灌顶加持盖印密法印，极其明而串习稳固与，持我慢与念净修无贪。雍仲本教法藏宝库中，示所修见行修为第十三品。

一切基之根本为誓言，驱暗之日功德如意树，道与解脱之本如命脉。本质所守本支不越轨，己心洁净其又居于心。不越承诺之义是誓言，守心罪孽不守焚功德。四灌顶得生圆大圆满，守持无上四誓《黑柱》言。生起誓言根本格雅续，经中所示根本与分支。上师本尊咒印与法友，五密之言是诠大鹏义。等觉佛与导师授灌顶，启蒙忏悔授秘诀等六，身语义之三门不可违。尤其三恩惠之上师为，以命本尊更重以三门，所学各十格雅续中言。自他三门不越身语意，胜义之谛不居为法身，定后不越对境依念知。因缘诵咒法印四者是，字母生神咒印续不断。有情总友入密宗者远，见行同近同师修为亲，不可打盗增损矫诈谤。深奥之见行为稳重与，需隐本尊密名成就兆，修行处时友资中四隐，应隐守密委托告者隐。分支誓言所行不断弃，守誓所学所修各有五。五所行中交度也有五，三身交身语意度未证，境慧交合神身度两取，有寂无二相交度二执，交合慧妃普度十恶众，昔之瓦本一般交与度，结合所证串习依次行，所度光影能度幻化般，知其本性无罪积大资，偷盗业与打妄语业等，粗暴之语知许禁而行。教敌生嗔恋有情之业，本尊慢心善恶非取舍，对邪不弃嫉妒离自续。脂芊琼与芒萨精血等，取而离净秽心医五疾，暂得五需究竟成五佛。五蕴五种八识八境等，知为佛五智慧力而行。五佛五夫五妇五智慧，身语意德业等各有五，所修五九证串之力修。守持我利守持他利的，下部两戒律等诸戒律，此时是为共同之誓言。圆次誓言诋毁上师与，舍弃本尊超越法旨与，对友争执失心五堕罪。如法不修不示密宗义，倒而示密自负为密宗。诋毁五蕴夫与女人妃，对魔生慈等至密印断。对法生疑诋毁自他宗，肆意编纂佛经盗密法。不许争会卑处住七日，依止非相明妃害有情。未熟示密破斥熟者信，不修自熟剥夺他人乐。守持分支临死得四身。贪嗔痴毒等是五毒业。争执持毒诋毁圣贤辈，偷盗离间他人五毒行。积不许财毁教淫母女，毁誓与施主争五应断。自心不耻不诋佛学家，不度入道不献有情众，不镇无辜鬼神五不越。不毁坛城五毒对治调，不弃三门法印不相争，饮食加持法会五转变。具相智巧圣物以见享，饮食会轮教敌交度行，域慧修习无时修等五。守持总誓中阴得报身。信外道神伪装圣者像，未满行事满而却藐视，无持灌顶无力取信财，轮回系环阻挡善信道，侵害修者毁他人发心，不敬父母贪婪会妙欲，为财卖法以谋窃秘诀，未修伪修积聚混恶资。守持粗堕有时得化身。毁誓同住混会同饮食，培修灌顶即回自密降，非者示是毁弃己之誓，生起廿九实执需断弃。见邪修误行乱果霜打，六瑜珈与九过七衰支，未请灌顶判断失误等，一百单八誓言需守持。大圆满誓叶赤中，不扰清净虚空界，容貌与镜不分离，不毁本尊大坛城，不可收缩大鹏翅，不夺青龙之傲气，药腹不食有毒食，不可跨越大密影，不可干枯大海水，不可丢失珍宝物，不可倒引大江河，不可焚烧玻璃球，不可开启大密门，饮食之中不投毒，甘露袋口不可松，不扰凶猛母虎腹，不削雪峰之山顶，雷霆之撅不朝上，五谷田中不引雹，珍宝之心不外掏，珍贵宝物不可卖，珍宝之杖不弃地，不示天之童子脸，甘露水源不可阻，国王不可偏而护，呕吐之物不可恋，不扰恶毒猛兽意，不可采折树之枝，爱子不离母之怀，珍宝之花散十方，子承祖辈之行业。其等无守之间要守持。究竟大同超越能所守。总之观待邪见而无数。对境而分总与增上殊。十八地狱饿鬼三部与，三类畜生部与八人类，非天魔王星辰药叉龙，妖魔食香天神二十七，各自身命福禄语与意，功德业绩色饰财各十，非想除外五毒十恶分，九万九千非想天者以，十恶而分为千合十万。以境而阻如言非所学，发心回向等也成无谓。增上之境二十八各自，身等而分二百八十以，五毒十恶分则四万有，两千戒与增上廿三境，身等分则二百三十以，十恶而守两千三百也。尤其八乘又有七十二，阿噶之乘六十又有一，衣食友有四十又有一。法门八万四千无数而，所守无有不属三戒中，别解脱戒菩萨持明密，己之寂乐利他愿修佛，果居己身而修其为道。优者顿时中者依次生，劣者依次修习自下生。持密戒者是否需别戒，需则天家不可成密依，无需不入引导之道路，非为应需为具三戒取，依次得时上下戒律等，本性同或相异如同则，证法为一异则众多违，认为如同众多之饰与，转依论中是后圣贤言。退失誓言之因有十二，身为大臣持掌重权与，损人利己等等经中言，尤其不知堕界对上师，不恭敬与不具念知与，烦恼力巨堕罪四门言。毁誓之兆众多不悦意，毁而无兆言其极不善，未毁生毁兆是业尽兆。别解脱失如同焚树木，无有补法特殊无需补，密戒如同宝瓶凹陷般，示有补法依己深奥力。加行如毒一大劫而净，正行殴打盗财言恶语，诽谤绮语嗔心生贪心，毁堕过败惑重邪为七，蓄意而行无悔且随喜，不误而知四类智之罪，万与十百千万罪圆满，三载无补十年不可忏，三十无消毁死无解脱。加行上师旨意曼荼罗，会供三者需修百单八，七正行者又需加火供，食子沐浴修本尊等四，增而依次千万百十万，万与千与三百与二百，四类智罪酬忏请灌顶，修禅定与忏悔随喜增，依次三六九月与十二，无补之罪正行忏悔上，十三灌顶二十三会供，酬忏三月禅定修三载，忏悔随喜无忏其等十，无消三十无脱恒常时。本尊以邪舍与取舍变，法印密咒等至会供断，忏除五分之一如前行。法有生圆大圆五至尊，大乘总与恰噶上师与，磐叶恰那之法越等七，忏悔又少一分如前行。对友争执嗔谤三门争，忏消除法一分易而勤。菩提发心嗔贪与痴心，慢与嫉妒身语勤心邪，忏消比友少一易消罪。不忏今世病魔痛苦多，来世堕入无间地狱境。具誓之士暂时增寿福，究竟两利之业均圆满。相同之喻格雅密续中，十一之喻佛陀诠其义。与其而离大始守持者，是自不违其等戒中得。本性法相大乐之境中，性相极净超越所学界，不净之相自然断而无，无与唯一夏瓦任运四，又或杀救淫梵施盗与，真伪无二塞吐经之意。深奥业之义有三分类，为应根器利中钝等三，而示广中略三广者有，息猛两者念修二十七，中者也是如此这般分，简略之义桑贴扬贴二，扬贴也有夫妇双单二，均以念修俱全而修持，其有念诵者与近念诵，修持者与大修持等四，四九三十六法续中示，业之后行九大总宏业，修习智慧超越下方束。因缘总持成道其果为，见道之时异熟长寿与，修道之时大印持明与，究竟道时任运持明得，六续亲示或关联五道。雍仲本教法藏宝库中，示密宗之基誓言与业为第十四品。

圆次速得解脱方便道，不依巧法始终都为过，智悲不合唯巧不能脱，双运而修具威生信念，增效力圆其果真奇妙。因此特殊之依具六界，因缘缘起相聚之力中，脉之道中乘坐风之马，明点人士手持字母剑，大败两取轮回之恶兵，分别心敌囚于牢笼中，征服自身四大种之兵，己心佛陀宫殿居于境，智慧游走五脉成堡垒，自明智慧之王居恒境，六巧他道之臣随心使，力象自显能转化身轮，能举亲证基道果之幢，具象四身观待净佛面，无相四身法相界中住，能使亲证佛果真希奇。其有居者脉中依者风，庄严是为菩提心明点。管道之体游走血风精。身根命脏生慧之根本。胎中最初形成胚胎时，先成双眼脐眼之脉结，自此生身三槽心脏有，三脉犹如房柱一般住，右为精脉左为血之脉，中有遍动之脉扬噶言。右脉轮回之分是为月，烦恼风行显现众多弊，妇女之脉在左脉尖裹，左脉显现涅槃为日轮，智慧风行显现众功德，女人在右脉尖分别居，中脉菩提道中法相与，命之风行智慧始净显，其以世俗胜义两者居，前者之脉下端入下阴，阴至心间如同马尾般，心间毛线心至喉轮间，三股丝线自此至脑间，麦结管般渐粗至梵囟，左右缠绕之结二十一。三脉之中因居三字母，外为身语意与内三毒，密为身语意之所依处。树之坛城轮之屋檐数，四五六等依次四五身，密宗六法结合无有违。总聚之言额喉心与脐，四脉轮中法相八脉结，前面三结法相无生依，圆形之中有字智杜庵，右之一结显慧之所依，深蓝方形中有阿尼哄，左有自续三脉迷惑依，月牙形状有字这丝阿，背面功德之脉三角形，佛境无量宫等显净象。黄光阿赖深蓝意识与，红为烦意紫黑五根识，依次脉中血与门精华，智杜阿尼这丝利弊居，其等气与脉血浊中行，生于天人两者的辅佐，意识照料积于阿尼种，如此阿赖饿鬼与非天，五根照料畜生与地狱，其等之中精华之白脉，白晶丝般马尾十分一，内行血与风之精华中，聚五精华菩提心所依，五为五佛三是身语意。普贤五佛居住之宫殿，风心相聚而显涅槃境，密严刹土不在别处而，消除一切业障自然圆，因此此身身与智慧依，是而有寂界之显法也，非为自续义无好坏别，均在菩提心界平等住。母续之中额喉心间脐，脐下五脉轮中五类佛，额间卅二无量卅二母，喉间十六无续十六母，心间十二四母八怒母，脐间六十四脉成十二，脐下四脉加行四母众，本来而居自明智中生，脉尾能托度母如细针，热寒沉掉多思依对治。总之额间三十二脉结，喉间十六心间为八结，化轮六十四结护乐轮，二十八结叶赤中所言。动者风有根本上行命，等住遍行下行无依次，住处头心脐与全身下，功用气命暖增与排聚，形状伞宝轮光皮火筒，色彩黄白红绿与蓝色，修成飞增燃引得大乐，修法闭松压蜷收缩法，得兆飞入无畏得神通，暂时之果亲现六巧法。支风土水火风与虚空，住处依次脐密心间喉，住于额间功用色受蕴，想行识蕴等等行其事，形状依次四方月牙与，三角张弓般与呈圆形，色彩黄白红绿与蓝色，修成尽之等至自主权，修法各自脉轮之中聚，得兆两门各显五现象。摄则自风业风乐风三，前者有五五游住五根，业风也有昏沉违和风，矜娇贪恋妒忌五风是，依次脑心肺命密处肾，功用行事痴嗔我慢与，贪恋嫉妒烦恼之五业，乐风也有土与火风水，空风精华圆镜妙观平，成作空性五风使身与，智慧光与芒精明亮与，不混证与不分彼此的，使己证得任运智慧身，尤其精华五风入中脉，穷尽五种等至得神通。风可持育守护佛之法，五风自在具主大种力，空明自生得暖五身与，得成就使引信持化机，持佛陀续今世得正果，消病解障能使苦海枯，根除恶业吹散烦恼灰，威招敌魔底之水土抛，威摄勇猛遍束猛穿与，又有神行逃脱撞可毁，不沉水底烈火不能焚，飞则居空遁则能入地。庄严菩提心之明点为，右脉精液左脉行血卵，男之左脉女之右脉裹，各自之物不射能守护，遍动脉中大精华者是，明慧明点阿字形状居，其可行于心脐风海喉，额顶私处等处遍游走，精血两者称为日与月，昼夜又或上旬下旬而，盈增轮流日升暖走动，上午脐间中午至心间，下午喉间黄昏至顶门，晚间喉至一十六明点，夜半凌晨黎明八四二，半数而减余者至自处。总之脉道风马心为人，行于五境引发众思维，故此束缚心之坐骑而，四轮回中均可依次导，风界入住又相融合而，暂时修成五道十地德，究竟能证雍仲佛陀果。方便之法又以自他身，顶门下门两秘诀而示。总之自断数断强行断，依次断等有四第一为，究竟同分近似佛与圣，禅定天神有而非道路，数断九风各自两千与，四百呼吸一昼两万而，一千六百之数各自的，思维如此生而大游动，内之动脉小游动之众，合而十二万又六千与，六百呼吸各自示性相，强行断者上下和合缚，四大不调不示初学者。此为依次断是温与中，宝瓶风与粗风依次修，一切遍行要旨姿态与，清脉除毒风要强迫放，危坐跏趺挺胸等持手，喉弯眼观鼻尖耸两肩，身心专一五大种自在，九要束脉风入生功德，总之阳阴中性反而修，又或主修平等中性风，其依左右游走甘与毒，上行下行等住依要旨，三真言而吸聚排与抛，计数而修直至同行时，五风持于己处修身功，修得智慧光明空性而，胜义猛火大乐境中交。雍仲本教法藏宝库中，示圆满次第之方便道脐间猛列火为第十五品。

讲述母续自宗之见为，万物自然智慧自现者，自始无基其实不变住，其非别处自明智之界，知何显何均为自然智，虽知如此不修则无利，修使智慧自主不变居，不具证量将堕偏私境，具自信者对何都不惧，无信修习易入逆境中，亲自证悟离勤本性义，不修不失其实不即离。依证之兆以行增功效，方便之行行事乐智慧，有漏明点修菩提之因，智慧柴火聚集空行要，善之根基密宗成就财，人士惜命一般不损护，无漏智慧空现非实有，不离四威仪而恒常护，得智慧而下方之乘与，世俗之事等等均不恋，见行攀登享受密宗义，等持之中持续后得行，空性界中引申智慧彩，显何明相加盖智慧印，智慧能自主则不束的，十三禁行亲自修习而，自明行事大放任之界。如此所取境与能取心，无基之中显现不阻力，空色幻化十喻一般住。所取诸境因缘缘起中，突然而现魔法师之兵，不实阳焰无现如回音，迷惑梦境无中生有是，光影不实镜中之肖像，伪者水月众多彩虹光。能取心者无有实有分，夜半之梦知其为梦而，梦幻现境幻景十喻般，其是本质唯一现众多，水之泡沫游空之雷电，难逐难擒如同彩虹般，比身更能远行如幻术，遍享天龙之财如海市，能回所愿之境如回声，本质无阻无挡如阳焰，此断可显他相如光影，遍布一切不实水月般，可使其等变化如幻术。总之境心两者均不实，心之观与境之显法等，不同六趣观望水一般，本性无生本质不灭显，性相无二实则无变动，故此诸法本质如幻术，修习意惑苦与幻景伪，诱流违背误障两取等，何时均以知幻象而修。在其念中前方莲花中，幻化空行绿色持钺颅，紧拥天杖单足立而居，为修幻身又又祈请之，之后明镜之中使自像，亲现对此赞叹或诋毁，观其有无喜怒如无般，反省己身也如幻化士，他人赞与诋毁行何均，有何喜怒因是幻化故，如此要以逆缘合而修。之后又将幻化空行母，圣像现于境内观其修，串习稳固前空如此修，依次大小散聚任何与，息增怀伏变而串习修，中阴之时可成幻化身。雍仲本教法藏宝库中，修习昼之现象行与幻化为第十六品。

身之六脉轮中六趣之，真言居者风心使托起，五毒之梦无定显众多，将其变为道路定能脱。断弃眷众忏悔毁誓罪，出离轮回本尊生次修。上师本尊空行以供酬，世间诸神以食使其喜。狮卧之姿皈依与发心，尤其又又祈请上师众。自身本尊顶门修上师，现境均为空行而入睡。昼之现象行为观如梦，入梦境或醒时生乐欲。惑延聚处中脉需念之，恶习能断脉中续风满，醒延聚处四叶修四字，忘延念于阿或明点上。风之马惊思维童子动，魔鬼呐喊病痛利刃割，需披对治铠甲要守护。之后识梦要旨有二十。初夜狮卧之姿右侧卧，喉间脉结阿字要专注，何梦均思空行母所赐，空行大幻化母要知之。夜半上下和合吸七次，眉间自明点上心专注，均知为梦梦境要知之。黎明如前二十一呼吸，心间脉轮黑哄上逮心，任何梦境均以念而摄。天明心识放逸而昏睡，心念逮于密管之黑精，知梦是梦之念要专注。诸法虽现是以幻化现，也如幻化一般而真实，不管何梦均可转为道。知梦是梦控制梦境物，柔粗何梦以其修习之，技满可化成其随意行。昼之现象思其只是幻，幻化本性知其如梦境，梦境现象可变为众多，梦何外境转变为刹土，有情变神瞻仰本尊颜。见闻所缘何境均修习。光明佛陀本性居己身，具巧上师指点而亲现，即成摧毁中阴之勇士。境友同依闭关供会轮。断弃身语意行使有暇。狮卧之姿祈祷修光明，能逮乐欲枕处空行母，能明离实观想修光明，己身本尊顶修上师尊，心间四瓣青莲之中央，白色明点以褥呈青色，四瓣黄绿红蓝四明点，依次显现聚灭断与无，是以四空睡眠逮光明。座间上师唤醒问无明，又或轮回昏睡就无念，是无明眠杀父视为敌，轮回之眠多梦而迷惑，不识自相杀母视为敌，光明睡眠异于两者是。又请空行灌顶入睡眠，智慧空行阻断不净眠，由此唤醒问逮何光明，昏睡暗室光如点火般，迷惑断尽光明无阻明。黎明唤醒现空同等的，光明如已逮则示秘诀。睡时逮则中阴初期证，逮其光明母子融而脱。如此眠与光明要分清，不知难分有寂不能证。结合外之四时自明兆，现明聚断四义结合修。内之四时睡前准备眠，进入睡眠结合四空义。密之四时明相增得相，光明四空引发之三融，依次修则可成其为要。雍仲本教法藏宝库中，示夜相转变道路梦境与光明为第十七品。

中阴分类虽多聚为四，自生而住之寿来世的，准备之时需修闻思修。尤其现等觉悟之续中，三秘诀义已得自在果，无须观待大种隐没次。不属其的一般之人士，土隐入土身重难起立，水隐流涕火隐口舌干，风隐气短双目向上翻，五风离而各自之力尽。其时优者智慧自显示，中者幻化劣者育胜解。尤其精血汇于心间时，明相白道增相红道与，得相黑道刹那将昏迷，由此觉醒净明无念的，死之光明证悟得解脱。此时未脱隐没空光明，基时明相原始五智慧，自色五光灿烂而显现，其如证悟自象定解脱。之后隐没光明双运中，声光线之明相遍天地，串习之辈可现五色团，心间光线与佛相连现，对其逮住心识置无思。之后双运隐没于智慧，智慧氆氇蓝白黄红四，各自之上自色一明点，如同明镜豆般五粒饰，上有光环孔雀之翎般，所显均知自象则解脱。之后智慧隐没任运中，上有始净天空晴朗般，之下忿怒之下为息佛，各方自然化身刹土与，底下六趣迷境同行为，悲心光与身与智慧与，无二边脱不净如净般，显八现法知为自印象。总之四明相之相迎者，知为自象坚定不动住，三护送使基相至基中。之后八现法等隐没时，任运智慧持己境为要。先前未能解脱之人士，有之中阴如同梦境显，四名聚集之蕴无阻身。前世之因行于六趣境，尤其色彩头朝何方等，外境明相各自显现中，将生何处意中时常显。优中劣之修为念之与，阻断非善之生寻善生，悲心牵引一同而投胎。强行修佛之道往生法，半跏趺坐右脚握于上，己身本尊身中想三脉，会合之处四辐风轮中，心相本性白色明点之，顶有白伞豆之一半般，顶珠夏日夏智锋利者，顶喉心间脐中脐之下，依次阿塔尼丝智杜六，囟门白恰开启觉悟门，顶门目标观想上师尊，九要之法解脱之捷径。呼出之风病魔如箭抛，吸入之风使轮呼呼转，束缚风使顶门骤然开，能射之轮具力射箭般，明点心之本性冉冉升，能剪夏智刺破烦恼障，智慧烈火焚烧六趣种，释风顶门蓝风呼呼出，放置明点褥中慢慢落，九能之力修得佛陀境。吼声明点向上冉冉升，恰声风轮之褥渐渐落，七七之风由下向上抛，征兆穿孔掉骨流血肿，无兆眉际上盖恰声置，过量短寿依法唤心念，死兆俱全明点由上落，定死惧则延寿修守法，修成座间强盖盖法印，九义胜义佛果强行得。大限至时三优往法身，其时见修光明母子融。三中优者为利他往生，中者大乘三结合而逝，劣者本尊授受而往生。三劣之士扶身转变心，叫名拔发塞门念咒吹。尤其无往智慧自在者，依明妃身结合四念修。总之两次第道俱所缘，一切显现之分自外器，依次化光融入己之心，其又依次化光为空性，无相圆满次第是无上。生起消除今世实显相，圆满消除中阴之印象，优者精进之士在一世，即可亲至智慧无上地。雍仲本教法藏宝库中，示死相转变为道路下门之秘诀为第十八品。

九乘绝顶道或究竟道，八万四千佛法正所诠，有寂道三圆而大圆满，有情之界芝麻油般遍。为使亲自规定其乘故，三戒律与生起圆满与，诸乘均为此乘之台阶。证得深义对他具大利，见者不变智慧无明暗，得不惑义证胜义精华，究竟之果殊以一切乘。暂且基之住法七意旨。任何不实离戏本来净，功德自身具备任运成，非居一处因而无决定，本质无有变迁此为定，可现一切一切可转变，无方而现任何均可言，任何本质而居是众多。各自主张一宗之众人，非言而言如此持为是，如同盲人摸象各自的，所见不同一般而各异，难以言喻又难以意察，远离破立基本自解脱。如此无可言喻本来净，自力深明无阻任运居。非一非异难以言语喻，本净任运并非质相异，本性本来清净无轮回，任运之力骤然现轮回，睡时之识虽本无梦境，印象现梦境也非异般。如同黑暗处的水晶般，光彩虽不现而深藏般，本性本质悲心之主宰，外网未破童子瓶之身，一切明相显处虽住而，实物相等不曾偏一方。真性本来净而无有生。本性任运无有偏私处，净与不净明相显现处，显空无二之中本来住。其中五风精华自明智，四支俱全命风所吹动，内显童子瓶身网破而，基不动中任运光外明，悲心慧调极所观察之，意识显现观待明者而，持无明分明分调增长，本净天空晴朗一般中，任运明相呈现八现法，此为有寂之源是无记。此时见基相以公正识，知己影象不真之刹那，迷惑自净基成熟为果，具足二净所谓等觉悟。果实圆满内居普贤佛，身语意与功德海之主，一切坛城均之显现处，隐而不昏细微智慧之，童子瓶身之姿不显居。何时始居法身之界中，不动而显有情之现法，相同任运法身之力中，外明任运受用报身佛，布局幻术一般显现中。自其之力本性化身佛，不净门般显现六趣之，外境遍布佛陀教法使，度尽轮回宏伟之业绩，珍宝水月一般无勤而，业绩如同无边天空般。不知明相己象有情迷。未证精华居于己身义，其成轮回之因而同性，如此不知是法俱同生，落入遍计四轮回之网，四因聚集迷惑四缘增，人士面等相同因之缘，如同明镜光环所缘缘，不识面与肖像增上缘，其三同时等无间之缘，四缘主宰轮回江河流，无有如实显现轮回城，如同海水结冰生实有，不识迷惑承受众多苦。界中虽无迷惑力中生。明相虽现智慧持他相，分别心增骤然生迷惑。轮回无有始终两者与，有始无终相反等四种，此时轮回之义如是以，明而言则无始无明有，个别而言有终总则无。如此三界六趣与四生，无而现有持其迷惑心，见花绳时视其是蛇般，花绳本质虽然未变绳，意识迷惑而现蛇之相，其实非蛇一般六趣之，承受之苦也以我执的，迷惑心中现而其实无，本性是为佛陀不曾动，故此证得无我之勇士，迷惑幻术之城应毁之。有情者与佛陀在基时，而言法身阿赖耶而分，阿赖具污心与心所依，法身无垢离其一切弊，法身如水本性本来净，具污阿赖耶识如污垢。一切习气之器谓阿赖，如基连接身与众多者，分支普贤平等续中示。法身最初之基力自隐，迷时虽同力而离迷惑，本性本净无可言喻住，分则法身报身化之身。心为无明相应寻常者，遮蔽智慧之日如同云，智慧空显与心非同住，如同水火焚聚习气是。心为两取之分为无明，言词境与有境想而谓，分支净者又有不净心。依为全身尤其在内脏，居处心脏道为命脉中，游于五官本性具烦恼，其力轮回功用乐与苦，果在三界之境又又转。智慧极净具光内明大，知原始义谓为原始智，分支有三居基始智有，本质本性悲心普遍三，具性相之始智五根本，空性明镜平等妙观察，成所作智原始五智显，其又分五二十五智与，六十一智等等分支多，遍布境之如所尽所智。依为色蕴居处心脏中，宫殿五光道为四脉与，尤其白丝经纬一般中，门为双目隐蔽顶门中，明相显空明点空灯是，功用消除两取其果是，界与始慧圆满得法身。雍仲本教法藏宝库中，示大圆满基之本性为第十九品。

对何以识而量有三类。心部认为诸法是为心，明相变化自现所断尽。法界部视一切法相界，非居他处超越对治边。尤其诀窍部是能扼要，诸法无有根本空性色，并非极异一切无未解。如此大圆满之特征为，超越心而是修自明智，基界如空自明智如日，对此能蔽心如乌云般。心有分别明慧无思维，无思而居无为自明智，心为意识渐住居己身，故此须知两者之区别。大圆自明无基是唯一，是为本成本性不可修，是为自生显法不可阻，无有本质本性无可视，无有始终脱法不间断。是为本脱勿以心识作，是为自脱无须依外缘，裸露解脱无须修对治，边际解脱无有四句言，是为一脱无有众多言。本性不断有寂显根基，无有方位不偏居于界，四边无阻自显离贪恋，本质无变果实任运成。显法无定显示幻化变，自然智慧无有现与没，明慧无须阻止内外行，法相界离区分与取舍。空性一切为真义法相，不混各自明而普贤界，善恶无须取舍显为饰，无有破立断得己身具。不断任何脱法也不居，明慧无有所能依而纯，无器积聚习气自然消，愿尽顾断有寂实明慧。见之要旨法性上置束，修之要旨明慧直射束，行之要旨智慧生势束，果之要旨三身开悟束。其等判于明相属明慧，要旨离做有寂无二脱，法相五决定绳而束缚。何时源处居处去处无，因与本质作者无有空。是为自然智慧本来净，显现无定法身无变动。明慧无因无缘无有果，自然骤然生死边中越。四需要义能断恐惧念，三自信使无返断愿顾，五离事使决定法之相，如空之义非以造作成，异品无断对治无须依，显何均为自然纯智慧，界显界脱无有未脱者，有寂道中解脱见行尽，不入用功之道显变化，一切诸法摄于大无为。尤其光明超越诀窍为。非为外生两取中解脱，内生净而色身化光身，迷识回返境心显佛身，除己影象他处无众业，正果不求他日今世得，三身是为道路离用功，亲见法相色彩歧途少，如此而至不变雍仲地，去处脱处有而无所行，能现本性除此宗莫属，故此自宗应知其深义。具此特征无上道路是，密续之王明慧杜鹃中，是以空行天语而示义，自明无定语之（八万四千法门之）精华（修菩提之所）依，各自谢童伟西之中（自明智慧居于各自之心）居，自主长嘴之雀细微者（自明智之力五光彩天然而住），飞至银朱之峰而居住（明慧之力居于肺脉之中），神变鸟王（明慧之力与肺风相合）杜鹃为坐骑，红岩银朱窝中掏出而（明慧之力隐没于心中的明慧之中使肺风自然消失），使其乘坐智慧幻化鸟（明慧之力进入洁净光脉之中），驰其良驹（明慧与力一同被始智之风托起）托而奔驰时，四大天王之众（四要旨，即身语意之要旨、门之要旨、境之要旨、风慧慢行之要义）托其足，幻化四大风者（四脉者即、噶杜、白丝、细而绕、水晶管者）托而行，有界四大烈火（四明灯即、远镜水灯、明点空灯、心法界灯、自然慧灯）使暖平，金色之地持为居住地（界相明慧之居处），延续四水福泽之相续（四相即、法性现前相、证悟增长相、明智如量相、法性尽净相），一切星辰升于其腰际（色彩与形状在明相增长时现显），五大明亮之灯于顶亮（如量法相时现前五原始智），八部明亮之镜饰于身（任运八门的明相显现道路三相），密之三字真言置于心（三身圆满于道路之相），四季四王妃众（四结行、三不动、三住、三得、四自信）结后行，眷众四大良臣（四智慧即、极分别之智慧、极聚集智慧、极解脱智慧、极能行智慧）为护法。自明杜鹃乘坐幻化鸟（关连其等诸要点），一切世间无所畏惧行（界明相遍布外生明相使外生消失于光明中）。三马连续而吸至三地（三风即、明智自然风、粗风、智慧乐风。九轮回地、四胜解行、雍仲乘之十地等行与不行则也均能在一世中修尽），无二雍仲大地之界中，本净童子瓶身而觉悟。雍仲本教法藏宝库中，示不共之道是第二十品。

其等道路依次修之果，具污之界本质无垢而，居住无精勤道使消除，骤然污垢阿赖耶离污，本性身与智慧也显现。域慧无二本净密之孔，灭诸戏论自然大宫殿。何人今世实体污垢尽，中阴明相自相能知否，本性化身刹土解脱者，究竟脱时成为一明点。其时斩断轮边迷惑尽，修得正果道路诸法尽，正果望日之月极圆满。外显报身刹土隐内时，身语意等自相诸坛城，如同镜光摄入内中般，摄于法身之中不外显。其时本净内界究竟地，本质力相大无二界中，隐而不昏童子瓶之身，不居中边何处无言而，灭诸戏论离九边之界，极其不可餍足界中居。即便如此并非为断边，身与智慧明相可显现，如同如意珍宝之性相。其中法身智慧外散则，身与智慧业绩不可思。本质不变恒常雍仲身，两身三身无二大安乐。自始本质极净无变迁，均为一切正行无新得，无有始终基性自性相，本质本净不变雍仲身，一切污垢净而现证身，断证圆满功德海之主，与境不混一切思维灭，各自成为自明智慧力，不居常断之边法身佛。法性三身内明智慧之，本性现前之分而所名，其实超出有无常断边，无有中边无量宫殿中，自然明智辛拉沃噶佛，喻不能喻以此不可言，不遇思伺之念边中超，晦日月般他相虽不现，色身遍知化之外显力，永不间断化机印象中，报身化身明相亲自现。三身果道明相并非异。法身本质无言均不现，本净空而明智精华者，与何不混不分而无二，言词诸无漏法与明慧，关联无变动而谓法身，喻为遍布无实虚空般，本质身眷时处法五无，分类基道果之分而三，传承一切证士圣者持，对何显则众佛陀而显，利益虚空遍布有情业，间接而行如同空与雨。报身本质相好功德全，刹土法与意为神与境，光明智慧等至旨意与，性相不变雍仲十法具。言词自享自己之明相，相好功德无不圆而言，身为己象自明大庄严。喻为自明无思如日月。本质刹土处与佛祖时，法与眷属五固定而显。分则内界任运不可名，外明五光彩团可命名，以类五十庄严圆满般，身语意依三依三报身。传承生满具经验者持。得地圣贤均可见报身。利益心识遍布有情业，息与忿怒无定变化行。化身本性众多无定化，贪欲解脱居于无思中。言词随机应变如此化，其之同相相好具足身。喻为可行事之幻术或，变化众多如同彩虹般。本质身与境与利众时，法与眷五无定而众多。分类殊胜辛饶佛祖般，事业化身佛像佛塔与，尤其佛法一切经典是，投胎转世受生示化身，无定变化众多利众业，不共者有始觉悟化身，悲心化身因之辛饶三。传承三门具戒律者持。有缘凡人也可瞻其容。明慧遍及有情业可行。所依智慧普明明深义。知原始之义谓原始智。界之自力无实显众多。法身基中居之三智慧，真性本性悲心无二中，身与刹土宫殿不可思，报身性相持者五智慧，五身真性又散显众多，化身智慧明相所属众，如所有识空性尽所有。空性平等是为胜义谛，二为世俗明镜属两谛。空性法身成所作化身，其余三智是属报身中。所行业绩得地菩萨示，人士之像引导众有情。化身佛祖为调六趣故，化六调佛以身语意调。十亿赡部化机之境地，十亿化身佛陀调化机。如此一千零二位佛陀，度尽轮回业绩圆满成。真性无有取思任运成，显生众多广大无偏私，无间断与具六特征是。言词智慧悲心行故谓。分有息增怀伏四业绩，威慑引领能熟与降伏。功用任何他利能圆满。雍仲本教法藏宝库中，示究竟圆满之果为第二十一品。

并非未至法藏海洲与，并非唯依圣贤之语而，先前串习大海澎湃中，修得经验证悟智慧宝，故此对此少许详论分，并非只是推理之观察，亲见上师加持极净义，自然深义得之精华也。然而经续密意难解义，未得遍知一切智慧之，凡夫俗子不可尽知故，此文如有未证污则忏。总之消除所知内暗而，不误极净真谛义示使，证悟不谬亲证菩提果，善知识之妙语功德也。由此所得善业光辉使，消除轮回无明黑暗部，进入如来宗派无垢道，寂灭大乐境中得解脱。雍仲本教法藏宝库此文，在铁狗年六月初九日，空中显现智慧空行母，以四句雍仲法词之歌授旨之缘起所关连，而于水牛十月初，夏尔匝行者吉美旺布撰于雍仲龙布山。

显宗因乘释文——辛教明灯日月云宫

诸佛智慧之母而生者，童子之身金黄娇媚神，璁玉五髻皆全具密者，智慧之宝善言雄狮王。相好极美瞻仰尊容悦意不知餍足身，两谛极分三种法界各自之语而宣语，如所尽所一切不剩各自极其明了意，三密功德海之尊主其为如来辛饶尊。尊者悲心能诠广大八万四千三法轮，六十妙音之支能示遗留宗教教之法，道与灭谛证得所诠之意入门雍仲法，各自极净四无碍解禀性皆具神奇也。持其五道之主雍仲菩萨五千五百众，明与解脱两全三所学与七圣财而富，两障除治总持无畏豪气皆具怜众生，圣贤之士双四单八一切菩萨皆称颂。轮回之网不束有漏虽尽对众显色身，轮回涅槃同等解脱明示一切因果法，远离我他亲疏之意悲心紧拥众有情，诸佛如来悲心本色上师永记心中修。种性天资修习智虽微，然随著书立说圣者后，又将道之要点详解说，聪慧有信之众以心听。此处所讲之经为雍仲本教法藏宝库，如何而讲之法虽众多，然依《根本续》所云般，怙主罗智与年美尊者讲述何经均以出处布局、寻缘由之要、抓根本纲要、释词语之意四法而讲。此处也依此法而讲。

甲一，以出处布局。佛法是佛祖为利众生而示，凡谋利之事中，对众有情以烦恼五毒而在轮回中永受苦难者，为解脱其苦而示对治五毒的五智之法是大谋利。经云:“对众有情行大谋利之事是，对五毒为害以智而利。”其智如修习雍仲佛法会自然而生。又有经云:“如能修习雍仲佛之法，总会修得自性智慧日，轮回五毒之苦对治灭，将生解脱安乐之五智”。佛法也有为对治八万四千烦恼而示的八万四千法门。如摄则可摄如三藏之中。经云:“雍仲佛法广则不可计，摄而合则双三单六藏”。三藏者是深奥难懂、肤浅易通和非深非浅者。是以人士之根器利钝而分。因此此处也依佛祖之法随人士的三种根器，为利其等聚一切佛法于三藏之中而讲。

甲二，寻缘由之要。深奥难懂藏是为人士根器利而天资聪慧者、肤浅易通是为根器迟钝者、非深非浅是为根器中等者等能生对治五毒的五智而讲。聚一切佛法于三藏中而示能使根器利中钝三者依次或顿时生对治五智而由所断烦恼五毒的束缚中解脱，自轮回中度至大解脱之彼岸。《塞弥经》云：“对无明之众有情生五智之法为，对根器利者示深奥难懂之藏，使其顿时生智、对根器中下者示肤浅易通与非深非浅藏，使其依次生智”。

甲三，抓根本纲要。经云：“深奥难懂是摄于秘诀教之法修上师之中、易通是世间续之法吟诵之中而戏论，非深非浅是摄于盘叶念供与恰噶近修，是广而十万之经与修习玄武密咒之法。”深奥者是主要修难懂的胜义谛而为深奥，易通是世俗谛肤浅而易懂，非深非浅是两谛结合而修，即非如深奥般难懂，也非如肤浅般易通。经云：“深奥是依善上师之缘的善缘具信之士精修可悟，肤浅闻而遇则即懂，非深非浅者以上师贤者示则可懂”。其中戏论者众有情也自三根器各异而显般，佛法也自三藏中区分多种。前书云：“总之法相之谛是唯一明点。因众生之缘有上中下等诸多根器，随众有情之机而示之故，总分三藏由此戏论分。”如何为戏论则，深奥者分益辛或上师修心的修之部，高上库无上修习自明智的大圆满，无修者是极其深奥的正法两者。前书云：“证得藏之暖为高上遍行者，深奥中的极其深奥者。”其无上大圆满是聚于决定库之中。《集经》云：“大圆满者阿底见之部，是自极净高上库中生，需以见修无分而修习”。此处之见者是指空观，修者是指任运超越。非深非浅的恰噶密宗也有内外两者，《聚密大方便父续》有云：“外内密与极密四，事行益辛大益辛”。盘叶因性相也有居士与比丘两部。《以一根而分之续》有云：“性相因者有两部，断除苦之居士与，断除分别心比丘。”易通也有佛陀所示的佛法之义与暂时利众生的方便之法两者中摄而戏论。

甲四，释词句之意。乙一，因是入门之支而示前言；乙二，确定所入之意而论正文。乙一有二：丙一，为消除著书之障碍而礼赞；丙二，为使著书圆满而发誓言。丁一，礼赞雍仲四处众。雍仲者是法之本性不变的胜义之谛。象雄语谓之曰：“仲木”或“格由”。吐蕃语以雍仲而示，雍仲是不变之符号。《基始觉续》有云:“法相不变雍仲界”,是示如皈依其等所修意旨就不变。其中根本皈依处为佛、法、僧、上师四者。其等是众有情的无上怙主,是暂时与究竟等何时都利益的一切功德之源处而称其为处。众多是多数之词,佛陀也众多有《增界》云:“佛号无法称颂如来不可计”。如此合则可摄入两身之中。佛法也有前书云:“教典十万确定之意义”。合则可摄入教证两者之中。辛饶菩萨也有《情器成坏经》云:“雍仲菩萨众如世间恒沙之数般无尽而住。”合则可摄入大小乘两圣人之中。何人礼敬则可根除两障。《心经》有云:“对彼礼敬则,除障己之礼”。敬者在藏语中有寻求佛果的寻求之意。

丁二,以功德而括要。根本文中以“三宝贤名”至“为上师”,以一颂而示。世间虽有能遂诸愿的如意珍宝,是世间的稀物一般,三宝虽为利乐众有情之源,然在世间难遭难遇,只有内教佛家有而外道邪教之宗无有佛陀。佛陀非贤劫而不出世。出世所讲之法音如杜鹃之鸣般具三大功德。云何则,百鸟之王杜鹃不误时节自三十三天而降,所鸣之妙音能驱饥使夏之年华增长丰满,神采威伏百鸟的三相相同,佛陀也逢调伏化机之时与南赡部洲中以十二宏化而行宏扬佛法之业,所示之法能消除化机之苦,能增长妙集的一切功德、身之威德能威伏三界的三功德具于一身。如此法之妙音被耳识不误而闻的词语之义以意识不忘而得的同时,不管任何有情均可度至生死等诸苦恒断的寂界乐地而得以喘息之际。《有界善趣集》云:“饿鬼格格哈与地狱火焰者、畜生哈里达巴等只闻少许佛法而得解脱”。如此示方便至尊之法的佛陀与佛法、辛饶勇识或僧宝之众也为上师。《洁白三法》云:“上师为佛上师法,如此上师为勇识,一切作者为上师”。

丙二,为使著书圆满而发誓言又有两义:丁一,正文誓言;丁二,识别应示之处。丁一,正文誓言,“千首妙语”至“利众心而讲”,以一颂而示。象雄与吐蕃的众多译师与学者贤哲的妙语正论不计其数,广大如天空一般,意义深奥如大海汇集之畔,虽无我辈未得无垢智所作,缺点未尽如盐碱之水,微小如井般的文集之需。然自如来佛祖所讲的教法与先哲知西巴美等众多贤哲所作的不可思议的著作之中,依少许自己领悟之义,暂时为利自己与如己一般的根器迟钝者之意乐而讲。

丁二,识别应示之处有二:戊一,舍弃非示处;戊二,取应示之处。戊一,舍弃非示处,“任何博闻”至“也不调”,以一颂而示。对巨著有非凡的悟性,能讲解正确教理的学者具特殊智慧之众,我等愚者不宜劝其修习。《解析幻化明灯》云:“言论教理如狮者,贤哲无需劝其修。”除此之外又有,虽有可至解脱与遍识一切的乐与极乐之地的正道却不修而舍弃者,如明目者明知是平坦之道不行而舍弃,无视脚下的悬崖峭壁却依然前进一样,迷恋俗务轮回之业唯行世事之众也不能以此经调伏。因其等对轮回不生厌烦而无出离之心,而且观此经的目已盲,区分善恶的智慧已灭之故。

戊二,取应示之外,“信与精进”至“闻习之”,以一颂而示。是示对上师之秘诀有坚定信念者,与对取舍之所学能依律而修的具精进者,以闻智不忘词句、以思智无误证得其义、以修智能现起所证的具器之众而示。如此之化机之众为消除其等修习此法的四邪分别心而应知四需要关联之义。四现前邪分别心为;认为此文是无所诠之词如疯者的自言自语一般的邪分别心;以为是无需之词句如淫秽论著的邪分别心;以为虽有暂时之需而无究竟之需的词句如邪教之论著一般的邪分别心、以为是无关联之词句如梦中的胡话一般的邪分别心。为消除此四邪分别心而示需要等四特点。但凡是所诠的词语与义一致之经论都有需要等四特点之支。其中因果无上乘之宗轮为所诠之义,自闻思此文中得分别其词义的智慧为需要、依此智慧恒断有界轮回苦海而至大解脱之城为极需或究竟之需、极需自需要中生,需要自此文中生者是关联之支。如此消除四疑虑而知需要等四特点的任何人,为了能入遍识一切的佛陀之城而应以喜悦之意与胜解心闻思此文。

乙二,确定所入之意而论正文有二:丙一,为顺利领悟而略表根本正文之义;丙二,为通晓一切词义而细述戏论分支。丙一,“何人不依”至“之捷径”,以一颂两句而示。不管天人等任何有情如不依正等觉佛陀之教法,那么修习究竟无上正果之法在邪教等任何教派中都不曾示。除佛法外还可修得佛果之语在任何佛陀的旨意与论著中无有所闻。因此佛教的三大总纲是:行、修、参禅三纲。其中四因乘是为暂时修利乐教派与有情之法而示。居士与比丘乘是为究竟之果而坚信善恶因果肯定不误之义,依律行取舍之法而谓之曰:行部。密宗的内外四乘是亲自修习身心与情器一切均以神身智慧之本性元始而居而谓之曰:修部。圆满乘与大圆满乘是以正果佛陀与自己之心性是无二之同体，对心性极净之义不造不染而参禅，能亲证佛陀之果而谓之曰"禅部"。是观待人士的优中劣三种根器而一切道路都可摄入修习断、变、脱三法，即三法藏之中，无有未摄入其中的佛法之故。其等是此文的导言与根本正文之论述。

第一品　依止上师法

丙二，为通晓一切词义，而细述戏论分支中：丁一，道路之根本依止上师法有三：戊一，依与不依上师之区别；戊二，观察是否具相而依止具相上师；戊三，启请恩惠而修习密意与威仪。

戊一有四：己一，需依止之因；己二，未依止之弊；己三，依止的功德；己四，对缘等的观待之相。

己一，"道之要点"至"求解脱"，以两句而示。如无心脏就将失去生命一样，如无上师则就无指导自轮回中解脱之路的人士，因而也就无得菩提正果之法。掌握修习菩提正果的一切道路之要点者为上师，如不依上师则无处寻求解脱与遍识一切的正果。因为，除了上师之外无人能指点解脱道之故。《业之明点》云："犹如身无心脏则就会失去生命般，如无贤哲上师则无人可示解脱道"。

己二，"轮回苦海"至"无有救"，以一颂两句而示。我等自无始时以来就深陷于六道轮回的苦海之中而不能自拔，无法到达解脱之彼岸，生老病死之苦如波涛一样无间断凶猛涌来，六道众生之苦犹如大海一样无边无际，难以忍受就像坏劫之烈火熊熊燃烧，无间断如大海之浪汹涌而至。在诸多苦难中万世受煎熬，这一切都是我等在前世没有依止上师得秘诀之故。就像罪人多布多豆，即使佛祖亲自为他讲经三载，因没有真心信奉佛祖而未曾调伏，致使在堕入恶趣时佛陀也难以佑护而受尽万般苦难煎熬一样。《塞弥经》云："惜哉！汝曾刹那居于人世时，不听佛陀之言喜逆行，不执真谛之言放任行恶业，以业所行以时而至时，此刻我也难佑尔之苦，是该忍耐己之恶果时"。

己三，"恰巴因察"至"功德如其生"，以一颂而示。恶魔恰巴拉让对佛祖使尽九种神变而不能伤其一根汗毛，疲惫至极就躲在暗处详察佛祖的言行，当佛祖舍去三百嫔妃，出家苦行得道成佛时，顿时生诚信之心而真心皈依，弃恶行善而成为随从之首。《舍家受戒经》云："魔王恰巴等等众恶魔，心中顿生信奉佛祖念，不犯佛旨修习雍仲法，妙哉极其奇妙至极也。"如此在一切人士之中，即使是一些诡诈之人，心情暴躁、贪恋财物、不顾善恶取舍、超出律仪行事、对敌友执亲仇之见、经商、务农等，沉溺于杂乱之事的懒散之人、难以驯服之辈，如真心依止上师则其心也会点化成一个效仿上师善良行为的随从者。那么他们也会变成一个像上师一样，思想和行为都以善为本，因而会成为一个具功德之人。

己四，"妮琼追随"至"善上师"，以一颂而示。《伏魔经》云："辛氏妮琼其女之，阿赖耶之心识中，善种恶种同时具，遇缘之时而生起，逢佛追随佛陀后，遇魔则随恶魔后"。所言一般，如佛祖之小女幸氏妮琼与佛祖在一起时追随佛陀之后行善，后被恶魔掳去后又随恶魔行恶一样。凡夫极易随师之善恶而行，极易被师友等因缘而改变思想与行为。故须远离居家与行恶之友而依善上师与善友之众，何时都不可离。

戊二，观察是否具相有二：己一，观察所依处上师之性相；己二，观察应依者弟子之性相。

己一有二：庚一，依止具相之师；庚二，舍弃不具相之辈。庚一有三：辛一，悲心之相；辛二，传承之相；辛三，密宗中所示之相。

辛一，"悲心润意"至"视为宝"，以两句而示。大悲心能滋润心续，具大利乐无烦恼悦众意使弟子自然生信念、具爱怜之心，自然行利众之事使利益自然而生、具不舍悲心，行利众有情之事时，即使对他百般呵护，然反而视为恶人以嗔心与恶语回报之辈也不辞劳苦，以因为是有情之故必须要引至觉悟之道而加以指导，无烦恼心，为弟子之事即使艰难，粗暴难以调伏等不管有几许不善之处，均以是利乐有情之事而任劳任怨。此为悲心四相。具大喜之心，性情温和、言辞柔和、行为端庄，身语意三门的任何行为均可使他人生净信之念，具闻思修三功德无穷如海，能满足弟子的今生来世的诸多愿望如宝藏；能正确无误地传授真理，尤其不光能示法，而且具大智对所请有喜悦之心，能讲授真传、修之有经验，所传秘诀具功效与威力能使他人生特殊信念，具大正知，行利有情之事时，对有缘之士以其天资而授法，对无缘之士不授密宗之法而能守密。此为大喜四相。具中立行舍的恬静之相，对攻击自己者与称赞者都一视同仁，不分亲仇、以不知最终谁是有缘之士之念而培育，对轮回有厌恶之感相，不顾今生之事，不做为满足私欲而曲意逢迎之事，能行一切利弟子之事、具不睬之相，不爱贡献财物和优礼侍侯，不理会前后相对的贡物之多少、具三智相，证德非凡、富有经典知识、本性与法相融，能正确引导有缘之士入善道。此为舍心四相。具无量悲心相，能像慈母一样爱护众有情，即使求心也能施舍，即使敌人有问也能如实相告，如有求必能舍弃自己的生命而为众生谋利，具世俗菩提心，能为弟子的今生来世诸事谋利，能授大乘秘诀使弟子亲证菩提正果，具胜义菩提心，深谙空性之义，证得万物均为无常之理。在末劫之时不听上师教诲和反目之辈，都以谋略教化其性以秘诀利他，而不对其以嗔心与愤怒回报、具大悲利他之相，不以贡物之多少而亲疏弟子，知众生为母，对敌人也能爱护如子，如赤金一样器重成熟解脱之士，主行利他之事。此为悲心四相等应具的十六相。《道现觉续》云："示此上师需具四无量，慈心爱怜不舍无厌离，喜心胜增功德正知大，舍心出离不顾证德高，悲具菩提之心行他利"。

辛二，"示法词明"至"体会至意境"，以一颂而示。传承上师应具八种传承，具此八大传承有重大意义。云何则：一为词之传承，有词传承就能像译师一样正确表达词句之义。二为喻传承，有喻传承就像照镜一样，善于形容而使他人顿时生信念。三为意传承，有意传承就如黄金在手一样，能知词句与喻体所示之义而真心生信。四为加持传承，有加持传承就像子承父亲的财产一样，上师的法力大而能使弟子生特殊悟性。五为行为传承，有行为传承接像富翁任意挥霍钱财一样，对所授的内外密三法具无阻自在之相，身心温和善良。六为行事传承，有行事传承就像富有的主人随意指使仆人一样，具用三智使诸事现前之相，以四摄事行他利之事。七为修习传承，有修习传承就像帝王统治臣民一样，教证之功德自然天成而对何事均无惧。八为经验传承，有经验传承就像入海寻宝的船主坐镇船只一样，善于酌情授法而能悟深奥正理之需。其等有前书云："传承性相应具八传承，正悟词句之义善言论，喻传深奥不误示其义，意成大乘贤者具禁行，大加持力能除他人苦，行为温和善良上师尊，行事之士具足苦行法，修习功德之海无边际，经验穷究经典之深义”。如不具备上述的八传承则有八弊。云何则：如无词句传承就如盲人之语一样词句与意义脱离。无喻传承则如盲人手中之物一样虽善言而不见其义。无意传承如守护琼乌一样不生功德。无加持传承如乞丐充富翁一样无半点功德。无行为传承如赤金深埋地下一样难遇正义。无行事传承如忘论播种之田一样不结菩提正果。无修习传承如幼童不能行走一样不能自主。无经验传承如遇不相识之客一样没有可信任之处。因此如全具此八传承者为优秀上师，具四五种以上也可拜为上师。

辛三，“尤得灌顶”至“真佛陀”，以一颂而示。密宗的特殊上师应具备以下六相。一、应全具上下密续之四灌顶。二、能住生圆大圆满之基而不违。三、精通诸续部之义而具两次第秘诀之意。四、曾修习念修之业而具现象。五、所证之见具信心使己解脱。六、具成就功德能使他人解脱。《幻网续》云：“雍仲大密之续的，悉示四门坛城而，见修行使解成就，证得太白密意境，不违誓言念修圆，得灌顶是正上师”。此处的四门是指能示四续部的诸密意。如此具备悲心十六相、八传承、特殊六相的上师如佛陀一般无二。具半数者为中等上师，就算只具备两菩提心也可拜为上师。

庚二，舍弃不具相之师有三：辛一，舍弃非圣者之师；辛二，伪装圣者之师；辛三，近似圣者之师。

辛一，“三智果实”至“诸恶业”，以两颂而示。如此自身无半点性相功德而自持种族尊贵，唯知世事者也有圣人之称般，整日沉溺于懒散与杂乱之事，不习闻思修三智以权势、财物、声誉等自高自大，怕失去财物和信徒而伪装修习，冒充已经证悟，假充圣人讲经说法之辈如枯木无有绿叶果实一样，从根本上就远离功德者，乃寻常人之师。又有一种在众人聚集之处讲起因果的取舍时能使天花乱坠，能引经典之名言，然自己却迷恋世间的繁华和财物，常热衷于经商、务农、钱财等。惟恐对己身的利益有危害而不惜与人争执，常行不使自己与他人安适之事，易怒、本性恶毒而常与人相争，如毒蛇一样常行邪恶之事者为恶师。又有一类，口中常谈无常与财物之过，又伪装自己不需要之相，然心存贪财恋功名爱权势之邪念，骗取愚人之财，常用信财支配家用而将其糟蹋，就像有毒的美食，言行不一其秘诀也不能成得解脱之基，此为不净之师。还有一类，不将弟子引入善道而指使其为自己办一些凡夫俗子之事而引入歧途行邪恶之事，无授半点知识之能力又不让其另拜圣贤上师，不能使弟子得半点灌顶、教导之功德，如施剧毒一样使其行诸多罪恶之事而加重罪孽，此乃邪恶之师。此等是应舍弃的伪圣人。《叶巴法部》云："如同枯木不能生功德，如同毒蛇放逸行恶业，如同施毒言行不一致，如同毒酒倒示法者弃"。

辛二，伪装圣者之师，"以贤自居"至"疯向导"，以两句而示。圣者是应具守戒律、精进、信、串习布施、温和、知廉耻、不观待供养与礼敬之相者。有些人如此以矫作伪装身语的一切行为而讲深奥与广大的诸法以诱惑愚人。狡诈成性，远离一切是功德之藏、佛陀之源的菩提心宝。即使依拜其等为师也不可能示大解脱之道，如求疯者为向导就会随意引至歧途一般，以似法非法的歧路引至罪恶的深渊。《驱暗明灯》云："非法如法而作狡诈唯图名，不知心念取舍却言逆转顺，善言世间十慢之法常置心，不生厌离狡诈示离相，不得信念常以词句慢"。

辛三，近似圣者之师，"不具功德"至"须舍之"，以三句而示。有些人本性被烦恼所束缚而粗暴，心中无一点厌离与出离等圣者之功德，只以前世的布施之果成熟于今生时享受的一丝有漏福气，只行求今世功名之事，以此而得高人一等的权势而将一些愚蠢之辈收到麾下，受其等偏私的崇拜，自以为是持明佛子圣者之化身，以不需有漏善业之念，毁坏常人的傲气。即使拜其等为上师也不会得功德。如爱护琼鸟不能得成就一样，不能示解脱之道应舍弃。

己二，应依者弟子之相有二：庚一，取有缘之士；庚二，舍弃无缘之辈。

庚一，"具相上师"至"具相徒"，以一颂一句而示。上述的有相上师需要有缘弟子依拜。问何为有缘之士，应具弟子的八相。一、具前世修行之宿愿；二、惧生死轮回而对上师与法心生信念；三、能布施财物具好施之德；四、能竭力行扬善避恶之道、五、意志坚定能降伏不净行为；六、不贪恋放逸之友与妻儿而能舍弃；七、为修法能苦行具忍辱之心；八、具三智与宽容心，对他人的攻击满不在乎。具此八相者为有缘之士将不会糟蹋戒行。当以父子之情与自己的生命一样加以爱护，佑其不受轮回与误途之阻，要毫不保留地传授一切秘诀。《道现觉续》云:“可为秘诀之器有缘者,具信好施精进意志坚,舍弃眷众苦行具善缘,取其如子而育此弟子,惜如生命而护传教法”。

庚二,“如同疯者”至“应舍弃”,以一颂一句而示。如疯者一样言多,无有诚信意志不坚定易被他人改变思想,言行无常不依宗旨,任何修持都不能牢记,本性恶毒难以调伏,阳奉阴违难以彻底驯服,行骗惯盗易怒,贪心十足,迷恋酒色美食,与卑鄙下贱之人为伍。如风一般放任而不能安居一处。弃昔日所学的秘诀而喜求新法。前书云:“多言易变无信具毒与,阳奉阴违贪欲惯偷盗,远弃如毒需防其弟子,计或严厉舍弃隐教旨”。

戊三,启请恩惠而修习密意与威仪有二:己一,请赐恩惠;己二,修习密意威仪。己一有二:庚一,上师培育弟子之法;庚二,弟子随上师修习之法。

庚一,“信之良田”至“果而富”,以三句而示。前书云:“如以慈母抚育儿女般,智慧悲心秘诀修法与,独自修习见修行果等,以此护育十法而引导。”所示般,弟子如无信念,就像无良田而无法种植五谷一样,应让其思生死轮回与恶趣之苦,引其生信。无悲心就像良田缺少水肥一样,教其思六道众生为母之法。如修习秘诀不知要旨就像无种子一样难发功德之芽。须将加持之旨未失,成熟解脱之幢未倒,秘诀之甘露未失之法传授于其,使其专心于秘诀之旨。无进取心就像不务农事一样难得收获,要昼夜各以四时而持续修习,终生使其习善法。如不独自修行就像良田无雨水滋润一样,要远离敌友勤奋修持。没有智慧与见修行果五者,就像不熟之果实一样,其中无智慧就难具知识,要闻思多方之法。无见则难自立需追究心性。无修将不能进步,要专心修习。无行将不能引用原始智,要使其与四威仪自然相融。无果则白费气力,需为我利与他利而今生修得法身与两色身之果。

庚二,“常思他利”至“决心巨”,以三句而示。弟子以圣人的十行为随上师修习之法为。唯思他利如多伍本桑一样修习。好施如帝释天,意志坚定如阿夏修习唯一法而得道一样。不被美食与美色所诱惑如祖辛加巴,不受恶魔诱惑如黑萨坚美玛一样。能忏悔昔日之罪恶如霍加巴位卓玛王一样。能忍非常苦行如王子萨确丹巴一样。不恋生命与财物如王子格哇杰与喜饶丹一样能施舍。恒常勤修佛法如我佛独自在鲜花之洲苦行一般。具非凡意志与决心如贡泽赤杰王一样而修习。在师徒两人授受之时,要断不净等起、败坏等起与卑贱等起三者。《三百二十颂》云:“非求财物眷众声誉与,天人乐之果与自己的,解脱之果为引众生故”。第一句是指,只求今世名利与财物与眷众的不净等起。第二句与第三句的前半句是指,唯求来世得天人之果的败坏等起与只求自己一人得解脱的卑贱等起。“为引众生故”是指应以知众有情为母而愿将其等度至解脱之岸的等起而授受佛法。此时,《慈母根本续》云:“下覆穿漏有毒器,不示任何教法而”。如云般,此时要舍弃不能如上师所讲般闻语词,如器口下覆之过;虽闻然不能以意识牢记语词,如器底穿漏之过;虽能记然与五毒之分别心相混淆,如容器不净之过与。《绝顶巨界》所云:“放任于外聚于内,厌烦听法应断之。”所示的心识放逸于外境之过,聚于内而昏睡之过,不喜听法生厌烦心等六过。

己二,修习密意威仪有五:庚一,上师之喻;庚二,培育净相;庚三,恒常依拜之法;庚四,上师之分体;庚五,追忆恩惠。

庚一,“内外佛法”至“佛陀颂”,以一颂三句而示。持内外密三宗宝藏者为上师。是如甘露一样的秘诀之源,涌泉一样无盈亏而川流不息。能引至解脱之道如善向导;能摧毁轮回之狱如勇士;能枯苦海如坏劫之烈火;能驱两障之黑暗如日月,并非捏造实有佛陀称颂。《道现觉续》云:“具大悲心犹如日轮般,方便法巧如同大地般,智慧如意珍宝遂众意,行众生业如同如意树,稀如昙花难得一现般”。

庚二,“如来佛祖”至“其尊容”,以一颂两句而示。断一切业障具一切功德的如来佛祖也被恶魔视为虚伪,邪教对雍仲佛法的道与果极净无欺之法也执邪见,具德上师乃诸乐之源却被弟子视为有过之士等。这一切都是自己的印象不净之故,如眼识错乱把法螺看成黄色一样。因此须知上师身为辛饶、语为法、意为佛陀本性为三宝。身上师、语本尊、意空行母乃三根本之根本。身为化身、语报身、意法身乃三身之主。无上师就不能亲瞻其等的尊容之故。有《洁白三法》云:“上师为佛上师法,如此上师为勇识,一切作者为上师”。

庚三有二:辛一,以行为恭敬上师;辛二,以意乐加行悦上师。

辛一,“上师起则”至“贪其物”,以一颂一句而示。《格雅续》云:“恭敬上师之法有,身与语与意等三”。如云般,以身恭敬之法为:上师起身时弟子不可坐于地，要即刻起身。行时不可在正前方背朝上师而行，不可在正后方压足迹而行，不可在右手同行，应在左前方迎师而行或在左后方随师而行。以语恭敬之法是，上师有垂询时，不可不回答，不可不遵旨意所示而不修。需断妄语等语之四恶。以意恭敬之法为：不可对上师发怒与记仇，不可贪恋上师的明妃与财物等，应断舍此念。

辛二，“优者唯命”至“量力行”，以三句而示。西乾大师云：“优者以智慧、中者以威仪、劣者以财物取悦。”如云般：优者如上师所示接受诸法永不间断地修习两种菩提心；中者如爱护眼睛一样清守三学或三戒不被恶行所污，恒常随师之意行事，舍一切违意之事，意乐加行一致不阳奉阴违；劣者以自己的身语意、财物、亲眷及三轮极净或只以财物侍奉上师。拉本大师云：“都以上师为尊则，是为圆满福资粮”。

庚四，“四灌顶象”至“经中言”，以一颂两句而示。得大圆满任何灌顶为基础，再得经传、授密续、传秘诀。具此四者之上师称为奉旨受命的四水之主。《音释》云：“聚集加持灌顶之水与，宣讲词句经传之水与，根本精华密续之水与，亲示密义秘诀之四水”。如云般，得灌顶、得经传或授密续、传秘诀、所学之法现在仍在修持。在座前得此恩惠之师称为四恩上师。极亲要比自己的性命还要爱护珍惜。又以灌顶为基、传密续、又示秘诀者为三恩上师，灌顶又传密续为两恩之师，唯有灌顶者是一恩上师。此说有《叶赤•誓言集》云：“智慧续之上师与，誓言灌顶之上师，秘诀经传之上师，三全者为根本师，一恩两恩需察之”。

庚五，“长远之计”至“不邪见”，以一颂而示。受此恩惠之师要以是真佛陀之念而恒常依止，并经常念其恩惠。因自己之今生来世的暂时与究竟的长远之计极其重要者唯有修习菩提正果，此业的启蒙者是上师，对自己恩情比千位佛陀更深，所以上师不管做任何事都要观想为善行，片刻也不可生邪见，要永恒地恭敬于他。雍仲本教法藏宝库中，示依止上师法为第一品之释。

第二品 暇满难得

丁二，品思修菩提的所依暇满难得有五：戊一，辨认暇满之本质；戊二，得暇满人身时须修习佛法；戊三，如不修则以后难得之理；戊四，如想得与不得也无所谓之念则示得与未得之利弊；戊五，为使不虚度暇满人身而劝学。

戊一有三：己一，《不了义驱暗明灯》中所言的暇满人身；己二，《绝顶巨界》中所言的暇满人身；己三，《心经教之明灯》中所言的暇满人身。

己一有二：庚一，辨别八有暇；庚二，辨认十圆满。庚一有二：辛一，辨认无暇；辛二，识别有暇。

辛一有二：壬一略表与壬二详论。壬一，"善趣之中"至"荒原中"，以一颂一句而示。占巴大师曰："三恶趣与长寿天，边鄙野蛮生邪见，佛不出世之境地，喑哑之辈八无暇"。如云般，凡在善趣中以天之放逸与非天的征战，人之积财守财等成为罪孽深重之辈，自善趣中又将堕入地狱与饿鬼、畜生、长寿天、佛不出世之境、无有佛法的边鄙之地、六根不全者、执邪见的邪教外道等。与正法背道而驰远离解脱之因而漂泊在轮回之荒野中，此为无暇。《十万颂》云："八无暇者无缘修善法。"

壬二有二：癸一，外四无暇；癸二，内四无暇。癸一，"以嗔之业"至"阻而苦"，以两颂而示。《塞弥经》云："多布多豆未死在世时，因嗔心巨大，缘行杀戮之业，其果引至地狱而受罪。"至"其果引至畜生而受罪"之间所云般。凡是地狱的众有情是以嗔心之因与杀戮之缘而引，其果是以利刃割剁无片刻安乐，其弊是没有法之所依的闲暇，如此饿鬼三部以贪心与偷盗之业所引，其果受尽饥渴之苦为食所困，其弊有伏藏大师顾如农则曰："有一老女鬼至前时，大师问：'汝知善恶否，能颂经否。'老女鬼答：'虽知善恶能颂密咒，然而我的五百子女有些因饥而死，有些因渴而昏迷，咒与善业之行，难有修行的闲暇'"。如云一般，极其羸弱的愚昧畜生之众以痴与役使之恶业而引，其异熟是困于自己的痛苦极其难忍之网而无解脱之时。其弊是现在在凡间的畜生而言，不识善恶之法，哑而不能颂半句佛法，也没有自他人处听佛法之缘。如是恶趣的苦难生存之时极长者，能消除业障而自此处解脱，又以无明之因与先前执邪见之缘而引至长寿天中，有《拉释》云："广果天之一方中，远离村落幽静处"。如云般，在四禅天的广果天的一方，远离村落的幽静之处有无想天者，除了在出生与死亡之时外，就没有心与心所的任何分别心，会在许多大劫中生存而没有修习解脱法之缘。即使生在无色界诸天中，虽能长寿然不可成闻思之所依。放逸者是放任于妙欲的欲界天也长寿是占巴大师所言。此等因非人身之故而称为外。没有修习佛法之缘而谓之曰无暇。《不了义经》云："地狱饿鬼畜生等，如得痛苦有情身，无有授法无有闻，无有领悟无有修，岂能修得正果乎？"

癸二，"又又自此"至"邪见箭"，以两颂而示。如此舍弃恶趣之身而有意生在人间时，与佛陀无缘被舍弃于黑暗劫之盲者，远离能示解脱道的圣人向导而为时无暇，虽有世间的明主佛陀出世，无缘者却漂泊于不被法之光所照的背阴的密林一般的边鄙之地与不知善恶的野蛮之地者，是以境与想之无暇，又如得人身则六根有弊而不全，哑者不能言，心愚昧而不知取舍之法、不能见正法的盲人，不闻佛法的聋者等是以身所依无暇，又有虽得能度出轮回苦海的境地，时与身所依之暂时的有暇人身之舟，然却被对佛法执邪见之箭穿其心而信仰邪教外道而心所依无暇。此等是人之无暇而称为"内"，是以各自命运而不可成修习解脱道的所依而称为无暇。《杰夏王消罪经》云："以缘所限某些有情众，如同背阴岩洞一般而，虽示秘诀甘露不能悟，远离修得解脱善趣因。"

辛二，识别有暇，"佛法明相"至"需珍惜"，以两句而示。《三百颂》云："有缘修乐断弃八无暇，此为有暇之身应知之"。如此生于八无暇之地则难见雍仲佛法之日光，非生于其等而远离无暇是八有暇。得如此之身应断弃无谓的世事，须修具要义的菩提之法。《格雅续》云："佛陀悲心如日之，光辉一般普遍然，有情自己之障而，如生无暇之境则，没有瞬间照耀机，故须珍惜有暇身"。

庚二，辨认十圆满有三：辛一，五自圆满；辛二，五他圆满；辛三，括要。

辛一，"比天更胜"至"法之海"，以一颂一句而示。占巴大师曰："五自圆满生于中土境，得遇人身诸根皆全者，非被境隐非被时隐蔽。"如云般，如此依八有暇之身可修习一切佛陀之功德。比天者更胜如众多良木之林中能生诸妙欲的白檀香一般的人身，如今所得是所依圆满；得此所依人身于内外密三宗俱全的赡部洲中土如神树在有梯级的须弥山顶一般，是自己出生地的圆满；所依之身如鲜花有能言识意六根皆全的花蕊争艳，是自己的根器功德之圆满；如被时所隐，则自己与佛法之间被自心续的五无间罪与轮回之业事务农等阻而自己与佛法不能同时相遇，现如今得至尊的人身珍宝，非屠夫、猎户、妓女等辈，不被恶业之污泥所染，与三学之佛法相遇，是自己的行为极净之圆满；如被境隐，则自己与上师间被邪见疑惑所阻不生信，或即使有信又被敌与病魔、饥荒等所阻而不能与上师聚于一处，现今自己的信念如巨象无有顾忌潜入佛法之海，上师与己同聚一处是自己的信胜解之圆满；此五者是观待自己而言的自圆满。此五功德应聚于自己之身修菩提之故，有《塞弥经》云："生于三界轮回无量数，唯有今世得遇洁净身，所得人身不可计数然，唯有今世方遇佛陀法。"

辛二，"如来空之"至"苑下住"，以一颂一句而示。占巴大师曰："佛陀降于世与示佛法，教法常住修习圣者有，其等圣人又具怜众心。"如云般，佛陀出世必须具备三因：教法是积大菩提资粮；佛陀是福田洁净至尊；化机界中能熟善业。具此三因则有佛陀出世说法，不然将不出世。虽具备观待己身的五圆满，如不遇佛陀出世则无用，现得遇如来佛祖空中之宝，众生之怙主出世，是他缘佛陀之圆满；佛陀以智慧之光使法之莲花盛开而大转三法轮，又使教法之花苑极其茂盛，是他缘法藏之圆满；此佛如以有情之命运而圆寂、或前世佛陀之法在后世佛陀之法未至之间被时缘所灭，又或被其他逆缘所灭则无用，然现今教法之苑不被邪恶之霜所侵而住，是他缘特殊时之圆满；现住的佛法有自己修持又能示于他人的无与伦比的上师圣贤之士，其又具能熟的灌顶、能解脱的秘诀之白伞，是他缘上师圣贤之圆满；此师有具备利他之心，能把在轮回痛苦的酷暑中受煎熬之有情，安置于大悲心深奥秘诀的阴凉之苑，是他缘增上悲心之圆满、此五者是观待他人的他圆满；此五功德需以他人得修习佛法，故有《塞弥经》："生于赡部中土极其难，修得洁净人身极为稀，亲瞻佛颜百中唯一二，佛陀法非普遍共有法"。

辛三，"十满之法"至"《驱暗明灯》言"，以一颂而示。如此之五自圆满与五他圆满合则是十圆满，这是《不了义驱暗明灯》之意。

己二，《绝顶巨界》中所示有二：庚一，辨别有暇；庚二，识别圆满。庚一，“如依《绝顶》”至“所依身”，以一颂而示。有暇之身是断六误，具备六不误之身者。云何则所依之误者是三恶趣。经云：“不要到三恶趣之中去示法，因其等被各自之苦所束缚而没有闻佛法之暇。”这是佛祖幸拉沃嘎之言。所依不误者是人身，其有《聚精华日光普照》云：“近似人身为女人，洁净人身是男人，八有暇全为珍宝。”《经》云：“除此之外诸洲无有入善趣的善业，也没有入恶趣的恶业，是佛法不曾传播之地，其等在临死之时，以命运而引，发愿生于赡部洲。”赡部洲是佛祖的身语意三法俱全的不误之洲，境地之误者是，《根本释》云：“赡部洲有十八大境，九十一个小境，一千五百处边鄙之地。”如云般，边鄙之地与多数小境没有佛法而是境地之误，吐蕃之境，雍仲萨玛岗处，音净声洁是辛饶莅临之地，是不误之境地。识之误者是，被神鬼所束不能自立者，不误者是心识胜任能自立者。业之误是，恶行者是也，不误者是，具善业无恶行入善道者。如此断弃六误具六不误功德所饰的所依是有暇之身。

庚二有三：辛一，两他圆满；辛二，三自圆满；辛三，共同一圆满。辛一，“外缘”至“善上师”，以一句而示。《根本续》云：“此前曾为四十黑暗劫，之后在现今之贤劫中有一千零八位佛陀出世，之后有六十黑暗劫，之后大妙音劫中有万位佛陀出世，之后有八万黑暗劫，之后妙置动劫有一万佛陀出世，之后有三百黑暗劫，之后功德庄严劫中有佛一万。”佛陀出世时是光明劫，不出世时是黑暗劫。现今外缘遇佛陀出世的光明劫，佛虽出世如不遇执教的善上师则无利，《无垢经》云：“无有上师未示之佛法，上师未降无有瞻佛者，无有上师未示之教法，故此一切都依上师众。”此上师也须具备《绝顶》中所言的三热。云何则，秘诀之热是能以弟子根器之优劣而善于随机授秘诀使其易生功德，意热是对化机爱怜的悲心巨大与具备菩提心使弟子能速得佛果，旨热是教诲等秘诀能揭发过失使弟子不放逸懒散。

辛二，“内缘种性”至“均能成”，以两句而示。内缘是大乘种性觉醒，得遇大乘之道，有种性则有觉醒。《地道幻灯》云：“有种性则有引发，以缘引发得遇道，因遇而得佛陀果。”有种性之兆是有厌离心与出离心、慈悲心、有信心，如无此等则是种性断失之辈。无厌离心将不生愿得自轮回中解脱之心，无此心则唯以道是不能成熟果实，如唯有良种无良田则不生果实一般，因此厌离心与出离心是为得解脱之基础，悲心使大乘种性觉醒，信使入善道。种性者有前书云：“本性分则自然与，能增种性而区分。”自然种性一切有情皆有，种性未断失可觉醒者是能增种性。已觉醒和未觉醒之区别有前书云：“醒则不堕恶趣道，熟他能速得解脱，未醒则随烦恼缘，遭遇恶友成依他”。如此种性觉醒得遇大乘道，又具备衣食等一切道之顺缘则何业都可圆满而成。

辛三，“共同暇荡之身通时金”，以一句而示，如此以六有暇，两他圆满三自圆满等一切功德俱金是共同一圆满。

己三，依《心经教之明灯》中所言为：“如依《心经》”至“七满身”，以一颂而示。囊多大师之释文中云：“心续不被烦恼五毒扰，心安宁之圆满；身不被病魔困扰，身安适之圆满；意不被神鬼所缚，加持如堡垒之圆满；不被敌人相犯，具忍军之圆满；不被粗暴之见所役，无欲之圆满；具前世修行的宿缘，心念有如火之智慧、有缘，具闲暇之时与心想之事皆成。”如云般，身无病魔之侵，身体安康；心不被烦恼五毒困扰，心恬静而居；意不被神鬼迷惑，心识自主，无敌友之犯无需生贪嗔之念；粗暴见行是指不被五毒与恶行所污，心不恋轮回，前世有宿缘而聪慧伶俐，无有扶亲灭敌等放逸之事而有闲暇之余。此等是观待自他两方的特殊七圆满。

戊二，得暇满人身时需修习佛法为：“此身佛之”至“无可疑”，以一颂两句而示。有五义：己一，此身为佛陀之本；己二，原始智之所依；己三，自在之显露；己四，得遇果乘；己五，是果乘的真正所依。

己一，要以是实有的佛陀之主的此身修得佛陀正果，先前之诸佛也是依此人身而得正果，非是依天龙等他身而得。如不曾消除罪障，不得智慧而立即死亡失去此身则无法挽回。因此要以此身而修菩提正果。《实有明点》云：“实有而成佛陀之主身，依此人身修习佛陀果”。

己二，唯一明点原始智居于自己之身是自然智的所依，依此所依就可亲瞻原始智之法而智慧自性，至身与智慧未离之间要昼夜勤奋修习。前书云：“明点智慧大始护所依，身与智慧未离之间修”。

己三，依此身能解脱轮回，亲证寂灭是自在之主，因此身是成熟道果的唯一所依之故。此身不可被懈怠之魔所扰乱，不可被危难所妨碍，在恶趣之敌未至之间要勤修。前书云："自在之主暇满宝贵身，熟之所依不可被魔犯"。

己四，唯有依此身时能遇可修佛果的密宗果乘。除此之外的所依如盲人不见道路一样，何言得遇密宗果乘，就连修善趣的安适之身也无法得。此所依与密宗果乘同聚之时，应勤奋修习。又有前书云："亲自显露密宗母之续，盲者无缘不入此尊道"。

己五，此身为无上正果的真正所依，因为必须要依此身方可亲证究竟之果之故。不离此所依而诚心修习，则今生即可自原始之基得解脱而无可生疑。前书云："成之果实解脱道巨界，即生速飞尊义之王者"。

戊三，如不修法则示以后难得之理有三：己一以喻；己二以数；己三以因示难得之理。己一，"如此功德"至"晨之露"，以一颂两句而示。如此修菩提的顺缘一切功德俱全的人身之舟今生已得之时，如不驶出轮回的大苦海，则以后将难得如此的善所依，凡三善趣之身也难得，犹如在墙壁上撒豆不能依附一样，其中人身尤为难得如昙花一现，暇满人身更加难得如白昼少有星辰一样，其人身多灾多难如秋冬交际时的果实多有雪霜之灾一样，虽得也不长久如晨露一样易失。正所谓《绝顶》云："难得如同墙面撒豆般，稀奇犹如昙花一现般，少有如同黎明之星辰，多灾犹如秋后之果实，难有长久如同晨之露"。

己二，"恶趣有情"至"身者稀"，以三句而示。凡恶趣有情比善趣多。恶趣中畜生为少数，人间畜生比洲间黑暗中的畜生少。如比人间畜生和人的多少，则在盛夏之时，一有情能卧之地所在的昆虫，与一穴蚂蚁之数，全赡部洲之人也没有其数。人与畜生的多少是显而易见之事，如畜生多如百驮青稞，则人数就好比只有十粒青稞一样稀少。《三百颂》云："显而易见零星畜生和，人数相比百驮大豆中，犹如只有十粒青稞般"。既然人身如此难得，那暇满人身就更不用说了。

己三，"持戒之基"至"因不全者非"，以三句而示。凡修善趣之身也需守一戒，其中如修暇满人身，则需以清净戒律为基，布施等大善根为友相助，以无垢之愿心承接方能修成。修其因的所依，何言三恶趣之众，就连众天神也迷恋于定与妙欲而无暇修习。人间没有佛法传播的地方如青稞之山堆，而有佛法之地却如一粒一样。现今在藏区之人中守戒的极少，更何况上述诸因不全则就很难修得暇满之身。前书云："修得暇满人身极为难，不是前世修善将不得"。

戊四，如想得与不得无所谓之念则示得与未得的利弊有二：己一，得此依之功德；己二，未得之弊。己一，"得其功德"至"得宝般"，以三句而示。如云何为暇满的功德，则有《绝顶》云："言行自在具权帝王般，驶出轮回苦海如快舟，诸事如愿如意珍宝般，遇解脱道穷人得宝般"。

己二，"不得之弊"至"轮回境"，以三句而示。前书云："佛陀悲心不摄之弊为，背阴岩洞不见阳光般，不遇引路上师之弊为，独行陌途无有向导般，幸福之日没落之弊为，黑暗之中如至荆棘丛，恒常流亡轮回之弊为，犹如盲人置身荒野中"。

戊五，不可虚度暇满人身而劝学。"因此不可糟蹋暇满身"，以一句而示。因为如前述的诸理一般，所以不可虚度暇满人身。云何则有前书云："是为善业之果岂可虚度暇满身，长远之计今世需修不可虚度身，不行善业人生将尽不可糟蹋时，错误之业夺去善时之故莫糟蹋。"糟蹋暇满人身而虚度之弊有经云："犹如渴死大海之滨畔，冰片药前却被热病困，秋之谷中饥饿而卧般，如至宝洲空手而返般，对己惜而悲哉真痛心"。如云般是依次示不求上师的秘诀，不依烦恼的对治之法，不取十善与不修长远之计菩提道之弊。雍仲本教法藏宝库中，示暇满难得是第二品之释。

第三品　生死无常

丁三，观想生命无常有二：戊一，略表；戊二，详论。戊一，"一切有为"至"四法印之道"，以两句而示。《智慧绝顶十万颂》云："一切有为皆无常，一切有漏均为苦，一切涅槃均寂静，一切诸法皆无我"。一切轮回皆有为，一切有为之性为无常。此语是我佛敦巴遍识一切如来辛饶弥沃示于四法印之首。

戊二，详论有三：己一，总之一切情器世间均为无常；己二，尤其一切贵贱之众生皆为无常；己三，示生与不生无常心之利弊。

己一有二：庚一，远无常；庚二，近无常。庚一，有二：辛一，略表；辛二，详论。辛一："动静两世"至"无常变"，以两句而示。《库》云："如此世间所成者，将住二十中劫时，成与坏之时间与，空而居时均为同，其等八十为大劫"。如此有界轮回静者器与动者有情两者的一切所摄各以二十中劫成、住、坏、空。合此八十中劫是一大劫。以本质各自远离而称为劫。如五大种虽依次相生而各自又以性相与功用而远离一般。先前无有而重新形成是成劫；此相续稳固而住是住劫；被毁坏为坏劫；坏而为空是为空劫。此续变化之故称为无常。

辛二，详论有四：壬一，成劫；壬二，住劫；壬三，坏劫；壬四，空劫。壬一，"成劫风轮"至"自上降"，以三句而示。外器之风轮是最先形成的，自此至内有情的最后形成者地狱形成之时为成劫。其中有《集经》云："外器一劫之中成，有情十九中劫成"。情器世界形成时，器世界是自下方而成，情世界是自上方而降，器世界形成之初空中自十方起微风聚集而成，自其中形成金色之云称为："金之精华"，云端中下起如矮力士之腿一般粗大的雨点而形成汪洋大海，水中有金色之尘被风浪拍打形成形态各异的须弥山与七金山、四大洲与八中洲，八中洲在海面上虽被海水相隔，然在水底下都与四大洲相连成为一体。三禅天以下相连的器世界的先前所灭者，都由下而上形成。有情自上而降，形成的次序为：二禅天、三禅天、四禅天，都因生下界烦恼而降于下界。先前之世界如是被风劫所灭则由四禅天而降；被水劫所灭则由三禅天而降；被火劫所灭则由二禅天而降。现今的贤劫应是被火劫毁坏之后形成的，因云一切有情是自二禅天的光音天而降之故。先降于大梵天，依次降于六欲天，四大洲中先降于北洲，而后是西东洲，而后降于南赡部洲。南赡部洲的有情是最初光音天的一位福尽的天神虽生欲念然不离禅定之身与光明之体而降于人间。自名为谢岱（意为具力），因感到孤独而思友，又有一天神降于凡间，名为谢若（意为力之友），又相互生欲念而化生一子名为谢伍（意为力之子）。《高上库》云："有界最初的人类是化生，身有光明，以禅定之食而生存，以神通之力可行于天空，无性别主仆之分，无授受争执之根本我执之念。”其寿命为非十大逾量的无量，而是无年月日历算的无量。之后依次对味生贪。前书云：“大地的一切精华如浮膜般附在地面，具白、红、黄三色味甘甜如蜜，食之又具舒服之感，一天神之子以手指取而食，知其味香甜而生贪念，此为食物之初。告诉众人而共食，久而久之，过多食用者之身渐渐沉重，光明也变暗，世间变为一片黑暗，此时以佛陀之慈悲与众生之命运，空中形成了日月星辰。于是就有了昼夜与年月之分，过多食用者身形也变得丑陋，少食者相貌俊俏。俊者生我慢之心，丑者生少许嫉妒之心，此烦恼使地之精华逐渐消失。对此众有情生愁苦之念，以众生之福又生一种比先前稍逊一等的地脂，久而久之也逐渐消失。之后遍地生一种具白红黄三色的谷类，香味十足，不用耕种又不定时而生，久而久之也逐渐消失，之后又生一种无麦皮而又具香味之谷，随割随长于漫山遍野，无需煮烹就可随意食用的谷物。因这是粗食，相对生等流之有漏而生肛门与尿道，自此就有性别之分，而后又行性交之事，逐渐结为夫妇，为利性交而建遮羞的房屋，生儿育女被亲情所惑生自他分别的我执粗念。之后又生一种每月一收的谷物，众人随取随食，有一懒惰之人，在暮时取了够吃早餐的两餐之食，众人又纷纷效法而取，此是储藏之初，久之此谷又尽，又生一种长一身、宽八指、具香味，生于自家门前之谷，久而又尽，之后又生一种宽八指即香又酸之谷又尽，之后又生一种有麦皮，长一卡的谷物，久之有不长。剩余一点种在地里，每年能收两茬，为使公平分配，以田埂分地，是为田埂之初。有一个德行败坏之人，藏自己之食而盗他人之谷，被别人所揭发，盗贼羞而否认，于是又生争辩数落过失，此为盗贼之始，之后众人聚而商议，要立王来决断非德之事，使众人能够公平得份，有一威望高者被众人拥立为王。称为众敬之王，自此便有了君臣之分，恶趣是如此形成的，《集经》云：“众敬之王分谷时，一人盗而一人告，君王以律依法判，盗贼羞而狡辩时，失主生嗔持利刃，杀死盗贼而生尸。”又有：“众敬往生于恶趣，告密者生畜生处，外海遂成畜生界，盗贼生与饿鬼处，失主以嗔坠地狱。”此时人寿为八万龄。之前因为没有大恶，所以恶趣没有形成，是属于成劫之时。

壬二，住劫是：“住劫劫初”至“八万龄”，以一颂两句而示。住劫有四：劫初之减、劫中十八返、劫末之增、其时生何圣贤。劫初长时为，自八万龄减至十岁之间,是如此而减,劫初之时人性善良而无十恶,寿命也能享十万至无量之数,十善行不用守而自然而行,称为圆劫,其意是十善圆满之时。之后逐渐行身语七恶,寿龄也减至八万至六万岁,无意之三恶,称为三分时。之后又生贪心,只具意之两善,而称为二分时,此时人寿为五百之寿。现今是百寿之时,五毒十恶,皆全称为斗诤时。人寿自万寿至千岁之间,因唐格王子大开杀戒,激怒诸龙,天降冰雹暴雨使平原之地成为山川峡谷丘陵之阻。之后至十龄之时,其亏减有《高上库》云:"贱种容颜如猴狲,幼儿暮生晨能取水火,五月之龄成家而立业,其时人们只有披发衣,浊世之时唯有茅屋住,此时自然祖师斯伍生,化身一尺高一头,是具金色转轮王,装束有具相好姿,生于吐蕃谷格界"。十岁时的灾难有《库》云:"痛苦病魔依次生,饥饿之劫如此生,刀兵之劫如雨降"。此浊世之时以三小劫毁坏一切,瘟疫、饥荒、刀兵之劫。瘟疫之因是,天与非天之争与人类无福而生瘟疫。《情器成坏经》云:"梵天与帝释天,遍入天与非天之八部征战而生瘟疫"。有情之福、将尽之病,有三百六十种疾病与九大瘟疫。《四圣库释》云:"时疫、疔创、喉蛾、天花、肠痛、皮藓、麻风、浮肿、胆热等九大瘟疫成灾。"饥荒为,自瘟疫中幸存之人行恶业,遭天龙之谴,天不降雨,田地荒废不生五谷而闹饥荒。初为嘎吐纳布,此时尚有少许粮食,煮数粒而饮其汤,捞而嗅其味以充饥。之后为热弓嘎布,谓先人之骨有五谷之味,煮而饮其汤充饥。之后为玛纳娘夏坚,食芒萨或割自己之肉而充饥。刀兵之劫为,利剑、利斧、箭枪等利刃自天如雨而降夺人性命,土木石片着手即成利刃,相互屠杀。如此饥荒历时七年,瘟疫七月,刀兵七日之久,赡部洲之人将尽。《虚空心库》云:"刀兵灾与瘟疫灾,饥荒等使有情尽,历时七日与七月,七年依次为其时"。东西北三洲无刀兵之灾,因无争执之故。北洲又无饥荒之灾,唯以瘟疫为灾而坏。在此三小劫之时器世间也有山崩地裂之灾。之后如何增长有《库》云:"饥荒瘟疫与刀兵,使人生厌而立法,十善渐全增八万"。此时少数幸存的具菩提心的善士聚集在一起辩论三灾之因,皆知是遍行十恶之罪过,众人都生要戒十恶之心。此时有一未来佛之化身,身体与相貌均殊于常人。众人问是何因,答是戒杀生的善果。于是众人皆云:我等也要断杀生之恶。之后寿龄增至二十岁;之后又戒偷盗而人寿增至五十;又戒邪淫三恶而增至一百;戒妄语而增至二百；戒反间语而增至四百；戒绮语而增至八百；又戒恶语而增至两千；戒贪欲而增至四千之寿；断嗔心而增至八千之龄；戒邪见而增至两万；能自然而断而增至四万之寿；全无半点恶行而增至八万之寿。身体与财富也随寿命增长。因遍戒杀生之恶，由此而生的自在果使南赡部洲之器世间也轻微震动，使山川峡谷、丘陵之凹凸之地复原为平坦宽广之野。此时遍地为宝，以金为墙、以玉为纺锤石、以铜为钉桩锤之说。八万寿龄将持续很久。之后之亏减为又因念知放逸而生烦恼使寿龄减退。前书云："因慢生非念知等，增长烦恼减至十"。亏减如劫初之亏减。如此盈亏十八次为十八返，即十八中劫。之后劫末之增长之法为，十八返尽后如先前一般增至八万之龄。其等有《库》云："中劫无量之寿时，人寿十龄之间也，自此增长与亏减，另外之劫十八返，又增之时为一劫，其等寿至八万龄"。劫初长时为劫之精华而亏减慢，劫末长时为劫之浊世而增长缓慢，因此与一返之时相同。其原因是：《四圣库释》与《根本续》与他宗相同，十八返以百年而增减，劫初与劫末以二百年而盈亏。嘎敦大师曰："劫初与劫末以两寿龄而增减一岁，十八返以一寿龄而盈亏，所以其时间相同"。因此成坏空与住劫相同，《库》云："成劫时与坏劫时，灭而所居时相同，其等八十为大劫"。如此，四个二十中劫为一大劫之时。如问其时有何圣贤降临则，至八万龄之间将出世诸位转轮法王，其中唯主宰南洲的铁轮法王，主宰东南两洲之铜轮法王，主宰东南西三洲之银轮法王，主宰四洲的金轮法王。此法王行走时前面有法轮开道，有具外内随三七二十一宝而称之谓转轮法王。外七宝为：金、璁玉、白铜、银、晶石、珍珠、石之精华。内七宝为：非人工所铸的纯金法轮自天而降，具千辐巧夺天工，具轴心美妙无以伦比；护地神象有帝释天所赠；宝马云之神通有风神相赠；末尼珍宝八棱如鹰般巨大者有龙王相赠；王后如莲花般拥有沉鱼落雁之貌，身具冰片与檀香之异香，品行端庄者自然而至，文臣足智多谋，智慧非凡者与，武将勇猛善战，所向无敌者自然而生。七随宝为：剑宝识忠奸，如有犯上做乱者则不用人持而能自行斩其首；龙皮珍宝穿之能降雨，脱则能使雨止，水火土风四大种不能毁者；履宝穿之行水面而不沉，行百由旬而不倦，卧具宝盖之能生禅定之心，冬暖夏凉；衣宝穿之食少许食物也具安适与千钧之力；苑宝观之赏心悦目，心情舒畅，施主宝或宝库只需看一眼即能聚宝成山。如此的转轮法王在人寿为八万以下时不显，也不会同时出现两位转轮法王，因前世修有无敌之福，如佛陀一般。亏减时所出世的佛陀在人寿为八万以上时不出世，因此时之人无厌离之心，即使授法也不为所动，现证真谛者极少之故。百寿以下也不降世，因五浊横流，化机无法器之故。只是自八万减至百寿之间出世说法。佛陀出世有重大意义，化机具厌离之心易调伏，寿财皆下降而能为所化。《虚空心库》云："减至百寿之间其等生"。因此在现今的贤劫中有一千零二位佛陀出世的说法。《夏巴》云："极净化身本性为，总之劫之异门中，唯生光明之劫时，现今贤劫之中有，一千单八化身生，过去七佛今为八"。又有《集经》云："明相善法普识三，妙者等齐慈者三，洁净明显智慧三，首批佛陀有九位"。其中两者为父母，四位大臣，一千零二位教主佛陀。前书云："转轮法王东沃与，王后仁欠萨沃玛，发愿广大之法愿，求得莲花哈苯者，莲花盛开而观时，自然生子千为众，又有四大臣也生，合法王夫妇为千单八"。贤劫之义为，前书云："世间形成的初期，汪洋大海之水面，金色水莲具千瓣，璁玉万字花纹者，净居天之诸天神，均曰此为贤劫也，为引有情得解脱，将有千位如来佛，出世大吉之兆也，善哉善哉极其善"。增长时所出现的独觉辛饶为厌离心强，能独自修习缘起还灭之法，言不传而以姿态示意，行少许他利之事，悲心小而主修我利之故。依此所述是众佛的特殊所化之地，南赡部洲器世由成而住与诸佛出世的少许之讲。总之所依下方风轮交杵金刚所托的四大种重叠的寰球，与依此而成的山海及十二洲，与由此下量两万由旬处有无间地狱，在此上方有七处地狱重叠而成，四周有十方超热地狱。八热地狱的正北相对有八寒地狱重叠而成。地狱之上方自下而上有饿鬼与畜生，须弥山之岩洞中有非天之境，山顶有三十三天，其上方非土石之界的空中有欲界六天的最高处他化自在天，以下为一梵世。如此的十亿梵世称之为三千世界或大千世界。以上有色界十七天，无色界四处。合此称为堪忍刹之界。《雍仲业净》云："三有顶至基础间，有界皆全一世界，谓之堪忍刹之界"，此等在后面将细述。

如此一切轮回之法合则可分为三类之中，即色之微者极微尘，时之短者一顷刻，名词之本为字母。正所谓《情器库》所云："色与名与时之微，尘与字母一刹那”。其中前者有前书云:“极微尘与微尘与,金水兔与羊与牛,日光尘与虮子与,虱子青稞七倍指,二十四指为一肘,合其四肘为一弓,如此五百为闻距,八闻距为一由旬”。如云般,合七极微尘为一微尘,七微尘为一金尘,依次七倍为水尘、兔尘、羊尘、牛尘、日光尘、一虮、一虱、一青稞粒,七青稞粒为一指。以由旬量山峰与旷野等一切大者之长度。如此一切巨大坚硬之物归根结底也是极微尘之物。时之短者为一顷刻。前书云:“一百二十顷刻时,是为一刹那之时,如此六十为瞬息,瞬须昼月三十倍,一十二月为一年,盈亏增为半数计”。如云般,顷刻为时之最短者,如以利箭穿透一百二十层蓼科之叶的话,那么每穿透一叶就是一顷刻之时。如此一百二十顷刻为一刹那时及一弹指之时,六十刹那为一瞬息,三十瞬息为一须臾,三十须臾为一昼,三十昼为一月,盈者是六阳月,亏是牛羊鸡兔四月,只有二十八天,蛇猪两月因是恶毒之物而只缺一天,增者是指所缺之日聚而成闰月,每三年必有一闰年,猪蛇虎猴四恶毒之年尤为甚。半数者十二月中半数盈而半数亏之意。名词之本为字母,如聚发丝为发辫,聚集吉祥草成束,聚集小草而成草坪一样,聚集字母为名,聚名为词,聚词为句,聚四句为一颂,称之为辛之合颂,聚集众多颂则成章节、段、品、函等。《略义定经》云:“合此四句是为颂,合此十万颂为集”。如此聚集众颂成函之时,字母仍然为独立之体,在成毛绳之时,每根牛毛也是独立之体一样。如此牛尾与草坪也一样。是以轮回涅槃诸物俱为以我等之意而定义,如此以我等之意而所命名的字、词、句、颂时的独立字母一样,字母之音也是自分别心之智慧而生,此分别心之自性是无法寻求的就像浮空的本质一样,因此要知道世间万物均为显而无自性之物。

壬三,坏劫是:“坏劫十九”至“依次坏”,以一颂而示。坏劫之初先坏有情而后坏器世,坏有情历时十九中劫之长,器世为一中劫之长,有情中先坏地狱。坏劫之初众生不再下地狱,是因为住劫劫末转长时众生俱行善而无恶业,恰似断河水之源而使其不入河渠一样。《经》云:“斩断生于人间的轮回之续,地狱与饿鬼、畜生等有情之续也可断也”。先前生于地狱罪孽将尽者会生于其他三洲之人,罪孽深重者将会转入另一个大千世界的地狱之中继续遭罪。另外两趣也将会往生于上一界,其等不会往生于禅界,因以此所依不能生禅定之故。之后人类中首先有南赡部洲之人经历瘟疫、饥荒、刀兵之灾后，一人在深山中独自修行，无师自通，生二禅天的定力，出定后广传禅定之妙，众人俱效法而习参禅之法，因其等都是光音天神之后裔，依此缘起皆生禅定之力而往生与二禅天。南赡部洲之众生一人不剩都往生而成空器。之后东西两洲之人也对欲念生厌离之心而自然生往生上界之因而得二禅天之果使器世均空。北洲之人不离欲念而往生于三十三天，中洲之人也如各大洲一样往生与各处而空。之后六欲天也如先前般得禅定而往生于上界，之后梵天之众也如此往生于二禅天。此时世间将无一有情。之后器世将会被水火风三灾所毁坏。《库》云：“空中将升七金日，九轮皓月聚汪洋，赤风黑风以风毁”。首先以火毁坏之时，贡佐大师云：“第一个骄阳升起时使大地皆热，第二使草木枯干而焚，第三使河流与涌泉干涸，第四使玛哲湖干涸，第五与第六使大海也自百由旬干涸至八万由旬，最后将不剩一滴之水，第七使上至大梵天，下至地狱都将焚为灰烬。《情器成坏经》云：“空中升起九次骄阳。”是指后者之热量是前者九倍之义。此时有《根本续》云：“大梵天之火烧至少光天之下时，年少之天神均生恐惧之心，此时就有长辈安慰说：‘此等大火先前也自大梵天燃起，但不会危及我等’”。

水坏之时，依次出现九个月亮而聚云下雨，第一个月亮使虚空皆寒，第二使下毛毛细雨，第三使雷雨不住，第四使雨滴如利箭之粗，第五使雨滴如牛轭一般，第六使之有车轮之粗，第七使世间皆成汪洋大海，第八使器世如灰尘浮于水面，第九使上至二禅天以下，下自风轮以上的器世如盐粒一样融入水中。

风坏之时，自风轮起风，先以旋、卷、狂三风毁灭万物，之后以灰、白、暴三风所驱散，最后以青、巨、飓三风所破，如冰片被风所化一样，三禅天以下的万物皆灭成虚空而居。有《隐释》云：“空中升七轮金日使一切世间万物如燃煤一般燃烧时是水灭，被风所摧毁而不留一点微尘是土灭之时，被水淹使世间成为大海是火灭之时，如金盆盛酥油一般不动而住是风灭之时”。如问何为七火一水之说，其为《塞弥经》所言，如此一禅天被火毁灭七次之后就有被水毁坏的一劫，因无量光天之寿非八大劫而不尽之故。如此七遍之后即五十六大劫之后，又有七大劫被火毁灭，及六十三劫后的一劫是被风毁坏。因无量净天之寿非六十四大劫而不尽之故。如此三禅天以下会被水火风所坏是因所修禅法有如此三者之弊，一禅天的心与心所有如火一样的寻伺之弊；二禅天有如水一般的喜悦；三禅天有如风一样的念知之造作。四禅天无此三弊，无禅定的八大缺点，即思、察、喜、安、呼、吸、浮、勤。如问四禅天是否是恒常之界则，非为恒常之界，有《高上库》云："非不坏之物，都同各自的宫殿等一切毁坏，都随各自的命运而往生于六道中非恒常"。

壬四，空劫为：一切有法之相均没于自性无相之中，都如虚空的本性一样而住，有一界半都将灭于三灾之中，所灭的禅天以下的色界与欲界的轮回道已断，烦恼与痛苦之城也空，有界的轮回也坏，如此历时二十中劫之久。之后又有六十个黑暗大劫依次循环于成、住、坏、空之无常轮回中。如此有经云："成住坏空四劫者，无量依次将会至"。如云般，未来的黑暗与光明之劫无量如虚空一般无边无际，然都在刹那的变迁中，由成住坏空而计。以大千世界中的极微尘为计量单位也不能统计虚空中的三千世界之数，都如初春之雪一样在无常轮回中缓缓而。如能深思这等无常变迁的话，那么我等之身如深秋之花一样多灾多难，生命如山顶之雾一样变幻无定，居住之宅院如水泡般易破，所交之友如林中之鸟聚散无定，积攒的钱财如蜜蜂采蜜一样难为己用，华丽的衣饰如彩虹一样短暂而逝。因此要生厌离之心而修习雍仲本教之无上佛法。《杰夏王消罪经》云："四宝而成须弥山，赤金而成七山与，四洲八中洲等等，以铁而成铁围山，都将毁灭如此般，因此需断痛苦也"。

庚二，近前之无常为："如此一辈之中也多灾"，以一句而示。如此近而论，则每世纪或每一代都有毁坏器世的火水风等灾难，为害有情的瘟疫、饥荒、刀兵等天灾人祸接踵而至，只思我等耳闻目睹的如此明显之灾也可知情器世间万物皆为刹那之物，需收起一切贪恋之心，要专心修法。

己二有三：庚一，以圣贤之圆寂而思无常；庚二，以有情之生死而思无常；庚三，以死之本性而思无常。庚一为："遍识一切"至"需明视"，以一颂三句而示。总之有《塞弥经》云："先前也有不计其数的佛陀出世传法并圆寂。数不胜数的世间成而坏之，不计其数的有情随命运轮回与解脱"。如云般，尤其在此贤劫中曾有七世佛陀出世并传法，人寿为百龄之时有遍识一切殊胜于一切异品的我佛辛饶弥沃等，虽为金刚不坏之身，然为使众有情知道生死无常之真理，使懒惰之辈能勤修佛法而圆寂以警示后人。还有象雄与吐蕃之八十位持明圣人均为不坏金刚之体，然为警示后人而先后入涅槃，更何况我等的血肉之躯是依缘之体，就连半日的安康也无绝对的保障。《杰夏王消罪经》云："诸佛陀与叶辛众，一切雍仲菩萨等，都入涅槃而圆寂，凡夫俗子何须言"。

庚二，"世尊梵天"至"思无常"，如此世间具莫大权威的大梵天与帝释天等众生之主，达瑟圣地的六大法王等世间的帝王将相在大限至时，无一人幸免。总而言之，上至三有之顶，下至地狱之底的一切有情众生都将被死亡之魔夺取生命。因此愿求解脱之士要常思无常之法。《续》云："生之尽头唯有死期至，无有阎王不招之有情。"

庚三有三：辛一，依居处思无常；辛二，以十六真理思无常；辛三，示人生易逝之喻。

辛一为："草木枯荣"至"处中修"，以两句而示。昔日在象雄莲花圣地有四种修习无常之士，一为树底派，是在树底下看树木的枯荣与树影的移动而思无常；山顶派是在山顶看日月之升落与云雾之变迁而思无常；尸林派在尸林中看尸身的新旧及鸟兽之聚散而思无常；无定派在不定的环境以人员之流动与众多事情的变迁而思无常。我等也应像他们一样在那种环境中思修无常之法。

辛二有二：壬一，略表；壬二，详论。壬一，"一切定死"至"自当至"，以两句而示。如此自三有之顶至无间地狱的一切有情终究会死而无一人幸免。因是有十六原因而无常之故。十六原因或真理为：必死无疑之四因、死期无定之四因、均不能助之四因、死期亲临之四苦。《三百颂》云："定将死亡死期无有定，均不能助死期将亲临"。

壬二有四：癸一，定死无疑之四因；癸二，死期无定之四因；癸三，均不能助之四因；癸四，死期亲临之四苦等四四十六因中。癸一，定死无疑之四因是："一个不剩"至"坏而死。"以三句而示。《绝顶巨界》云："昔无余者而定死，均不能阻而定死，生命刹那都不停而定死，因蕴是有为法而定死。"所云中子一，世间四生六道众生中无有昔日未死而万寿无疆之人而我等定死无疑。既是先前生者其后定有死亡。《消罪经》云:“未曾逃脱死魔掌,死亡无常均会至。”

子二,如此死期必至对此即使做禳解与长寿仪轨,灌顶等一切法事也将于事无补,能言者不可辩之,羸弱者不可求之,善行者不可逃之,善隐者不可遁之,死亡定至。有《集经》云:“死亡之魔亲临时,帝王降旨也无用,帝王之身也驾崩,咒力威者也不调,策弥虽威也会死,巫师刍灵不可欺,佐本善念也会死。”

子三,即使能活百岁之寿,岁月以昼夜而尽,昼夜以分秒而逝,减寿无间而至,无有添寿之法而定死。《不了义驱暗明灯》云:“生命不停高山滚石般,惜也会尽难阻无有添,年月昼夜分秒不停则,岁月变迁与死渐渐近”。

子四,还有一切有为即是将坏之物,我的色蕴也是四大种聚集而成,最终必会毁坏而定死。《大乘经》云:“我之极其珍惜之身躯,而今犹如破罐一样弃,同时所生骨肉也将分”。

癸二,死期无定四因是:“寿龄无定”至“何时死”,以三句而示。《绝顶巨界》云:“寿龄无定不定何时死,死因众多不定何时死,身非精华不定何时死,明相不堪察而死期无有定”。所云四者中,子一,《三百颂》云:“俱卢洲外其他均无定”。北俱卢洲之寿有定,其他能否享自己之寿虽不尽有定,然多数能享而有定。南赡部洲人之寿命尤为无定。《不了义明灯》云:“昔为无量最终为十龄,现为百寿以年而计则,死期无定如不精进则,由此往生坠入恶趣死”。

子二,如鸟之天敌为鹰,鱼之天敌为水獭,土有火、水有木之天敌一样,死因众多而生缘甚少,大限至时就连平日赖以生存的食物也一样可以夺人性命,因噎至死的也大有人在。《三百颂》云:“如幻而至天敌各自有,土之死缘水等如此般,所食之物噎死如此至”。

子三,身如水泡一般极其羸弱易坏,无需大灾,即使是一根荆棘之刺也可至人死亡,因而死期无定。前书云:“蕴是有为之法无意义,水泡草露指甲之尘般,轮回之身何时定无常”。

子四,身为色法有质碍而无常,是为变化者,由生至童,由童至少年,由少年至青年,由青年至中年,由中年至老年。在此五去之间不定何时死亡。

内在的心之思维也随季节而变为喜怒哀乐而无常。前书云:“色心四季苦乐等而变,婴儿成童依次而转变。”

癸三,大限至时均不能助之四因为:“亲友众多”至“一人死”,以三句而示。《绝顶》云:“亲朋好友难阻死亡魔,坚固之屋难阻死亡魔,所积钱财难阻死亡魔,自己之身难阻死亡魔”。所云有四:子一,大限至时,虽有众亲友等围而守护,紧抓不放也不可助。《不了义经》云:“至亲儿女奴仆虽众多,大限至时难助单身行,永恒真友应需今时寻”。

子二,其时虽有坚固的城堡也难阻死亡之魔而不可隐。前书云:“良田房屋安适家虽有,大限至时难助唯有墓,善趣安适之地今需寻”。

子三,其时虽有可与多闻天王媲美的家财,也不能助,前书云:“经商辛苦所攒之钱财,五类珍宝虽然堆满库,大限至时难助赤身行”。

子四,其时虽有强健的体魄与超人的智慧与威严之身也难助。《塞弥经》云:“无常希望恒常之色蕴,极其珍惜只以美食养,为求美丽只饰华丽饰,需时难助犹如破罐弃”。

癸四,死期亲临之四苦为:“大限亲临”至“善道修”,以两颂一句而示。身心静思死亡之苦,断定必死之苦,难舍今世之苦,死亡难以主宰之苦。子一,人生在世时只思眼前之事而不修佛法之妙,无常大限至而病魔缠身时,三门被病魔折磨之苦不可思议。《绝顶》云:“身之痛苦如鱼抛沙滩,语之苦如母驼亡亲子,意之苦如落网之野兽,性命尽头至时苦巨大。”

子二,至此死亡将至时,做禳解仪轨与求医问药也于事无补,寿尽之时众亲友也无法相助,自己也知将不久于人世而承受巨大的痛苦。《集经》云:“禳解医药也无助,晨时虽愿微有安,日升之时仍无助,美味在前头难抬,请进佳肴目不视,唯以清水解口渴,知已将死留遗言。”如言一般。

子三,《三百颂》云:“卧榻之末患者之死榻,亲友之末相处缘分尽,食物之末临死上路宴,语言之末呻吟留遗言”。至此四末之时,难舍亲友儿女,难舍伴侣,难舍所攒之钱财而留恋人世之苦无法言喻。耿珠明妃曰:“瞠目而视亲友之面孔,颤抖之手紧握儿女等,喉间呻吟只有喘气声。”

子四,死亡之魔与索命之鬼摧毁生命之柱,蒙蔽光明之窗,扼断游丝之气,将魂魄囚于铁笼之中而身不由己。《集经》云:“因此恨心死亡魔,不怜乌首人之子。不怜赤面人之孙，不管大小均带走”。如此虽难舍今世而唯有四苦相送，中阴之来世景象虽不喜而然唯有其相迎，三恶趣之城虽不喜而然以恶因相邀，难忍诸苦虽不喜而唯有其为宴，如此的强敌在我等近前相侯，思其则应速入善道而修善法。是告诫我的众弟子之良言。

辛三，生命易逝之喻为：“四士射往”至“须修善”，以一颂一句而示。《驱暗明灯》云：“如示人生不停易逝之喻则，四勇士向四方射四箭，如有人能同时擒箭则，可谓快而日月两倍胜，比此更有空行饿鬼快，以此而计人生几倍快，应断今生之念需修出世法”。

己三，生与不生无常心之利弊有二：庚一，不生无常之弊；庚二，生无常之利。庚一，“如此既知”至“词者愚”，以一颂两句而示。我等既知万物为无常之法，然怜惜无常幻身，终日以华丽衣饰为饰，是为愚人之举，修佛法时不能忍受半点痛苦，却希望能忍三恶趣的万般痛苦，也是愚人之念。既知生命无常不定何时死亡，然唯迷恋今世之事者为愚；敌友既为无常，然亲朋友而憎敌人者也为愚；钱财无常不以其敬佛供养，修法布施，而吝啬或仗财欺人者为愚；不行有利之十善而专行无利的错乱之事者为愚；既逢佛法而不修，终生在懒惰与无为中度过为愚；不修佛法之精华他利菩提心而只谈佛陀之言者为愚中之愚，是《绝顶》之言。其等是未生真正的无常心之弊也。

庚二有二义：辛一，暂时之利；辛二，究竟之利。辛一为：“如生无常”至“良驹快”，以三句而示。生无常心之利，可避上述诸弊，得相反之利。对轮回生能舍的厌离之心，使入善法之门，使对佛陀之信念坚定不移，精进无张驰之分。

辛二，究竟之利为：“能证究竟”至“如幻影”，以一颂而示。能亲证一切万法为空，知中阴景象为幻景，一切诸道皆显幻象，证得佛果也为幻象一般之功德不可思议。雍仲本教法藏宝库中，示生命无常为第三品之释。

第四品　轮回之苦

丁四，现今思轮回之苦有二：戊一，贯通前文而略表；戊二，详论其义。戊一，“生者死则”至“四法印之二”，以一颂而示。以四生之所依而出生的一切众有情皆为无常，而终究难免一死之理如上述一般，然死后也并非化为无有，以命运之定而轮回于六道之中又将生于其间。凡生在轮回中终无半点究竟之安，皆为痛苦之本性，我佛曾示于四法印之二。《绝顶十万颂》云："一切有漏皆为苦"。所云般轮回于三界之中，由此漏至彼处依次循环而称之为有漏。是为苦蕴。

戊二有二：己一，轮回之总苦；己二，分别讲三恶趣之苦。己一，"其中三恶趣"至"不堪视"，以三句而示。如此轮回之因是我执烦恼，性相为痛苦之本性。《地道幻灯》云："因以我执烦恼力，具苦者为轮回也"。言词为，以恶行与有漏善行而循环在六道众生处，称之为轮回。前书云："恶与有漏善行轮"。以种类分则有六种：恋善的轮回天神，似天而不是的非天，行善恶诸业之人，避善而行的畜生，饥渴难忍常思食物的饿鬼，受难忍之苦者地狱等六趣。六道之言词也是此义。以界分则有三：有睡眠、性欲、食欲的欲界二十处，无此三欲而具光环之身者色界十七处，无亲显之色身的无色界四处。此四十一处都属三界之中。以道分则有以五毒之业而行的五道：以嗔生地狱之道，以贪生饿鬼之道，以痴生畜生之道，以妒生人之道，以慢生于天之道。如问非天是否无道可行则，有《洁净莲花阔界》云："上部与天同行天之道，下部均与药叉同道行"。如云般，上部非天与天同道，下部与药叉即饿鬼同道。以生分则有四生：湿生、化生、卵生与胎生。此等皆为痛苦之本性。痛苦也有三种即行苦、坏苦与苦苦，是根本三大苦。其中行苦之受为舍受；即不苦也不乐之受；坏苦之受为乐受。苦苦之受是苦受。如喻则依次如"灰烬之时为舍受，以草覆盖灰烬在上面而卧时为乐受，风吹引火身亡之时为苦受。以境分则三恶趣为苦苦，三善趣为坏苦，遍布轮回的行苦。苦苦在六趣众生中多见，而尤以三恶趣为甚，最甚者如生于地狱之中。《不了义明灯》云："破戒而行无间五业而，往生显现地狱景象一般也"。在轮回中如安乐一般而显的一切皆将变为痛苦而称为坏苦。尤其在善趣中享尽一切天人的荣华富贵的帝释天与帝王，最终会变为痛苦。《三百颂》云："虽得天人富贵之安乐，因业之力坠入恶趣境，王者沦民如此富变穷"。行苦是上至三有之顶下至地狱之底都为行苦所及。无色无想天也随命运之限而终成堕落之因。凡得近取蕴之身时皆具苦，凡人不识而圣者能真实而知。如此之苦凡生在六趣的险境中的一切有情均会无间断而受。《不了义明灯》云:“堕入六趣险境无间受痛苦,轮回狱中两取绳索缚”。轮回之形式有两种,如喻则有《无垢经》云:“依次轮回如同水车般,无次轮回犹如车轮般。”如此在六趣众生的无数的又又轮回中,只计生于昆虫的尸体如能聚于一处,则将会比须弥山更高,聚血将比外围大海更阔,有《告诫童子经》云:“又又生死轮回以痛苦,如积我肉现如须弥山,如聚我血现今如大海”。又有《三百颂》云:“轮回之业无止如发痒,所行无实犹如水泡般,贪欲不足如饮盐水般,被欲诱惑野兽寻水般,无有安乐如卧病榻般,难得解脱犹如狱中囚,产业增长痛苦也倍增,多首之龙痛苦倍多般,不洁执洁如同粪中虫,轮回无常如同草尖露”。

己二有二:庚一详论与庚二括要。庚一有三:辛一,思地狱之苦;辛二,饿鬼之苦;辛三,畜生之苦。辛一有二:壬一总义与壬二各自之义。

壬一,“尤其地狱”至“皆为苦”,以一颂而示。其有六义。癸一地狱之境为,《库》云:“海为龙王玛哲境,由其底下往下量,两万由旬之境地,就有无间地狱境,其上又有七地狱”。此第一句是指,南赡部洲之中央,岗底斯雪山,玛旁雍措湖,香积山之地,此为南洲之中心,以此往下量两万由旬处有无间地狱之境,其上有极热等七热地狱由下而上依次而叠成。八寒地狱之境有《拉释》与《根本释》所言在八热地狱的正北相对而成。《经》中所言在热地狱之上与《库》中所言在热地狱之下是有其他密意。

癸二,前因是以嗔心所行的恶业所引。《经》云:“具嗔者生地狱之境地。”癸三,在四生中是化生。无父母而以业之命运骤然而生。癸四,体形,《根本续》云:“体形之大小随异熟之因而定。”由等活而下逐渐变大,肌肤柔嫩。《大乘经》云:“体形极其巨大且娇嫩。”癸五,地狱之幻景有《九部钥匙》云:“地狱皆为烧煮杀戮相。”癸六,其行为是唯受痛苦之业。《律经普生净界》云:“地狱无安以劫计,寒热烧煮杀戮业。”

壬二,各自之义有二:癸一略表与癸二详论。癸一,“总有四部分则十八部。”《塞弥经》云:“地狱之有情总有四部,云何则,为八热、八寒、两生、两轮共十八处。分则就有十八部,云何则,为八热地狱、八寒地狱、两生、两轮共十八部”。

癸二,详论有四:子一,热地狱;子二,寒地狱;子三,两生地狱;子四,两轮地狱。子一有三:丑一,地狱之本性;丑二,热度;丑三,寿龄。丑一有二:寅一,地狱之地;寅二,各自之分别。

寅一,“铜铁之地烧沙火焰界。”以一句而示。《无垢经》云:“地狱之地极其残酷且悲惨,铜铁之地遍地为烧沙”。《大乘经》云:“阎王眷众极为忿怒而,打杀击敲怒吼震耳响,一切之地均为火焰境,观此地狱火与地狱业,极为恐惧嚎啕大哭而,埋怨自己追忆前世业,虽极追悔无有半点益。”

寅二有二:卯一,八热地狱;卯二,近边十六地狱。卯一,“相互杀戮”至“金刚狱”,以两颂而示。共八义以每一句示一地狱,辰一,等活地狱为:其有情之众相互见而生嗔,如遇仇敌一般手持以命运而生的诸多利刃彼此砍杀而至死。此时,空中响起等活复命之令,于是应声复活又相互砍杀,一如既往,受随生随死之苦。又称为受地狱。

辰二,黑绳,《根本续》云:“身体被阎罗卒划三十六条黑线,用火红的铁锯反复断剖,随锯随合,又又断锯而成乌黑之躯而又称暗地狱。”

辰三,众合者,《根本续》云:“无数地狱之众被置于巨大铁臼中,被大铁锤捶砸,又或在如羊头攒聚的诸山间相抵牾,在其中受挤压之苦,痛苦之念极粗,刹那也不间断而又称念地狱。”

辰四,号叫地狱,《驱暗明灯》云:“炽热之苦难忍不堪受,思念亲友因而号啕哭。”如云般,身陷无门炽热的铁屋之中,受煎熬之苦而号叫,因是以无明所为而又称为无明地狱。

辰五,大号叫地狱,前书云:“比前号啕之声更为大。”身陷如前者的两重铁屋之中,而大声号叫被痛苦诋毁身心而又称为诋毁地狱。

辰六,烧热地狱,《大乘经》云:“有些被置巨大铁锅中,如同蔓菁一般而沸煮”。在铁水化如油一般的大锅中沸煮众生,使其等的身躯乌黑如炭而又称黑地狱。又有前书云:“又有被矛刺穿被钉钉”。被刺于长矛而贯穿身体自头顶出矛头,又在身上钉许多铁钉使其受钻心之苦。

辰七,极热地狱,《驱暗明灯》云:“极热之苦比前更为甚”。三叉矛头火焰炽燃,从有情的两足掌心及肛门向上贯穿,进行残害,被痛苦折磨何言乐受,就连舍受也无刹那之时而被夺,又称为夺地狱。

辰八,无间地狱,在九重炽热铁屋之中,被十方与自身之火共十一火烧烤，难分身与火之别，受更甚于上七狱之苦。《高上库》云:“十方火烧极为热，被风所吹之九火，火势助燃而为十，己身火等十一烧”。间或火微息而逃则又将依次受七狱之苦。《忿怒明王续》云:“无间地狱之有情，遍受等活黑绳与，号叫众合等诸苦”。是以五大特征而称为无间。其一，阎罗鬼卒们也没能想到比此更残忍之酷刑。其二，鬼卒们也无比这更强大的能力。其三，大种之能量与利刃之花样也无比此更甚者。其四，寿命也不能被这更长而无暇行刑。其五，身心之痛苦无有比此更甚而称为无间地狱。其底下因没有其他地狱而又称为金刚地狱。其等有《拉释》云:“烧热与极热是以痛苦之受而命名，号叫与大号叫是以痛苦之声而命名，黑绳与众合是以痛苦之境而命名，等活是以痛苦之性相而命名。”又有等活等的受地狱等别名是引自《根本续》之中。

丑二，热量为:“其热九倍甚于世间火”，以一句而示。《经》云:“世间之火少许热而徒为火，比此地狱之火九倍甚与此，如掷精钢铁球于其中，刹那之间融化如酥油”。《不了义明灯》云:“大种之火劫火命运火，大种之火能热且能烧，此等之热也不能忍则，比此七倍熔炉炼精钢，比此七倍炼丹火更殊，比此七倍劫火如七日，比此七倍铁火更为甚，命运之火极为炽热也”。等活命运之火的七倍为黑绳，依次以七倍而下方更甚。

丑三，寿龄为:“寿龄上方”至“劫与一”，以三句而示。《库》云:“等活六狱依次与，欲天寿与昼夜同”。其义为，人寿五十年为四王天之一昼夜，如此而计五百年为四王天之寿，此为等活地狱的一昼夜之长。依此而计五百年才是等活地狱得以解脱之寿终之日，以人寿之年为计的话，凡数目有六十位，有九单数、二十五叠数、无量数等共为六十位。九单数为:个、十、百、千、万、十万、百万、千万、亿。二十五叠数是:台本(十亿)、赤周(千亿)、旦巴、旦周、木美、查得、布美、角得、恰新、怕瓦、征巴、塔囊、吉恰、哲悟、拉角、昂布、多巴、学巴、措瓦、章木、章达、南巴、东措、塔东、角吉木囊。每一叠数后加一大字为其十倍。故得五十位，连先前的九单数共五十九位。加无量数为六十位。(如此而计等活的寿龄为 50×360 为四天王之一年，又乘 500 年为四王天之寿，即等活之一昼夜，再乘 360 为一年，再乘 500 年才为等活之寿。50×360×500×360×500=1620000000000 年，即一万六千二百亿年。

译者注。）以此推算，人寿百年、二百年、四百年、八百年、一千六百年依次为三十三天、时分天、知足天、乐化天、他化自在天的一昼夜。以此计算，此五天神之寿依次为千年、两千、四千、八千、一万六千年。依次以此五天神之寿为一昼夜而计，地狱的千年、两千、四千、八千、一万六千年分别为黑绳、众合、号叫、大号叫、烧热之寿。极热之寿为半中劫之长，无间地狱之寿为一中劫。此为《高上库》所云。如依《大库》则有云："马行百日方转之大坑，如以欲天之寿掷一石，坑满日是无间寿终时"。其义为，骑马沿周需行百日之大坑宽深相等中，以与四王天之寿相等的岁月中放一石粒，坑满之日便是无间地狱解脱之时。如大劫尽而寿未尽则将移至其他大千世界之无间地狱中，继续饱受煎熬，如此其等寿不尽则不得解脱。在此期间无有少许乐受和舍受，唯以痛苦而度日。《忿怒明王续》云："地狱自己之本质，除去痛苦顷刻也，无有安乐之受也"。因而我等如以信而细思，则必将生特殊厌离之心。昔有尊者对牧马童讲三恶趣之痛苦与寿命，牧童们以石粒为计也未能算出地狱之寿，因而有生厌离与信仰而入佛门修佛法之美谈。

卯二，十六近边地狱为。"其等四方"至"又受罪"，以三句而示。（十六近边地狱之义按理应示于丑二热量之前，是分自卯二详论之子一、丑一、寅一、卯二之义，按原著未改动。译者注。）《库》云："其等近边之四面，还有火坑尸粪泥，剑林热灰之江河"。在此八热地狱的四面，由内到外依次有：塘煨地狱、尸粪泥、剑叶林苑、热灰火海地狱，而称为近边十六地狱。《拉释》云："塘煨火坑者（即火海）深至腰际，比熔炉之火还要热七倍，宽两由旬，没时烧为灰烬，抬足时又复原。此外围有尸粪泥之坑，宽两由旬，深至腰际，内有乌首白体具坚硬之喙的昆虫，穿其皮，食其肉至五脏六腑而受苦。此外围又有剑叶林，随风摇曳而砍割其身，宽两由旬，又有利刃道，宽两由旬，行时割其足，伤其身者，其外围又有铁刺树林，（即刀山）高八由旬，利刃上下交错而生，顶与底下有亲人招手呼唤，因而上下于其间，受利刃割身之苦。合此三者为剑叶林地狱。此外围又有，热灰江河无渡极热之处，宽十六由旬，岸边有阎罗卒守卫，至岸边时，以棍棒殴打又抛入其中而饱受煎熬。自中央之地狱中解脱而生于此处，有《不了义明灯》云："命运之风开启四边门，由其逃脱又生于此处"。其等最初的幻景悦意而变为痛苦之处。有《根本释》

云:“看到远方有鲜花之洲,近则又变为塘煨地狱,又见其外围有檀香之林,而近则变为剑叶林”。

子二,寒地狱有三:丑一,寒地狱之本质;丑二,寒度;丑三,寿龄。丑一,“风雪交加”至“阻乐受”,以一颂一句而示。八寒地狱之处为冰天雪地之洲。寒风凛冽而雹雪飞舞。《无垢经》云:“寒冷冰雪之洲中”。各自的区别为,《雍仲业净》云:“八寒地狱消罪时,疱狱浑身起水疱,疱裂全身水疱裂,阿趣无佑而号叫,杰何唯有呻吟声,索坦痛苦心中明,青莲地狱裂四瓣,红莲身裂为八瓣,大红莲者三十二”,所云般有八部。

寅一,疱地狱为:四面起寒风而全身冻而生水疱,深受其苦又称为狱中狱。

寅二,疱裂地狱为:比前者更冷水疱裂而流血浓,无片刻之安乐者,如贪恋痛苦般心中难忘痛苦,唯以苦受度日而又称为贪恋狱。

寅三,阿趣地狱为:被其受所惑般,唯思痛苦而不断发出呼寒叫冷的阿趣之声而又称为惑地狱。

寅四,遭受比前者更甚之酷寒时,因极寒而无法呼叫,只能在喉间发出杰何之呻吟之声。心识极其愚蠢而又称为愚地狱。

寅五,索坦坦地狱,受奇寒所迫,牙齿紧咬而不能发出呻吟之声而又称为强迫狱。

寅六,裂如青莲地狱为:此处的众有情被奇寒所迫,身呈青色,裂为四瓣而又称为信狱。

寅七,裂如红莲地狱为,此中的有情皮脱落,露出红色嫩肉,其心识被苦受而阻虽未死,但唯有地狱有情之名而,身只有红莲之状。故又称为名地狱。

寅八,裂如大红莲地狱为,此中的有情被奇寒所迫,如已煮的米麦般,浑身开裂,成十六或三十二瓣,唯有苦受而一切乐受与舍受已阻而又称为阻狱。此八别称是引自《根本续》。

丑二,寒度为:“其寒九倍甚于世间风”,以一句而示。《塞弥经》云:“凡间之风空有寒之名,比此地狱之风九倍甚,如是掷入纯金之球则,片刻即会裂如莲花状”。又有《驱暗明灯》云:“比此江河大种坏劫命运风,均以七倍七倍更甚更寒冷”。如云般，凡间的雪峰之寒风的七倍为坏劫之风，又七倍为命运地狱之风更寒。

丑三，寿龄为：“寿命容身”至“二十倍”，以两句而示。《库》云：“己身能容坑中芝，百年取一而尽时，是为疱地狱之寿，其他均增二十倍”。其义为，容积与己身相等的坑中满置芝麻粒，每百年取一粒，芝麻粒取尽之日方是解脱痛苦之时，以下七者之寿依次增长二十倍。

子三，两生地狱为：“两生同受热寒两者苦”，以一句而示。《根本续》云：“两生者有的在须弥山之底，有的在岩缝或石孔中，有的在冰地或温泉寒水之中”。又有《经》云：“上身置于铁室烈火烧，下身居于雪洞风中寒”。如云般，一身同时受两种痛苦。

子四，两轮地狱为：“两轮轮受热寒苦乐受”，以一句而示。《经》云：“所谓两轮者，是轮流承受热寒之苦者”。《高上库》云：“昼受极热之痛苦，夜却饱受奇寒苦。”又有轮流受苦乐两受者。前书又云：“昼取他人之性命，夜守清规具功德。其业之果安乐与，痛苦在此轮流受”。此是依《经部》与《高上库》之言而述。如今我等观地狱之画与塑像，闻地狱之苦和佛陀之语，也会生惊恐之心，如他日真生于其境，则怎能受其苦，是以应在有生之年多行善而避恶，多积功德，免他日之苦。如若不然，那将与明知是火而偏投火自取灭亡的飞蛾一样，为智者所讽而又自食其果。有《三百颂》云：“见闻画像佛经之言语，既生惊恐如受何须言，如若不惧岂有不变乎，犹如投火，自焚之飞蛾”。两生两轮之寿龄为无定是《根本续》之言。

辛二，饿鬼之苦有二：壬一，总义；壬二，各自之义。壬一，“饿鬼居于”至“寻不得”，以三句而示。此有六义：癸一，饿鬼之境在香积山底下。《根本续》云：“香积山之山底下，五百由旬之下饿鬼界”。

癸二，生于饿鬼之因是贪欲之业所致。《经》云：“具贪欲者生于饿鬼界”。

癸三，四生中如地狱一样多为化生，也有罗刹女之五百子女一样的胎生。

癸四，身躯与食道之大小也随命运各异而无定。

癸五，幻景为见众多不洁之物。《钥匙经》云：“饿鬼只见毒海与血浓”。

癸六，行为是寻食找水奔波不停而又不得。《律经净界》云："饿鬼无乐其寿长，饥渴内外燃烈火，百年寻求食物饮水无有见闻受用者"。

壬二，各自之义有二：癸一，略表；癸二，详论。癸一，"总有三部分则一十五。"以一句而示。《经》云："饿鬼总则有三部"。三部者为：居处饿鬼、空游饿鬼、六趣轮回饿鬼，分则有十五部。

癸二，详论有二：子一，饿鬼之本性；子二，寿龄。子一有三：丑一，居处饿鬼；丑二，空游饿鬼；丑三，六趣轮回饿鬼。寅一，"外障食物"至"口吐焰"，以三句而示，每一句示一义。丑一，占巴大师在《不了义明灯》认为，外障饿鬼是身体有缺陷而身不美，内障饿鬼为内之心识有缺陷而视对境皆显不洁之象，此说法于大乘虽相同，对境不洁是内之心识被障，因外境不会变化，饿鬼看见江河之同时江河就会干涸，这不是外境江河在变。然此处以库中所言，外障指外境之障，内障是自身为障而论。第一外障饿鬼为，以五因对食物生障。《不了义明灯》云："是以贪心寻食被他守，是以妒忌被踩众鬼底，是以邪淫煮于血海中，曾经偷盗食物被他守，劫夺之因得食危及命"。又有："所见均为血浓呕吐物，不洁尸粪腐尸土块等"。又有热寒不协调之苦有《三百颂》云："初春之月热而冬日寒"。

寅二，内障饿鬼。腹大如山而口腔与咽喉如针眼般异常细微身形不美，虽得饮食也不能下咽，终受饥渴之苦而不能解脱。《驱暗明灯》云："身躯灰白关节肋骨露，谤人之因不美力也小，常呼杰何之声极为苦"。

寅三，两障饿鬼是被内外两障所困，虽得少许之食，入腹则即变为烈火而口吐火焰。前书云："内外两障之饿鬼，因吝妄语饮食吐火焰"。

丑二，空游饿鬼是："心念恶毒害人空游鬼"，以一句而示，此有十部。前书云："上方属天之饿鬼，下方属龙之饿鬼，东方寻香北方药叉与，西方龙王南方阎罗与，东北翁形鬼与西北金翅鬼，西南恶魔东南旱魃鬼。"此十饿鬼凶残粗暴，危害他人之性命而自身也随之而受苦。前书云："顺随命运被献之苦与，难忍威猛咒语之苦与，不可哀求争辩之苦与，难忍证士威力之苦与，遍行轮回普受诸痛苦"。

丑三，六趣轮回的饿鬼是："又又轮返转于六趣中"，以一句而示。前书云："如车轮般由此至彼的无次轮回者，如水车般依次轮回的饿鬼。"

子二，寿龄为："寿龄外障"至"梵天齐"，以三句而示。《情器库》云："外障饿鬼寿龄为一劫，内障一月为昼寿五百，两障饿鬼寿同梵天齐"。此劫为中劫，大梵天之寿为一中劫半，也有长六十中劫之说。其寿不尽时将移至其他大千世界的饿鬼中。

辛三，畜生之苦有二：壬一，总义；壬二，各自之义。壬一，"畜生之境"至"被人役"，以三句而示。此有六义，癸一，畜生之境为下方大海与黑暗与大黑暗之处。《塞弥经》云："黑暗者是小洲间的黑暗，大黑暗是指此大千世界与彼大千世界之间的大黑暗"。

癸二，生于畜生之因是以痴而生，前书云："具痴有情生于畜生境"。

癸三，四生中胎、化、湿、卵四生俱全，《库》云："均以四生育一切"。

癸四，身躯有《根本续》云："身躯大者八龙等能绕须弥山三圈而多出首尾六由旬之长者，小者肉眼不见者也有"。

癸五，其幻景有《钥匙经》云："畜生唯见巢穴与水草。"

癸六，行为是有《律经普生净界》云："畜生离乐受大苦，弱肉强食被役使"。

壬二，各自之义有二：癸一，略表；癸二，详论。癸一，"总有三部分则难计数"，以一句而示。《经》云："畜生总有三部众"。云何则，居处随运消罪者，于中为时所迷者，居空随缘得脱者。又有"分类之数佛祖我未示"。

癸二，详论是："居处消罪"至"寿无定"，以两句而示。其有两义：子一，畜生之本性；子二，寿龄。子一有三义：丑一，居处畜生之境是有《驱暗明灯》云："居处消罪畜生于大海，如同酒糟拥挤难伸缩，彼此相食践踏极为苦"。相互拥挤践踏，彼此残杀而痛苦剧烈。

丑二，于中为时所迷者。前书云："于中为时所迷畜生如此在，黑暗大黑暗之境界中，无足多足双足四足等，不见手足伸缩无有逃脱地"。即无足者蛇，多足者蛛、蝎，两足者鸟，四足者兽等，不见半点光明而居。《经》云："无有残杀极为黑暗也"。

丑三，居空随缘得脱者。前书云："居空随缘得脱畜生者，三十三天护地神象与，如意牛与众猴之王与，鸟类行空能见明相与，猛兽野兽家畜被人饲，任人宰割殴打受役使，自身害己欲与食苦大"。此等以类分则有《塞弥经》云:“鸟类行于空中者,猛兽喜好肉食者,家畜被人役使者,野兽药叉役使者,昆虫湿热生者等五类”。

子二,寿龄。畜生的寿龄无定,寿最长者八龙王能活二十中劫,雄岩羊享十万之寿,黄野鸭享一万岁,乌鸦为千年之寿,鱼享八年之寿,羊活十年,猫头鹰为三年,虽为斯巴所规定,然多为意外之障所夺而难享其全寿。《库》云:“畜生八龙虽被斯巴定,多为意外夺命寿无定”。长者八龙王活二十中劫者,短者只活一夏者,极短者只活一须臾者也有,而寿龄无定。

庚二,括要。(此处原著做第三义,有误,因是分自己二,分讲三恶趣之苦之庚二,括要之义,译者注。)“如此假如”至“都应思”,以一颂而示。如生于三恶趣中必将受如此难熬的痛苦。我等为治病求医时也难忍受针灸、火灸等疗法之苦。在寒风凛冽的冰天雪地中难忍片刻之苦,难忍一餐之饥,就连被蚊虫叮咬也极其难受,却对三恶趣之苦不以为然,自以为能忍其苦而存侥幸心理者实为愚者之极。《绝顶》云:“以人身难忍细微苦,却望能受恶趣痛苦者极为愚”。因此如生在三恶趣之中,将如高山之石落入大海之底一样,很难再重见天日。诸苦将如坏劫之火一样难忍,痛苦将如江河之水一样川流不息,接踵而至无片刻之安宁。如我等能时常牢记的话,将不会行玩笑、嬉戏、玩耍、睡觉等一切无谓放逸之事。昔有辛贡活佛所言:“我乃罪大之人,因不敢安心睡一夜之觉”。雍仲本教法藏宝库中,示三恶趣之苦是第四品之释。

第五品　因果大法

丁五,现示对一切祥瑞之根本因果法生信之法有三:戊一,总论;戊二,分别而讲;戊三,取舍之法。戊一为:“人之乐苦”至“必受果”,以一颂一句而示。此有四义:己一,乐苦以业而定;己二,因中生果法;己三,不遇未作之果;己四,所作必得报应。

己一,凡六趣众生有情与圣人所受的一切安适与痛苦之受,都并非无因,也不是大自在天等异因所致,而是由无数前世中自己所作之业中产生的果报。我佛在讲述第五乘居士乘时就细述业因果之妙。佛曰:“仓巴祖普等所聚众弟子，雍仲本宝之业因果将要细述，众雍仲菩萨请听此讲”。等详细而示。自先作之因中必生果报是内教辛饶派的特殊之法。前书云：“乘之根本特殊者，因果之乘最神奇”。外道之士虽也有少许禁恶之行，然不信因果报应之法，所以对避恶扬善之法就一窍不通。

己二，如问一切乐果都自业中生，则业有无类别否？将答有。《经》部云：“萨瓦奥登问佛祖曰：‘敦巴辛饶佛，有情之业是否有善恶之分，所作之果必定得报应否？’对此佛祖答曰：‘萨瓦奥登等众雍仲菩萨，有情之业有三：即善业、恶业、无记之业。其中善业之果报是善趣与解脱，恶业的果报是恶趣与痛苦，无记业不能成熟果报，如同种子虽播种于田地中，然种子腐烂而不能发芽一样’”。又有《居士乘经》中有云：“一切诸法之因果，如同田中务农般。”一切因果如同农夫种田一样，温湿适度时种瓜得瓜，种豆得豆，混而种则得混合之果。今生行善来世必将受安适之乐果，行恶则必将受痛苦之果。善恶混而行则必将受乐苦混合之果。前书云：“如行善则得解脱，行恶定入三恶趣”。

己三，如不行善恶之业将不会受乐苦之果报，如果不依法行善，则将无解脱之希望，如常依法修习雍仲本法，将不必有生于恶趣的顾虑。《塞弥经》云：“如是修习雍仲法，岂有堕入地狱理”。

己四，不管行善恶诸业，其果将不会丢失而必将得果报，依法行善必得解脱，行恶则必将堕入三恶趣而饱受万般痛苦。自己所作之诸业之果只有自己承受而决不会使他人承受。前书云：“此是自己所作之因唯于己身熟，犹如春天播种秋天成熟般”。

戊二，分别而讲有三：己一，辨别十业；己二，示业之类别；己三，果报之法。己一有二：庚一，总论；庚二，分讲。庚一，“善恶集于十大根本中”，以一句而示。如此行善业与恶业的入门法有三，一切三门之善恶粗细之分都可集于十业之中。有《普集库》云：“善与恶之诸业都，均可集于十业道”。

庚二有二：辛一，黑业道；辛二，善业道。辛一为：“身之杀生”至“与邪见”，以三句而示，将十黑道摄于三门中以每句示一门。壬一，以身而杀有情之杀生是以五支而成。其一，对境即将杀者须是有情，非有情将无有杀生之论。其二，自知是有情而无误。其三，起杀心。其四，行凶。其五，行凶后使魂魄离体而死亡。类别有以对境、数量、动念、门、行为等五种而分大中小三种。其中以对境分则，杀父母等无间罪之对境，持戒者等清净福田，以福气与智慧而特殊者为大罪；杀非无间罪之对境与非福田等福气与智慧中者为中罪；杀福气与智慧小者为小罪。以数量而讲，杀众多为大，少为中，只杀一两个为小。以动念即动机分则，以嗔而杀生为大，以贪而杀生为中，以痴而杀生为小。以门分则，己身亲自杀生为大，言杀生之语为中，只生杀生之念者为小。以行为分则，自己亲自杀生为大，令他人杀生为中，闻他人杀生而心生快感（即随喜）者为小。《三百颂》云："使其魂魄离体为杀生，境数动念而成大中小，无间福田福气智慧等，诸多区别个别如此般，嗔心贪心痴心还有为，以身杀生如此语与意，杀与指使随喜杀生恶"。

偷盗以四支而满。其一，所盗之物系他人所有。其二，自己也明知是他人之物。其三，明知而生偷盗之念。其四，行窃而最终使其移至自己之手。以对境分则，偷盗修建三佛田之资，僧人之物，行善人士的资具为大；偷一般人之物为中，偷畜生与鬼神之物为小。以本质而分则，以暴力而强取豪夺者为大，以暗中行窃为中，以欺哄诈骗而得为小，以经商而所得的利润也为欺哄之类。昔日贡佐大师在奥由地方讲经传法之时，其徒去茶商处买茶叶，回来后大师问是否多得了茶叶，弟子说是多得了一些，大师告曰："此跟偷盗无异，速速退还于他。"于是其徒去送还茶叶，茶商深为感动，遂对大师生景仰之心，携带了更多的茶叶去拜见大师，后又随大师修习佛法，直至修行之道行同四大弟子相同时出师。在回乡途中广传佛法，收罗布门杰为徒，传秘诀。罗布门杰得道后教有四大得道具神通之证士，即阿豆踏雪无痕、思巴伤而无疤、郭子杀而无罪、藏人圣者无欲四徒。如问一切经商均为偷盗之类否？也不然，因地区、时间等的差别而产生的利润将不在其类。非有意求利而自然生利者也不为罪，只是僧人不宜经商而已。以权势所取者如非法的罚款，又以欺哄而得者，如在称斗上动手脚而骗人者也属偷盗之罪。其等有《三百颂》云："己取他人资具为偷盗，盗窃三佛田之资具与，权势行窃诈骗等而行。"

邪淫之分类中与不允许之人行性交之事，即非行者，以戒守持是：与守戒的比丘女行邪淫；以血脉或宗亲守持是：与同宗兄妹等行邪淫；以父母守持是：同胞兄妹间行邪淫；以主人守持是：与有家室之人行邪淫；以器官守持是：在人与畜生的其他器官处行邪淫，即非支者；非处者是：在活佛与佛祖等三佛田处行邪淫；非时者是：即便自己的妻子是允许的，但在其怀孕、月经来潮、坐月期间、守戒之时、有不宜性交的病患时行邪淫等等。《三百颂》云："男女两性交媾邪淫者，戒与宗亲父母有主者，应守非支三佛田之处，有孕月经来潮等时也"。此邪淫是以三支而满。其一，对方是属上述之类；其二，与其性交邪淫之事；其三，最终使性欲得到极度的满足。

壬二，以语分则恶语是以三支而满。其一，刻意针对某人；其二，口出恶语而伤害他人；其三，最终被对方听到而愤怒。分则对上师、父母、善知识等对境口出恶语为大，对与自己同等者出恶语为中，对比自己卑微者言恶语为小。以本质分则有恶声与恶语。恶声是所说的言语并非恶语，但讲话时的声调高而使人不愉快。恶语有三：其一，具权势者的恶语，蔑视他人的有理之言，恶语中伤他人，颠倒是非；其二，忿怒之恶语使自己变得暴躁；其三，以讽刺等发出不满之语与骂人的恶语。又以直接面对而言者为大，在背地而言者中，间接而言者小。前书云："不悦他意伤害之恶语，对三佛田恶语中伤与，恶声恶语如此这般分，权势忿怒讥讽他人与，蔑视使己暴躁牢骚骂，直接言与背地间接言"。

绮语是非其他语之三恶的一切无意义之言谈。分则对行善者谈将影响修行之时而为重，在非修行时对上师与僧人等清净福田而谈为中，对寻常人而谈为小。以本质分则，以本身之业与外在之缘诽谤他人、讥笑等为大，如萨增国持轮王子的故事一样。开玩笑与争辩、为显示口才而谈的一切长篇大论与无谓之言谈为中，唱歌、评书、讲故事等为小罪。前书云："世间无谓言谈为绮语，上师等等重而中者为，诽谤讥笑己与他缘生，玩笑之语揭人之短处。无谓言谈唱歌讲故事，习气将行恶趣轮回中"。

离间语以三支而满。其一，将离间之对境必须是亲近的两方。其二，对其言离间语。其三，最终使其明白意思。分则离间上师与弟子或僧人与守戒者为大，离间常人为中，离间下人为小。以本质分则，以权势而离间、以计谋而离间、在背地里秘密离间者三。《三百颂》云："离间之语拆散亲密者，离间辛饶亲近者等等，以权拆散以计而离间，又有背地暗中离间者"。

妄语是以三支而满。其一，对境为能言明意之人。其二，刻意说不实之言。其三，最终使其信以为真。以境分则，欺骗上师与比丘等为重，骗常人与下人为中与小罪。以本质分则有三：细小者说对自己与他人没有任何利弊的妄语；大者言对他人与自己有一定利弊的妄语；罪责极大者为上师妄语，是未见佛与本尊与神灵之颜而自吹得见者，不具神通却言有先知之明者，以卜行骗使他人死亡如巫师杜那杜冷一样，未得正果却言自己已经得道。除此之外还有虽真实相告也变为妄语者，言辞不当而变为妄语者。前书云："不实之言使人信者妄，欺骗辛饶比丘等等与，微者自他无有利弊与，大者自他利弊两全者，未瞻佛面未知而言识，占卜害命妄称得正果，又有真实变为妄语者"。

壬三，以意之分则贪欲以两支而满。其一，对境是对他人的中意之物。其二，对其生贪欲之心。以境分则对三佛田与寺院之资生贪欲为重，对王者与富翁之财物生贪欲为中，除此之外对其他之物生贪欲为小。以本质分则有三，其一，是嫉妒他人的悦意之物而生毁坏之心。其二，是心生对方的财产和知识如自己具备有何不可的贪欲心。其三，此两者同时而生的贪欲心。还有对自己无用途而仍然生贪欲之心，与已饱而又过量而食等。前书云："他人之物中意言喜好，对于悦意之物生贪欲，寺庙等与三佛田之资，帝王之物对五妙欲等，毁坏他人物品之恶意，自己贪婪多食过量食，两者俱全贪欲难以治"。

嗔心是以两支而满。对境是能使自己生气的一切不满之境，对其生嗔心。以境分则对明处之人生嗔，暗处者即对方不知自己的嗔心者，如畜生等生嗔心。对一切不利于自己处生嗔心。以本质分则，对有仇或有过节之人常存报复之心，寻找与其不和的盟友或帮手，对仇人的一切亲友都生憎恨之心。美敦大师云："不悦意之对境生嗔心，明显者与暗中之嗔心，常思报复又寻帮手与，对其一方均生憎恨心"。又有对敌人常怀憎恨的嗔心，不忘旧仇的怀恨之心，难忍其仇的傲慢之心，常思如能杀死或殴打他的仇恨之心，以此仇恨而不顾廉耻与因果的愚痴之心等五类。

邪见是以两支而满。其一，对境为因果与胜义的非颠倒之真理；其二，对此真理生与其相反的颠倒之心。分则崇拜种族血统和迷恋名利的错误见解，对不谬的三宝不信而背驰，不信因果与今生前世之说，对唯一胜义之八离戏论之真谛生不实之邪见，希望佛法灭亡的邪见，对诸法的性相执常见或断见。前书云："不信胜义真谛之邪见，崇拜种族血统世间之，一切误识常常迷恋等，是以前因常执邪见心，背悖三世如来之佛法，不信因果前今来世论，想灭佛法无明而邪见，对于真谛心生常断等，一切邪见等的思维而，常执戏论因而生邪见"。

辛二，善业道是："戒而反之"至"行善法"，以一颂而示。有人认为不行上述十恶就是十善法，其实不然，不以戒律来约束自己者，只是无记之业，即非善非恶之业。要以断十恶的决心与戒律来约束自己的具誓言而不行十恶业者才称为具十善业。《八界十万颂》云："仓巴祖普等众雍仲菩萨，任何恶业都需断之。"在断十恶业之上行救人性命等才为行十善业。断十恶之法为，首先不思十恶，即使心中有思也不说出口，未能守口而说出口也不可以身行恶应断之。如不断十恶，唯以知恶识恶是不行的。昔有贡巴大师说："现今众人都请讲秘诀，听讲秘诀实在很难，闻后都知十恶有害，十善有益之理，然没有禁忌十恶之人"。辛贡秀保大师也云："我等并非未闻佛法而不曾成佛，而是闻佛法而不曾如法修习才未得佛果"。昔贡巴大师在瓦茫地方时，对弟子说："此地闻大声呼叫之声，速看一下"。其时弟子们就看到一乞丐在捉虱子。因此需行解救虱子等一切细微生灵的十善法。十善法，《居士经》云："救他人之命、布施财物、守戒律、念佛诵经、语气温和、只说实话、使他人和好、利人的悲心、心善而恬静、不入邪见只习佛法真谛"。

己二，示其他业之分类有四：庚一，确定善恶之业；庚二，轻重之区别；庚三，善恶的变法；庚四，作与不作之业。庚一，"总之直接"至"利者善"，以两句而示。总之自己亲自或指示别人在明暗两处以直接或间接的行为而危害他人就是恶业。立刻使他受益或暂时不受益而以后受益的诸行为都是善业。

庚二，"破戒之罪"至"善更殊。"以两句而示。如跟未守戒而所行的诸恶业相比，曾立誓守戒而后又破戒所行的诸恶业之罪更为深重。如跟不曾许诺守戒而自然所行的诸善业相比，在上师及三宝处许诺守戒后所行的诸善业之功德更为巨大而无量。

庚三，“意念善而”至“反则苦”，以两句而示。以意念与行为分则有四类。其一，意念善而行为恶者，如医生为治疗患者而所使的针灸、火灸开刀等疗法。其二，意念与行为都善者，如对乞丐布施食物与钱财之行为，此两者是得乐受的善业。其三，意念恶而行为善者，如在食物中下毒而招待他人之业。其四，意念与行为都恶者，如以嗔心杀人之业，此两者是得苦受的恶因。

庚四，“意行两全”至“积集业”，以两句而示。凡善恶诸业，加行与后果已具备然未作正行则，是不作而已积集之业。凡善恶诸业，虽未经过自己的意乐且又不曾有后果，然而具备正行之业是作已不集业。又对他人的善恶之行为生随喜之念者也属不作而已积集之业。

己三，果报有二：庚一，如何熟果法；庚二，所熟之果。庚一有四：辛一，果报之远近；辛二，增长的大小之区别；辛三，是否受果报之定数；辛四，如何受果报。辛一，“寻常罪孽”至“轮边显”，以两句而示。未受戒而自然所行的性罪之异熟果，虽不会立刻熟严重之果而报应远，然不能从轮回中得解脱而无有轮回的尽头。曾受戒而所犯的破戒之遮罪的异熟果，虽会立刻而熟且严重无比，然总有一天会消除罪孽而得以解脱，可使轮回终止。

辛二，“何业虽小”至“嗔所毁”，以一颂而示。凡所行的善恶诸业如不遇能阻碍成熟之障，即使因小也会生巨大之果。如菩提树之果，其枝能在一年之间就可长一由旬之长度。外境之因果中增长的速度无有比此更快更大者，然而只能比内因果之万一。犹如昔有童子天宝者手捧一把石粒以珍宝之念而敬献佛陀的果报，其后不管生在何方都有珍宝如雨从天而降之说。如此所行的善恶诸业如遇嗔与忏悔等，能使果不成熟的机缘，即使所行的前因非常巨大，然其果只熟细微者也有。就如罪孽深重，世无所比的赤侯旺杰王，在临死之机对佛陀生信仰之心而意乐与加行稍善之因，使其在三恶趣中只受了一点细微之苦就得以解脱一样。如言此是佛陀之功德的话，在与佛陀不曾相逢之前也无大苦。《普明明灯》云：“因对佛陀生信仰且又临遗言请佛祖超度而只受了细微之痛苦”。

辛三，“意行不全”至“受其果”，以一颂而示。凡诸恶业，未经意乐而具身语之加行者，只经意乐而无身语加行者，虽经意乐且又具身语加行，然其后无随喜之念者，即使所作的恶业极其严重，然如能行四力俱全的忏悔也可使其果不熟。就如霍佳巴位卓玛王在征战中犯下滔天大罪，然之后幡然悔悟，在佛祖面前忏悔，最后使罪孽消除一样。《三百颂》云："如行虫噬之种一般恶，不能熟果犹如霍佳般。"又对意乐、加行、随喜等三支俱全的恶业无忏悔之心，对善业具备回向之支者，遇善恶各自之因缘，其善恶之因不管大小，均会受相应的乐苦之果报。

辛四，如何得果报有三：壬一，今生得报；壬二，来世得报；壬三，间接得报。壬一，"受之末尾"至"受其果"，以两句而示。在今世所做皆恶而所受为安适之乐者，又或所做甚善然所受唯苦者，是前因将尽的尾声在今世相逢。又有善恶之果在今生所受者，如辛萨尼琼，跟随魔王恰巴时受尽苦难，对佛祖生信之时又具功德一样。前书云："今世受者辛萨尼琼般"。

壬二，"引业威大"至"所受业"，以两句而示。今生所行极为严重，受引业之大力，使其果无间而熟在来世受苦者，如多伍多豆在世时行诸恶而死后即刻生在三恶趣中饱受痛苦一样。前书云："来世受者多伍多豆般"。如言其虽为恶趣之身，然得忍果而无痛苦的话，与佛祖相逢后的确如此，但在此以前曾饱受痛苦一般。

壬三："业威小或"至"定受果"，以两句而示。今生所行的恶业微小或宿业巨大而未尽则，在几个轮回之后间接才受果报。如恰巴魔王，昔我佛为王子喜日丹时，恰巴的前世豆秀坚在临死发誓与佛祖为敌。其后经几世之后在我佛出世说法之时，以魔王恰巴的身份与佛祖为敌一样。前书云："间接受罪犹如恰巴般"。

庚二，所熟之果有二：辛一，详论；辛二，括要。辛一有四：壬一，异熟果；壬二，等流果；壬三，自在果；壬四，增上果。壬一，异熟果为："熟则依次"至"生善趣"，以三句而示。凡引业为恶业与有漏善业，满业也以善恶各自而作。引业之果也自然而受，以引业将引往善恶两趣之中，使与自己不同类的善恶之受圆满。引业为业，满业为受，有所不同。如此异熟果熟于来世有《普集库》云："异熟不同来世熟，有漏善恶引取中，来世贵贱乐苦得"。因此，恶业将引至恶趣，在所生之处受痛苦，其中以三毒之业引至恶趣有《集经》云："具嗔心与杀生者，生于恶趣地狱境，具贪心与悭吝者，生于恶趣饿鬼境，具痴心与愚蠢者，生于恶趣畜生境”。十业道各自又以三毒而分大中小三类。其中以嗔心所作的杀生等十恶为大，将会引至地狱；以贪心所作的十恶为中，将引至饿鬼；以痴心所作的十恶为小，将引至畜生。以嗔心所作的十恶会生于地狱之境，有《豆巴册思吉巴》云：“但凡杀生会生地狱境，因此杀生罪重多迷惑，邪淫如同不洁永居处，生于轮回污泥之境地。偷盗如同麻风一般而，定将生于无暇之境地。绮语言语如同瘟疫般，定将生于十六痛苦境。恶语如同锋利兵刃般，定将生于地狱杀戮境。妄语如同刀剑之刃般，生于地狱自残之狱中。离间如同无渡江河般，定将生于地狱号叫处。贪心如同尸粪泥坑般，生于地狱尸粪泥坑中。嗔心如同乌首剧毒般，生于地狱黑绳之狱中。邪见如同王者具权势，其果生于三恶趣之境”。有漏善业之微小者生于人，中者生于欲界六天，大者生于上两界之天中。

壬二，等流果是：“用等流果”至“具安乐”，以一颂三句而示。等流果是与前因同类之果。前书云：“等流之果与因同，善恶无记等诸业，来世行为同前世”。分则有二：癸一，用等流果；癸二，受等流果。用等流果是行为与前世相同，前世习惯于善恶何业，来世之喜好也同前世。如前世多行善业者，来世也必生为好善喜佛之人。前世多做恶业，如屠夫来世也生为屠夫等而好杀生。续前世之业使其增至无边无际之境而熟善恶之果。受等流果是，以异熟果在三恶趣受完罪孽而得以解脱之后，即使生于人身，杀生者受短寿及多病的受等流果；偷盗者受贫穷与即使少有财物也被他人偷盗和霸占的受等流果；邪淫者受妻妾不贞，奴婢不顺之果；恶语者受常闻逆耳之语，或自己所言也成争执因的受等流果；绮语受自己之言不被别人认可或在众人前无说话的勇气之果；离间受众叛亲离或与下人不和之果。妄语受诽谤与受骗之果；贪心受诸事不顺或多烦心事之果；嗔心受不合众意或多有惊恐凶险事之果；邪见受常被邪见蒙蔽，无缘得遇佛法之果。反之即为十善业之受等流果。总之所行的善业的受等流果均为善心与安乐。

壬三，自在果：“自在熟器”至“内身美”，以一颂两句而示。自在果是无论善恶均在其时与外境关联而熟于共同的住处。前书云：“自在共同熟于器，水供施与偷盗力，共同收成好坏般”。如言般，杀生者生于险恶之地；偷盗者生于五谷欠收或多旱涝冰雹灾害之处；邪淫者生于荒凉或心情不舒畅之地；恶语者生于多荆棘，多乱石，多石砾不平坦之地；绮语生于季节反常之处；离间语生于交通不便，偏僻艰难之处；妄语生于经济落后或无资源之处；贪心生于生计与财富每况愈下之处；嗔心生于多凶险灾难之处、邪见生于无佛法的边鄙之处。十善的自在果与此相反。所生之处为秀丽多姿之处，所居之人皆为身材相貌潇洒英俊，美丽大方，五根俱全之人。

壬四，增上果是："增上之果"至"宿缘醒"，以两句而示。增上果是已身具能使其果立刻成熟的机缘者。如偷盗使自己受贫穷之苦，好施使自己受富有之福。前书云："增上果熟已身续，如此供施偷盗而，自己贫与富有般"。善果也遇信与出离之缘而使宿缘觉醒。

辛二，括要为："何处具"至"恶之果"，以两句而示。凡在轮回与寂灭之处，任何富有具智慧与福气的一切安乐皆为善果。在恶趣或善趣中但凡痛苦者不分其大小皆为恶果。

戊三，如何取舍之法。"如此观待"至"修善业"，以一颂而示。雍仲菩萨宗之经论中有云："遍计所执性、依他起性、圆成实性"。所言的三宗中，遍计所执是，对一切无自性的万物以自己的意识虚妄度之，如兔角，如对无我谓之曰："我"，等一切假立之名。这一切的本性是心与心所，此为依他起性。此依他起性中没有遍计所执性之分者是圆成实性。《密集》有云："对无名有为遍计，因缘而生为依他，并非邪识所命名，又非因缘而生者，一切都为圆成性"。如石砾与木片在魔术师的变化下变成牛马时，石砾与木片是依他起性，产生牛马的幻觉是遍计所执性，虽生牛马的幻觉，但其本性仍然是石砾与木片而非牛马，是圆成实性。遍计所执性是世俗假有，依他起性是有法胜义，圆成实性是法相胜义。分则遍计所执性有显现与不现两种。《三性相论》云："显现遍计所执性是能取意识与所取外境两者。不现遍计所执性是空中之花、外道之我、石女之子、无方分之微尘及一切无有之物。《密集》云："显现遍计为两取，不现遍计如兔角，外道之我石女子，声闻部之微尘也"。依他起性也有二，《三性相论》云："生起依他起性与观待依他起性，生起依他起性是三界中一切自心与心所之因缘所生者。"《密集》云："依他三界有情之，识与因缘不助则，不能自生为依他，以四因缘生而连，阿赖习气为因缘，眼根六识增上缘，外境声色所缘缘，刹那之识为无间，是为无间缘而分"

。观待依他起性是彼此相对而言的，如长短、大小等一切彼此观待而命名者。圆成实性有二，《乘释九部明镜》云："无异变圆成实性是空性，不颠倒的圆成实性是原始智之自性之识。"《密集》云："圆成实性又有二，无异变之圆成是，一切诸法之法相，不颠倒之圆成是，法相不曾颠倒而，所证之识原始智"。因此在业因果的取舍时，以观待依他起性为主，因善恶诸业与其果都是相对而言的，所以在利弊的取舍时，就如三十三天的鹅王在奶水中舍弃水分而只饮奶汁一样。我等也要舍一切恶业而取一切善业，以避恶扬善为宗旨而弘扬佛法。雍仲本教法藏宝库中，示因果报应之法为第五品之释。

第六品　善业之功德

丁六，现在讲述福泽同分的善业功德有二：戊一，前后关联而宣誓讲述；戊二，细述所讲之义。戊一为："既知善恶"至"请专心"，以一颂两句而示。对能真正领悟上述善恶诸业在今生或来世中成熟之法的具信、生出离心的善缘之士，将尽自己所知依佛经之言细述如何行善方能得安乐之法，使其能生向往安乐的意念而勤修善法。如此，只着重修来世的安乐者是下士之识，其等唯求来世不受三恶趣的痛苦而向往善趣安乐的意念，虽不具特殊方便与智慧，但以意乐与加行均为善业的福气的大小，将分别生于自人至天界的得胜生之法将要细述，请聆听。

戊二有三：己一，略表；己二，详论；己三，括要。己一为："福泽小中"至"依次得"，以两句而示。如此积十善与布施与等至等功德之小中大特殊之力，在善趣的人与非天等的境、身、福气等以福泽大小而生。《集》经云："依法修习十善与，守戒布施无悔者，将生欲天之善因，修习四无量与定，将生色界诸天因，乐明无有分别心，寂乐皆生无色界"。

己二，详论有三：庚一，如何得欲界；庚二，色界；庚三，无色界之身。庚一有二义；辛一，有得人身；辛二，欲天之法。辛一为："四洲人与"至"人之身"，以两句而示。行十善时对烦恼的贪恋断与不断而分人与非人之果。人有八类，其中四类居于须弥山，即布施圆满而生于食树汁之人，精进圆满者生于转轮人，忍圆满生于花丛中人，戒圆满生于雍仲七室人，此中多为得解脱之人。另四类为四洲之人。东胜身洲之人身形巨大，北俱卢洲寿长无障，西牛贺洲财物富有，南赡部洲有众多种族，随寿龄的盈亏而身形与财富也增减无定。饮食方面有《拉释》云：“北洲主为水果，而另外三洲有面粉与汤汁为食，又有旱涝饥荒、食物、主仆、经商等，北洲无有此类。东洲多双面绒布之商业，西洲多牛与珍宝之商，南有食物等物资为商”。在南赡部洲西方之浮空中有诸佛常观的圣境沃莫隆仁之境被雪山环绕，是佛陀遗留三教法之处，有穆氏王的瓦布索加等八大宫殿，又有内洲、中洲、外洲、边区洲之布局不可思议，在七火一水等末劫之时升于空中与斯巴叶桑之境相连，如华盖般悬于空中而不灭。因此在南赡部洲有佛陀及佛法，有缘逢佛法者为依身之殊者，即暇满之宝贵人身。比天神更殊，是因以戒与布施等非凡的善因而修成。

辛二，欲天有二：壬一，居于须弥山者；壬二，居于空中之天神。壬一有三：癸一，居于须弥山梯级者；癸二，居于须弥山之岩缝与岩洞者；癸三，居于山顶者。癸一为：“居须弥山”至“胜于人”，以两句而示。须弥山之四梯级自下而上依次为，第一层为持盆药叉，第二层为持珠药叉，第三层为常醉药叉，第四层为药叉大将即四大天王处。此等初生时就有南赡部洲之五岁孩童一样大，无需抚养，寿与财富比人更胜。日月星辰在须弥山齐腰处，持双山山顶升落。太阳为火晶而成，如钹有长一由旬半的金色光环。月亮以水晶而成，如鼓有一由旬半的银色光环，是日月诸神居住之处，有诸天仆相陪。太阳周长为五十由旬，径为周长之三分之一，厚为直径的三分之一。月亮周长为五十一由旬，径为周长的三分之一，厚为直径的三分之一。星辰大者有三俱卢舍，中者有二，小者为一俱卢舍有玻璃的光环，有男女天仆在此奏乐。四洲的时差为：东洲正午时，西洲为夜半、南洲为日出、北洲为日落之时。《库》云：“须弥山腰日月升，五十由旬五十一，星辰三俱卢舍与，二与一俱卢舍长，正午时与夜半与，日升日落为同时”。昼夜长短之变迁有《库》云：“太阳南北而行时，因而即有长短迁”。对此堪布益西洛智有精辟的解说，师云：“如果在晚上持灯绕柱而行时，北面离柱子近则南面的黑影大，而远则黑影变小一样，冬天太阳在北俱卢洲离须弥山近时，南赡部洲就夜长而昼短，夏天渐渐离远时南洲就变为昼长而夜短之时”。太阳南北而行时以德卓斯巴佳姆以哈气而推。有《雍仲业净》云:“德卓斯巴佳姆神,四季显露四面观,秋春面朝东与西,夏冬面朝南北观,口中哈气之力而,推动太阳自然行,光芒抛于北洲时,行走南洲之正中,北洲之边而环绕,东西两洲依次法,分与力量而环绕”。月亮的圆缺有《库》云:“月亮圆缺之原由,日月速度缓急而,与日近则失光芒”。太阳与月亮之行走时有缓急之分,在下弦时月亮渐渐落后而太阳渐渐逼近,在太阳强光照射下,月光逐渐微弱而相遇时为晦日。初一后月亮渐渐落后而太阳渐渐远去时,月光也逐渐明亮而成月圆的望日。日月各有三风马承载,而星辰则多一风马比日月更快。太阳为火晶体轻而快,月亮为水晶体重而慢。顺时针方向绕须弥山而行。月亮之中的黑影是因为月亮是水晶如明镜,所以有树木之影,在此洲显此洲之影,在他洲就显他洲之影。

癸二:“须弥岩缝”至“寿身齐”,以两句而示。在须弥山第一层的岩缝之中有叫持山可绕山的大龙。第二层有妖居住。第三层与第四层的岩缝是非天的居处,非天的身形和寿命与三十三天相等,财富也可与天神相媲美,有与三十三天的精美城一样的具金城,尊胜宫一样的如意宫,有喜、普喜、极喜、普安喜苑等四苑,有如意树地、木里正香地、卡赖董坚地、年巴树四地;有如极坚大象一样的堪忍大象,护地大象一样的达日大象;良驹一样的具山峰力之宝马;聚天山一样的聚众处;阿木立噶石一样的磁铁石;如意树一样的多香正杰树;澡湖一样的澡池;甘露一样的神饮酒。

癸三,“须弥山顶”至“佛法境”,以一颂一句而示。在须弥山顶有三十三天处。其地为金色之地,以四种珍宝为画,有方形金色围墙环绕,正中有尊胜宫,每方有二百五十由旬之长,高度比精美城还高出四由旬半,内有四种珍宝之台阶,柱、梁、斗皆为珍宝所造,有珍宝璎珞,每面有一百零八种供饰物,每方有一百零八个殿堂,每殿各有七室,每室各有七天童,又有七女童为伴。宫外四面各有四十个湖泊,有天鹅等鸟类栖息飞舞。无忧树之花遍布湖面,前者谢而后者继而绽放。围绕此地的是美轮美奂的精美城。其地以八种珍宝而砌成。以一百零一色绘画而成,柔软具弹性之妙。此城的六万柱梁之斗均以蓝宝石所制,有九百九十九门,合清净禅门为一千门,均高两由旬半,宽一由旬半。每门各有五百守护神,着宝甲执宝刀而护卫。此外有甘露之湖甘甜似蜜，百花争艳，倾盖水面，湖畔有无数鲜花良木，又有多种鸟儿鸣叫。此外围有七重珍宝之坑围绕，坑中之水凉而甘甜，被鲜花覆盖，以树叶为舟可戏耍于其间，四面各有四座珍宝之桥。有三十二帝释眷众，合帝释天为三十三天王；有三十二城合居中的玉顶命城为三十三城；极坚大象有三十二头，合居中巨头为三十三头；有三十二王妃，合具美妃为三十三王妃；有三十二王子，合美光王子为三十三童；有三十二库，合极深库为三十三库；有三十二苑，合具光苑为三十三苑，因而被称为三十三天。此城之外郊有四方的娱乐处，《高上库》云："东有架车、赛马、唱歌的娱乐处，又可乘木鸟在空中飞翔的车马苑，南有遇非天兵祸时饮其苑之水即刻使诸天神变为好战者的变猛苑，西有诸男女天神享乐交往的同享苑，北有至此处便心情舒畅的极喜苑。四面各有二百五十由旬长，有高一由旬的金墙围绕。"距此处二十由旬之处有四良地。有《高上库》云："东有架车之地，北有大喜之地，西有称心如意之地，南有变猛毒地。其结构与规模均同于四苑，有金沙铺地，以红花与沉香水洒地，有以珍珠与松耳石的围墙高一俱卢舍"。此城西北有具千枝，许何愿均可如意的如意树。树枝有五层，其香可传至一百由旬处，果实四季各成熟一次，香味如蜜，甘甜无以伦比，其根深五十由旬，树高一百由旬，树枝长十由旬至五十由旬不等，其光彩照十由旬之方圆，诸天神许何愿均可得偿，是诸宝之首。在精美城的西南有三角红朱山，是众天神聚而议事之处，每面长有二百由旬，周长六百由旬，高度也与此相等，山顶中央有阿木里噶石，形状为方形，精美无比，以一百单八种珍宝色绘有雍仲与棋盘之图案，以四条床脚支撑，具压时沉而抬足时又浮起的弹性。此处是众天神聚会议政事或诸多利益众生之事，取舍行与非行之处。此山腰有玉隆谢杰扎布（意为玉谷水晶洞）松耳石之山谷盛开金色之花，清泉流水，其谷深处为六峰天成山，红朱之山有水晶六峰，其中有水晶洞，宽敞明亮又舒心，峰前有珍宝松耳苑，松耳石之坛有三层，上面有金色之地，花草良木为围，谷口有具八大功德之湖，又有绿色草坪，清泉溪水具金色之沙，珍宝之滩。此地是桑萨仁尊明妃与其美祖普王子，辛桑瓦堆巴三圣对天龙人三证士及众弟子传授密宗之法，宏扬密宗之处。此处又有护地神象一千亿头，其身躯与色彩与极坚大象相媲美，具六牙，流如甘露一样的口水，每头大象又有千头小象为眷众。在雍仲苑行走时化三十三头，每头六牙，每牙之上有七个湖泊，每个湖泊中各开七朵莲花，每朵莲花中有七仙女奏乐歌舞，中间巨头乘载帝释天，其他载三十二帝释眷众，众天神乘小象追随，又有良驹云之力者，又有龙、凤、狮、夏那拉兽、如意牛等野兽及鸟类不计其数。有无数珍宝、食物、服饰及一切所需之物。

壬二，居于空中者为："其上居空"至"殊而成"，以两颂而示。以有漏善业之同分因而生的居空欲界四天，如此因与非天无战争而命名的时分天是，兄妹孪生于天神之臂是化生。《根本释》云："自天神之臂孪生双兄妹"。天神无精液，风至而欲足，是为化生。其上为无家庭纷争的知足天。《音释》云："时分天有家庭纷争"。经云："知足天之宫殿中，化身佛祖示佛法"。此处有佛祖与法太子等常转法轮。其上有乐于以自己的法力变化乐器及五妙欲的乐化天。其上空有尽情享受自己的诸化身以法力变化出的一切妙欲资具的他化自在天。其等的身躯在初生时三十三天有赡部洲六岁孩童之大，自上而下依次为，七岁、八岁、九岁、十岁孩童之大小。长成之后四王天身高有一俱卢舍的四分之一，即一百二十五弓之高，以上每层增一分，至他化自在天时为一俱卢舍半之高。四王天与持盆药叉身高相等。欲天与人及畜生以食物充饥，寻香食香味，地狱者以触为食，寒风入口而维持生命。三千世界之计算法，有《虚空心库》云："四洲连同日月与，须弥山与欲天众，赤德一千世界为，小千世界其之千，是为中千世界而，其之千倍为大千"。《达本》云："小千世界的一千个世界，上下重叠而住，有二十五层，每层以四十个世界散布而成。中千世界以上不叠，只是扩散而居。"《有界十万颂》云："众多须弥山如石垛，铁围山如环掷地，山海重重如车轮"。

庚二，色界有二：辛一，禅天；辛二，净居天。辛一，"其上以喜"至"天等三"，以两颂而示。《库》云："色界之天无性欲，谛与等持安乐而，普具连同衣服生"。自下而上在大千世界之上有色界各天，无性欲，以禅定的安适之果，连同服饰等一切用品一起圆满而化生。以乐而生的初禅三天，由下而上是梵众天、梵辅天、大梵天。此等如乞丐得宝般，因得前所未有的禅定正乐而生于此界。《拉释》云："在大梵天前忏悔自己的过失之梵众天，辅助大梵天治理梵天的梵辅天，统治十亿小千世界的大梵天。"此上有以安而生的二禅天三处。以第二禅定的大小而生。由下而上依次是少光天、净光天、无量光天,因得比初禅天更强的安乐而生。前书云:“自身之光比上方弱小而命名的少光天,比下方少光天强而命名的净光天,比此更强而命名的无量光天。”初禅天虽也有自身之光,然而如猫睛石一样只具外光而不具内光,二禅天以上如澄水珠一样具内外两光,既透明又光彩外照。此上有以等持而生的三禅天,以第三禅定的大小而分为少净天、遍净天、无量净天。是以不混淆的禅定的正知而生。前书云:“功德较小者少净天,较大者遍净天,功德更大者无量净天”。其上有以真谛而生的四禅天三处。以第四禅定的大小而分,无云天、为福天、广果天,是以无八弊的真谛禅定而生。前书云:“没有如云彩般边缘相连之界而称为无云天,善业之功德大而称为为福天,相对之善果大而称为广果天”。外道士无有能生于此界以上者。此等皆以禅定而生,无需抚养,知廉耻而守信用,与一切服饰及居处一并变化而生。

辛二,净居天有:壬一,略表;壬二,详论。壬一为:“比其更殊五净居天处”,以一句而示。比上述欲色两界更特殊,无有一切烦恼之障的五净居天处。《库》云:“净居五天无生增”。此义是净居天不似禅天只以胜观而生,也不似无色界唯以寂止而生,而是以胜观与寂止,止观双运而生。也有少许有漏而生恋禅者。是以有情意乐而分为五类,是具无漏智慧者,得加行道以上之果的圣者。

壬二,详论有五:癸一,无想天:“烦恼障蔽”至“议事处”,以三句而示。在广果天之上方有被烦恼障所蔽而法力稍小的无想天之处。此处中央有斯巴贡桑之地,是诸辛饶聚而议如何弘扬佛法,以及拯救众生之处。《集经》云:“无想斯巴贡桑境”。

癸二,无烦天为:“其上烦恼”至“尊心处”。在无想天的上方有无烦天,因无先前之烦恼而命名,此处有斯巴叶桑之地。《集经》云:“无烦斯巴叶桑境”。是诸菩萨尤其是我佛辛饶弥沃初发菩提心之处。前书云:“斯巴叶桑之境中,始神心之明灯者,意之苗芽者所持,诸子大发悲心而,遂以光明天之灯,供养本赤洛杰佛,是为发心之导师,培养智慧修智力,聆听斯巴敦则法,怜悯众生而垂泪”。《塞弥经》云:“敦巴辛饶弥沃在,斯巴叶桑之境处,初发尊心之导师,朵本赤洛杰坚师,培养智慧修智力”。

癸三，善现天为："其上意趣"至"剩余处"，以一颂而示。在无烦天之上有两障的粗大障已灭，所悟极高的善现天，其中央有哇拉沃塞之圣地。《集经》云："善现哇拉沃塞地"。此处是圣者雍仲菩萨众消除所知障之处。《塞弥经》与《集经》有云："哇拉沃塞之圣地，元始雍仲菩萨众，消除所知障之处"。

癸四，善见天："其上见解"至"佛法处"，以三句而示。善现天的上方有断烦恼障，而对极净的见解有极高悟性的善见天，此处有贡增夏叶城。《集经》云："善见天之贡增夏"。此处是未来佛与我佛培养智慧修习智力之处。《经》云："贡增夏叶之城中，元始天之佛祖前，未来佛与我佛等，对于雍仲佛法义，勤奋修习智力处"。色当苑也在此处，是赤辛囊丹佛居住之地。《见解总断》云："贡增夏叶色当无上处，大方便佛赤辛囊丹佛"。此无上究竟天是属九究竟天之列有其他密意。

癸五，色究竟天为："其上最高"至"授权处"，以一颂而示。其上有欲色两界的最高居处，色究竟天。《经》云："究竟天界色尽处"。此处之寿命与身躯俱殊于下方各处而又称为非下天，即无上天。如此梵众天身材为半由旬，梵辅天为一由旬，大梵天为一由旬半，是以半由旬而增长。少光天以上是倍增，少光天为两由旬，净光天是四由旬。如此倍增至色究竟天时是一万六千由旬之高。（此处色究竟天的实际身高为一万六千三百八十四由旬。译者注。）此等之寿也以劫为计与由旬之数相等。如梵众天身高半由旬，所以寿为半劫之长。以此推算，色究竟天之寿是一万六千大劫，其中初禅三天之寿是以大劫的一半为量而计算的。大梵天之寿长一劫半即六十中劫，寿尽之时正为器世界将坏之际。但是因大梵天有眷众护卫之谄，与自认为是一切万物的创造者的邪见，所以其居住之界有危难之障。被风所坏后形成的大梵天之界有八中劫之障，被水所坏后形成的有五中劫之障，被火所坏之后所形成时有两中劫之障。坏劫时寿不尽而移至上界。在色究竟天之中央有一个高于四周，布局与功德不可思议的极美大究竟天。是化身佛辛拉沃嘎居住的地方。《塞弥经》云："色界十七处之上，又有天界四大处"至"究竟天神处等四"又至"究竟天神宫殿中，报身辛拉沃嘎处，领取调伏有情旨"。十七处之上之义并非是在其上方之义《经》云："受用报身佛有五净居天神之众环绕而住”，以此句而明。如问此处的布局，则有《象雄美日经》云:“色界十七处之上，净居天之极高处，境之究竟无有上，金色之地平坦处，璁玉而绘棋盘图，四方标志凸而显，无垢澡池绿叶苑，无有夏冬四季暖，其上宫殿成四方，解脱四门内外明，菩提七道之柱直。解脱八道台阶叠，智慧之顶唯一顶，功德半满璎珞美，无有内外佛堂中，狮象宝马孔雀与，命命鸟之宝座中，盛开无垢莲花瓣，驱暗日月相叠成，功德圆满殿堂中，辛拉沃嘎佛祖住”。此地是菩萨众最后有者，即十地菩萨即将成佛者得道成佛之地，是我佛将下凡间为佛之前，在受用报身佛座前接受调伏众有情的佛旨之处。《集经》云:“究竟天神之圣地，报身辛拉沃嘎前，领取调伏有情旨”。

庚三，无色界为:“其上更有”至“大劫时”，以两句而示。其上方有超出欲色两界的无色界天。非以明显能观的色身而成，内外均无有粗细的色身而称为无色界处。因无色身，自然也没有身躯大小可言，寿命由下而上，空无边处寿为两万大劫，识无边处为四万大劫，无所有处寿命为六万大劫，非想非非想处寿长八万大劫。在如此漫长的大劫中以禅定之力而存，寿终时无任何先兆。色界诸天在临死的七天前会显现将死之兆，失去禅定之力显现堕入恶趣的来世之境。

己三，括要:“其等各自”至“之路基”，以一颂而示。如此三善趣众有情之居处与身、财富、寿命均由下而上，逐渐增长极其圆满者，各自的前因均为十善业与四无量与等持等先前所积累的功德而熟的善果。有前因必有后果是内道辛饶宗的特殊之法。三善趣的善果也如孤独地狱的苦乐一般虽非究竟的安乐果。然而如果没有善趣的天人之身，别说是极其圆满的究竟安乐果，就连暂时的少许安乐果也无从谈起。所以下士道的究竟果天人之身，是愿得解脱与一切智之果的中士和上士的必行之台阶，是由下而上慢慢引导入大乘的智谋之事。雍仲本教法藏宝库中，示下士修安乐之法为第六品之释。

第七品　解脱之功德

丁七，现在示修大解脱的道路有三:戊一，以喻而略表;戊二，详论;戊三，括要。为示戊一正文有云："堕入轮回"至"之法示"，以一颂一句而示。如此在三界轮回的有情众生，不可能永居一处就好似从高山之巅滚落悬崖一样；在六趣中得天人之果就像在临落崖之前紧握一把救命稻草一般；在昼夜循环中消耗生命，就同黑白两只老鼠轮流吃草一样；迷恋于幻觉中而不知生命将尽，如同老眼昏花不见耗子吃草一样；善趣之引业将尽，使善力弱小而寿终之后，堕入恶趣，就如稻草吃尽而落入悬崖一样。《驱暗明灯》云："己之寿命如同崖边草，有生之年如同老者握，昼夜轮流如同黑白鼠"。因此，就像解救即将落崖之人，使其脱离危难到达平安处一样，应该向在轮回之悬崖边挣扎的众有情传授圣人道四谛之法，使其能脱离苦海早得解脱之果。如问，圣人道四谛之法是何法，则有《地道幻灯》云："苦集灭道四谛法，所治对治之区别，因果也是如此分。"其中苦谛与集谛是烦恼谛，灭道两谛是净法之谛，是所治与对治的区别。前两谛是轮回之因果，后两谛是寂灭之因果。集谛为因，苦谛为果，道谛为因，灭谛是果，因前而果后。如问我佛为何不依次序讲述，却在《空界》中云："须知苦谛辛饶谛，应断集之辛饶谛，须证灭之辛饶谛，应修道之辛饶谛。"颠倒次序而讲则，佛祖颠倒次序而讲是有重大意义所在，是如此，首先所调化的众化机应生愿脱离苦海的正见，不然将无根基而无法引往解脱。所以要对被无明蒙蔽，对轮回的荣华富贵等坏苦，以为是安乐的执邪见的众化机传授诸多轮回是痛苦的正法，使其能生厌离与出离之心而先讲苦谛。之后对既知自己所处为轮回之苦海而又愿得解脱者，讲授轮回之因，使其知不断其因就难断其苦果之理，为使他能够依佛法而正确勤奋地修习断集烦恼法而后讲集谛。之后既知轮回之苦有漏之业为烦恼而生，而烦恼之源为我执，我执的根本是无明之理，必会生如阻拦无明就定能断我执烦恼之业与一切痛苦之理而生要使其寂灭的决心，所以先示灭谛，如有问，则示苦谛之后就会生愿得解脱之念。为何不在讲完苦谛之后紧接着讲灭谛则，因此时虽有息痛苦而得解脱之念，然而不知能回遮阻拦其因之法，所以不会生亲证寂灭之念，而对解脱不以为然。之后对愿得亲证寂灭之士，示寂灭的道谛，使其能入正途而得究竟之果而最后示道谛。

戊二，详论有三：己一，培育求解脱之心；己二，示至解脱的道路本性；

己三，观想大解脱之利益。己一有二：庚一，以苦与集而思；庚二，以缘起之法而思。庚一有二：辛一，思轮回痛苦之弊；辛二，思集轮回的入法。辛一有三：壬一，为阻拦对善趣之安乐生贪心而总讲；壬二，分讲三善趣之苦，壬三，以轮回的总苦而括要。

壬一，“迷恋胜生”至“之机遇”，以一颂而示。如此在善趣中的至高无上的人间之王与转轮王、非天之王净心天、帝释天与大梵天一样享受世间的荣华富贵等世间安乐的，一切最终究会变为痛苦，有漏之安乐皆为贪恋之因，而贪恋又是轮回痛苦之根源。所以轮回的一切安乐是真正的痛苦，是假有命名之乐。对此等真正之苦不识为苦，反而认为是安乐而生贪恋者，当真是愚者凡夫。此等对轮回不生出离心与愿得解脱之心而终不会得入大解脱城的机遇。《三百颂》云：“轮回之苦执为安乐者，此等实为极其痛苦而，总被轮回束缚不能脱”。因此对轮回之苦认为是安乐生厌离的返心，与愿得解脱的不作之心，才是走向解脱道的根本。前书云：“轮回之中刹那也无乐，对其生惧厌离之心则，能自三界解脱得寂灭。”

壬二有三：癸一，略表；癸二，详论；癸三，括要。癸一略表为：“享受天人”至“荒凉地”，以两句而示。享受天人的妙欲就像食有毒的美食一样，味虽美但会夺取性命，善趣之乐将会夺取解脱之命，使其不能得究竟大乐。如在无水的荒野中漂泊一样，永久迷失在轮回之中无有安乐。《经》云：“暂时之乐微小者，使人堕入大苦中。”

癸二，详论有三：子一，思人；子二，天；子三，非天之苦。子一有二：丑一，总义；丑二，别义。丑一，总义为：“人居土地”至“行为众多”，以两句半而示。此有六义：寅一，居处，《雍仲业净》云：“居于四洲遍中洲，山中居与木中居。”如云般，四大洲与八中洲之人居住在土地上，高贵四人类中，转轮人居住在须弥山之岩缝中，雍仲七室人居住在持边山上，食树汁人居住在树洞中，花中人居住在青莲花之中。寅二，生于人间的前因是以妒而生。有《经》云：“嫉妒者生边鄙之人身。”寅三，以四生而生，四洲中，东洲为湿生、北洲为化生、西为卵生、南赡部洲在劫初是化生，之后是卵生，之后是湿生，当今是胎生。寅四，身形是直立者。身高南洲为四肘、东六肘、西九肘、北十三肘半。寅五，幻景是以五境而作为贫苦之众。《幻化钥匙》云：“人类只识无妙欲之境。”寅六，行为，有《律经普生净界》云：“人作众多行为也。”

丑二，别义有二：寅一，略表；寅二，详论。寅一为：“总有两部众，分则十二”，以两个半句而示。《经》云：“人之总类有二，分类有十二部。”所云的总类是人与人非人。十二部是：四洲之四类，高贵四类，八中洲有四类，均巴坚食花粉，饮大海之浮皮，杰周者童身夏生而冬灭，定走者执利刃与罗刹交战，食肉饮血，郭年者人身兽头，食草饮水，遍布小洲，寿长一劫。

寅二，详论有二：卯一，人之本性；卯二，寿命。卯一有二：辰一，略思他洲之苦；辰二，详思南洲之苦。辰一是：“承受无定苦”，以半句而示。《三百颂》云：“人类其他之苦极其大，人非人部无乐住一劫。”如云般，三洲之人与八中洲的人非人部承受无定之苦，无安乐之时。

辰二有三：巳一，内苦；巳二，外苦；巳三，摄散之法。巳一，“尤其生于”至“四大苦。”以两句而示。南赡部洲之人有内之生、老、病、死四苦。《杰夏王消罪经》云：“生老病死内之四痛苦。”其中午一，生苦有五：其一，生苦是指，在母亲腹中与出生时所受的痛苦。其二，与取恶趣之生相连的痛苦是，与烦恼之因并存而不能随意行善而不自主。其三，出生就变为苦境是，有生就有老、病、死三者相随之苦。其四，出生就变为烦恼处之苦是，生在轮回中就注定以中意、不中意、中间之感受进行三毒之业。其五，虽恋生命而却要离散之苦是，生之尽头必死而不喜。

午二，五老苦是：一、因相貌与身体衰老，而无往日光彩之苦。二、如此还有难以起立等身体衰弱、生活难以自理之苦。三、老眼昏花观物不清楚等五官失灵之苦。四、不能随意行事难以作业之苦。五、愈老则离死亡愈近的寿尽之苦。

午三，五病苦是：一、因病魔缠身而无力，身体难撑之苦。二、难忍病痛的折磨而心生不安之苦。三、因病而忌口，不能吃想吃的食物之苦。四、必须承受苦口之药与难忍的疗法之苦。五、无药可治断定将死之苦。

午四，五死苦是：一、悔未能多行善业之苦。二、悔未能断恶业之苦。三、怕生于恶趣的恐惧之苦。四、迷恋人世而不想舍弃之苦。五、无奈寿尽而往生于他处之苦。

巳二，外之四苦是：“别离亲友”至“求不得”，以两句而示。如此又有敌、亲、富、贫四苦。《杰夏王消罪经》云:"无财难求之苦与,有财难理之苦与,别离亲友之苦与,遭遇强敌之苦是,外之苦难合为八。"所言般,午一,别离亲友之苦有五:一、人生多聚散离合,分别时皆为痛苦,尤其是当至亲之人,如父母,子女密友等去世时,亲人们痛不欲生、绝望,甚至以各种方式自杀之人,或者捶胸、拔发、食不下咽等伤身之苦。二、号啕大哭等伤语之苦。三、过度悲伤引发昏迷与疯癫等伤心之苦。四、常思在世时的优点、行为、姿态而难忘悲伤之苦。五、以此烦恼为因又将于恶趣中来世受其害之苦。

午二,遭遇强敌之苦有五:一、自己或己方之人被敌人所伤等敌人以身相犯之苦。二、恶言攻击等以语而犯。三、连同帮手等以计谋而犯之苦。四、以勇猛不可敌的强势而犯之苦。五、敌方的盟友与帮手众多而以靠山强大而侵犯之苦。

午三,有财难理之苦有五:一、最初难积金银、牲畜、食物等之苦。二、之后难使其尽快发展之苦。三、即使富有也舍不得花钱的吝啬之苦。四、需要经常经营之苦。五、如此会有被毁坏等花尽钱财而难守护之苦。

午四,无财难求之苦有五:一、无财就难学理财之道而不能得财之苦。二、种田务农无方而不能丰收之苦。三、即使抢劫也因无利器而不得财之苦。四、乞讨时人不施舍而不得财之苦。五、苦苦求财也难得之苦。

巳三,摄散之法是:"单四双八无有能避者",以一句而示。这一切痛苦合则可摄入总与分别两苦中。生老病死是总苦,因三界的众有情都不能避免生死之苦。敌亲贫富四苦为分别之苦,是以各自的命运而生之故。《大乘经》云:"苦有总与分别苦。"又如分,则总与分别或内外之苦各有单四者,以本质之苦与顾虑之苦而分,就会各有八苦。《因果解析经》云:"痛苦单四双八分而讲。"又有贡巴大师云:"四本质与四顾虑,四本质是生老病死四苦,四顾虑苦是怕遇强敌的顾虑,怕与亲友别离之顾虑,怕有财难理的顾虑,怕无财难求的顾虑。双八是,在四本质苦上加顾虑苦,在四顾虑苦上加其本质之苦。"所云中,在本质苦上加顾虑者,如病苦的本质苦,即真正生病时的痛苦与怕生病的顾虑之苦。在四顾虑苦上加本质者,如怕无财难求的顾虑苦与无财难求的本质之苦。

卯二,寿命是:"寿龄北洲"至"寿无定",以两句而示。寿龄,北洲之人为千岁、西洲五百、东洲二百五十岁，是以半而减。南赡部洲之人寿龄无定，劫初为八万而最后减至十岁，是以全洲之人共同行善或普遍行恶而盈亏。中洲之人非人寿龄无定，长者活一大劫，短者只活一夏。

子二，非天之苦有二：丑一，总义；丑二，别义。丑一总义为："非天居于"至"征战争"，以一颂而示。此有六义：寅一，居处，《库》云："三与第四岩缝中，非天抖袍之部居。"如此在须弥山的第三与第四层的岩洞中有非天之部。三十三阿修罗居住在空中与地面。寅二，生于非天的前因是：以慢而生的上部与天神同道，下部与饿鬼同道。《经》云："我慢之众生于非天处。"寅三，四生中是胎生和化生。寅四，身以凶猛之姿与三十三天相等。寅五，幻景是视为众多铠甲与利刃。《幻化钥匙》云："非天唯识利器与铠甲。"寅六，行为，有《律经普生净界》云："非天离善对天福，生妒愤怒而征战，手执何物皆利刃，征战无有安乐时。"

丑二，别义有二：寅一，略表；寅二，详论。寅一为："总有三部分则三十三"，以一句而示。《塞弥经》云："非天总之有三部，是上部与中部下部为三部，分则三十三部。"

寅二有二：卯一，非天之本性；卯二，征战之事。卯一是："十三上部"至"非天部"，以两句而示。非天三部中，十三上部阿修罗为：华、阅、称、年、沃、参、斯、革、夏、木、魔、妖、念布。下部十一是：龙、念、甲、曼、赛、仲、鬼、罗刹、邪、阎罗、曲。中部九者是：日、月、星、光、汽、风、虹、云、达。共三十三部是非天之众。

卯二，征战是："因妒天之"至"无有定"，以两句而示。非天部与天神为敌而征战不息。战争的起因，是非天者为得天之甘露与妙欲因妒而战，天神迷恋非天女的美色而战。征战之相有《根本续》云："天有五部兵种：白龙部、三层药叉之三部、合四大王众天部为五部。非天有四部兵种：黑龙部、曜谢豆巴达部、三十三阿修罗部、叶常厉鬼部。先前是黑白两龙部交战，败者求援又战。最后四大天王部求援于三十三天。厉鬼部求援于阿修罗王。"此时阿修罗王披上佩有如意珍宝的战袍而抖，非天之兵即刻聚集，谓之曰："抖袍"。阿修罗王愤怒而跺脚能使山动地摇，在三十三天的帝释天宝座也会动摇，帝释天也就知道非天兴兵来犯，于是率领众天兵到变猛苑，饮其苑之水使众天兵生忿怒的嗔心，性情大变成凶猛好战之徒。帝释天与眷众乘极坚大象的三十三头上，有象兵相随与非天部大战于须弥山上，天兵除断头者无法救治外，断肢受伤者只需饮一口甘露就会复原如初。非天与人一样伤重也可夺命。因福气大小，多半以天兵胜而告终。世间多行恶时也有天兵战败之时，此时非天会追至精美城下，天兵闭门毁桥而非天不能攻占。反之非天战败时天兵也会追至须弥山洞的具金城外，非天部也毁桥闭关坚守，天兵不能攻入而自行退兵。非天部除与天兵交战外，内部之间也时常有征战之苦，永无半分宁日。《大乘经》云："生于非天部的痛苦为，嗔心凶狠忿怒而生慢，慢与凶暴征战而痛苦"。非天之寿龄无定。

子三，天神有二：丑一，总义；丑二，别义。丑一，总义为："天居须弥"至"行为放逸"，以三句半而示。此有六义：寅一，居处，在须弥山顶有三十三天部。《库》云："其等上方有，天之精美城。"其他诸部居住在空中。寅二，生于天界的前因是行邪业之故。《塞弥经》云："常修邪教之教理，生于长寿天之境。"寅三，四生中六欲天为胎生，其他为化生。寅四，身形也以福气而上界比下界更大。寅五，幻景《幻化钥匙经》云："天之幻觉仙乐与甘露。"寅六，行为《律经普生净界》云："天神常奏妙仙乐，身以光与服饰美，享受妙欲善行小。"

丑二，别义有二：寅一，本质；寅二，寿龄。寅一，"总有三界天，"至"痛苦死"，以一颂半句而示。天神总有三界，即欲界、色界、无色界。分则欲界有六部、色界十七部、无色界四部共二十七部，前面已经讲述。其等在引业之力尽时多半会堕入下界。欲界诸天在世时，不行善而迷恋于妙欲之中。上两界诸天以为禅定就是解脱之道，入定而住的寿龄虽长，但禅定的引业之力尽而出定时，得知仍然在三界中而未能解脱时，就会生邪见而堕入恶趣。欲界六天在临死时有八先兆。《水供释》云："居处失光彩、诸天疏远、自己的花园将遭霜打、琵琶失音、闻空中不祥之音、有浓与血滴散落、左腋下有臭气味、能见将堕之处等八先兆。"此先兆在临死前七日时显现，因此会在死亡的恐惧中号叫而终。寅二，寿龄是："人寿五十"至"欲界长"，以一颂而示。六欲天之寿在第四品时已述，上两界之寿在第六品中已述。

癸三，括要："善趣天人"至"应识之"，以一颂三句而示。因此在善趣虽然能享受一些荣华富贵，在百花怒放的园林中，或在美轮美奂的宫殿中可以与意中人游乐戏耍尽情歌舞，然而也会因天灾人祸而变为痛苦，如梦中得财而梦醒时分空欢喜而生失落感一样，钱财有散尽之时，亲友有离别之日，生命也有寿尽之时，对此等明显的无意义之事，谁还会生贪恋之心，虽然生在善趣中能暂时脱离恶趣之苦，然几天或几年之后寿尽时，在恶趣中将受尽痛苦，对这等痛苦竟然闻而不惧，却想在善趣中享受少许安乐者真是愚人之见。因有情之阿赖耶识之种子有别，所以意识也不尽相同，以善恶无记等诸业而受痛苦和安乐无定的一切感受皆为痛苦。因有漏的一切安乐本性唯有痛苦，在未得涅槃寂静之前，一切皆为痛苦，所以要对善趣之乐生出离之心，要真正领会这是痛苦之处。

壬三，以轮回之总苦而括要："总之轮回"至"出离心"，以一颂一句而示。如此上至三有之顶，下至地狱之底，凡生于六趣中的任何有情，都是痛苦无半点安乐和幸福之份，就如在海底没有半点干燥之陆一样。因此应该对轮回生皆为牢笼之念，续其念要生坚定的愿求解脱之心，以此为本，对大解脱道生不作的信念才是真理要旨。

辛二，思集轮回之入法有二：壬一，认识痛苦之所依是五蕴；壬二，痛苦之种是十烦恼。壬一有二：癸一，识别；癸二，顺序。癸一是："一切痛苦"至"以识而分"，以三句半而示。一切轮回之痛苦所依是有漏五蕴，依此可积集一切业与烦恼，又由此生下一轮回的蕴与痛苦，《普集库》云："是为有漏之本性，与此联而随后续。"成色者或能摄入色者皆为痛苦之所依，受蕴为感受，想蕴是区分性相而持范围。如问有顶无想否，无性相之分，因无区分外境与内识之想故？如言是则，即成非三界之物故。所以说有不太明显之想，是非非想之故。行蕴是亲自作业的行为，识蕴是普遍区分的主体，《雍仲业净》云："轮回之蕴云何则，三界轮回有情对，身之贪念为尽则，即熟实体有漏蕴，粗细色之有漏蕴，乐苦是为受之蕴，持范围者为想蕴，作业者为行之蕴，普分识之蕴等五。"

癸二为："粗细次序喻"至"积具威"，以三句半而示。此有三义：子一，细粗；子二，喻体；子三，生烦恼之相的次序。子一，色蕴粗而先示，另四蕴非色之蕴只为名蕴而为细，受蕴因感受粗而次后，想蕴寻诸事之奥妙而极其易识而次后，行蕴是由想蕴而生是次后，识蕴只识要义而无其他能力而最后讲述。子二，喻体，色蕴是心与心所产生的所缘地而如器，受蕴对自己的身心有利害关系而如食物，想蕴对受蕴的经验有提醒之功能如佐料，行蕴是其等的取舍者如厨师，识蕴是主要享用者如食客。子三，如此色蕴是意想与贪欲的所缘缘而先示，以色之美丑等生乐苦之受而生贪欲之故，次后示受蕴。以此种感受而生持相之乐欲而示想蕴，以此意识生对其的行为之取而示行蕴，所做的一切行为之习气都摄积于阿赖耶识处，变成具有成熟条件的具能有而最后示识蕴。

壬二，痛苦之种十烦恼，“贪恋美丽”至“取见者”，以一颂三句而示。其中贪欲烦恼是对内外的美好中意之境所生。如难除衣服上的油污一样，对中意之处难舍喜爱之心。嗔烦恼是对敌人或一切不顺眼之境所生的憎恨与忿怒，想伤害对方的意识。慢烦恼是依坏聚见而对内外之高低优劣等生的自满之心。无明烦恼是不知四谛与因果等真理的无知烦恼。犹豫烦恼是对四谛与因果等生有与无、是与否的两面难断之心。《普集库》云：“贪欲迷恋中意处，嗔心喜好杀生业，无明无知为愚蠢，我慢是生自满心，犹豫对谛生疑心。”坏聚见是对近取之蕴持我与我所有的烦恼智。前书云：“识为我而色等四，执我所有。”如云般，外道者视识为享用者，谓之为大我识。色等四者是其所享用而执我所有之见，色为我之基，受为我的经验，想为我之名，对行生是我的行为之见。坏者为无常，聚者为众多之意。此见之所观之基是无常与众多之法，绝没有永恒与唯一人士而谓之为坏聚见。边执见是，以坏聚见所执的我是固恒不变之体，无来世相续的断见烦恼智。邪见是对因果等真谛执颠倒之见，视情器世间均为自在天所创造的烦恼智。见取见是，视坏聚见与边执见、邪见与依其等所生的蕴是极为优越的染污智。戒禁取见是，认为以诸邪见所生的戒律，披人皮等外道的禁行等就可以消除罪孽，解除烦恼，出离轮回的染污智。《库》云：“坏聚普遍而观与，遍计执边之见与，以误因而邪见与，视为优越见取见，戒禁视为优等五。”无明与坏聚见可称为一体，然而如果细细区分的话，那么就像把黑暗中的绳子认为是蛇的误识一样。以无明遮蔽蕴之真理而对蕴生我执的坏聚见。依次分彼此两方，对己方生喜爱，对彼方生嗔心，以己身生慢，又生此我者是常或断的常断之见，又生与我见关联的邪行优越的戒与禁行取见，又由此生犹豫与邪见，又以此烦恼生诸多轮回之痛苦。《杰夏王消罪经》云：“痛苦分类不可计，一切痛苦之根源，己心大烦恼中生。”

庚二，以十二缘起之支思苦有二：辛一，识别分类；辛二，分类与摄入法。辛一是：“能育一切”至“将自至”，以一颂一句而示。如此一切轮回诸苦的引生者为缘起十二支。十二支，《拉达》云：“最初无明等等至，最后老死之间也。”一、无明支是对两谛之真理无知，此处是指能生轮回的有漏业之等起(即动机)。二、行支是指有记的善业、恶业与不动业均为有漏业。三、识支是指积集诸业的习气之前识，即因时之识，与结生相续时的识即果时之识。四、名色支是指受蕴、想蕴、行蕴、识蕴为四名蕴是参入境者，此等与生起或成因的任何色相结合。五、六入支是指名与色蕴发育至眼等有色根与意根具备之时。六、触支是指六入支发育成熟后，外境、根、作思三者聚集而显现时发生，是由名色识而在胎中时所生的个别所依之唯一六入。七、受支是指以触支感受到的乐、苦与舍受的感受。《密集续》云：“对于真谛因果愚，无明愚与有福之，作思不动为行支，适有因果名色蕴，色为因色与果色，六入支与依此触，感受乐苦与舍受。”八、爱支是指对感受显露出来的贪等欲望，对乐受生不愿离之心，对苦生想离苦之念，对舍受不生何念。九、取支是近取之心，对诸欲等生爱心的贪念。《普集库》云：“爱支显露贪欲念，取支近而索取行。”爱与取的区别是有远近之分，爱为远因，取为近因，是近而索取的行为。十、有支是先前的行支对识支染上习气，此习气又被爱支与取支增添，以至成为能引发后有的有力者，其实就是五蕴。十一、生支是继有支之后而生，是自名色至受之间的诸支，此处是指在来世结生相续而初生之时。十二、老死支是由生支至老死之支都会变迁，而相对生支而言就有老死之支。前书云：“有支后有具力中，生支结生相续生，老死发育减灭也。”

辛二有二：壬一，分类；壬二，摄入法。壬一有二：癸一，以引业与成业而分，癸二，以世与时而分。癸一是：“三与四与”至“所成者”，以两句而示。引业之支与所引之支两者。首先是依无明而引，是诸业的等起动念之故，以行支而引，是作业的行为之故，把习气聚于因识之中而引，此为能引三支。所引支有二：以身而作与以受用物而作。身之初引者是名色之支，所得圆满之身时是六入之支。受用有受用对境为触，受用感受者为受支，此为所引四支。第二，有能成与所成之支。第一，能成之因有三：依靠爱支而能成，是能增添业绩之故；以取支而成，是能取后有者之故；以有支而完成，因变成有力后有之故。此为能成三支。所成之果有二：所依者生支，能依者老死两果。其等有《普集库》云："无明受由前至此，引业支与所引支，爱老自此至来世，能成支与所成果。"

癸二，以世与时而分："又有前面"至"未来时"，以两句而示。无明与行支是前世之因，是现在蕴的引发者，生与老死两支是来世之支，是由现在的爱取有三支所成，所剩的识与有支之间的八支是现在之支，自识支至受支间是前世所引，爱取有三支是后有的能引者。前书云："前后各二今八支，无明行支为前世，生老两支为来世，所余八支为现时。"

壬二，摄入法："合则无明"至"其他果"，以两句而示。无明与爱支取支是等起而可摄入烦恼之中，有支与行支是由此所生的行为，而可摄入业中。此五者是因支，所以可摄入集谛中。余下七支是其前因所熟之果是苦谛，所以都可摄入轮回之因果中。前书云："无明爱取为烦恼，行支有支是业故，此等是因归集谛，余下是果为苦谛。"

己二，示解脱的道路之本性有三：庚一，略表；庚二，详论；庚三，括要。庚一，如此轮回之根源为烦恼，烦恼之源为我执，我执之源为无明。因此，如不根除无明将无法杜绝轮回，根除无明就必须具备能培育智慧的禅定，而禅定又必须要从洁净戒律中产生。《拉释》云："居士与比丘之教义中，首先不破戒律使两障消除，除障而使禅定明，禅定明亮得智慧。"所以修习能根除轮回之因果，使寂灭显现的道路之谛。正文："烦恼具威"至"烦恼敌"，以一颂而示。如此集烦恼如危害自己的强敌，而戒学如防身的铠甲，定学如助自己的援军，慧学如杀敌的利刃。因此如正确修习道路之三珍宝学便能得正果，从而永胜于烦恼诸敌。三学之定位，以调伏心的次序而分则，调伏懒散之心为使其不再散逸而示戒学。调伏未入定之心使其能入定而示定学，调伏为解脱之心使其能解脱而示慧学。观待果而分则，为修得欲界两善趣之果而示戒学，为修得上两界之果而讲定学，为修得解脱之果而示慧学。又以所治烦恼而分则，破斥烦恼而示戒学，调伏明显的烦恼而示定学，为断烦恼之根源而示慧学。

庚二，详论中先示三学的先学者戒学有三义，辛一为示性相，根本文云："出离之心"至"无缘法"，以三句而示。三学之一，主要由出离心而生的断罪孽的显露作思或权威作思能持久之类，识三轮为无自性者，是增上戒学之性相。《普集库》云："愿断罪孽之作思，是戒"。又有《解析》云："其等增上三学为，证得三轮无相者。"如有人问："以显露之得失而言戒学的话，那么无须守戒或不会破戒，因为善恶之种人皆有之。《经》云：'阿赖耶之心识中，善恶之果共同住，遇缘之时方引起。'"如有此疑问则将如此回答：并非是上述的两种情况而得戒，是以具权威的意识得戒之后，将于心中存在无间断的功德。

辛二，戒学的言词是："外相内戒结合之缘故"，以一句而示。一切修习正果的道路之基是增上戒学，有以外表与内戒相结合之义。

辛三，戒之分类有二：壬一，以部与所依而分；壬二，以所学而分。壬一，"以部分则"至"四部众"。别解脱戒以部众分，则有在家与出家两部，以所依分则，在家有斋戒与居士两种，出家有勤策男，即沙弥与比丘两种。此两种以性别分则就有别解脱八部。壬二有二：癸一，得戒的标准；癸二，应守的戒律。癸一，"未授戒律"至"知已得"，以一颂而示。对未得戒者传戒时，受戒人之身所依与心所依两者中，身所依应是断八无暇而具八有暇的男女弟子。《律经括要》云："已断八无暇之弊，男女之众为所依。"心所依应是必须有取戒之心，而此心也应该并非为求声威或侍奉而生，非只求天人之果而生，非为求免除来自国王等人或非人之危难而生。应具备愿得菩提正果的信念。如此的具相之士取戒的授戒上师也应具备律仪传承未断具自佛陀至今日的传承，比丘戒俱全而不曾违犯者，对诸藏特别是对律经有很深的造诣者，又有行他利的能力等具三种特相者。前书云："有戒律与精通者，行他利之能者取。"在授戒时又要具备亲教师、轨范师、见证人、译师四人。在此四师前，首先要请师传戒，之后按仪轨回答上师的提问，依次授斋戒、居士、沙弥、比丘戒或授所请之戒。按戒律之仪轨三遍俱全而机缘相逢时，受戒者自己已知得戒而产生最初受戒心的刹那起，已经得戒律，已经得能驶至寂灭大彼岸的因缘。前书云："受戒之心已得时，戒之波罗密多全。"

癸二，应守之戒律，以所学而分则有四类：子一，比丘；子二，沙弥；子三，居士；子四，斋戒。子一有二：丑一，男戒；丑二，女戒。丑一，男戒之寅一，略表为："所受之面外相内戒二"，以一句而示。男比丘戒应守之戒而讲有五外形与二百五十内戒。寅二，详论有二：卯一外形与卯二内戒。卯一，外形有五：辰一，理剃之后守；辰二，洗浴之后守；辰三，衣着之后守；辰四，物之后守；辰五，行为之后守。辰一是："勤理发与"至"剪成圆"，以两句而示。出家人不能留长发及胡须，在寺院时允许留两指长，外出时只可留一指半，鼻毛也要拔除，指甲不可留长，要修剪成圆形。所修剪下的头发指甲等要印造成小泥塔或埋入清净处。

辰二，洗浴之后守是："浴等用水"至"不可犯"，以三句而示。洗浴等需要用水时，要检查水之上中下方有无有情，要确定没有有情或用圆筛、三角筛、罗筛等滤水，如有有情则要送回原处，在用柴火与石头等时也不可伤及陆地有情。

辰三，衣着之后守是："六种僧衣"至"知而着"，以两句而示。《普集律经》云："六衣合敷具为七。"法衣的衣料应为布或氆氇等，颜色应为红、黄、蓝三色，也不可为单一色的法衣；坎肩的尺寸为长六卡；背心即无袖内衣在多蚊虫之地时可长七卡。裙长五卡，宽五肘，着法不可如妇女一样，不可如下衣一样，不可如椰子叶一样，不可如蛇头一样，不可如象鼻一样，不可如糠秕一样，着裙时不高不低合身而着。祖衣长五肘宽三肘为上品，宽两肘半者为下品，中者介于两者之间。以二十五、二十三、二十一片合成四条半者为上上品、上中品、上下品。以十九、十七、十五片合成三条半者为中上品、中中品、中下品。以十三、十一、九片合成两条半者为下上品、下中品、下下品。半片相叠者朝下，左边朝左，右边朝右，周边之片为四指之宽，着祖衣时由上而下披之，脱时由下而上而脱。披单之尺寸与着法如祖衣。莲花帽有四瓣或八瓣，要端正地戴在头上，脱时帽尖朝右从右取下，放时前面朝上，后面朝下仰着平放。莲靴如莲花状要轻轻穿。敷具之大片长两肘，小片一肘，宽两肘六指，周边为四指，在叩头与坐地时铺地，行走时搭在肘上。此七法衣在做法事和修行时要穿戴齐全，在幽静处可随意。祖衣、披单、裙子只在昼时穿，坎肩与背心在睡觉时也要不分昼夜地穿在身上，莲花帽只限于戒律圆满的比丘僧戴，沙弥也不可戴。

辰四，物之后守是："珍宝五物"至"莲花袋"，以两句而示。《普集律经》云："珍宝五物佛珠六。"如云般，珍宝五物合佛珠为六物。一、禅杖以金属打造，上下两塔，塔下为宝瓶，瓶下有四瓣莲花，有四股，股上贯穿十二钹片之轮与一钩，中为一肘之棍，上下段长如中段。此禅杖可做叩头与供奉之处。出家人之特殊资具殊于在家之众，以此禅杖允许触摸不可触摸之处。二、钵盂者大者可容三升、中者容两升、小者容一升半。此为出家人不可缺少之物，吃完食物要洗净，不可在崖边或险地洗钵，不可置于险处与路中，不可留剩余之饭菜，洗净擦干，以风吹之。三、还要有洗浴用的净瓶。四、理剪头发、胡子、指甲的小刀。五、缝补法衣的针线。六、念经用的佛珠等随身之物要经常装在蓝色莲花袋中随身携带。

辰五，行为之后守："立与行坐"至"如法习"，以两句而示。出家人起床时，不可让他人看见裸体，以衣护而在清醒的状态下起床，在行走时，不行对自己或他人有害之地。《普集律经》云："游兽鸟跃马奔狼狗与，不可横行倒退弓腰行，不跳不跑。"如云般，不可如游兽般随意行走，不可像鸟雀般弹跳而行，不可像驴马般奔驰而行，不可像狼狗般行走，不可横着走，不可倒退而行，不可弓腰而行，不可跳跃奔跑，要像天鹅般缓慢而行，在坐地时也不可坐在妨碍自己和他人之处，坐法也有前书云："何人犹如尸体一般或，仰躺俯卧背靠背而卧，伸腿抬脚并脚而卧地，狗姿等等常人坐法断。"不可背对上师或三所依或他人，食物在黎明时至中午期间饮用。饮法有前书云："先供三宝后己非背侧，左右背面不取一尺外，不取不可以手抓而食。"吃饭时要向佛陀及三宝献新，之后才可食用。饮时有前书云："食时不可东张或西望，不可边吃边做其他事，不可谈论饮食之好坏，不可后生憎贪烦恼心，不可立食不可大口食，口中有食不可言谈笑，药般不吃鸟般不快啄，不可捏成塔与有情状，身体不动不可以牙咬，立卧不食不可换地食，不可鼓腮而食不可发，啧啧声与伸舌弹腭声。"食完之后所剩之饭菜要以无相布施而施舍。睡觉时要以五毒之对治之法而食，睡法不可仰睡，俯睡或右侧朝上而睡，此为三毒之睡法，又不可与他人并肩而睡，交枕而睡，不可四肢伸叉而睡。下午是在幽静处散心或解手之时，解手之处不可在三宝及上师的居处。

不可在草丛、苑中、路中、灶旁或能见之处，而是在他人不见之处，解手时不着祖衣、披单、莲花帽，不带佛珠等六物。独自一人不言谈，不念佛而解手。事毕念经布施于饿鬼各部，洗手后着法衣执佛珠续先前之诵。言语不可以烦恼而言，边笑边谈，不可讽刺他人，不可大声喧哗，打哈欠时要以手遮挡，他人打喷嚏后要应声。《普集律经》云："打哈欠时以手挡，他人喷嚏要应声。"白昼在晨时洗脸漱口之后，要叩头或诵经等修习有漏或无漏之善业。中午吃饭之后要继续先前之善业，夜晚也要分成三、四或五分等修习上中下之善业。《普集律经》云："杜鹃依时南北而迁般，昼夜恒常须修善业法。"又有《律经括要》云："叩头座次等等也，男女戒而来区分。"

卯二，内戒有二：寅一，根本戒；寅二，分支戒。寅一，"杀淫盗妄"至"四十戒"，以一颂一句而示。杀人与邪淫，在别处是指在家人应守的邪淫，此处是任何性质的两性之事要彻底断舍；偷盗他人的有价值之物；妄说上人法；此四者是破戒的四根本。对境之支是指能破戒之对境，作思之支是指不曾搞错而心知肚明时被某种烦恼为因，行支是亲自做以等起所引的被戒律约束之事，究竟之支是完成所行之事时已破戒。绮语、恶语、离间语、妄语、贪欲、嗔心、邪见为六恶业，痴、嗔、贪、妒、慢为五毒，合为十一；贪婪心、欲心、吝啬、悭吝、生受、生烦恼心、懒散、邪愿、患得失的顾虑、对轮回生贪心，意乐散逸、错幻之心合则为二十三分根本。《雍仲业净》云："要守二十三根本。"又有三床褥之律、饮食四戒、七大戒律、零星三戒、七部共四十戒。

寅二，分支戒有："分支二百五十极区分"，以一句而示有七部。卯一，六恶业之首为十绮语，是对上师、上师之师等高贵处，徒众、徒弟之徒即徒孙等下等，施主等自己的眷众、眷众之仆，对自己之主人、国王、父母、师长等对自己近处之人，对居于别处之人等十种人说使他人心神不安的绮语。二、六恶语是对比丘僧等同戒者、同习三学等道路的同时者、修行等暂时之行为相同者、同居一室者、同坐一毡等同处者、兄弟等以因同处等六类人说使他们发怒的恶语。此等都要具备未错之想。三、四离间语是对比丘或密宗院、禅宗院之众徒或同部、同心、同德的亲密之两者间，以权势强行亲自拆散、以计谋离间、以极其隐秘之法离间，使其很快分离等四。四、八贪心是对寺院庙宇、佛塔佛像、佛经、王者之宫殿等国家之物，对贵族等非同类者、男女等非同身者、语言不同的非同语者、善恶等非同心者八类人或物生贪或毁坏之意。五、二十三嗔心是对天等六趣者、地狱之道等五道者、湿生等四生合为十五，又有对生命、身、权势、资具、服饰、男女为二十一，合特殊之人为二十二，合有生命的一切有情为二十三者生嗔或恶意。六、十二邪见是以俱生无明之力生邪见；以遍计所执力生邪见；以非此理之力而生邪见；以昏沉之力而生邪见；以所知胜观慢之力而生邪见；以先前所积的恶业之力而生邪见；以先前恶异熟逼近之力而对真谛生颠倒的邪见。合此六部共为六十三戒。

卯二，烦恼部有五毒。一、十痴心是：以无明而不识心性的痴心，被愚念所蔽的痴心，不识缘起十二支轮回性相的痴心，不识三恶趣等痛苦之处的痴心，积聚恶习的痴心，不识因果与两障本性的痴心，常散漫于无义之事而放逸身心的痴心，常使人入四生之道的痴心，以酒与酸奶等引起的痴心，即睡意，以前世难断的痴心。二、十五嗔为：因不识大慈心的真理而生之嗔，对有情的生命、气息、身、语、意、风采、服饰等生嗔，以遍计之力而生嗔，以分别心粗而生嗔，以难忍的痛苦之受引发的嗔心，以偏袒之念引发的嗔心，以他人的恶意恶行引发的嗔心，以争执引发的嗔心，不具息心而引发的嗔心。三、十三贪心是指对妙欲生贪心，对性交生贪心，对善趣的天人之美女生贪欲的贪心，对其的风采生贪欲，如此对歌声等音乐，对悲痛语，对其的服饰，意之引诱女，天神之宫殿，帝王之宫，宝洲之物，多彩的服饰，美味之食，悦耳之音，幽香之嗅，对幻化的引诱之物生难舍的贪念。四、十一妒忌是指对自己行大改造之妒心，对他人所生的妒心，如此对他人的居处，行走之路，食物，华丽的服饰，现在的行业职务，过去的事业成就，未来的发展前途，对熟知幻化等精通万事生妒心，以邪恶之念所引发的妒心。五、十六慢是指争是非而引发的慢心，示颠倒教义之慢，想入要员名人之列的我慢，生我慢之心的慢，我慢，非我不能之慢，击破他人勇气的我慢，争执等魔业之慢，以本性所生之慢，不断而常存的慢心，放逸信口胡言之慢心，又又反复而语的我慢，口无遮拦之慢，过于自吹自擂己方的慢心，又又反复言思伺之义的慢心，视非真理为真理的慢心。合此五部共六十八戒。

卯三，十二误念中，一、对他人之物而生的十贪恋心是：对声色等所取之外境生贪恋心，对能取的内心生贪恋心，对妙欲以先前的习气而生贪恋心，对田地，居处，财物等生贪恋心，对宝洲之物，对生迷乱之心的外界诸物生贪恋心，对家庭等杂乱之源生贪恋心，对性交等轮回之根生贪恋心，对子女等痛苦之源生贪恋心，对杀生等颠倒是非的行为生贪恋心。二、想取他人之物的十欲望是：对色生欲，如此对声、香、味、触、饰、常断等颠倒之见，不实如幻化之物，诱惑意念之事，能夺有情生命的毒与利刃，夺命之法摄魂魄等生欲望。三、对布施生吝啬的七悭是：不具色之布施的悭吝心，如此对声，香、味、服饰、法之布施等生悭吝心，被吝啬之结所束缚的悭吝。四、布施之障的十吝啬是：对布施食物、马、象等遍施、布施妻儿的极施，施舍身与性命的大施，施利他之言，亲施手中之物，对有危难施不畏布施，布施居处，无偏袒之布施，对以智慧空性所布施的大施等行阻碍。五、对他人所为的损害难忍的十三不忍是：不忍寂灭之受，如此眼、耳、鼻、舌、身、意、以习气，他人之损害，烦恼之恶言，凶猛逆缘之触受，临死之受，对任何诸事都生不乐之受等不能忍者要断之。六、生十二烦恼心是：生分彼此的烦恼心，生征战等迷乱之烦恼心，生积恶习的烦恼心，生众多寻常之烦恼心，生能增家庭等杂乱之本的烦恼心，生能增恶异熟的烦恼心，生能开启诸多颠倒是非之门的烦恼心，对魔等诱惑之物生喜爱与向望的烦恼心，生堕入轮回的烦恼心，寻对善业有阻之住所的烦恼心，对生死挂环的烦恼心，生诸多杂乱的烦恼与意念的烦恼心。七、不喜善业的十懒惰是：对能接受善业并使其得以圆满的大精进生反常的放任懒惰心，对行善业之事生懒惰心，对有相善业与无相善业生懒惰心，对修了义之果生懒惰心，对闻思等增知识资粮之法生懒惰心，对求学之前应生的特殊信念生懒惰心，对断痛苦之源的佛法生懒惰心，对接近了义并修习无漏禅定生懒惰心等十懒惰心要断之。八、对颠倒之念所生的十二邪愿是：愿生在三界中而发的邪愿，向往家庭等杂乱之源的邪愿，向往杀生的邪愿，愿夺他人气息的邪愿，羡慕他人财物的邪愿，对食物，对损害他人之业，愿得将军等征战领袖之身而发的邪愿，愿得魔王的恶业魔力而生的邪愿，想破戒等断功德之源的邪愿，想行四重八邪业的邪愿，示颠倒佛义等发诸多颠倒的邪愿，十二邪愿要断之。九、对了义生犹豫的五疑望是：生即使入修行之路是否真能修成正果的疑望，发愿后能否如愿的疑望，是否真的是从善恶之因中生乐苦之果的疑望，心之空相与明相两者是同还是异的疑望，真的是常断两无还是常或断而生疑望要断之。十、恋轮回之六恋是：恋争战等轮回的不安之业、恋财富与无意义之事，恋儿女子孙等轮回之续，惧断子绝孙而对轮回之边生恋心，恋亲友等轮回之缚，常习轮回六因等六者要断之。十一、心随外境而变不思极净之义的六散逸心是：对空相真谛生散逸心，常生散逸心，行不净之业而生散逸心，对无有相之想的道路圆满生散逸心，对心性之续以忆念提醒之法执有相之心所诱惑的散逸心，对无欲之法生欲念的散逸心要断之。十二、九误识是：随不乐意之后而生误识，随恶习之后，随分别心之后，随六识之引诱之后，随儿女等轮回伤痛之后，饮酒等之后，随昏睡或神智不清之时后，随有无等以有相而定之后，生不同于所学的误识九者要断之。如此合误念十二条款为一百一十条。

卯四，七大戒律是：不贪恋居处、房屋、妻子、儿孙、弟子、财物、眷属，此七者要断之。此处的弟子是指贪恋家室的在家之众，不可与其等同居一处。

卯五，四饮食是：要禁食酒、葱蒜、肉、非时之食等。

卯六，三床褥戒是：不享用高于一肘的高床、金银等珍贵之床、华丽之褥等三。此三者在讲经、灌顶、授法之时可以享用。

卯七，零星三戒是：禁收取金银等财物，不用首饰与化妆品，断三门不净行为。如此恶业部有六十三条，烦恼部有六十八条，合此两部是一百三十一条。合误念部一百一十条为二百四十条，合四饮食为二百四十五条，合三床褥戒为二百四十八条，七大戒律合一而计为二百四十九条，零星三戒合一而计共二百五十条戒律。此为不计四根本之宗。

丑二，女戒是："杀淫盗妄"至"六十戒"，以两颂两句而示。女戒在前述的杀、淫、盗、妄四根本之外，还有触摸、仰躺、隐瞒、回遮四戒为邪淫戒而有八大根本戒。其中触摸是心生性欲而触摸男人的身体。仰躺是心生性欲而在男人身旁仰躺，此两者虽没有最终的性交行为，然而已经是有为的行为。隐瞒是隐瞒其他比丘尼的罪过。回遮是未破戒又想受戒之心，此为八大根本戒。只计分支而不计根本戒则，恶业部有六十三条，烦恼部有六十八条，误念部有一百一十条，颠倒部一百零九条，合此四部为三百五十条，九缘中五毒摄入先前五毒中而不另计。饮酒也摄入先前之中不另计。因不识之故、交恶友之故、随他人之语为三条。合三床褥为六条、居高屋为七、饮食部中只计非时之食为八，另三条摄入先前之戒中、合大戒为九、零星部为三百六十戒。

子二，为示沙弥戒正文云："沙弥四根"至"二十五"，以一颂而示。沙弥戒为：四根本戒、六恶业、四饮食、零星三戒、三床褥，又有前述的外形之理剃之后守，头发不可长过两至三指，洗浴后守，常洗浴身体保持清洁，衣着后守常着僧衣，至少也要常穿红衣，名后守只用法名，物后守最好能常持钵盂与净瓶，至少要常持漱罐，共二十五条。另外还有不乱挖未坏之地，不能触摸金银等宝物，不触摸火苗，不食先前所弃之食，不植树，不伐树木，不在青草从中解手，不存剩余之食，不毁任何种子，此指不可食炒熟的粮食，不生吃绿叶等，又戒五邪命。

子三，居士戒是："居士四根"至"圆戒成"，以三句而示。居士中常守五戒者，是四根本戒之外又戒任何一条饮食戒，有戒酒的，也有戒葱蒜者。分则有只戒杀生的一戒者，又加戒偷盗的两戒者，又戒邪淫的多戒者，又有既戒四根本，又戒四饮食的圆戒居士，即八戒。又有永戒性事的梵行居士等。

子四，斋戒是："斋戒四根"至"有边者"，以两句而示。杀、淫、盗、妄为四根本，八分支是，四饮食部、身不净行为、语不净行为、欺哄他人之行为、不用首饰等八戒，为雅美大师所言。贡佐大师所示者是四根本戒与四饮食戒，合为八戒。在每月的十五、三十、初八、二十二日等，何时许愿的自太阳初升时至次日的太阳将升之间，为一昼夜之戒，是有边之戒。

庚三，关联前文而括要："定与慧学"至"灭谛意"，以两句而示。定学与慧学将在上士道中讲述，戒学可以摄入舍恶之戒中。此处是只为知道中士之道而述，因而后两学不在此处细述。其等是只求自己一人能解脱轮回之苦而修成安乐之果的意念而生。只是想以与其相同的皈依与发心所摄的三学之道而修成所修之果。此处其等只是大乘之法的路阶，一般而并非是所修之果与道路的究竟者。故此，戒学自己也要具备将要细述的皈依与发心两者，方能入大乘道路之列。《慈母五经》云："证悟道之真谛而，是以悲心难忍力，引发愿度众生念。"如此修习三学就能杜绝轮回之苦与集而显寂灭之果。此寂灭是因有苦与集两谛而生，就如有病才有病愈一样，自因集中生其果痛苦之故。相对集就有道谛，以道谛使轮回之因，集烦恼毁灭而杜绝其果而谓之曰：灭谛。如没有需要毁灭的轮回之因果，则就不用修习寂灭之法，就像没有病痛就没有病愈之谈一样。道与灭谛也不会有，就像没有病就无须服药也没有病愈一样。如此杜绝轮回之因果就可杜绝寂灭的因果。《八界十万颂》云："一切圣人道谛也无自性。"

己三，观想大解脱之利益有二：庚一，观想共同之利益；庚二，观想不共之利益。庚一是："其有解脱"至"依次得"，以一颂一句而示。方便之本为发菩提心，智慧之本是证悟空性。被此两者所摄者称为：解脱同分的善业。此果能修成只从轮回中解脱的解脱之果或遍知一切的佛果，如此发只求自己一人解脱之心，在证悟人无我之见上又加知外境诸物皆为无自性的智慧，就可修成清净涅槃，即少许断证之果，又以为他利而发愿修得正果的菩提心，证悟人无我与法无我的真谛智慧，便可修成超出轮回与清净涅槃两边的佛果，即究竟断证之果。要知小乘与大乘依次是以见与发心有区别的。

庚二，不共利益有三：辛一，如何得无上佛果；辛二，化机与调化者的显法；辛三，以原由而括要。辛一是："尤其卅七"至"利众生"，以一颂而示。尤其以先前所示的四别解脱戒为基础，又发愿行两菩提心并守其戒律，修习雍仲方三十七道品，就能在十一地普贤光地证得我利之法身与他利的两色身。之后就以如所有智与尽所有智而观，续四大常驻悲心之续，行众生之事至轮回皆空之时。《中观两谛》云："常行诸多善业使，福资粮者圆满而，证得他利两色身，胜义如同虚空般，无相之法新证则，智慧资粮圆满而，证得我利法身佛。"其中三十七法在五道中的资粮道、加行道、见道、修道中修尽。如此在小资粮道时，要修习区分道与非道的智慧方的四念住。《拉释》云："念者属智慧之份，住者为意之先行。"初学者以智慧方的四念住而观想，色蕴为不洁之物，受蕴为苦，识蕴即心识为无常，以行蕴与想蕴所摄的诸法为无我。其中只以己身五蕴修习者是小乘之宗。大乘是以人我两者的五蕴修习四念住，证悟空性之后在根本定时修无生空性，在后得位时以如幻化之物般而修习。《密集》云："何为四念住之法，身心受法是为四，是以自相智慧察，诸义多以念而修。"在中资粮道时修习属取舍对治的道与非道的精进之分的四正断。《虚空幻化库》云："不生恶念、生则断、培育未生的善念、增添已生的善念。”后两者能断反面诸恶而称为正断。以自他之所缘境而区分大小乘之别同前。在大资粮道时修习属无我之法专心而无变动的禅定之分的四神足。《密集》云:“乐欲者与精进法,作思行为之禅定。”定而作思的乐欲,近而修习之精进,依念住的作思,极其区分的行为。此十二法在资粮道时依次修尽。第二,在加行道时修习十法,在暖与顶时修习驾驭善业之五根,即坚信的信念、喜善的精进、不忘所缘的念、专心的禅定、正分的智慧之根。忍与法时以制服信等五根的反面能力之特殊而称为五力。修法同五根一样。其等也有前书云:“加行五根五力足,信与精进与正念,禅定智慧此五根。”又有:“不可为障以信等,对治生威是五力。”此十法在加行道时修尽。第三,在见道时修习雍仲七支。《教续》云:“区分念与择法支,精进支与喜觉支,安与禅定觉支与,舍觉支。”依次念觉支统御能调之法,择法觉支可灭执有相的分别心,精进使功德迅速圆满,喜觉支可增净法之念,安觉支可使身心胜任而中用,定觉支可使善念恒而不变,舍觉支可灭异品的已生之受。此七法在见道时修尽。第四,在修道时修习辛饶八支,即八正道。前书云:“极净正见正思维,正语正业正命与,正勤正念正定等。”依次正见无偏爱之分、正思维不被执相所困、正语能指示正见、正业主宰不邪之行为、正命无邪命之污染、正勤能断所断之余者而无阻、正念能使寂止之相显而无忘。正定无散逸之心而不惑。此八支是圣人之业在修道中修尽。以上菩提三十七法是在四正相道中习尽。无学道是假有道,是修习前四道之果。

辛二,化机与调化者之显法有三:壬一,法身;壬二,报身;壬三,化身。壬一,“其之庄严”至“平等住”,以一颂两句而示。《尊胜》云:“如是我等所居的三千世界化为微尘,以此微尘为计,在北方的每三千世界中各放一微尘的话,微尘会尽而三千世界却无法计算其数。”如云般,北方的三千世界不计其数一样,十方的世界同样无数而不可思议。《静猛根本释》云:“十方虚空无有边际一样,世界也盈满而住,有的世界在成,有的在住,有的在坏,有的在空。”这一切只是有情己身的误识的幻觉而已,本质上无一点实有之分,是无自性之物,在法身之界中以己身自性之能而自我解脱。有《烦恼自然解脱续》云:“外之情器世界此,成住坏空自然脱。”如此在由始至终何时也无自性之界无边宇宙中的一切有情均为法身之所化之界。《普贤大教言》

云:"如同虚空调化众有情。"调化者法身也无可指认,无实有之相自原始时已超出凡人之思维,无方向又遍及十方,不似报身与化身,无相好之身与容颜手足,寿也无定,无所讲之法,无眷众,无亲身教化之世界,是五无的究竟之界。自性远离八戏论之边,自性以己能不断而以一切有寂的唯一大主宰。在法性无为的三时无时中遍布平等而住。《八界十万颂》云:"超越常断弊端边之法,自性本性大主宰等三,自性不动本性具光明,大主宰身自然任运住。"如此住正果之地无有化机调化之分,虽不亲自利众,然不住寂灭之境,间接中悲心三能不断。《烦恼自然解脱续》云:"空明居于自地而,一切诸物极明显,寂灭之边不常住,悲心智慧显无量,觉醒无明愚误心。"

壬二,报身的显法有二:癸一所依与癸二能依。癸一,"其中密严"至"佛法音",以三颂两句而示。根本文中详细而述,如此均殊于一切世俗之物的报身之所依,与能依是与三十七菩提法贯通,现象为原始智之象,唯是光明之本性无一点实体之物。超出长宽边沿之说,无中边之分,不异而本性为唯一之相。《密集》云:"究竟天超界之边,基无所化刹土界,自然智慧自力大,明点一圆四角盈,自成大种之轮叠,一切功德天然成,如意如愿五珍宝,智慧无量宫逾量,十方遍布不曾分,功德伟大不可量,为示化机四方形,证义自然四智慧,五珍宝之凸屋美,遍布三世如来界,自性性相无区分,自然明点唯一者,无量宝瓶唯一圆,智慧分支难思议,显现众多如愿势,光彩绚丽云供美,又具四解脱之门,内外无蔽极明亮。"

癸二,能依之报身是:"中央五兽"至"涅槃境",以五颂而示。如此以此大千世界为个数为计,一千世界为第一围之世,又一千倍是第二围世界,又一千倍是第三围世界;一千个第三围世界是第一庄严世,又一千倍是第二庄严世,又一千倍是第三庄严世;一千个第三庄严世是第一多达界,又一千倍是第二多达界,又一千倍是第三多达世界,又以千倍是鲜花饰世界,又一千倍是恒河界之世界,是《东罗坚贝经》所云。合此一切世界称为密严刹土,是普贤幸拉沃嘎之调化之界,此等十个世界为十方普贤之调化刹土。如此上方不沉界有普贤不沉幢佛,东方不变界有不变雍仲佛,北方不阻界有转轮法王佛,西不贪界有无垢莲花佛,南方如意界有如意珍宝佛,东南喜足洁净界有无边海佛,东北遍流庄严界有自在海佛,西北能散净界有盈满海佛,西南具均净界有平等海佛，下方普恒净界有不灭金刚佛，此十方普贤调化众生。此等诸佛都有各自的明妃、法太子、眷众等等。在各自之界之中央密严界有普贤如来集佛，东方妙喜世界有光明自成佛，北方业极圆满界有格拉噶秀佛，西极乐世界有谢智尼麦佛，南祥瑞美丽界有噶哇东智佛，上方有耿囊恰巴佛，下方有赤西南当佛，东南有蛙热郎喜佛，西南有德沃松青佛，西北有赤曼杰巴，东北有哇热郎祖。其等各自又有自己的眷众，还有十六位叶辛夫妇，八位门将夫妇，六位调伏佛不计其数的眷众，均在色究竟天之处，具相好之身在至度尽苦海的无量劫中，对智慧自显的十地菩萨眷众，以密意与姿势示大乘佛法之奥妙。以五决定之相亲自或间接引导自己的眷众和眷众之眷众至大解脱之彼岸。

壬三，化身之所依与能依："其等各自"至"度众生"，以两颂两句而示，此大千世界是住在自显受用报身之显分，耿囊恰巴如来海佛虚空无边的手中所持之宝瓶中盛开五朵莲花，中央一朵有一百单八花蕊的其中一个之上。其中二十五个大世界叠成而住的十三层，与佛胸相齐的世界是密宗雍仲大乘教所传之界是此堪忍刹土。此小千世界之基有四十，叠成有二十五层的正中一层，是《经》与《达本》所云。大千世界有十亿梵世，是我佛辛饶弥沃佛所调化之界。如此在东方静光大千世界有瓜桑谢日杰佛，北杰巴龙苑有转轮佛，西自在光明界有妙丽莲花佛，南江罗直巴苑有木拉沃坚佛，东南安乐妙身界有木曲赞巴佛，东北木巴拉沙界有极安转轮佛，西南香罗直沙沃玛苑有贡赤达沃佛，下方木措龙染有诺布仁青十位殊胜化身调化众生。此等是引自《达本》与《根本续日光灯》中所言。如此在报身的任何部位都有不计其数的大千世界，在每一个毛孔就有恒河沙砾之数的世界，此等只是众生之幻觉，其实上是无中显有之物。如此十方之大千世界都分为微尘而计，世界之数也难计其数而世界不可尽。《塞弥经》云："情器世间无边际"。在如此这等的世间，以有情的善业之果与佛陀降世之处为光明劫之世界，各又有十亿个梵世，有十亿佛陀显身说法，此等各个又以境之区别显无数化身，因材施教而寿龄也无定，庇佑善业有情出轮回之苦，以五无定之态调化所有有情至解脱之岸。

辛三，以原由而括要："如此水月"至"少许也"，以两颂一句而示。所谓

《叶赤塔塞》云:“修习任何善业法,均以三圣而摄之。”如云般,凡行任何善业均需具备三圣行之支,在加行或先行时要具备为利众有情而修佛陀之果的菩提心,在正行时要具备空性正慧之支,而后完成之时要具备三轮无相的回向之支。此三圣行俱全之善业才是特殊方便之善或大乘之善,此果能得身、语、意、功德、业绩五者的不可思议之主,两利任运的佛陀之境。如此之菩提正道或正因无上真善之功德为无量功德,是不可言喻的,然而为求向善者能生诚信而简略而示。

戊三,概括要旨为:“因此为求”至“精华因”,以两颂而示。如此不具先前所言的三圣行之支的福泽同分之善,即使巨大,也只能修得三有之顶以下的乐果而不能修得极乐之果,此等善因能被嗔等所坏,且只能熟一次之果,具方便智慧之善因或具三圣行之善因,不会被嗔等所坏,在未得佛陀之前能又又熟天人之果,继而能修习正道,终得佛陀之果,因此众含识者应当修习任何善因都具备三圣行的雍仲精华之道是根本之道。雍仲本教法藏宝库中,贯通中士道而示大解脱功德是第七品之释。

第八品　皈依妙法

丁八,现讲述佛陀教的入门法皈依有六义:戊一,皈依之因;戊二,本性;戊三,分支;戊四,本质;戊五,功德;戊六,所学。戊一有二:己一,识别正因;己二,分讲信之分支。己一,“弱者逢敌”至“需生信”,以一颂一句而示,如同弱者有强敌将来犯时,就有恐自己的身家性命,财物等尽损而生恐惧之心,为求免灾而求助于比敌人更强的王者一样,对所皈依处的皈依之因也有二,《心经教之明灯》云:“念两境之威力而推促,皈依雍仲四处求庇佑。”要具备如此念轮回之苦惧怕而生出离之心,与念三宝功德知三宝能解救而对三宝生信,以此信仰之心对此皈依处生不变的皈依之心两者。《母续悲心骄阳》云:“皈依之心需具三确定,自他均入皈依庇佑下。”如云般,确定轮回之本质为痛苦,确定三宝有解救痛苦之法,如皈依三宝将肯定能拯救于危难之中而不欺。知其三确定之真意,为求众生能皈依三宝而生的诚信与皈依心,才是此处所讲的正确的皈依之因。

己二，皈依之因的重要者信心有二：庚一，示信为道路的先行之支；庚二，论信之本质。庚一，“对恐怖境”至“需先取”，以三句而示。对三恶趣与轮回之苦生恐惧之心，以此为动力，对具无上威力能庇佑其苦的佛陀生永恒不变之信，不但是下中士的先行之法，也是上士道即大乘道的入门之法要取之。因为信是开启诸法门之钥匙，道路的基础是信心之故。《不了义明灯》云：“信能开启一切法之门。”《三百颂》云：“口渴之人必寻水源般，一切功德基与先行者”。就像荒漠中口渴难忍之人，必先寻找解渴的水源一样，信心是一切功德的基础与先行之支。正所谓《经》云：“信与布施智慧精进与，戒与闻与意乐极净等。”此信心在七圣财中也是首要的，如无此信，即使有其他圣财也于事无补。

庚二有七：辛一，信之本性；辛二，培育生信之法；辛三，分支；辛四，依何生何信；辛五，如失信将如何寻求；辛六，有无信之征兆；辛七，利弊。辛一，信之本性是：“信之本性对处生信受。”以一句而示。对特殊之处生敬仰之心如同口渴者寻水一样。是此处所示的信之本性。《三百颂》云：“如同何人口渴难忍般，信是先对善法生景仰。”《库》云：“信之本性仰善法。”

辛二有三：壬一，略表；壬二，详论；壬三，以生信之法而括要。壬一，“培育之法思其诸功德”，以一句而示。如无信则要常常思三宝的不可思议的功德而培育信。壬二有二：癸一，观想三宝的功德；癸二，依其他方法培育信仰。

癸一有三：子一，观想佛陀；子二，佛法；子三，僧宝之功德。子一有四：丑一，身之功德；丑二，语之功德；丑三，意之功德；丑四，利众生的业绩功德。

丑一为：“如来您身”至“善所修”，以三句而示。此有三义：寅一，三十二大丈夫相；寅二，八十随好；寅三，共同之意。寅一，《现观道路次第》云：“身如须弥其之首，犹如金瓶头发如，青莲一般旋而盘，额宽目净而鲜明，眉长睫毛薄无间，耳轮长而鼻隆起，唇薄美好唇有纹，舌长且薄而齿有，四十二枚白而齐，颈微弯而声如雷，须美容颜慈祥貌，颈如宝瓶身如狮，肩头圆满指修长，手足心有轮之纹，手足缦网指色红，腰际端庄脐如莲，势峰藏密股象鼻，膝如铃而股犹如，鹿王之相脚背隆，双足姿态极优美，身之装饰为所依，三十二相为能依。”又有《三百六十神坛十万颂》云：“佛祖敦巴辛饶之，身色犹如赤金般，首之宝髻看不厌，眉间白毫向右旋。”如云般，身如须弥山一般有九肘之高，身色如金般圆润细嫩，发如青莲右旋而宝髻百看不厌，比大梵天之界又高出许多，眉毛如大鹏展翅，眉间白毫如油柑子具银色，拉则能伸三尺之长，放则为右旋而顶峰高扬，手足之腕高而丰满。

寅二，八十随好，《现观道路次第》云：“此等具相之身有，饰与眷众圆满者，宽宏精进与禅定，信受行与誓言乘，迅速威德意之境，定与光与具威严，意境密与转轮与，身如八珍宝之色，慈心消除痴心与，布施戒与忍悲心，温雅和蔼除过失，悦意信与不返之，轮回之境具隐法，大悲之心不间断，悲心无尽且无别，具香愿心洁净与，罪恶不染又能毁，寻思之网使哑者，出声威力难寻与，稀有难得一见与，难控定见之度与，两利不乱深长与，遍布神通之身与，无为自悟显现与，自证无畏之信念，无乱不分师与眷，本性与智不即离，具智法性与自性，阿赖耶识方便慧，心性自性不即离，智慧无阻无生死，意善消除不洁污，了义无物生有物，无有之身生有身，势峰密藏幻化智，无有前后无改作，诸事无改作等等。如此八十之数为，如来八十随好也。”

寅三，三十二大丈夫相与八十随好又有内外喻三种区分，此处所引是自《八界抉择十万颂》所取，是外三十二相。内三十二相如《无垢经》中所讲：度三界九地之众、脑之贝室具报身之界、拯救六趣有情众翻身、行无量利有情之事、具六眼、位居千佛之首、方便与智慧相结合、悦众生之意、消除轮回之苦、无有罪过之染、洁净、语美妙悦耳、除四生之根而度六趣众生，消除恶障、大转法轮、威摄三界、变化众多之身、消除苦难、威摄恶势、遂成供养之处、使增喜乐、转轮、广度恶趣、降伏恶敌、断轮回之源、变化王子、谁都不可改变、消除痛苦、具悲心、降伏四魔、具神通、守戒。《无垢经》云：“此王子身之姿态，高九肘如须弥山者，是度三界九地众有情之吉兆。”如云般要相互关联。如此《八界抉择十万颂》与《雍仲业净》中所云为内之八十随好，外之八十随好在外之三十二相之花中，如花蕊一般而居。《雍仲业净》云：“身与相之鲜花中，遂居八十随好蕊。”如云般，指甲如铜般红润、色泽润滑、中央隆起，指尖圆润、丰满，指纤长、经脉不显，筋脉无节，踝不显露，足无不平，行步正直，威慑人之如狮王之行步，威慑龙之如象王之行步，空中如鹅王之步，所经之处有眷众相迎如牛王之步，右侧前进，行步雍容优美，正直前行，首如宝伞，首发分披，天庭开阔，首发乌黑，发密而美妙，发嫩软，发不乱，首发润齐，首发香馥，目广，目明亮，视无不明，目清洁，眼睫如牛王相，眉毛修长，双眉嫩软，双眉润泽，眉毛齐平，双耳齐平，耳根不衰，鼻隆准，鼻清净，口大小合度，唇如频婆果色红润，舌美软，舌薄，舌色赤红，齿圆，齿锐利，齿洁白，齿长短齐平，齿逐渐变细，语洪亮如雷，语柔和圆润，手广长，手柔软，手纹清晰光明，手纹深现，手纹长而不断，身柔软端庄，身优美而百看不厌，身修、短、肥、瘦适度，魁梧美好，肌肤柔嫩，光泽润滑，身无枯瘦萎缩之过，肌肉硕壮，身不松弛，指臂舒展粗细停匀，身无痣点，身清净，身无污，身光洁如初拭，腰身圆好，髋不露骨，腰际舒展，腰不过长，无有凹陷，腹形便便不过凸凹，脐深圆好，脐理右旋，三门之行洁净，美妙而万般善见，见其身能夺目摄心，祥瑞肌理布于掌心。在此等外在相好中，除首之宝髻等个别之外，转轮法王也有，然不及佛陀相好之万一。此等相好是佛祖在前世中的外形和内戒相结合而守持之果。《经》云："因守持其形其戒而得此相好之身。"如此调伏堪忍刹百寿时以诸佛之首而降的标志在我佛辛饶弥沃之身有，四十五文字显露。《达本》云："三十字母，四元音、圆点、垂符、音节点、四庵、四哄等四十五字。"为调化化机众有情他利之业圆满成就而身之二十五处放十亿光辉、千束光辉、六十光辉。《八界十万颂》云："大放十亿一千六十六十光辉"，如云般，观待十亿梵世而发十亿光辉，三千世界而放千束光辉，十方六趣众生而放六十光辉，又又放光辉而以六十之重叠之音而示。光辉之二十五源，有《根本续日光明灯》云："自首之宝髻、额之中央、后颈之窝、双目、双耳、两鼻孔、舌之中央、喉结、胸间、两肩胛骨、两肩头、两小臂、十手指、两腋、两肋、两髋骨、脐中、两髀臼、两股、两膝、两小腿、两脚之踝、两脚之背、十脚指、脚心等处散射十亿一千六十六十光辉，使天空、土地等十方六道众生之界普降天花，遍放异彩，度众生之心性而灭恶业之障。"

丑二，语之功德有："您语同时"至"八万法"，以三句而示。《总集义续》云："六十妙音消除轮回苦"。佛祖之语具六十妙音之支如下，为利众有情而速讲佛法谓之曰：语柔和；能逢善业而曰：语温和；宗旨为善而曰：悦意；

字句精妙而曰:合意;语之境界出世随无上之后曰:洁净;断诸烦恼习气而曰:无垢;所言通俗易懂而曰:极明;具破除邪见之力而谓之曰:优美;习则能解脱轮回之苦而曰:值得一听;任何异议也不能制服而曰:不能侵损;闻之能使心境愉悦而曰:悦耳美妙;能克制诸烦恼而曰:调伏;所言皆为利乐之法而曰:温雅不粗;对未调化之众能生极乐之念而曰:无难;对三乘之众因材施教而曰:极调;能断所听者之三门之杂念而曰:悦耳;语能生禅定而曰:身心恬静;胜观能生极乐之念而曰:心恬静;能消除疑而曰:无苦恼;是以闻所生圆满慧的所依而曰:普遍所知;闻之是思所生圆满慧的所依而曰:普所见;不吝啬秘诀而曰:普明;所修必能如愿以偿而曰:使欢喜;未修得所愿者也常驻修行之喜悦心而曰:使妙喜;讲不可思议之法而曰:使普知;因材施教而曰:相属;无关紧要也再三强调而曰:无过;闻声使外道生惧念而谓之曰:狮王之声;无嘶哑声音洪亮而曰:龙王之音;极其悦耳而曰:乐神之音;百听不厌而曰:迦陵频迦之声;能传极远之地而曰:梵音;是利乐等一切的先行而曰:命命鸟之声;非逾越之音而曰:帝王之音;殊胜于一切魔与异议者而谓之曰:鼓声;无喜赞颂之烦恼而曰:无慢;损之也无惧而曰:非低;具梵语等语之标准且不忘而曰:无音变之语;所调之众不会不受一切利益而曰:无不全之音;无所畏惧而曰:无畏;无视献财和优礼而曰为:无欲;讲法时长也不会生厌心而曰:极喜;精通一切因明而曰:遍布;能使一切利众之业成功而曰:通达;不间断而曰:无间;以信使能闻想闻之法而曰:相接;佛之一语,众生能闻自己之语而曰:聚一切之语;能使所修近期成而曰:诸根皆如愿;习则不欺而曰:殊胜;本为雍仲天语而不变而曰:不变;所言缓慢而连贯而曰为:不急;无远近之分皆如在旁讲法一样而曰:普闻;讲经说法时为制止轮回之因而以世间万物为喻,使其领悟佛理而曰:一切音之首。合此六十妙音,又有一说为六十四音,是加消除三毒的三音和除魔之音为六十四梵音。还有一说为,威慑外道的如狮王之声,广传行之佛法如象王之声,传深奥之见如雷声,消除众生之轮回之苦如杜鹃之鸣,诸善业之先行如铃钹之音,诸利乐妙集之先行如梵音等六者各有发想、入耳、普明、普遍、义语极明、后能生、使生厌离之心、无嘈杂不同者、胜伏众音、异议者不能侵,此十音合为六十之数。调伏众有情之八万四千烦恼的对治八万四千法门是由此等妙音所生。《集经》云:"八万四千法门是,经集续库四部而,各分两万一千门。"如云般,调伏众有情贪欲的对治为律经,调伏嗔之对治是增集,调伏痴之对治为显论库,调伏三毒齐平的对治为密心续,此四者各具所治对治两万一千,而合则为八万四千法门。此等诸法均以佛祖一语,化机众生就能闻自己之语。《大乘经》云:"佛祖敦巴辛饶示一身,一切如同尘数之有情,各自请教不同之疑问,如何相问不尽而无阻,佛祖只示一句妙音法,众生各闻自己所问义"。

丑三有三:寅一,智慧之功德;寅二,慈之功德;寅三,圆满之功德。寅一,"您之一意"至"诸门全",以三句而示。如虚空普及万物一样,佛祖之智慧遍及万物,一切如所有与尽所有之物,如视掌中庵摩罗迦一样同时洞晓。《摄经》云:"洞晓之智犹如虚空般,虚空遍及世间万物般,遍知一切无有不及者。"如此《洁净莲花阔界》云:"具足洞晓六十一智慧。"五原始智以四身之身、语、意而分则为六十,合大普遍原始智为六十一智,为《达本》所言。又有禅定八十二支。《雍仲业净》云:"八十禅定静虑不动意。"何为禅定八十支,有《根本续日光明灯》云:"非所有禅定十六支、真如禅定十六支、皆大圆满禅定十六支、普显禅定十六支、化因禅定十六支,合为八十。诸禅定具无障无阻之禅定为八十一,诸禅定无为无涣之禅定为八十二。"

寅二,"众生均被"至"被悲束",以两句而示。如众生被烦恼所缚一样,佛祖被大悲所满,观众生之苦而悲心不断而生。《一百五十法》云:"一切有情之众均,无您皆被烦恼缚,您为解救众生烦,而被悲心永束缚。"

寅三,"六眼十智"至"一切殊。"以两句而示。《无垢经》云:"化身佛具如来六眼,无障大明之眼、无阻大智之眼、遍知一切大原始智之眼、普视大无量之眼、无明暗大显之眼、普净洁净之眼。"又有《达本》云:"十智十力十自在,相与随好一切具。"十智有《乘释》云:"在诸地与佛陀之境所齐全的十智是,法智、类智、知他心智、知世俗智、知有漏智、集智、灭智、道智、尽智、无生智。所谓尽智是指所断已尽而无所治之智,无生智是所悟已尽无所证之智。十力有《四圣库释》云:"知处非处智力、知业报智力、知根胜劣智力、知遍趣行智力、知宿住随念智力、知生死之智力、知种种解智力、知种种界智力、知静虑解脱等持等至智力、知漏尽智力。"十自在是:寿可延于劫相齐而寿自在，知无量等持之门而心自在，具天空之库般的资具而资具自在，知工巧技艺而业自在，能随心所欲而降生于何处而受生自在，能示佛祖之身满世间而为解自在，能如众生之愿而愿自在，为调伏众生同时能显无量神通而神力自在，诸法无阻而知为原始智自在，精通诸法而法自在。合为究竟十自在。又有十八不共法、四不畏、三不护等等。

丑四，调伏众生的利众功德为："能利三界"至"圆满成"，以两句而示。佛祖常行利众生之业，从不间断地度众有情至解脱之彼岸。《仓巴祖普赞佛陀经》云："敦巴辛饶弥沃佛，悲心大如母，驱暗如明灯，行两利事如神中神，广度三界如舵手，普度恶趣天人佛，如舟如筏，如道如梯，解脱之道，度者之首，敦巴辛饶上师佛，以敬赞叹真稀奇。"如此佛祖具断证圆满之功德，行利众生之业圆满而成，又有前书云："敦巴辛饶弥沃佛，是以苦行修成果，是以精进事业成，功业圆满悲心大，方便之法利众业。"

子二，法之功德有二：丑一，本性之功德；丑二，功用之功德。丑一是："雍仲法尊"至"不可喻"，以一颂而示。胜义为自法性不生界中不动而谓之曰：雍。世俗以有法不阻以声语文字而现而谓之曰：仲。如修胜生与定胜之果的良种一样而谓之曰：本(法)。是能使众生谋暂时与究竟利乐的无量方便之法而谓之曰：至尊。是佛陀的一切不可思议的功德之主或源头而谓之曰：宝。《吐焰珍宝》云："雍仲本尊宝。"《赞神变文字经》云："礼敬能育良种之佛法。"文字本性为三身与佛祖的身语意之神变，本性非实有而如法身，自性唯以幻象而显具功能如报身，品类与词语繁多而如化身。《见大鹏续》云："幻化一般对化机，显示自性之面目。"又云："如以噶等品类与，词语繁多而示者，幻化一切示神变。"有形如身，能授义如语，义明而无杂念如意。前书云："三世如来佛祖之，是为正行而是身，能示其义而为语，明无分别心如意。"文字为四无碍解之主，杂污与清净诸法之界与名之品类能顺利而示为，法无碍解；授如此之自相与同相不愚不迷无误为义无碍解；能以天龙人等各自之语明确授法而为词无碍解；摄益有缘者之讲经，破异议者之辩论，弘扬佛法之著述等，具无阻而行辩才无碍解。还有一切属于有寂道路三者的福泽与功德之类的根源皆为文字，因而其功德是不可言喻的。《见大鹏续》云："一切文字之功德，具足众多功德者。"

丑二，法之功用功德为："使哑出声"至"胜义法"，以两句而示。以一字而变化出诸多姿态的神变文字，能使不懂语法如哑者知义，能佑护众有情于一切轮回之苦中，以有情之因修佛陀之果，能明示真谛而驱无明之暗，能引至善恶取舍之真道，是佛祖的真实之语。《赞神变文字经》云："使哑出声神变之章节，实乃驱除无明暗之灯，佛之尊语而宣极殊神。"又有："善得吉祥神变文字者，数量不变能示一切义，妙书具彩犹如珍宝串，读则能示一切诸深意"。

子三，思僧宝之功德为："三乘道之"至"脱他业"，以一颂而示。如此小乘声闻、独觉，与大乘菩萨一切辛饶（僧）众都具厌离轮回的出离心，愿求解脱之喜心，证得道谛之智，永世不愿返轮回之心等四心。尤其大乘僧众法太子雍仲菩萨均具，所缘有情的悲心、慈心、喜心、舍心、意乐、菩提心。又是信等七圣财之主。如此对所断十恶，所取十善之法取舍自如，以此又具圆满熟己的十或六波罗密度，度他人的四摄事，应当思是如此功德之主而生信仰之念。

癸二，以其他方法培育信念是："又随圣贤"至"三智慧"，以两句而示。正所谓《三百颂》云："上师圣贤秘诀行为与，佛之教言了义不了义，积福资粮享受安乐与，福尽受苦之辈察而寻。"先前觉永大师有言："如居藏巴大师前，不曾授禅也可自然悟。"藏巴大师云："常阅佛经信仰自然生，是以不要闲居而荒废时间，要常阅佛经"。所言般，又有思无常等四厌轮回之心也可生信念，丹巴大师云："犹如压木头之根而首必翘起一样，领悟无常等正法，则无造作之信仰之心将自然而生。"如言般，如此以前世之因缘，有人在今世皆为乐受，又有人唯有苦受，要常思此等处与闻思修佛法之义不可懈怠，

壬三，以生信之法而括要为："信如涌泉"至"功德者"，以两句而示。如思上述的三宝之功德，佛法之真理，依止上师等特殊之士，则信仰必定油然而生，如沼泽之涌泉，势不可挡一样，四信念将依次而生。《三百颂》云："沼泽涌泉势不可挡般，依次必生其等一切信。"生其信念必能引一切道法，有《不了义明灯》云："信能舍弃八无暇之处，信可引至解脱之正道，信能斩断三界轮回源，信使领悟佛法之要义。"

辛三，信之分支是："敬慕随后"至"皆如此"，以三句而示。信之分支有

《绝顶巨界》云:“敬慕之信、净信、胜解信、究竟之信。”壬一,敬慕之信为喜好步随上师之后的信念。《三百颂》云:“犹如幼童跟随母亲般,敬慕之信使入佛门中。”壬二,净信为依法依止上师,闻思之智增长而知善恶利弊之心,如澄水宝珠澄清水中的尘土一样。《三百颂》云:“澄水宝珠能澄尘土般,净信生喜能辨善恶业。”壬三,胜解信是指对善恶之果是乐苦的佛法等深信不疑,而对取舍之道持十分谨慎之心。前书云:“冬弦一般胜解之信使,消除疑虑心念依法行。”壬四,究竟圆满之信是指未得所修之果将永不退转之心。前书云:“已死之人不会重生般,不退转信能使圆满成。”信之功用为,敬慕信使入佛门,净信分辨善恶利弊之分,胜解信对善恶取舍之法永不懈怠,圆满信使至圆满之境。顺序也如此,自前者生后者依次而生。

辛四,依何法生何信是:“觐见圣者”至“依次得”,以两句而示。其中敬慕之信在觐见圣人大德时生;净信在闻法授恩时生;胜解信在修所授之法时生;圆满信在领悟秘诀时生。

辛五有三:壬一,信念退减之缘;壬二,培育之法;壬三,守信之法。壬一,“如见诸善”至“退减之缘”以两句半而示。如信念不坚,以外在因素使信念退失者也有,此等外在因素有《三百颂》云:“上师秘诀行为不端正,修行之士行为不雅与,如法之人遭受痛苦与,入门己身诸多障碍等,心生疑虑如生邪念则。”壬二,“不察上师过”至“定能消”,以一句半而示。前书云:“不察众有情与上师过,须知前世之果应断之。”如云般,对此等不可生疑。因我等为凡夫俗子,不具备非凡之能,因而上师与修行者之行为也有可能是圣者之禁行。不计较众有情之过,因为其等还未悟真谛之故。不疑上师之行为,也有可能是调伏有情的方便之法。不疑病痛等,岂非是前世之果。不疑修行的成就迟缓,也有可能是自己的精进不够。壬三,守信之法是:“上师熟慢”至“使信失”,以三句而示。与上师极熟悉就会生慢心使仰慕之心退失;见恶业习以为常则不思罪孽使信退失;沉迷于琐事而使信念退失;被恶友之不良见行所侵使信念退失等要极为谨慎。不可因为此等因素使自己的信念退失而不得正法之要领。是绝顶所言。

辛六,有无信之征兆为:“不勤修善”至“能取舍者具”,以一颂而示。不喜或不勤于修善,不敬高僧大德等圣贤,不屑对细微善恶的取舍而弃者是无信之兆。反之是有信之兆。

辛七，有无信的利弊为："无弊海底"至"智慧宝"，以一颂而示。无信之弊为，不能到达解脱之岸如海底之石；难渡苦海如大江无渡船；难发菩提心如火烧之种；不得一点功德如断手者至宝洲；有信之利是，如果有人丁就可致富一样，有信就是修善之依；如快马加鞭一样，精进之业迅速；如富翁有宝库一样，信可为秘诀之库；如胶新鲜则能粘一样，有信就能得智。又有《母续悲心骄阳》云："信之良种能育佛功德，如同脚手聚取诸善业，如同珍宝如意不会失。"真正的信仰犹如生佛果之良种，是诸道之基如良田；修善之心坚定如树根，能见上师与佛陀之功德如目；能行于解脱之道如足；能取一切善业于己身如手；是无量功德之源如珍宝。具真正信仰者必具备的非凡敬慕心，谁有非凡的敬慕心，谁就能速得上师之加持。觉敦大师曰："能摄一切加持之，敬慕信心须礼敬。"丹巴大师云："如具敬慕之箭靶，加持之箭无远近。"是以信与敬慕、恭敬心是依次而生。《力之明点》云："信所引之恭敬如幼童，随母行般。"自敬慕中生恭敬之心又有云："敬慕所引恭敬具爱怜，恭敬如密法之上师众。"恭敬分则有三，是以身语意三门恭敬皈依处。

戊二，为示皈依之本性，正文中："需入被处"至"皈依法"，以两句而示。惧一切难与大难而皈依具非凡能力的三宝，以不欺之义成拯救苦难的怙主。又以暂时与究竟入其佑护而分，是一般皈依与非凡皈依的本质。《地道幻灯》云："被处佑护消难法，一般皈依与非凡。"以三宝等特殊皈依处之力而修消除一切苦难之法是此处所讲的皈依之本质。

戊三，分支是："是以处时能依得法分。"以一句而示，有四分支。已一，皈依以处分则有皈依雍仲四处或皈依三宝两者，前书云："以处分则四或三。"依次是密宗之皈依处与显宗的共同皈依处。已二，以时分则有二：一是以尽寿为限的皈依；二是直至修得正果时为限的皈依 。《地道幻灯》云："时限是以尽寿与，修得正果时为限。"前者是以别解脱戒之分的皈依戒，后者是以菩萨戒所分的皈依戒。已三，以能依分则有小乘宗的皈依，与大乘宗的皈依两者。前书云："依是大小两乘分。"前者是只为我利而皈依三宝者。后者是唯为他利而皈依三宝者。已四，以授戒之法而分则有，以仪轨等授得的皈依戒与证悟空性而得的皈依戒。是初修者与超世间之皈依。前书云："授与证悟所得者,初修者与超世间。”

戊四,皈依之本性而分有二:己一,密宗皈依处;己二,显密结合的皈依处。己一有二:庚一,以引言略表;庚二,以其义细述。庚一,“外内密与极密经中言。”以一句而示。《心经教之明灯》云:“外与内与密与极密四。”其释文囊多大师所著中云:“外为雍仲四处与,内为所缘四门与,密为智慧四续与,极密法印四钉是。”庚二,详论有四:辛一,外;辛二,内;辛三,密;辛四,极密之皈依处。

辛一,皈依雍仲四宝有四:壬一,上师宝;壬二,佛陀宝;壬三,法宝;壬四,僧宝。壬一是:“犹如珍宝”至“上师众”,以两句而示。此有三义:癸一,上师之言词;癸二,性相;癸三,事相。癸一,有法上师宝,您被称为至尊宝是有原因,如同珍宝能如众生之愿、世间稀有,以此为顶饰者尤为稀少一样,能赐一切轮回与涅槃之成就的上师是极少数具出离心、信仰的有缘之士的顶饰,非有缘则不可得,而谓之曰:“宫”(意为稀有珍贵,译者注),上师之秘诀犹如太阳又超出太阳,太阳也是轮回之众,只能驱除诸洲之外在黑暗,而不能驱除有情内在的无明之暗,非光辉至尊,上师的秘诀能明众生自无始时被无明业与烦恼所蒙蔽之目,使取舍之光辉重显,实为光辉至尊。其也是佛陀所言。《心经教之明灯》云:“如同珍宝稀有顶饰者,驱无明暗明亮灯至尊。”癸二,修三身的一切究竟秘诀的尊主无上恩典是上师宝之性相。癸三,是根本上师与具加持的自佛祖以下的一切传承上师众。前书云:“三身之源怙主上师众,恭敬礼敬以喜皈依之。”是引导众生入解脱的向导而谓之曰:宏;以不分雍仲之本性而任运谓之曰:塞;是一切皈依处之首而谓之曰:喇;对化机有缘具慈悲如母而谓之曰:嘛。

壬二,“如同昼星”至“如来佛”,以两句而示,也有三义:癸一,言词;癸二,性相;癸三,事相。癸一:有法佛至尊宝,您被称为至尊宝是有原因的,如同黑夜有无数星辰而白昼难见一般,对世间一切有情以四大悲心一视同仁的佛陀只现身于光明劫而不在黑暗劫时出世,黑暗劫多而光明劫极少,是以佛陀降世是万劫难得,所以稀有。佛陀如向导又比向导更殊,世间的向,导只能引导自己熟悉的道路,而不能引导解脱轮回之道,非向导之至尊。佛陀能引导不识胜生与定胜之道如盲的有情入自己曾修习的大解脱之道而无误。是引导众生顺利抵达大解脱极乐之岸的至尊向导。前书云:“如同昼星悲心之源稀,引导解脱安道向导尊。”癸二,性相,是众有情的唯一的怙主、皈依处、救星与究竟之正果。癸三,是一切在三时中已逝、现住、将显的众善逝佛。前书云:“众生怙主三世善逝佛,恭敬礼敬以喜皈依之。”两障清净谓之曰:桑(觉);如所有与尽所有的原始智圆满而谓之曰:杰(悟);已行至永不回返之境而谓之曰:善逝。

壬三,“犹如彩虹”至“意所依”,以两句而示,也有三:癸一,言词,有法法至尊宝,您被称为至尊宝是有原因,如同阳光与雨后的潮气相遇时才有彩虹出现,而并非经常显现,彩虹的出现非人为,而是世间之饰一样,佛法显世也只为有缘者之饰,而非常稀有,佛法如能言善辩之巧舌,巧舌也只能表达其义而不能开启如哑者的心灵智慧之口,非巧舌至尊,神变语之佛法至尊宝,只要授于任何能言知义之士,即可开启其不识真理的如哑的心灵智慧之口,以闻思修能使智慧增生而为巧舌至尊。《心经教之明灯》云:“如同彩虹世间饰者稀,使哑出声解脱舌至尊。”癸二,佛陀所示如不沉幢般修正果的究竟之方法是佛法之性相。癸三,是身所依之佛像、语所依之佛经、意所依之五类佛塔。总之是一切被教证所包罗的诸法。前书云:“教法之幢佛塔经像等,恭敬礼敬以喜皈依之。”

壬四,“如同昙花”至“辛饶众”,以两句而示。此有三义:癸一,言词是,有法僧或辛饶至尊宝,您被称为至尊宝是有原因,如同佛陀出世时才有昙花一现一样, 弃恶仰善的辛饶僧宝也只有佛陀出世时才会出现而稀有,犹如开启锁之钥匙一样又比钥匙更殊,钥匙只能开启相对之锁,而不能开启被无明所缚的有情的智慧心扉,非钥匙至尊,僧宝能开启众有情的迷乱于恶习的无明之锁,使其能随心所欲地行善修佛,实为钥匙至尊,前书云:“如同昙花喜好善者稀,开启心扉幻化钥匙尊。”癸二,众有情信佛修解脱之果时的究竟之友是大乘辛饶僧宝之性相。癸三,小乘声闻、独觉、与大乘菩萨或雍仲菩萨即大乘僧众。前书云:“众生导师十方辛饶众,恭敬礼敬以喜皈依之。”

辛二,内所缘四门是:“四宝虚空”至“悲心境”,以两句而示。有法上述的雍仲四宝,皈依您的信徒将您观想于前方之空,因是加持之门故。有法在灌顶时掷花所得的本尊，以与己身无二而观想，是生威力之门故。有法空行母与众护法，您被观想为本尊的眷众，是生共同与不共成就之门故。有法六道众有情，您被观想为己母，是生悲心之门故。

辛三，密智慧四续为："意念不混"至"所缘离"，以两句而示。有法所缘之诸皈依处，须以非凡的方便智慧与四智续所摄，如此其等明而不灭的方便之相，识其无自性为智慧之本质，又在心中相互不混乱，各自明而不为实物的智慧之续，又以己身的智慧各自以原始智而显的智慧之续，又知其明而无自性，所以不思其为常断的智慧之续，其一切都与出四边与八边之外的离所缘的智慧之续。

辛四，极密皈依处法印四钉是："万物虚空"至"胜义界"，以两句而示。有法极密皈依处，您被称为法印四钉是有原因的，《心经教之明灯》云："万物拭于虚空中，是以无相法印钉。有法拭于法相中，是以不变法印钉。心所拭于心相中，无分智慧法印钉。世俗拭于胜义中，是以无性法印钉。"钉者是上述四有法自各自的法相之界不脱离之义。

庚二，显密结合的皈依处有：辛一，略表；辛二，详论；辛三，括要。辛一，略表是："显密双运之宗外内密。"以一句而示。《不了义明灯》云："外依佛陀法宝辛饶三，身语意敬是为皈依尊。内依上师本尊空行母，恭修使其喜悦皈依尊。密依脉风精液明点三，修习菩提心之往返皈依尊。"

辛二，详论有四：壬一，外；壬二，内；壬三，密；壬四，极密之皈依处。壬一，外显宗之皈依处有：癸一，略表；癸二，详论。癸一，略表为："显宗皈依"至"悲心大"，以两句而示。有法所知，断证圆满两利任运者为佛至尊宝。大小乘的一切教证之法为法至尊宝。三乘的一切僧众为僧至尊宝。其等是一切愿得解脱者的皈依之处。有《无垢经》云："无上祖师佛陀尊，亲自宣讲之精华，无上佑护教法与，修习佛法持法的，无上导师菩萨三，愿求解脱者之依。"如问其等是否是究竟皈依处，则有法所知，究竟皈依处是佛至尊宝，如皈依其则能佑护，因己身于诸苦难中解脱是极乐之果。能达到皈依之目的，因佛陀精通拯救苦难之法而悲心无远近亲疏之分，如皈依则能佑护，因佛陀能行一切曾利己或不曾利己的一切众生之业。如问法宝和僧宝非究竟皈依处乎，则答是。一切教法非究竟皈依处，只是修得究竟之证的方法而已。

小乘与大乘的灭谛与道谛也非究竟皈依处，此两者也只是断与自己相对的所断而已。断证要层层上进因而是变幻的有法。修行的僧宝也非其，是还具两障中任何一障之士。《三百颂》云："特殊皈依之处佛尊宝，实具威德真乃皈依处。"是指法僧两宝非了义的究竟之果，而并不是说法僧不是至尊宝，需明察。

癸二，详论有三：子一，佛；子二，法；子三，僧。子一有二：丑一，性相；丑二，分支。丑一，"断证圆满两利任运成。"以一句而示。佛至尊宝之性相是，断一切所断，证得一切所证，两利非凡的究竟之果。事相是如五原始智的本性五身一般。《慈母十万颂》云："皈依五身之主佛陀宝。"

丑二，分支是："两谛分则"至"应知之"，以一颂而示。有法佛至尊宝，您以两谛分则有世俗佛至尊宝与胜义佛至尊宝两者。因您有他利圆满的两色身，与我利圆满的自性身与智慧法身之故。以大小乘的意旨观点而讲则，小乘者认为佛如特殊化身辛饶弥沃佛一般，大乘宗认为佛为三身具于一体的三身之主。声闻有部视辛饶为佛，然非佛至尊宝，因认为他是苦谛之故。认为他所具备的原始智是佛至尊宝。经部认为辛饶为佛至尊宝而非苦谛，是以欲界之依修成佛陀之果。《集经》云："虚空一般之等持，消除一切所知障，等至跏趺不动中，黎明太阳升起时，敦巴现觉得佛果。"大乘宗认为，在沃姆洲得道之举是幻化之像非真实，其实在佛祖福自在座前发菩提心以后至在下方具争执姆拉占境以谢绕杰之身降生已修尽两资粮之业，已过三无量劫，其后在斯巴叶桑之境以圣童萨哇之身出世时，在上师东杰座前与在色究竟天之智慧天神座前听闻佛法时，断一切所知障，以无上化身而现觉成佛陀之果。《经》云："有界圣童萨哇在，智慧神之祖师前，断除一切所知障，遂成无上化身佛。"

子二，法至尊宝有二：丑一，性相；丑二，分支。丑一，"以两谛摄极净功德也。"以一句而示。有法世俗法与胜义法任何一门所属的极净功德，是法至尊宝之性相。《三百颂》云："开启解脱之门极正谛，两谛均衡佛法已皈依。"

丑二，"所诠能诠"至"灭道二"，以一颂而示。有法法至尊宝，您以所诠与能诠分则，有所诠释的深奥证法，与能诠释的广大教法两者。《经》云："真理之言与义连。”寅一，前者证法之义稍稍插叙则有三：卯一，性相；卯二，事相；卯三，证法区分而讲。卯一，教法所诠释的极净功德是证法之性相。卯二，事相是证法与一切佛像佛塔。如有异议者问：“有法佛像，非佛法否，因非教证任何一门所属之故。”则答：“唯遍不成。”有法雍仲赤格佛塔，是属教证任何一门所属的法至尊宝，因是以修习则能灭有情业障之法或，是能拯救苦难之法的极净功德故。有《佛塔教法遗留经》云：“佛塔佛像佛经三，三依能行利众业。是以遗留教法于，众生除障圆资而，即可修得解脱果。”如云之故。又可问：“有法雍仲赤格佛塔，非佛之教法否？”如答是则又可言：“应是佛之教法，因是善逝佛之灵塔之故。”周遍成也，《教法遗留经》云：“佛塔佛像佛经三，遗留此三教法而。”如云之故。如答因不成则“有法雍仲赤格佛塔，应是善逝佛之灵塔，因属三百六十佛塔之故，是属一切皆化的一百二十塔之列故。”如答因不成则“此因应成，因有《教法遗留经》为证，云：‘任运饰美随好殊，雍仲赤格佛之塔。’是此处亲自所示的佛塔故。”有人认为，佛像与佛塔属教法之中，也有人认为是属证法之列。以衲所见，两者何中所属也可，因修习则能使有情尽除两障如证法之三学，因又是为消除有情之障而佛陀亲自所讲与教法之两谛之义相同之故。凡佛塔有域中任运一百二十塔；空中自然圆满一百二十塔；界中一切皆化一百二十塔，合为三百六十塔。前书云：“供养处与恭敬处，三百六十佛之塔。”卯三，证法分别而讲有二：辰一，性相；辰二，分支。辰一，是属断证任何一门的极净功德为证法之性相。辰二，分支有二：巳一，成证法本质之法；巳二，证力所得之法。前者如三五十五解脱道与未入道之前的三学道一般；后者是以修习之力所得的是具离的本质的择灭。

寅二，广大教法有二：卯一，有法属能诠释深奥证法的极净妙语，是教法之性相；卯二，分支有：佛祖亲自宣讲之经，后世佛学家之著述两种。又以大小乘分则有属小乘教证之列的法至尊宝，与属大乘教证之列的法至尊宝。大乘宗认为教法为经与续所属，证法为生满等见与禅定等自性智能证之主。又以离因离果而分，则有道谛与灭谛两者。

子三，僧至尊宝有二：丑一，性相；丑二，分支。丑一，“明与解脱功德如应具。”以一句而示。有法具八明脱功德中任何一德的非凡之士，是僧至尊宝之性相。八明脱功德为，明如所有之功德、明尽所有之功德、明内原始智之功德、明之功德为四明德。修其果的无间道的对应之应断欲障中解脱之功德，自属其的碍障中解脱之功德，自属其的劣障中解脱之功德，总解脱之功德，为四解脱功德。

丑二，“分则七向住与学无学。”以一句而示。有法僧至尊宝，您以大小乘而分，则有具明脱八功德的大乘僧宝，与稍逊与明脱方的小乘僧宝两者。前者与菩萨至尊宝同义。有法愿得解脱之士所皈依的僧宝，您以大小乘之意旨分，则两小乘宗认为有四向三住之众。阿罗汉果为无学道而不计。四向为：预流、一来向、不还向、阿罗汉向。三住为：预流果、一来果、不还果。大乘宗认为，有学圣者与无学圣者之本性，除佛陀之外的菩萨与持明之众。

辛三，（此辛三，按理应示于壬四，极密无上乘宗皈依处之后，因以下壬二、壬三、壬四三义是分自庚二、辛二详论处，译者注。）以示如何皈依等因果皈依之性相而括要：“三宝是为”至“是为果”。以两句而示。如问将如何皈依三宝，则应如此皈依：佛陀是究竟之果，而请为归依处而入其教。皈依法宝请为正道或修佛陀之法，依佛法所言而行取舍之道。皈依僧宝，请为修佛的法友，要步随其之后。《三百颂》云：“如此佛陀法与僧宝等，请为导师道与法友而，随其之后修习善行而，坚信信任不以其他变。”以此法皈依三宝誓不反悔者是因皈依。将来自己一定要修成其等的断证智慧而誓不反悔者为果皈依。要在何时都修习此皈依的根本两誓言而不可舍弃。

壬二，示内密宗之皈依处有：“密宗上师”至“道之援”，以两句而示。有法所知，三恩或四恩齐全的上师尊者、前世以愿而连的本尊之神、以坛城之誓言所摄的空行母三者是内密宗的特殊皈依处。上师为加持之根本，比本尊之神更殊是究竟皈依处如显宗的佛陀一般。本尊为成就之根本，是修共同与不共成就的两次第之续、经、秘诀等法如显宗的法宝。三地空行母众是业绩之根本，是消除修行途中的诸障的法友如僧宝。如问如何皈依则应如此皈依，上师要三门精诚而依、本尊要近修、空行母众要以会供轮悦意而皈依。《不了义明灯》云：“内依上师本尊空行母，恭修使其悦意皈依尊。”

壬三，密叶辛宗的皈依处为：“叶辛圆满”至“法身界”，以一颂而示。有法所知，左中右三脉五脉轮与，五风、喻、意、性之三明点等是密叶辛圆满次第宗的特殊皈依处。脉者是习气身躯中能使自性原始智显现者，如天窗，如法依止则是生暂时与究竟功德之友，如僧宝。风如善恶业所驭行走在脉中的盲马一样，以吸入脉中之风使其翻身向上，此秘诀如能扼要则能散脱脉结，使地与道究竟之功德迅速而成之法，如法宝。喻、意、性之三明点有《果等觉续》云："喻之明点空而不间断，意之明点无缘超意境，性之明点显示涅槃境。"性之明点是风所载的心识如瘸者，擒依精液菩提明点之秘诀所摄的喻之明点，以方便之乐所示的意之明点离戏论法身大乐如实而示，如佛陀。皈依法是以意念观想或生脉、摄风、信念聚于明点而皈依。《驱暗明灯》云："密依脉风精液明点三，修习菩提心之往返皈依尊。"

壬四，极密无上乘宗的皈依处为："尤其不在"至"果皈依"，以一颂一句而示。有法所知，无上乘宗之皈依处不在别处，而是皈依己身的自明智胜义本性菩提心宝。在修习之时，究竟之果不在别处，本来在己身任运而住，如佛宝。修习其法使精通如法宝。以自力自解自脱似友如僧宝。又以真谛而言则，本性离戏论边之分如佛宝。本来无垢之分如法宝。功德天成之分如僧宝。是胜义之三宝唯果之皈依。

戊五，皈依之功德为："是入内教"至"诸功德"，以一颂而示。如天空之变幻无法估量一样，皈依之功德虽不可思议，无法言喻，然简述则有：自此即入内教辛饶之列，凡外道与内教以皈依法而区分，还有以道与果不同而区分。然入门法是以是否皈依佛陀而区分。外道者不信有遍知一切的佛陀，也不信有佛陀所讲之法与修佛法的僧宝。其等决无皈依三宝之念，因此如皈依三宝，则不管怎样也都是内教而非外道。如此又可成戒与功德能依之基，所以是八别解脱戒，还有菩萨戒、持明密宗戒等一切戒律的根基或根本。能增长功德、能消除前世所行的业障，以后也能远离诸恶业，如猎人格拉雅皈依我佛而恶业尽除，最终于沃莫郎欠洲觉悟成佛一样，不被敌、盗、病、魔等外在的苦难相侵。《不了义明灯》云："如得皈依将消灾解难，受人与非人共敬。"是得解脱之种。《有界善趣集》云："饿鬼戈戈哈、地狱火焰者、畜生哈里巴达等闻少许佛法而得解脱。"如云般，闻少许佛法尚且能成解脱之基，那么知三宝之功德以不回返的信念皈依三宝者，岂有不解脱之理。如此暂时能佑三恶趣之苦难，使得天人的特殊之身，如天童无垢宝的故事一样。

总而言之，不破皈依戒能增长一切道之功德。在今生来世中阴三时均得三宝之佑护而得安乐。如破戒则反之会招一切苦难而不能离。《三百颂》云："任何世间帝王功德般，既成佛子利弊也盈亏，能消今世之障中阴时，佑护来世又可成化机。"

戊六有二：己一，所学；己二，识别破戒之因。己一有三：庚一，总所学；庚二，别所学；庚三，同分所学。庚一，"常念三宝"至"弃皈依"，以三句而示。《绝顶巨界》云："思四宝之功德，常习皈依之法为其一；常供力所能及之物，也可供自己所食的任何食物为其二；即使有生命之危险也不破皈依戒为其三要修习。"三宝之功德如上述般，持其等一切功德之源或根本者是上师尊者。如此常思四宝之不可思议的功德与皈依之功德，在食、卧、行、住何时都习皈依法为其一。《塞弥经》云："因违一望日供而生边鄙地。"在每月之十五月圆之望日、三十、初八、二十二等特殊之日习供养三宝之法。随时供自己所食之物为其二。何言只为今生之乐或为得他人的赞扬，就是生命有危险也不弃三宝，即使是为逗乐子开玩笑也不言弃三宝之语为其三。

庚二，别所学有二：辛一，所断；辛二，所修。辛一，"皈依三宝"至"外道友"，以两句而示。《绝顶巨界》云："皈依佛陀则不敬不拜别的神，皈依法宝则不行危害众生之业。皈依上师与僧宝则不得与外道为友。"此处所言的别的神是指外教中的大自在天等，与世间的土地山神，还有外续中的护法怙主，也不求其为往生的皈依处而不拜。如此有情众生中即使是细微的昆虫也不可犯，要断除危害其等的念头。在藏区虽没有真正的外道，然像外道一样对佛法执邪见并诋毁者也不可与其为友。皈依上师则不仰慕或羡慕高傲之士，对一切佛像，不管是否精美，也不可讥毁，要断一切不敬之念。不可自佛经上跨越。也不在佛经上放置其他物品，不置于地，不可为商品而牟利，不可抵押于人。以上是所断之学。

辛二，"如此礼敬佛像经典僧。"以一句而示。如此皈依佛陀就要礼敬佛像，皈依佛法就要敬佛经，皈依僧宝就要对一切僧众，即便是徒有其表的出家人也要敬之。皈依上师则就要听秘诀，对上师之言要唯命是从。

庚三，同分所学就是依其前所述外、内、密之皈依法而修习。

己二，"失因邪见"至"悔重授"，以两句而示。《绝顶巨界》云："破皈依戒之因是邪见与凶猛烦恼，过于指望等三。”邪见者是对佛陀与佛法生是否真实的疑虑。生皈依法又有何用之念而破戒。如此生嗔、贪、痴、妒、慢等极为凶猛的五毒忘皈依而破戒。过于指望是刚皈依就想立刻得安乐之念。对稍不如意或突如其来的灾难，不思其为前世之因缘所致，却生邪念而破戒。如破戒则要常行皈依之供养，布施众生，在上师或三依之前忏悔先前之罪过，重新授戒并常守而不破。雍仲本教法藏宝库中，示道路的能依之基皈依法为第八品之释。

第九品　菩提发心

丁九，现在讲大乘的入门法发菩提心有三：戊一，如何成大乘之道；戊二，如何成大乘之士；戊三，大乘正道之述。戊一，“小乘声独”至“海洋界”，以三句而示。但凡知一切轮回皆苦，为消除苦与烦恼，愿得解脱而修三学之道，唯求不返轮回的安乐果者是声闻与独觉部乃小乘之道。此为大乘之士应断之念。《慈母十万颂》云：“小乘只求自己修得解脱，比地狱之众还离佛陀远，是应以大悲心之力不居寂止之境，至轮回未尽时要广行众生之业。要断除我利与我执、小乘之道。”此等只是消除少许罪孽、得少许功德之众，不得圆满我利，怎能行他利之业。因此此等卑劣之心如池塘之水者，何时都不会入利他之渠，所以要以大乘因果六诀之车所载的第七诀菩提心宝，具利他的千束光芒而晒干其水。任何能使两利之业圆满而成，如大海般是无量功德之源者，即是悲心菩萨与雍仲菩萨，是无上大乘之道。

戊二为：“施戒忍精”至“菩提因”，以一颂而示。如此布施等方便分的五度，未被智慧度所摄时，只是非大乘的无记之业，如铁块一般，如涂上大乘宗的方便之要义菩提心与智慧之要点空性相结合的金色颜料，方可成为修佛果的不误之因。以入门法分则有大乘显宗与大乘密宗之分。两者的本性是何时生利他的菩提心时就是大乘之士。如此无此菩提心，即使修习空性、守戒、近似的生满次第也只是小乘之士。此等之士是不会入大乘之道中。因此所修之法门是大乘也不行，所修之士一定要成为真正的大乘之士。《尊胜大总持》云：“一切之种皆为菩提心。”《十万精华经》云：“最初地至未得正果间,义之正行是由此中生。”曾经有人问杰本大师:“士之奇者为谁?”答:“无欲者奇。”又问:“诸道法中何为奇?”答:“菩提心法奇。”又问:“何乘为大?”答:“具大悲心者为大。”如言之故。

戊三有三:己一,发心的本性;己二,如何发心;己三,取舍之所学。己一有三:庚一,事相;庚二,性相;庚三,分支。庚一为:“事相心与心所具两分。”以一句而示。异宗认为发心的事相是八识中的第六识唯善者。非也,试问难道就没有是发心的心所否,因事相唯是心识之故?如言是则,“应有是发心的心所,因有是发心的心所乐欲之故。释教之《庄严论》云:‘贤者所许诸愿者,是具作思乐欲也。’所云之故。”那么自宗之发心的事相是以人士的第六识意识发菩提心许愿,与此同在的乐欲、作思、信解、信等属善的心所也是发心。所以发心的事相有心与心所两者之分。在一切广中略三法中都云:“发信解等持之正念。”又有《现观道路次第》云:“愿得无上正果也。”《地道幻灯》云:“事相两者之合体。”自宗的贤哲美华、尼嘉、卓贡罗珠、衮钦耶西罗珠、嘎敦次坚、如敦谢夏衮钦、嘉瓦年美、贤者尼玛等高僧大德,都异口同声,是以我等也要步其之后。如此在学与戒中心识虽是重要之分,然也有与其相应的心所也属学与戒。皈依、等至、解脱五道也有心与心所两者之分。《慈母十万经》云:“道之基础是聚集心与心所的阿赖耶识。”又在示佛陀之意时云:“心与心所众多者,虽显多种自性然,本性为一无区分。”

庚二为:“性相为利”至“为他利”,以两句而示。《地道幻灯》云:“何人对何生乐欲,他利菩提生乐欲,发心者与大乘心。”其有识别发心的总体性相与,大乘发心的性相两者。第一,为修自己所愿的究竟果而发的乐欲之念是正发心的性相。以事相而分则有大乘宗之发心与小乘宗之发心。前者与为他利而愿得无上正果的发心同义,后者与只为我利而愿得解脱的发心同义。以乘分则有:大乘、声闻、独觉的三发心。前者将在下面细述。后两者是有学声闻与有学独觉所具备的发心一样。第二,大乘发心的性相是:为他利而发的愿得无上圆满果的非凡乐欲之念。《楚年贤劫经》云:“乐欲善业而信解,遂发菩提至尊心。”《律经二十部》之发心品云:“发心是为利他而,愿得圆满佛陀果。”如问在性相中有非凡之词将作何解则,是指大乘道的本质发心而言,用来区分未入大乘道之前的愿心非大乘之发心。因此此宗只注重大乘的发心。

庚三，发心之分支有九：辛一，以性相而分；辛二，以本性而分；辛三，以所得之法而分；辛四，以友而分；辛五，以所缘处而分；辛六，以喻而分；辛七，以所缘而分；辛八，以行法而分；辛九，以界限而分。辛一为："乐欲菩提"至"行发心"，以两句而示。以性相分则有大乘愿菩提心与行菩提心。《不了义明灯》云："如悟皈依将生菩提心，要习愿行两种菩提心。"此两者之区别有人认为是以是否具菩提心的所学之友而分，又有人认为在小资粮道时为愿发心，中资粮道以上唯有行菩提心。认为愿菩提心与行菩提心有福泽不常驻与常驻之分。上述皆非，是误见。难道有不具备比丘戒所学的比丘僧否？因有不具备菩提心所学的菩萨之故？因依许成，遍成，是应以具备比丘戒所学而分比丘僧，具备菩提心所学而分菩萨之故。又有，何人在想到天竺而行的途中，难道没有想到天竺之心否？因认为在行菩提心生时就无愿菩提心之故。遍成，因以"愿行者与行走时。"以此引言而成因故。福泽不常驻是只指未入道前的唯一愿心。自宗是大乘菩提心中，为他利而愿得佛果的乐欲相应等为愿菩提心之性相。事相是大乘有学之士的愿得佛果之念一般。大乘菩提心中，为他利愿得佛果而愿修道的乐欲相应等为行菩提心之性相。事相是大乘有学之士修习十度中任何一度时的菩提心一般。《发心经》云："愿心行心之区分，须知是有两区别，愿是为利他而发愿心，行是勤于修习此法者。"《地道幻灯》云："他利愿得佛果与，他利而修正果者，是分愿行菩提心。"《基道果之论》云："分则愿行两发心，愿利他与修其道。"

辛二为："世俗发心胜义见道上。"以一句而示。以本质分则有：壬一，世俗发心；壬二，胜义发心。《绝顶》云："分则世俗胜义二。"《地道幻灯》云："世俗胜义发心与。"又有云："世俗资粮道中有，义共相与明显者，现证见的胜义等，资行见道以上也。"壬一，世俗发心的性相是，大乘发心中，非属禅定中无分别智的本性之列者。事相为，大乘资粮道与加行道之发心，与本质属菩萨的后得智者。壬二，胜义发心的性相是大乘发心中，属禅定中的无分别智之列者。事相为，自资粮道至十地的定慧。

辛三，"方便因缘"至"而得者"，以两句而示。以所得之法分则有：以方便与因缘等粗略之姿所得的发心，与以细微法相中所得的发心两者。《地道幻灯》云:“姿与法相而得者,世间法与涅槃者。”前者是修习培育菩提心宝的无量积资粮之法,修习特殊之因七诀或无量之法,缘者是依上师以仪轨或以姿所得之发心在世间地所生;后者是以现证法相之力所得的超出世间的发心在圣人地所生。

辛四,“其之恒常”至“十度是”,以两句而示。以友分则有恒常之友与偶尔之友两者。《基道果之论》云:“恒常友与偶尔友,慈悲心与十无上。”《地道幻灯》云:“恒常之友为愿心,偶尔之友其他度。”前者恒常之友是悲心、慈心、十度中的愿度等。《中观两谛》云:“大慈心与大悲心,一切之基需修习。”《济龙经》云:“其以发愿之法是为菩萨之列。”后者偶尔之友是,偶尔与施同住,偶尔与戒同住等,是除愿度之外的其他度。《无垢经》云:“悲心引发至尊菩提心,需修无上十波罗密度。”

辛五,“专为有情所谋菩提尊”,以一句而示。以所缘境而分则有专为之所缘境是为利有情之业。所谋的所缘境是无上正果两者。《解析》云:“专为所谋所缘境,利众业与无上果。”愿菩提心之专为所缘境是利众之业。真正所缘境是无上菩提果。行相是愿行利众之业与愿得正果之相。《地道幻灯》云:“专为所缘有情众,所谋所缘无上果,行此业与愿得等。”行菩提心的专为所缘境是为他利之菩提果,所谋所缘境是修习雍仲菩萨之行。行相是,为利他而愿得正果与愿修菩萨之行的特殊意乐与行为之相。《地道幻灯》云:“专为他利菩提果,所谋修习菩提行,修习愿与意乐行。”

辛六,“是以牧者”至“度有情”,以两句而示。以喻分则有:壬一,如牧人般的发心;壬二,如向导般的发心;壬三,如舵手般的发心。《基道果之论》云:“牧者向导舵手般,送与引导同时度。”壬一,如牧者的发心是:先普度一切有情至佛陀之境而后度自己的发心,如王子多布本桑的发心一样。《塞弥经》云:“与其见行结合唯使己解脱,不如将把三界轮回有情众,未悟胜义之谛漂泊轮回者,如果我将利乐其等将应如何修。”壬二,如向导一般的发心,首先自己修成佛果而后普度众生的发心,如我佛辛饶弥沃在有学道时所发的菩提心一样。《塞弥经》云:“愿己证得佛果后,就可广度众有情。”壬三,如舵手般的发心是:愿众有情与自己同时度出轮回苦海之心。

辛七,“所缘自他同换重于己”,以一句而示。以所缘而分则有三:自他平等、自他相换、重人轻己的三种菩提心。第一，如同为自己而能行善断恶一样，为他利也同样能行善断恶的菩提心。《无垢光荣经》云："自他平等无亲疏，悲心引发菩提心。"第二，修习将自身的安乐施于人，将他人的痛苦归诸于自己的菩提心。《律经大众能束续》云："己之无需善业施于人，人之痛苦归诸于己身，甘受痛苦戒律之要旨。"第三，舍弃为己身的断苦修乐之法，而愿修使他人离苦得乐之法的菩提心。前书云："人之生老病死等，诸苦取于自己身，赎他己愿做刍灵，利他可使己命休。"

辛八，"习法戒与摄法行业三"，以习法分则有三：严守一切三门恶行之戒；摄一切善业于己身之戒；行利众业之戒。前书云："严守比丘之戒律，乐善精进之戒与，广行利众业等三。"

辛九，"分界土金"至"发心具"，以一颂两句而示。大乘发心以界限分则有二：壬一，以喻与友而分；壬二，以本性而分。壬一，自《十万精华经》之义中所取的《解析日光经》云："土金月亮火与藏，宝贝海与如意宝，天之宫殿大乘座，佛之代表与台阶，舟船水中月与灯，甘露雨与解毒药，悲心之钩与鲜花，无返道与无垢地，小千世与大悲主，佛陀等为廿三般，信与乐欲解思行，施戒忍精定与力，悲愿方便与智慧，无欲心与大慈心，佛心息与示真谛，能为苦行与无量，悲心乃至普见慧，二十三种发心在，资粮道至佛陀果，行相如此需知之。"如土等二十三喻体，与信等二十三本体，后两句是示这等发心在自资粮道至十地之间是属愿行两发心之列。

壬二，以本性分则有四：癸一，胜解行发心；癸二，清净意乐发心；癸三，异熟发心；癸四，断惑发心。前书云："胜解意乐异熟与，断惑发心是为四。"在资粮道与加行道之时，阿赖耶识与八识均有习气，而使自性之日蒙蔽而不现，是信仪轨之时以义共相为量所生之信，以胜解为所行处之故，称为胜解行发心。在第一地至第七地之间，具烦恼之意已尽，尽显极乐世界与功德等十种百变神通，断一半之障如云隙之日，智慧显而明亮之故，称为清净意乐发心。在洁净三地时，五根识与阿赖耶识转变为圆满之智，第八地时意识转变为无分别智，第九地时五根识转变而显极乐世界，十地时阿赖耶识转变为圆满智。愿与功德巨大而谓之曰：异熟发心。十地相续后际时，心与心所之习气，阿赖耶识等回返而称为断惑发心。在佛陀之地没有像有学道一样以仪轨而得，或以后愿得正果的发心，此地的一切功德显现而以大悲行不违时之发心。此心无退失之因缘，因不离无舍空性之故。前三者是真正发心，后者是发心之果称为发心而已。

己二，如何发心有二：庚一，依何法发心；庚二，如何培育引发菩提心。庚一有三：辛一，观想菩提心之功德；辛二，习因果七诀；辛三，依仪轨而发心之法。辛一有三：壬一，功德之义；壬二，以喻而赞；壬三，特殊之功德。壬一为："何人自生"至"礼敬处"，以两句而示。《三百颂》云："子生利他菩提发心时，即为雍仲菩萨之列般。"昔日王子多布本桑生重人轻己的菩提心时，佛祖赞曰："具足信与誓言之王子，实为雍仲菩萨之列也。"所言一般。即使是极为弱小者，如能生菩提之心则将更名为雍仲菩萨、佛陀之子等，地位也将升至天人等凡人共敬之处。《四部经》云："着重重人轻己者，雍仲菩萨种姓也。"《基道果之论》云："发心能使弱小者，贵为佛子众生敬。"

壬二，"如拭宝珠"至"遂己愿"，以一颂三句而示。有六喻赞其功德。一、使所行之善业不被轮回之污垢所染如初拭之宝珠。以菩提心所摄的一切善业都不会被求名利等世俗之见、轮回之污垢所染。《三百颂》云："如拭宝珠一般善业等，不染名利轮回之污垢。"二、善果不竭，如根深蒂固之果树，今岁摘尽果实，来年也可结果，如拔其根则将无果一样，不被菩提心所摄的善根能被嗔等所灭，或其果只熟一次就尽。然而被菩提心所摄的善根之果熟百次也不尽，能又又成熟，轮回之苦海未尽之间，其果也可常熟而不尽。前书云："如摘其果除根而食般，须知善业之果尽与增。"《道路次第六十颂》云："犹如海洋未枯则，海水也将不尽般，轮回众生未尽则，菩提善果也不尽。"三、增长善果，如天降雨水落如海洋融入海水者大，而落入井中融入井水者小一样，不被菩提心所摄的善根小而被摄者大。《三百颂》云："如同海之水滴善业也，须知均可变大或化小。"《无垢经》云："我也为善观己心，观而遂发菩提心，雄厚善业由此生，以此而增诸功德，不可估量无伦比，雨水增长海之源，聚尘成山如此变。"四、消除罪孽，如阳光消除黑暗于瞬息之间一样，即使有五无间罪等极恶之罪，如发菩提心就可在刹那间消除罪孽。《三百颂》云："如日驱暗一般恶业尽。"《律经续》云："如同冰块融入海水般，一切恶业习气罪孽等，无量发心自然使其灭。"五、可成烦恼之对治之法，如除去树木之根则其枝其叶也同时干枯一样，心生对治菩提心之时皆可消除一切威力巨大或常驻的五毒烦恼。《三百颂》云："我执灭则无根之枝般。"《六十颂》云："良药尊胜诃子者，能医百病无区别，菩提发心之学者，对治一切烦恼也。"六、遂自己之愿而心想事成，如同在如意珍宝前发愿就能圆一切心愿一样，心生菩提心则，愿消除自他两者的一切轮回诸苦与，愿得一切涅槃乐果的心愿均可如愿。《三百颂》云："如同如意珍宝一般使，乐苦取舍均可如愿成。"

壬三，特殊功德有三：癸一，福泽常驻是："自生菩提心后沉睡或，福泽不断而生"，以一句半而示。如此心生真正菩提心而不灭时，自此以后不管睡眠、沉醉、昏迷等何时都可成善业，而福泽之力将不间断而生。《菩提心五十颂》云："自发菩提心之后，即使睡眠或沉醉，福泽之续不断生。"《无垢经》云："着重重人轻己时，做何事也皆成善。"

癸二，菩提心无价："一步心，以小乘心舍命也不及。"以一句半而示。行一步之时或在刹那间所发的菩提心之价，即使是为修小乘之果而对三界众生施舍生命的善业也不可及。小乘之有相与无相之善业不管修多少也不可及其万一，不可喻。《微经》云："行一步时刹那发心价，对于一切三界众有情，施舍生命之善也不及。"

癸三，究竟之功德："具菩提心不失正佛果。"以一句而示。如赤金深埋于地下至坏劫之时，其质也不变，其色也不会失，精华常存一样，不管何人如具菩提心，即使永住轮回之中，也不会退失菩提之果。因遍知一切的大智慧，是自以悲心为本的菩提心以方便而圆满之因中产生之故。《无垢经》云："是自先行发心之母中，生其之果菩提青苗而，致使成熟悲心利他果，皆成滋养众有情之物。"《三百颂》云："深埋地下金般精华存，质色不变等等言不尽。"此等具无量功德的菩提心，要以昼夜六时而观想修习，直至心生无造作的真正菩提心。

辛二，修习因果七诀有：壬一，略表；壬二，详论。壬一为："其心因果"至"之中得"，以两句而示。如此具功德的菩提心是自以信而修习中所生。如恭敬如意珍宝就能遂一切心愿一样， 慈悲心等才是正确无误的菩提心之因。《驱暗明灯》云："众生皆为我父母，慈悲喜舍专心思，依此能生菩提心。"

壬二，详论有七：癸一，知母为："任何有情"至"师则知"，以三句而示。凡三界之众有情乃至细微的生灵无一不是前世之父母，要以三真理之师而认识。一、因轮回无始之故自己的前世也无始，生死无数之故。二、自三有之顶至地狱之底以上的一切六道轮回之境无一不是常常降生之地。三、根本没有不曾受生之身，与众有情在前世没有不是亲友父母等血缘关系者。《塞弥经》云："三界众生皆如水车转，父母亲友兄弟妻儿等，不曾亲者情器世间无。"

癸二，念恩有二：子一，以今生之母而念恩；子二，以众生而思恩。子一为："因使中阴"至"入善道"，以三句而示。如此既知一切众生皆为母就应该思其恩情。首先要以今生之母而思恩则能速知其恩，应如此修习，观想母亲于眼前。母亲最初之恩，是将自己在中阴中流亡的魂识摄入腹中，倍加珍爱，致使自己能得有暇之善所依，那时为了腹中的胎儿，甘愿舍弃自己的一切乐受。《驱暗明灯》云："最初自己居住母腹时，为儿忌食美味断食欲，腿脚酸痛体质也虚弱，消瘦憔悴首发也脱落，轻盈之身如今如负石，心神不宁精神气色差，十月之久如宝藏于腹，因此可怜吾母恩情重，初生之婴身小如蚊虫，视如自己心肝不可无，含辛茹苦念知之心而，抚养微小身至壮如牛。"又有在中期也恩重无比，千辛万苦所积攒之钱财，不舍吃穿之物，现如今为我等儿女，在饥饿时赐予美食，寒冷时赐予锦衣，贫穷时赐予钱财而无有不舍之念。所赐之物也是不畏今生来世的苦难与业烦恼而攒。前书云："所行杀生偷盗等诸业，也自恐儿受苦因中生，以诈哄骗所行诸恶业，也自恐儿受苦因中生。"在后期恩重使我等能入佛门，能修习难遭难遇的无量佛法而行善业。没有比此更重的恩情。子二，以众生思恩："如此众生无有未抚者。"以一句而示。要常思在无量前世中众有情也曾如今生之母一样抚养自己的恩情。

癸三，报恩："报恩之举"至"须发心"，以三句而示。如问，既知众生为母，那么怎样才能报答其恩情，则有前书云："捧于掌中环绕须弥山也难报母之恩，以首托至三十三天也难报母恩，尽集世间美食而献也难报母恩。"以一切能享受轮回之乐的世间的衣食财物等也难报母恩。因一切轮回之乐受均是痛苦之故，就好似献有毒之食。因此唯有发菩提心才能报答母恩。因自修习菩提心时起，至修得佛果后就能拯救众有情之母，从轮回苦海中度至解脱的极乐彼岸之故。

癸四，观想慈心："此与有漏"至"能得遇"，以两句而示。如此修习知母、思恩、报恩等三秘诀将自然对众有情生一母同胞的爱怜之心。此为慈心，能培育悲心。慈心的本性是《四言法旨释》云："愿使芸芸众有情，能遇安乐之信念，将生利他之善念。"修习之法是，此等众母亲不但没有一点无漏之安乐，就连一点有漏之安乐也不存在，他们视为安乐之事也会变成坏苦，虽然他们也愿修得安乐之法，但却不知取舍之法，唯行痛苦之因而不识修习极乐之法，要知此等众母亲无半点安乐，要常思他们都能拥有快乐那该多好，愿他们能得遇暂时与究竟的真实安乐的慈心。前书云："常思有漏无漏之，暂时究竟安乐念。"

癸五，修习悲心："此等被苦"至"愿离苦"，以两句而示。如此众母亲受诸苦之煎熬，间接受业与烦恼两集之侵害，常被痛苦之因所缚而苦不堪言等等，要经常思而修习，如果我的众母亲能远离痛苦之因那该多好，愿他们能远离痛苦与其因的悲心。前书云："常被痛苦折磨者，愿其远离痛苦的，大悲之心要常修。"

癸六，修习增上意乐："一定使其"至"佛陀地"，以两句而示。如此般自己一定要修习使众母亲能远离痛苦而具一切安乐之业，尤其以一定要送他们至断两障习气的佛陀境之念而修习。此等意乐在报恩时虽也有，但那时只是许愿而已，此处必须要具备为众生牟利之誓言。因为此意乐是自慈悲二心所生之故。

癸七，修习菩提心："如此发誓"至"修佛果"，以三句而示。如此在增上意乐之时已发誓要普度众生，然自己在此时难以实现，细思谁具有这等能力时，方知梵天与帝释天没有此能力，因他们也是被轮回之苦所缚的凡人，小乘之士也无此能力，因他们只是修我利之辈。大乘菩萨也无此能力，因智慧与悲心还未到圆满之境。能行此事者唯有佛陀，因此自己必须要在一生一世中修得佛陀之果。所以要常修菩提心，瞬间也不退失。

辛三，以仪轨发心有四：壬一，所授戒之依；壬二，授戒处；壬三，如何授戒；壬四，因果之别。壬一有二：癸一，身所依；癸二，心所依。癸一为："所依暇满之身具戒律。”以一句而示。凡唯发愿心之士其他众生中虽然也有，然此处未授行菩提心戒的得戒之身所依，须是暇满人身，如又具戒律的近住戒、四种居士戒、沙弥戒、比丘戒等别解脱七戒者是至尊身依。一些前辈随他宗之意，言此身依必须是持任何别解脱戒之士，此为唯心宗之义。虽然雍仲菩萨无戏论宗认为，除天与非天食香等其他众生之外，厌离轮回愿求解脱愿受戒之众均可为其身依。然而在年美尊者的弟子，智喜桑大师在《学说》中暗示雍仲菩萨宗也要守任何一门别解脱戒，此言也有经为证。《塞弥经》中所言行自下方而攀，思他人之苦，发菩提心，修习诸波罗密度之义时也明示。行自下方而攀是要依律守别解脱戒中任何一戒。《塞弥经》云：“多布问佛曰：‘遍知一切皆为无常的佛祖，行自下方而攀时，身应行何业，意应修何义。’佛祖答曰：‘其应如此而行，身之行为应如我曾出家受戒一样，意之所修应如我出家后不恋轮回一样。’佛祖如此而答。”此意是指雍仲菩萨宗之义。

癸二，心所依是：“种性觉醒悲心信念坚。”以一句而示。如此具别解脱戒之士也必须是大乘的种性觉醒，愿修菩提心之所学，已发愿菩提心，对他人之痛苦生悲心，愿使众生解脱苦难，到达极乐彼岸而对三宝有坚定信仰之士。《驱暗明灯》云：“依此悲心能生菩提心，信能引入解脱正道中。”

壬二，授戒处有二：癸一，自上师处受戒；癸二，自三宝之依处受戒。癸一为：“处为具足三学精通者。”以一句而示。授戒的上师也应是具菩萨戒或三学之士，对诸藏尤其对菩萨宗有极深的造诣，能讲解菩提学之义，自己深谙菩提心能引导他人等三性相。《四言法旨释》云：“凡具菩提三学与，精通其道修行者，要以洁净本性取。”后一句是讲，上师与弟子两者之意念要洁净。所行仪轨也不可有余漏之处。

癸二，自三宝之依处受戒为：“三宝之前如来三依处。”以一句而示。如没有上述的具相上师，则也可将三宝观想于前方之空，自此无形之处受戒，或将有形的三宝之依，即佛像、佛经、佛塔等请为见证之处，在此前以发誓守菩提心戒的信念依仪轨而受戒。所谓《经》云：“本尊神与佛陀请为证。”又有：“凡具胜解信念者，其前皆有佛陀身。”《杜鹃续》云：“佛像有辛拉沃嘎可为念之因与所缘之依。”

壬三，如何授戒有三：癸一，前行之支；癸二，正行仪轨；癸三，后生随喜之念。癸一有二：子一，总义；子二，详论分支。子一为："积资皈依之支需俱全。"以一句而示。积福资粮是生菩提心的重要之法，我佛在人寿为万龄时，以占色洛桑之身在佛陀聂巴仁雄座前供昙花，行三布施与，在人寿八千岁时，以王子增善之身在佛陀广度轮回座前敬献一勺甘露之土以前行之支而发心一样。《三百颂》云："积集福资粮而皈依则，自他两方之支皆齐全。"因此要多修积福资粮之法，皈依是依之至尊，依法修习能消除罪孽而生菩提心。《驱暗明灯》云："深悟皈依将生菩提心。"又有《心经教之明灯》云："要惧轮回皆为苦，需对众生发悲心，常思无常多精进，今世不修佛陀果，来世难有如此缘，今生有权需修习。"要识轮回之罪孽而发心、以识自他之苦而发心、以识法与士皆为无常而发心、以来世难遇佛法而发心。要以此四缘而增菩提心，不使其退失。

子二有七：丑一，我慢的对治礼敬之支是："三门恭敬"至"三宝足"，以两句而示。如此礼敬是我慢的对治之法，礼敬时身有恭敬四法，以四肢全投于地而礼敬。此礼敬之法是，嘉幸大师礼敬拉幸大师之时所行之礼。《经》云："全身投地礼敬而，悲痛之声如雨般。"此为最早之礼敬。不行此礼则还有《微经》中所言的礼敬法。云："身之礼仪五体投，语之礼敬赞其德，意之礼敬喜与信，三门洁净礼敬之。"五体投地是以自己之首礼敬三宝之足。双手双膝曲身于地，贬自己之身自然能消除我慢之心。五体者有《六部明灯》云："虚空之支为首、风之支是右脚、火之支是右手、水之支是左脚、土之支是左手。"五体投地是，双腿并拢，双掌合十如将开的莲花之蕾，首与身躯端正如箭而礼敬。不可行孔雀顶礼、外道鼻礼、悲痛手印礼、无底礼等不合格之礼。语之礼敬是赞三宝之德，颂佛号或悲痛号啕。意之礼敬要把己身观想为殊胜宫殿如意宝而供奉三宝积福资粮。双掌合十于额、喉、心间依次礼敬，观想为如意宝生一切妙欲而供养三宝，能圆智慧资粮，能消除己身三门的一切业障，要观想三身与三宝的功德，上师的身语意的加持等融入自己的三门处之念。前书云："观想己身大千刹尘数。"观想把己身变化为如刹尘之数般，自他都礼敬三宝之念，如此礼敬的功德有暂时能连续转世为转轮王之身，最终能成为修究竟之果证得现空幻化般的色身之因，与证得无生空性的法身之因。

丑二，供养为悭吝之对治："有主无主"至"供会供。"以两句而示。有二义：寅一，上有供养；寅二，无上供养。《八支律经》云："有上供养力所能及供，无上供养密意所摄供。"有上供养有四：卯一，供养有主之物；卯二，供养无主之物；卯三，自己能及之供；卯四，以意念变化之供。卯一是天龙人的一切财物。卯二是没有主人之物，如野生的世间良药之类，诸多珍宝、秀丽之地、森林、如意树、鲜花之苑、天龙界所有的如意苑、罕见的昙花、沃莫洲的彩虹树、三十三天的护地神象、毛发鲜明的兽类、美丽的野兽、羽毛漂亮的飞禽、琉璃之岩、金沙、如玉般的草坪、珊瑚之树、宝石之河床、清澈的江河、湖泊等奇异的、悦意的、秀丽的世间万物。卯三，力所能及之供为：五供养、曼陀罗、自己之身、财物、三世的一切善资粮。卯四，意念变化供是以自己的意念观想的，十六妙欲天女，天龙人之童男童女以不可思议的缯盖、幢、幡、珠宝等装饰，手持一切供品，由十三舞者带领，天龙人界的圆满之供品堆满天空、土地等以意念而观想的一切不尽之供。

寅二，无上供养是上述的四供养被三轮无相的智慧度所摄之供。《无垢经》云："但凡一切明相之界物，供于无明相之法性界，又以本性无相法印证，无上云供是同法界齐，福德恒沙之数也难比。"如此普贤云供者是，以自己的心间散放与佛界相齐的无量五彩光束，每束光尾各有一普贤佛，每佛之心间又有无量光束，如许普贤的云供，即如雍仲菩萨供养佛祖辛饶弥沃一样。又如，五部善逝佛以自己的印象云供供养普贤佛一样。

丑三，妒之对治是随喜之法："佛陀佛子"至"随喜之"，以两句而示。如此对佛祖的十二宏化之业，即降生出世、弘扬佛法、调伏两有情、娶妃、生王子、广行利众之业、伏魔、留法、留佛语、出家、舍弃眷众、入涅槃等十二圆满之业生随喜之念。利众之业也并非少许而行诸多，无亲疏广泛而行，非一时而恒常，无需精进任运而行，总之对佛陀的满、熟、除等一切功德生随喜之念。《现观道路次第》云："菩萨之行深奥者，须知要以身心行。"如此雍仲菩萨众的身之行为是施舍身与命等十度，心之行为是修习空性悲心相结合的精华之法。以愿行两菩提心积不可思议的善资粮之业，与对声闻与独觉两者为我利而积的善资粮也要生随喜之念。如此对天人的胜生与定胜的福与智慧生随喜之念。其功德有《无垢经》云:“如能随喜诸善业,即增十倍善功德。”《天之明镜》云:“如以无嫉妒的真心生随喜之念,将得与行善者相齐的功德。”

丑四,嗔的对治是忏悔之念:“六门所聚”至“而忏悔”,以两句而示。此有:寅一,所治的六恶业之门;寅二,对治的四力;寅三,治法的前正后三行。寅一,六恶门是:卯一,时;卯二,对境;卯三,因;卯四,门;卯五,加行;卯六,类别。卯一,以时分则有前世、今生、来世的三时中所积的恶业罪孽。卯二,以对境分则有:对比己高贵者、平等者、比自己卑下之处所行的恶业障。卯三,以因分则有:以烦恼五毒或三毒所行的恶业罪孽。卯四,以门分则有:以身所行、以语所言、以意所思的三门之恶业罪孽。卯五,以加行分则有:亲自所为、指示别人、随喜恶业的恶业罪孽。卯六,以类别分则有:小者意之罪孽、大者所行完成的恶业罪孽。如此之罪与破戒的大小罪,他胜罪、粗罪、恶作、同分罪等一切罪孽。

寅二,对治的忏悔四力,《母续》云:“破戒之罪要以四力忏,消除同分能生佛陀意。”《尊胜》云:“汝今具自在之身,如治则能速除罪孽,要如此以四力而忏悔。”所云般四力是:卯一,厌患之力;卯二,见证所依之力;卯三,现行对治之力;卯四,又守戒之力。卯一,知道所行的罪过而生忏悔之心,如食毒后生后悔一样。卯二,依靠能治此罪的特殊之依(三宝),如求助于医生一样。卯三,修习能对治此罪的善法,如吃药一样。卯四,以后就是有生命之危也不行恶业,如以后绝不会再吃毒药一样。其中厌患悔过之心应如知被罪孽束缚实为自己的罪过,如小偷入狱招供一样,羞愧如判刑的罪人一样,悔如落网之狐,惧罪孽如懦夫身陷沙场一样。是嘉幸大师所言。

寅三,对治之法是,前行要具备皈依发心之支。正行不管修习内外哪一宗,所修的仪轨无余漏之弊。后行是要观想已修尽恶业之念。如此一切忏悔之支齐全,则就可以以人之言语消除一切罪孽之根。如同脆软之炭能炼坚硬的钢铁一样。《母续》云:“如以脆软木炭火,冶炼坚硬钢铁般,对治之业成正义,消罪生慧义成道。”

丑五,邪见的对治是请转法轮:“为度深陷”至“三法轮”,以两句而示。如此佛陀的教言与依此所得的断证功德都称为法轮。如转轮王的轮宝一样，所以喻为法轮。转轮王的轮宝在降伏四方时，自此处转至彼处一般，依靠佛陀大转法轮，就可使佛陀所证之法如轮宝的断证功德转至所调化的众生之心。又如轮宝有稳固的轴心、分界的辐、能聚的轮三者一样。教法之轮的续、经、秘诀如轴心，佛陀的四无量心、四常驻悲心等如辐，所诠释之义属不了义世俗与了义胜义之法如轮。依此所得的证法之轮地道之功德，也是属三学与断功德之中，戒为轴心、定如轮、慧与灭谛如辐而生之故。《雍仲业净》云："续经秘诀之轴心，无量四悲如八辐，两谛之轮情器与，轮回涅槃意相联，地道之果义圆满，有缘之士请修之。"分则有证法轮与教法轮，前者又有属证法本性的法轮，与依证之力所得的法轮两种。前者是三五十五解脱道，后者是依修道之力所得的灭谛。后者教法轮有《无垢经》云："法有初中末与三。"《始智明灯》云："教法无边乘如海，简括为三初中末。"佛陀在初转法轮时宣讲了因果九乘；二转法轮时讲了两谛四门五库；三转法轮时讲了胜义外内密三宗。如此请转法轮，在昔日对佛祖敦巴辛饶，有吉祥八仙女在天界献具千辐，每辐各有梵天之神的金色之轮而请转法轮；又有大梵天敬献千驮鲜花与幻化铠甲而请转法轮；地母仙女敬献千辐金轮，上置盛满甘露的金瓶而请转法轮。如此又有意童、梵髻、多布与夏布等雍仲菩萨众敬献无上云供而请转法轮。这等具勇气与善供施的弟子，精通请法与问答之法，善请深奥与广大之法者所请转法轮一样，现如今为求拯救众有情出轮回苦海，要劝请十方诸佛与众菩萨、具性相的怙主上师等大转法轮。

丑六，痴的对治是请佛住世："佛与佛子"至"常住世"，以两句而示。如佛与菩萨众不住世，则佛法将会衰败，无佛法就没有众生的暂时与究竟的利乐之源，那么就会变为唯有苦难，知此理就知佛陀的传承者是圣人贤者，如昔日意童如意宝髻劝请我佛不入涅槃而常住世一般，要所缘世间无边之界中所住的诸佛，以供养常请诸佛住世。

丑七，卑贱心的对治是回向善根："时与所依"至"而回向"，如以三句而示。凡任何善根如不回向就会耗尽。即便是回向，如只为消除今世之灾等误因而回向将失善根，为求自己解脱而回向则功德微小。《集经》云："不思回向善根尽，错误回向失善根，利我回向功德小，利众回向德无量。"因此为求善根不尽而变如宝藏之法唯有回向，此又有：寅一，应回向之善根；寅二，回向之人士；寅三，如何回向。寅一，所回向之善根，以时分则有过去现在未来三时所摄之善业；以所依分则有身语意三门所积之善业；以行分则有亲自所为、指示他人、随喜的善业；以本性分则有福与智慧所摄的善业。

寅二，回向之人士，优者为证悟空性之士，中者是深谙生满次第之士，劣者是请持戒的上师回向众生，或自己依仪轨回向众生，又或对上师的回向随声附和以求相同。

寅三，回向之法是以三门洁净之门做无上回向。一、意乐洁净不被利今世的等起所染。二、回向之善业洁净不沾恶业。三、回向之加行洁净被律续等回向仪轨所摄。要具此三支。无上回向要具备广大、圆满、极净三支。变善根成广大之法是，非只为自己或自己的亲眷而是为众生之利而回向。圆满者是，非为求来世得天人之果与转轮法王，解脱之乐者不具备我他两利的圆满之义，所以为利他愿得佛陀之果而回向善根。极净是被三轮无缘或无相的智慧所摄。三轮是：所回向的善根、所回向处众有情与回向法身语意之加行。回向所得的善果三者知其非实有。《天之明镜》云："专为处与所得处，回向福泽等三者，虽显于念而不变，思其皆为幻化者，三轮洁净回向尊。"如此七支俱全的仪轨依美敦大师所著的广略之经与皈依仪轨而念诵，之后念诵《八支律经》，首先请三世佛陀之众为发心之证人等依次序而行。

癸二，正行仪轨有二：子一，总义；子二，正文。子一，"之后需自"至"依次取"，以两句而示。要自上述的上师与亲显与不亲显之处受菩萨戒。《心经》云："发心处时业守利弊尊。"所云般，发心处与时是发心四母，依何处至何时发心等在下文所学品时讲述。发心之业是，敬献众多力所能及的供养，请佛与上师为证，依内外任何一续皈依礼敬四至尊宝，之后为正行仪轨，供养是发心的方便之力，佛与上师是皈依处缘之力，内外者，外如《无垢经》之授戒品所言的发心仪轨，内如《心经》之发心四母仪轨般是加行之力。特殊皈依是所依之力等四支俱全之人生发心，戒者有前书云："以时为限不破是戒律。"发心四母之戒律以时为限而不破，利弊者是守戒与破戒之果。尊者是指比小乘之道果殊而言。

子二，教典之仪轨如《天之明镜》之十一品一般。自其中的合己意或依己所信之法而发心授戒。又或如此这般而授。子二，正文有三：丑一，对自己以仪轨发心；丑二，对他人以愿心发心；丑三，如有破戒则以忏悔而祈请被悲心佑护。

丑一，“如是昔日”至“定修习”，以一颂三句而示。要三诵此经文，其中前一颂为先行之仪轨，后三句是以后所学之仪轨。后三句中的第一句是为众有情而发心在未得佛果之间永不返悔的誓言，是具相的愿心。如《三百颂》云：“我发菩提至尊心”之义相同。后两句是授行菩提心戒。依次者是以是否可授戒而分。自悲心菩萨的一戒至雍仲菩萨无戏论之戒间，依受戒者之根器而授行菩萨戒。《三百颂》云：“要修雍仲菩萨行。”是同义。

丑二，“轻己重人”至“能增长”，以一颂一句而示。要三诵此文，要心生祈愿不曾发心之众能发菩提心。已发心者能恒守而不失，未失者能增长发心的乐欲之心。

丑三，如有破戒则以忏悔而祈请被悲心庇佑是：“如是我辈”至“悲心弃”，此三句要诵三遍。

癸三，后生喜悦之心是：“菩提发心”至“常修持”，三诵此一颂一句之文而生喜悦之心，即使有生命之危也不可丢失此心。

壬四，因果的区分是：“如此愿得”至“因发心”，以两句而示。现今我等无利众有情之力，具利众生之力者唯有佛陀，因此为利众生而愿修得佛果如我佛之发心是果发心，愿修习证得佛果的十度等法的如多布之发心为因发心，此是贡佐大师所言。

庚二，如何培育引发菩提心，依何法发心：“信受土地”至“一般增”，以两句而示。如此菩提心要依信受、等持、念三者而生。信受如土地，是生一切功德的基础；等至如金，能记住诸义而不变；念如上弦之月，对熟识之物不忘而常常回忆，使非凡之功德能增长。《地道幻灯》云：“信受土地等持金，念如上弦明月般。”

己三，示取舍之所学有二：庚一，总义；庚二，分支。庚一，“菩提发心”至“何须言”，以两颂三句而示。如此受菩萨戒要守戒不能破，守戒之法是，以决心誓言守戒而断弃异品，学其同品之学，即在生命有危难时也不可破戒，更何况只为财物与名利等细微之利。要恒常守戒不使其心退失而修守自他两心之法。其为使自己之心不超出愿行两菩提心之外，不惹他人生嗔而守，是守自他两心之法。

庚二，分支所学有二：辛一，愿心所学；辛二，行心之所学。辛一有三：壬一，断四黑法；壬二，修四白法；壬三，修四无量心。壬一，“菩提心宝”至“四黑法失发心”，以一颂半句而示。修道期间所证的功德是圣者之功德，得佛果后所得的无为任运之功德是佛陀之功德。如此佛陀与圣者之不可思议的功德，与凡夫地的细微乐果以上的一切功德之源为菩提心至尊宝，既得菩提心如珍宝者为守护而不使其退失之法有，要断弃异品如盗贼般的四黑法。四黑法即：一、欺骗上师、尊长、法师等具功德者，在明地依上师之言而行，暗处却谋与其相反之事而骗。对具信的施主以妄语欺骗使其生失望之念。二、使人生悔念，凡何人如守戒、修发心、修习密宗的近修、修禅入定。总之修解脱或福泽同分的细微善业，不管大小心平而居时，对其讲能转变乐欲之念使其心生疑惑而生悔念的言语。如对持别解脱戒者言：“你所持之戒不善，此戒如不守无量三劫之长则很难修得解脱之果”等言语使其生悔意。三、说逆耳之言，以狡诈之心对任何人说不顺耳之言，如对老朽说他的寿将尽会速速死亡等不悦意之语，如言此人已破戒等数他人的过失之语。对他人亲自言，瞎子、聋子、等恶语。对品行不端者说其是秉性恶毒之辈等，指名道姓地诽谤他人。四、狡诈行为是，想方设法隐瞒自己的过失又或无功德也假装有德之样。以此狡诈行为骗人，又以缺斤少两等卑鄙之法行一切利己害人之事。如行此等四黑法将会成为退失愿心之因，继而破戒。因为愿心是利他人之心，四黑法会使利他之心退失。《基道果之论》云：“欺骗上师使人悔，诽谤大乘言恶语，四黑法使发心失。”

壬二，“反则增”至“不欺人”。以两句半而示。前书云：“反其能增四白法。”反上述的四黑法而行就是四白法。此能使发心增长，因而即使命危也不可失四白法。佛陀果的良种菩提心要恒常守护是所学之根本。四白法是：一、对众有情即使命危也不打故意的妄语。此可成为欺骗上师与施主等非处的对治之支。二、对自己能引导成熟的任何有情都以愿利其暂时与究竟之念，首先引导他们发菩提心而入大乘道，要具真心度其等到佛陀境地的意念。三、对具菩提心之士要以如佛陀之念称赞。因不知菩萨在何处，所以不管是否应称赞，也要对一切有情称赞而不可诽谤或诋毁。四、要直接或间接地行一切利他人的善因,修习远离狡诈的善心只行利众之事而不欺众生。

壬三,“悲心如日”至“增发心”,以一颂一句而示。四无量心之根本是无量悲心,因此要先修习,无量悲心的本性是能知有情的一切细微之苦如目,愿有情能脱离痛苦之心。《四言库释》云:“愿求一切众有情,脱离痛苦之心念。”对此勤奋修习时是造作悲心,无须奋发而自然生时是非造作悲心,无亲疏远近之别是纯正悲心,如独子之母。《三百颂》云:“独子之母悲心般,无作自然而生者,大乘之基需勤修。”言词是,《地道幻灯》云:“悲心是对众有情,怜悯慈而曰为悲。”有三分支:所缘为痛苦的悲心、所缘为缘之悲心、所缘为义之悲心。前者是以六道之痛苦为所缘而生的悲心;二是以六道众生不知皆为我母之理而彼此伤害为所缘而生的悲心;后者是以众有情不知一相之本性,各自迷恋于幻觉中而行为所缘而生的悲心。具悲心的标志,《四言法旨释》云:“要依他人之痛苦,能弃己身安乐者。”此功德有生无量悲心将会依次生其他三无量心。《律经》云:“无量悲心生则是大悲,慈喜舍等前者能育后。”因生大悲则就具四无量之功德。《集经》云:“妙哉此为希奇事,汝等九位天之童,心生无量悲心则,定具四无量之心。”前者如何培育后者有《慈母经》云:“悟此悲心生慈心,以慈能使自他喜,极喜遂生大舍心,无量前者生后者。”如言般,见有苦难的有情,悲心是愿其脱离痛苦之念,慈心将拯救其脱离痛苦。杰曾丹巴大师曰:“慈心是不能只生怜悯之悲心而不顾,而是要行离苦之事。如见缺水之鱼不能只生悲心而不顾,要尽快放入海水中一样。”喜心是救其脱离痛苦使其喜,自己的善业及时而自己生喜。心生前三无量而无亲疏远近之分是无量舍心。《修次第》云:“生而无有亲疏分。”如此的四无量能使菩提心根固而增长功德,是菩提心的极净之因。《驱暗明灯》云:“专心修习悲慈喜舍心,依此能生增上菩提心。”

辛二,行心之所学有四:壬一,悲心菩萨宗之说;壬二,雍仲菩萨宗所言;壬三,律经中所讲;壬四,深奥经典中所示。壬一有三:癸一,略表;癸二,详论;癸三,括要。癸一,“生行发心”至“一百二十戒”,以一颂一句而示。大乘行菩提心之所学是悲心菩萨宗之所学,《乘次第》与《恰巴郎登所著乘之论》云:“受守悲心二十戒。”此二十戒有《叶赤·决定品》云:“异于凡人行止与,天人他依独觉者,不相混淆行为也。”所言般,异于凡人的十二行止,不与天人他依与独觉乘相混淆的八行，合则二十行。前书云：“前者又有五义而，怜爱卑贱之处与，断弃心之八污垢，恶缘转为菩提友，情器世间圆满者，一切皆为悲心境，不察他人之过失。”八污分计则为十二戒。后者又有前书云：“凡行任何之善业，当以三圣而摄之，四无记者转为善，恶业之罪数而忏，一切善根全部都，回向雍仲至尊果。”三圣有广略两者，无记有四合为八戒。

癸二，详论有二：子一，异于凡人的行止；子二，与天人他依与独觉乘不相混淆之行止。子一是：“怜爱卑贱”至“不察他人过。”以三句而示。此有五义中：丑一，怜爱卑贱有三，《叶赤》云：“比佛更爱有情众，比贤更爱普通众，比利己者更爱敌。”凡具菩提心就要恒常珍爱一切有情之众与无知的普通者，尤其要怜爱损害自己的敌人。如问何故则前书云：“因是同度之友故，需生悲心之处故，需生忍辱之心故。”丑二，断弃八污是：为名利而行善业，自己不曾拥有者被他人所得生妒心而击毁，为利今生而施舍财物于人，为求他日有所回报而布施财物于人，妒他人之善业，以己之善业生我慢之心，不细思而行利此害彼之事，窃喜他人破戒而使其生悔意。此为八污要断弃。《叶赤》云：“沽名钓誉善之污，不由他人所得污，唯求利乐今世污，以求回报之污垢，妒人善行之污垢，自以为是我慢污，不思盲行之污垢，破戒生悔之污垢。”丑三，将今生来世的恶缘转变两者。前者有二，为他人而配制毒药般的恶缘，与以前世之因而今生受病痛之恶缘，不可生断弃之心而要转变为行善之友。（其义是要以此为动力而多行善事。译者注。）前书云：“今生恶缘又有二，所行恶缘转为友，业之恶缘转为友。”后者来世恶缘转为友，以他人之缘使自己破戒般唯恐成为来世恶缘者，愿能成自他异熟的代替而以愿心摄之。前书云：“来世恶缘以愿摄。”丑四，对一切世间圆满之事皆视为发悲心之处，凡世的具名利与财富之辈不可对其生贪恋之心与随喜之念，要视其为发悲心之处。前书云：“世间一切圆满者，视其皆为悲心处。”丑五，不察他人之过有三：总之不察有情之过失，因其还未悟真谛之故；尤其不察修行者之过，可能会是异于常人的禁行；更不察自己的上师之过，有可能是为调伏有情的方便之法故。此等又有前书云：“总之不察有情过，尤其不察行者过，更不可察上师过。”

子二，与天人他依与独觉乘不混淆之行为是："任何善业"至"皆回向"，以三句而示。此有四义：丑一，三圣有广略两种。寅一，略意是对心性空性之义不以心识之勤奋而长时修行。对此稍有长进就以无量舍心修习众生皆为同品之法。继而修习愿其等得乐的慈心与远离痛苦的悲心。对离苦得乐生喜悦之心等又又修习。对此心生体会与以此发为众生而愿修佛果之心。《叶赤塔色·太白虚空续》云："加行空性圣者与，正行悲心圣者与，后发雍仲菩提心。"寅二，广论是空性与悲心、发心三功德相结合，而修习正行布施等六度，最后知其任何都无本性如幻术。前书云："空性悲心精华者，正行六度俱全行，而后需知无本性。"

丑二，转无记为善有四：菩萨在起立时要发愿众有情不住轮回之心，行走时需观想为入解脱道之念，住时以威慑十地之念，卧时为得光明法身，进食时为得等持之食而发心。如此不管行何事都不可随便而是要以合其事之语许愿发心而转变为善资粮。积资粮之法有《八支律经》与《七支律经》。六时以仪轨发心。春夏秋冬四季都行善而使生命有意义，永守戒不使少许的违犯与堕罪所侵。前书云："一切无记之意念，转变为善者有四，万事转变为资粮，食物转变为甘露，岁月有义不虚度，永守戒律不可犯。"

丑三，忏悔恶业之罪，前世与今生依三门所犯的恶业之罪在上师与亲教师之前数自己的罪行而忏悔，前书云："恶业之罪数而忏。"

丑四，回向善根为菩提。每日所行的善业，亲自所为、指示别人、随喜等为利众有情而回向于菩提之果。前书云："一切善业之根本，回向雍仲圆满果。"

癸三，括要："名为二十以义三十戒。"上述的所学名为二十戒，但以义分则有三怜爱、断八污为十一、转恶为善有，所行恶缘、业之恶缘、来世恶因等三为十四，视世间圆满物为悲心之处为十五，不察三过失为十八，三圣有广略之分为六，合则二十四，合四无记为二十八，忏悔恶业为二十九。回向善根为三十戒。

壬二，雍仲菩萨宗之所学有二：癸一，不共之所学；癸二，悲心菩萨宗的共同所学。癸一，"无戏论宗"至"波罗密度法"，以三句而示。《五十颂》有云："见如天空覆于顶，行如台阶自下攀，悲心置如土地般，方便如食时时依，遍知一切示于童。”如此见要如天空覆于顶，如天空是自然、无实有、无边、遍布一般。见也是离因缘而自然、不可言喻而无实有、不住何边而无边、不属任何一方遍布十方而谓遍布。行如攀登台阶一样要自下方别解脱戒而向上修，台阶是自下方登至上层的方便之道，依此攀登者不会久居下方，无风险而能至顶层一样，低乘别解脱戒者，是引导众有情自轮回之地至佛陀之境的方便之法。使守戒之士不住于轮回，无风险、依地道之序而至佛陀之境。悲心如土地一般，要置为诸法之基，土地是一切万物之基，是一切之能依处。不持利弊，能如愿一般，轻已重人的大悲心是大乘诸法之基，佛陀与雍仲菩萨众也是依大悲心而度地道得佛果。具大悲心者对自己的利害都不生贪嗔之念。能得佛陀与圣者的一切功德。方便诸度如食物要常时依之，美食者食则能解饥饿之苦，能增无尽体力，延续生命一样。修习方便六度或十度则能拯救轮回之苦。享用则无尽，能增长善业之力，能延续解脱之命。如此见、行、悲心、方便之法是遍知一切的佛祖所讲。《律经》云：“一切眷众，见要以顶而覆，行要自下而攀，要取大悲心之基，需修习方便十度，具此四义者是辛饶菩萨，能永远自轮回中解脱。”所言般具此四义者，暂时为辛饶或菩萨，究竟能得自轮回中解脱之果。是连功德一起而讲。

癸二，与悲心菩萨宗的共同所学：“行自下攀”至“无不同”，以一颂三句而示。《慈母经》云：“行自下界向上攀，见自上方覆于顶，须取大悲心之基，应修方便十度法。”所言般有四义：子一，行自下而攀有二：丑一，推委总所学；丑二，广论三略之义。丑一，雍仲菩萨宗在守别解脱一戒与悲心菩萨宗的二十戒的基础上，如想守另外之戒，可守叶辛宗之所学广者三百六十戒，或特殊之所学一百单八戒，如不能守则又有略者二十八戒，又略发心四母，极略一戒等可量力而守。雍仲菩萨无戏论宗是在守别解脱一戒上，可守一戒等随机而取。悲心宗守持二十戒后又可依自身之机守一戒等一切戒律。广戒与中戒因详而文字繁多之故不在此处细述。总之违背暂时与究竟的利众生之业都要戒之。《慈母经》云：“万义严守无量心之戒。”

丑二有三：寅一，略戒；寅二，又略；寅三，极略。寅一，略戒者是二十八戒，是从三百六十学中所略。六十烦恼略为五毒，因一切烦恼皆自五毒而分之故，十六苦是轮回之苦，略与两集中。《八界十万颂》云：“需知苦，要断集。”是指为轮回之因果，十六无明略摄入因俱生无明与缘遍计心识无明两者中。此二者是对两谛之义而无知。是不悟真谛与业因果之义的无明之故。五十三恶行略摄为三门的不净行为中，如阻止三门的恶行就能阻止上述的恶行之故。轮回方的四十六学，略摄为世间十法。十法是，贪恋自己、嗔他人、自我夸赞、诽谤他人、使己得乐、使人受苦、使自己得益、使他人受害、重视自己、轻视他人十法。六十四邪见之方略摄为常见与断见两者中，三百六十邪见也属此两种而不出其外。《律经》云：“虽广如略则有二，无有不属此中者。”十七魔行略摄为邪念与暴行两者中。对佛法生邪念而行为粗暴的危害众生之行是魔行，一百单八卑贱见行略摄于见卑贱与行卑贱之中。除悟人无我之外，对法有我执之念与只为利己的一切行为皆是见行卑贱。烦恼是菩提心之反面，如随五毒之力则将断失菩提心根之故。痛苦是解脱的反面，不断痛苦之因果就不得解脱之故。无明是自明智慧的反面，不识了义与不了义的深义之故。卑贱之行是大乘总的反面，此使疏远遍知一切果之故。

寅二，又略发心四母与下面讲述的深奥要义的发心四母相同。

寅三，极略的一戒为断伤害自他之心而为他利愿得佛果的发心。《慈母经》云：“叶辛义经发心重，需断伤害自他心。”伤害自己之心是以极其愤怒的嗔心如火烧草堆一样使自己的菩提心退失。《驱暗明灯》云：“嗔之烈火烧己心。”伤害他人之心是以恶语使他人生嗔而伤害他心，又使自己破戒，因而要常断恶语。《四十颂》云：“恶语粗言伤他心，乃至退失菩提心，因此不可伤他心，故需常断恶语者。”

子二见为：“见以顶覆”至“无变迁而住”，以两句而示。如此一切自始而显的有为是自己之心，心不是任何物，以离三世变迁而住。《慈母经》云：“遍察一切万物者，唯有智慧无他物，无他物故是唯一，此为自明智慧也。”

子三，大悲心之基，与子四，方便诸度两者，雍仲菩萨无戏论宗与悲心菩萨宗无有区别。子三，大悲心如先前所言。

子四，修习方便六度之法有二：丑一，总义；丑二，分义。丑一，总义有十：寅一，言词；寅二，识别；寅三，其等如何至无上之境；寅四，次序；寅五，定数；寅六，喻体；寅七，反面；寅八，退失之因；寅九，微贱之因；寅十，功德。寅一为：“方便如何”至“涅槃境”，以两句而示。何为方便之法。《四言法旨释》云:“方便是为如何到彼法。”要度何人,当是以出离心所驱的修道之士如客一般。问自何处度,对曰:自轮回处度,如此岸一样;以何为度?以施等六度而度如舟筏一样。度至何处?度至佛陀之境如彼岸一样。前书云:“所谓此彼之分者,如岭所分两沟般,住轮回之地受苦者为此岸,得涅槃悟真谛者为彼岸。”

寅二为:“应修施戒忍精定与慧。”以一句而示。显宗所讲十度为总义,此处道之识别为施、戒、忍、精进、定、慧六度。施等因之五度以智慧所摄能至我利之峰,力等佛陀之果地的果五度圆满使他利任运。《基道果之论》云:“五为我利至顶因,圆满他利五果也。”

寅三为:“其等三轮无相是无上。”以一句而示。施等至无上之境是需以三轮无相的智慧所摄,此等三轮无者相,实为无上之度也。三轮者是:所施处、行施者、与施舍时的身语之行为为本性。所施之物,施舍之果均知其如梦如幻无本性。《经》云:“因果皆住无相中,此乃悲心界中有,需知戒等也如此。”

寅四有三:卯一,施、戒、忍、精进、禅定、慧等依次前者能阻后者之所断;卯二,由前者前者而生后者后者;卯三,后者后者有助前者前者之次序。

卯一,“平心而居”至“戒也知如此”,以一颂而示。无视财物心平而居将不生执贪之心,无执贪之心为无上布施度,不贪恋何物将阻止集烦恼之门,无烦恼者为无上戒度,需知如此是以经文而引。《摄经》云:“心平而居不生贪恋心,无有贪恋是为无上施,无贪而居能阻集之门,无有集者是为无上戒。无有集时能阻受之门,无有受者是为无上忍,无有受时不生舍之念,无有舍者无上精进也,无有舍时不生变动意,无有变动无上禅定也,无有变动不生疑惑念,无有疑惑是为无上慧。”

卯二,“无贪施中”至“智慧度”,以三句而示。由无视财物不贪之布施中生戒,自阻止恶行之戒中生忍,以不辞劳苦的忍中生精进,由日以继夜的精进中生禅定,以身心胜任等持之禅定中证得如所有的智慧。《四言法旨释》云:“依靠前者前者中,而生后者后者也。”

卯三,“施需断舍”至“谛之慧”,以一颂而示。如此布施时要重视断亲疏、危害所施处、不净之念的戒。守戒时要重视能承受他人的伤害而不嗔的忍。忍辱时要重视不使身心随意的精进。发奋精进时要重视专心一致的禅定。入定等持时要重视证得真谛的智慧。《四言法旨释》云:“布施之友戒为重,持戒之友忍为重,如此智慧义所摄。”后一句是指此等一切都要需以智慧摄之。

寅五有七:卯一,为修善趣而确定此数:“以施修物”至“福泽果”,以两句而示。所受用之物以布施而修,所享用的身以戒而修,容颜秀丽之身以忍而修,其品行正者以精进而修,由此不返之果以定而修,以此得无漏福泽以慧而修。《驱暗明灯》云:“施使富有行善业,戒具意义生善趣,忍得容颜秀丽身,精进不动不放逸,定使具义不回返,慧使万物自解脱。”

卯二,以圆我利而确定此数:“以施积资”至“胜任贤”,以两句而示。施能使资粮圆满、戒能除障、忍守护福泽、精进增长善业、禅定使身心胜任、智慧使精通一切。

卯三,圆他利而确定此数:“其等依次”至“除疑惑”。布施能满足他人之欲望、戒能引发信念、忍使人喜、精进能增长善之乐欲、禅定能增信、慧能解脱疑惑之困。

卯四,圆满两利而确定此数:“施能无困”至“度两者”,以一颂一句而示。布施使自己无财富之困,且使他人脱离贫苦;戒能阻止自己的恶行而不伤害他人;忍使自己安乐而不弃他人;精进能勤修自他两利之事;禅定使自己修得神通,使他人生乐欲之心;智慧使自他两者自轮回中解脱。

卯五,为利众之业圆满能摄方便之法而确定此数:“依次眷众”至“得解脱”,以两句而示。布施能摄为眷众,戒之威望能摄人意,忍能受侵犯而不嗔,精进使顺意而行悦他意,禅定修正义使身心胜任,智慧使解脱圆满。

卯六,使圆满一切无上方便之法而确定此数:“其又不贪”至“方便尊”,以三句而示。不贪恋财物之法为布施,约束懒散之法为戒,不退失善业之法为忍,能反凡人行为之法是精进,断烦恼之法为禅定,断所知障之法为智慧。

卯七,以三学而确定此数:“三为戒学”至“是众友”,以两句而示。《四言法旨释》云:“戒是真正的增上戒学,布施离我执而能生戒,忍辱能守戒,此两者属戒学。禅定为真正的增上定学,慧为真正的增上慧学,精进能助三学而为友。”

寅六,“天降雨水”至“需知之”,以一颂而示。《四言法旨释》云:“空中降雨蛇蜕与。”此为布施之喻,如雨滴无量一样布施也需行无数之施。雨水不分水陆均普遍而降般,布施也需无亲疏而施,如雨不知停止一样布施也要不停而施。如此蛇蜕皮一次使自己轻松一样,布施也需三轮极净以无贪而施。前书又云:“如水结冰布已染。”此为戒之喻。如水不曾结冰时可引入水渠而结冰后不能引一般,未受戒之前可随意而行,然受戒之后三门之行不可随意。又如白布可染成靛蓝等色,既然染成之后就无法改为原色一样,断凡行而授善业之士不可返入凡行要能忍苦行。前书云:“凡夫之中改身换名后,外表如麦涂色也不行,而需能忍一点伤害也。”又云:“如聋幼童之母般。”此为忍之喻。对恶言粗语不生烦恼如聋者一般,对不友好的表情不生烦恼如盲人一样,如学步之幼童揪母亲的头发,挠母亲之面时,母亲也能容忍一样,他人如何伤害自己也要忍而不生烦恼。前书云:“如火烧发如燧木。”如火烧头发谁都会即刻扑灭一样,对取舍诸业不以懒散而缓,要依法而行。如同燧木取火需猛而不断摩擦一样,何事都需以不间断而使其圆满。又云:“玻璃之球金岩般。”此为禅定之喻。如玻璃球无垢一样,禅定不为沉掉之弊所染,金岩至坏劫间不变动一样,所修之禅定不变。又云:“犹如明灯如箭般。”此为智慧之喻。点燃明灯能光照一切别体一样,智慧能分利弊的一切分支。如射出之箭不会回头一样,既证无戏论智慧就不会返入轮回。

寅七,“贪恋偏私”至“持邪见”,以两句而示。对财富生贪恋与吝啬而不施,或即使布施也只施于自己的亲友之行为是布施的反面要断之。如此对从亲教师处所受的根本与分支之戒,不取所取者,不舍所舍的烦恼而同分而行是戒的反面。对受的反应快而极嗔为忍的反面。懒散与放任、掉举与延缓为精进的反面。信念易变不住所缘之义,思维多如风拂海洋者为禅定的反面。邪见与是非颠倒之念为智慧之反面。此等有《四言法旨释》云:“执贪吝啬所缘误,与集同行取舍业,忍受差而易嗔者,懒散者与放任者,易变思维众多者,邪见不误真义者。”

寅八,“贪财不顾”至“使其失”,以两句而示。贪恋财物使布施退失,只是暂时之果而不可成菩提之道;以为分支细微而心生无碍之念,不依律而修使戒退失违犯取舍之道；我慢大而使忍退失，自高自大的我慢者，忍辱之力比抚摩伤口还小愿悠闲舒适使精进退失不勤修善业，贪美味恋安乐使禅定退失无暇修习，愚昧之疑虑使智慧退失视所知界为义境。前书云："贪恋财物失布施，藐视细罪我慢者，愿得安乐贪美味，愚昧之见失智慧。"

寅九，"赠微博厚"至"不修谛"，以两句而示。赠微博厚，为求厚利而布施财物于富人之举是卑微之施，身语诡诈为卑微之戒；在他人面前佯做有德者，身语平静而意不息者是忍卑微；迷恋于见闻之境使念退失为精进卑微；虽身少行，语寡言，然心被思维扰乱而掉举不被念所摄为卑微禅定；虽伶牙利齿、能言善辩，然不悟真谛、不修真谛为卑微智慧。前书云："愿博厚利施卑微，诡诈身语平和者，见闻失念身语净，伶牙利齿慧卑微。"

寅十，"福泽智慧"至"佛陀因"，以两句而示。施等前五者使福资粮圆满而得色身与圆满之界。后者智慧使慧资粮圆满而得极乐法身。《普聚库》云："施戒忍为福资粮，其他为慧精进友，福资粮得色身德，慧资粮得法身也。"经云："除非两资圆满者，无有其他佛陀因。"暂时之功德有《四言法旨释》云："财物富有得善趣，消除恶障得善趣，身美能息争执事，增长功德消弊端，身心胜任得暖兆，能分别支证无相。"以每句一度而言。

丑二，分别之义有四：寅一，布施；寅二，戒；寅三，忍；寅四，精进。

寅一，"施者以心而舍不贪恋。"以一句而示。布施有三点：卯一，本性；卯二，分支；卯三，修法。卯一，布施之性相，本质为利他而舍弃之念离贪恋之心。《基道果之论》云："布施以心舍弃也。"

卯二，"法与无畏财等是三施。"以一句而示。分支有三：辰一，法施；辰二，无畏施；辰三，财施。前书云："法佑财等三布施。"布施等的性相与分支之引言均出自《乘次第论》。

卯三有三：辰一，财施；辰二，无畏施；辰三，法施。辰一，财施："财施有三"至"乐欲修"，以一颂而示。在分支时法与无畏施讲于前是以着重住法而言，法施与化身同分，无畏施与报身同分，财施与如意九愿的布施同分。《续》云："犹如三身赐人利于乐，无有如此如同其般护。"此处以功能为重，财施与无畏施因行于法施之前。财施能摄为眷众对其等施于庇佑与法施需使其等能解脱暂时与究竟苦难与大苦难之故。如此财施又有施与全施、极施三者。布施为对饥饿者施舍食物，对寒冷者施衣物，对贫穷者施财物等从自己所有的财物中如别人之愿施舍所需之物。全施是施舍自己的妻儿等。极施者极为难施，如我佛在前世王子谢日丹之时为救九乞丐而施舍己身血肉之举，与在前世化钦布时将血肉之躯施于百匹饿狼之举，还有菩萨谢日智华为救百名士兵之命而施舍自己的首级一样，需要施舍自己的头与性命。以痛恨儿女之心将其施于罗刹等暴力者的主人所缘不净，与以杀心而求施牛羊等意念不净之徒不可施于有情等物，此为禁行。尤其此等施舍生命之举只是如仙人喜忍一般，对不生之法有修为而能忍者之行。我等初修者只能以乐欲之念又又修习而非此时亲施。乐欲之所缘为以施性命之念。性相为对施舍性命之举有喜好之念。作为是暂时能增精进之业，在究竟证得了义之时能不畏施舍性命的忍力。如此不管行任何三财施之一，首先要离我执之念而需要自心中已施舍之举。《无上正果修法经》云："善男子汝布施时，以喏：众人自此财物中取自己所需者，此等在最初已施于尔等，因此是尔等之物，非我物之念而布施。"

辰二，"他人之命"至"至乐境"，以两句而示。无畏施或庇佑施之本性为将畏惧灾难之众自危难中拯救至安乐之地。《四言法旨释》云："不畏施有解救囚徒出牢笼之困，自惩罚中解救，在有盗贼之道护送他人通过，自非人的灾难如虎豹之口救人性命，自神鬼等危难中拯救，自水火等五大种之灾中拯救，对患者以医与禳解术拯救病痛之苦等利众之业要修习。自大者生命之危至小者一餐之饥饿等苦难以己身之力要做其等的友人与佑护者。"

辰三，"非胜解行"至"具信士"，以三句而示。法施之本性为，将雍仲佛法传播于他人之心。行法施非为修胜解行道之士，因己心无有法词与义而不能如实讲法。此等有《经》云："颂佛法者法施尊。"如此在念诵佛法之时与，施焦烟与水供等时以解脱善方的神鬼与众生的心相续之所缘与愿心，回向等就可以了。因此得暖之士非以利今世的利养恭敬与信念之众。施三正量结合两谛同等的佛法教导心相续生智慧。三正量，《经》云："佛陀赐教曰：'结合三正量者为，佛陀之教言正量，上师的法正量，自己之论证正量，同等两谛者为，胜义之谛与世俗之谛。"上师要示此五者结合之法，弟子也需依律而修。前书云："不具三正量相结合者非佛之教言，两谛不同等者非雍仲佛法。”具此五者之士极少，因此轮回多而解脱少，要忍诸苦行与其五者结合而修。总有一天在修习时能生大智。《四言法旨释》云：“法施有小者，施经书，教少许字母至一本经函等，大者施词，如传授无常等秘诀，极大者以此等使其生悟性。法施的小者，施笔、墨、纸、经书、教识字等是我等初学者也可量力而修。后两者是自己无欲，精通佛法悟真谛之师，以三正量结合两谛同等依下文所述的四摄事之法行利众之业。施等不被慧度所摄将不能成度，因此需被慧度所摄。圣人尊者云：“慧如士之右手，施等如左手，如无右手相助，单凭左手不能做事一般，如不被慧度所摄则，其他是不可能得度之名。”因此被慧度所摄极其重要。《无上正果修法经》云：“善男子在何时也不可视布施为他，布施之果为他之念，不可视布施者为他，受施者也为他之念，此时你的所施将成为自他两利的甘露。”初修者以知其均为幻影梦境一般而修之。

寅二，戒度有三：卯一，本性；卯二，分支；卯三，修法。卯一，“戒是异品恶业禁行心。”以一句而示。本性为：断违犯恶行的作思常住。《续》云：“戒度恶行禁之续。”

卯二，“禁与摄法饶益有情戒”，以一句而示。卯二分支有：辰一，律仪戒；辰二，摄善法戒；辰三，饶益有情戒。前书云：“禁恶业与摄善法，饶益有情三戒度。”

卯三，修法有三：辰一，断恶业是：“四别解脱”至“均阻止”，以两句而示。在菩萨地时无论男女，如是近事、居士、沙弥、比丘等别解脱四戒中守任何一戒的菩萨守戒者，居家与出家方的别解脱戒与共同所断为律仪戒。《法释》云：“断恶业者为，守二百五十戒或三百六十戒至守一昼夜以上。”别解脱四戒的所守在第七品时已详述。如此知中士的道与果之区别，总之反一切利我之念，其等一切所断都聚于律仪戒中，需以利他之念而守持。如是不视别解脱戒为所依的菩萨守戒者，守别解脱戒与共同的遮罪和性罪的任何一门者为律仪戒。辰二，摄善法戒：“六度等等善法修宏扬。”以一句而示。六度之法自己勤修又极力弘扬是摄善法戒。六度是：利他之布施、无害之戒、受害能忍的忍、助行善的精进、己心不动的禅定、对何物都知其无缘的慧。《四言法旨释》云：“利众无害能忍与，普遍之友不动心，证何都为无缘物。”布施要离吝啬等各自的反面，以三轮无分别智之友所摄，功能能圆他人之愿，其果能熟所调三菩提果等四支齐全。如此的各度又有布施等六度之别，如《法释》云：“度至彼岸的六度，各自又有六支全。”将他等引入六度的布施之布施等各自的布施，守各自的反面为戒，能忍修习各度时的苦行为忍，喜好修行为精进，自各自之义中不放任为禅定，以三轮无分别之见所摄是为慧度。辰三，饶益有情戒：“益者禳解”至“亲自证”，以一颂一句而示。《经》云：“益众之法唯有二，益与大益两者也。”对有情极利，如对被五毒所侵者以慧而利。有益与大益、极益三种。益者为被妖魔所犯之众以禳解术利他，对病者以医，饥者以食，渴者以饮水，寒者以衣，贫者以财，对瘸者以乘骑，对做事者助其而利众。大益是，为摄所调为眷众而布施，为使其喜悦而善言慰藉，为求具义而如义而行使自己安定，为使其诚信而如所言之义自己郑重而行。以此四摄事依次将所调之众引至解脱之道。《无上正果修法经》云：“菩萨雷电之灯听之，我以极净慧眼而视，见东方世界耿噶龙各西玛有雍仲大菩萨达摩坚住之，其等以四摄事摄所调之众。四者为：布施摄、爱语摄、利行摄、同事摄。”极益是深奥空行自性智的真谛之面目不误而示，使其常修使其串习而显者为常利之事。是诸利中的至尊无上之利。

寅三，忍度有：卯一，本性；卯二，分支；卯三，修法。卯一，“忍者能受一切诸苦难。”以一句而示。本性为能堪忍一切之苦难。《集地道论》云：“忍为能受诸苦难。”第二，“耐怨害忍安受谛察法。” 以一句而示。

卯二，分支有三：耐怨害忍、安受苦忍、谛察法忍。前书云：“耐怨害忍受苦忍，谛察法忍三忍也。”

卯三，修法有三：辰一，“害之兵刃唯有忍甲迎。”以一句而示。耐怨害忍为：他人对自己所行的打骂、揭短、诽谤、咒骂、夺自己之财等对自己之身与财物、眷众侵害如兵刃一般的行为时，如《塞弥经》所云：“嗔心息于慈心界。”一样。自己忍而不嗔要居住在如无其事的大慈心之境。如《无垢经》与《若干饰之经》所云：“千劫所积福泽也，能被一嗔之念毁。”是示嗔心的罪孽深重之故。因此《无上正果修法经》云：“自己的嗔心如箭如枪、如刀如剑、如三尖之叉，一切需要消灭。灭自己的嗔心之利刃就能消灭他人的利刃。帝释天，如问何故，则如不自己消灭自己的嗔心则他人无法消灭。”又有《律经普生净界》云:“忍使乐之海洋聚,嗔成灼热赤铁地,忍有菩萨迎接者,嗔有怒面阎王迎。”《经》云:“无有比嗔更重罪,无有忍般难行者。”知嗔之罪孽与忍之功德而消灭自己的嗔心之刃,要具备圣人尊者师徒的忍之铠甲。是为对诽谤者不回敬、对愤怒不回嗔、对殴打者不还手、对揭短者不回敬。不仅如此,还有如是菩萨子,不管他人如何伤害自己,需知犹如施于自己无数珍宝一样,对其等不嗔不怒,安然受则能除前世所积的一切业障而能圆满广大的福资粮。《四十颂》云:“大乘道中菩萨众,诸害犹如施宝般,普生利悲心之友,亲仇同视忍甲具。”

辰二,安受苦忍:“三门唯修”至“易满需”,以两句而示。如此《耳传》云:“以自己身之门应具能忍寒热的苦行,以语之门需具能忍饥饿的苦行,以意之门需具能忍苦的苦行。如不具此苦行将有身语违犯之弊。”又有《金字重言》云:“首先难入无欲心的所学之想,以重言调伏贪欲之心;此后难在幽静处居住之行,以重言调伏好动之身;之后难得对所需食物的满足之心,以重言调伏欲念、之后难断随恶习之念生起之法,以重言调伏恶习之念;之后难续对专心之信无忧劳之念,以重言调伏忧劳之行;之后难有对试探的魔障不生执思而决定之法,以重言调伏多思之心;之后难有精通三业不纵而勤习之行,以重言调伏放纵之行;之后难把握寂止与胜观不偏一方的均匀度,以重言调伏起困之心;之后难住以比他胜出之心而不生所知的义境之中。以重言调伏以为已知的所知。”如此要以三门的三或九苦行而需住菩萨的四非凡之思行。云何则,少欲、知足、易供、易满。第一,对生活的资具之好坏与多少无欲,断一切贪欲之物。第二,以少许简陋之食物知足。第三,以简陋的僧衣、褥具、食物等也能生活。第四,以少许化缘、得与恭敬而感到满足。如此居四圣者之士此心有菩提方的一切佛法因而居四圣者之列。

辰三,谛察法忍:“三宝无我”至“返回念”,以两句而示。如此信奉之处为三宝,需修处为两无我,所愿之果为佛陀与菩萨之威力,取舍之处为因之善行与恶行,其果为悦意与不悦意两者,修而愿得是证得佛果,能得其果之两道闻思之处为雍仲佛法。对此等以不返之念胜解行之,尤其能悟深奥之义不畏惧而能忍。《四言法旨释》云:“要修证得法相忍。”

寅四,精进有三:卯一,本性为:“精进所缘善法勤修习。”以一句而示。

精进的性相为，对所缘的善法喜好勤修。《基道果之论》云:“精进喜好善业也。”

卯二，分支:“铠甲加行圆满三精进。”以一句而示。铠甲精进、加行精进、圆满精进。前书云:“铠甲精进与加行，极为圆满三精进。”

卯三，修法有三:辰一，铠甲精进的修法为:“长时难修”至“铠甲被”，以两句而示。在修菩提精进时，于加行精进之前要有爱好之念先行的作思铠甲而护，我如此为拯救三无量劫中的一亿有情中的一人，即使唯住地狱也可至菩提之岸的话，不管时有多长，休想多苦也不思其难而不弃精进，更何况对自他的少许与短暂之苦又有何惧的对解脱不畏之铠甲;自烦恼五毒与所断恶业中何时都要自己胜出，决不让烦恼胜出，自己对所断烦恼的不败铠甲;我佛既是以三正精进而终得大菩提之果，我也如此可修精进。修佛是佛陀所讲，《塞弥经》云:“我也以勤断除轮回物，以奋而守诸戒律，以此功德的解脱，如我一般汝等眷众也，以勤奋的精进斩断轮回之业障能得解脱之果。”我也能修成佛果之念对所得菩提不惧的铠甲等三铠甲精进。

辰二，加行精进是:“聚集一切善法无满足。”以一句而示。如此以三铠甲精进以作思而念，所修之法，以加行精进使所修的任何善业均成聚善法之处。无有不属六度或十度之中者，勤修十度之因定能得佛陀之果。《塞弥经》云:“如勤修十度，以因或果是不谬之法。”即使如此修习都不满足要如辛贡秀波大师一样。辛贡大师曰:“乞丐我贪心大而不管行多少三门之善法也无法满足吾心。”如云。

辰三，极圆满精进:“如同火业诸事均圆满。”以一句而示。如以火之业能做分熟聚等诸事均可圆满一般，加行精进所实施而修的善业，圆满精进能聚一切善法以寿与修同行的决心所摄，直至未得佛果之间发奋精进之力能忍受。因此精进的反面是懒惰与推延，所以一刹那也不可随其之念。如此雍仲佛法是今生来世的无尽乐之因具重大意义，对此不顾而迷恋于无谓的言语与轮回之行而使来世的重义退失也不知，或即使知道也不思抛弃，对此也无畏惧之心者，也可能是犹如枯木或心如铁石之人，无心思如行尸走肉说话一般。《三百颂》云:“法为无尽乐之因，懒散无谓如枯木。”如云一般，因此世间所爱者为财物，财物中珍贵者为珍宝，即使以五类珍宝堆满三千世界也不及喜好修佛法的一刹那时的功德。所以舍弃此等有意义之事而行无谓的放任懒惰之事实为可悲。以此念断无谓之事，《不了义明灯》云："比起开启五类珍宝藏，不如刹那生信善为喜，比起金山开采玉之矿，不如证得自心珍宝喜。"如此以推延善法而虚度年华者，是被恶业征服善法之兆。圣人尊者云："如言善法缓行时，是被恶业生喜也。"要将恶业之位夺为善法之位不使放纵与懒惰之念生起。《告诫杰夏王经》云："恶敌以善而交锋，应需常灭烦恼敌。"

壬三，律经中所讲的遮罪之讲有三：癸一，略表；癸二，详论；癸三，断争论。

癸一，"经中所言遮罪二十一。"以一句而示。以《塞弥经》所言的所断有王妃格郎玛底所犯的遮罪，王子多布多豆、居士恰巴的三七二十一种遮罪。

癸二，详论有三：子一，王妃格郎玛底所犯的遮罪为："恼羞成怒"至"善言劝"，以一颂而示，有丑一引言与丑二诠释。丑一，《塞弥经》云："恶思而羞生愤怒，诽谤上师毁佛法，以诳而行大讥诽。又对国王等说：'此为该杀之辈，即使不杀也是该责罚之徒，如不责罚也应从洞中逐出痛打而谴出国境。'王妃虽唆使众人，然而非但无人殴打大师，就连跨影而过者也无一人。国王怒而问王妃，王妃极力狡辩不肯承认真相。"丑二，诠释为：王妃自上师祖辛嘉瓦处受戒对上师生欲念以搂抱而非礼。师不顺其意不曾交合，王妃因此而不喜就诽谤上师七大罪责。王妃心生怨恨之念，又有诽谤上师、灭上师之佛法与一切善习俗，将上师从洞中逐出国境，以石与木棍击打上师，口出打杀之语，唆使他人也如此而行，国王等人相劝也不听，以身语又又相争。以身所行的殴打与以语所言打骂，又有唆使他人等三者合一是七大犯遮之罪。

子二，王子多布所犯七罪是："心性残暴"至"大中小"，以一颂两句而示，有丑一引言与丑二诠释。丑一，有《塞弥经》云："多布多豆身虽在佛祖之前听法，嗔心如火一般常有杀戮之念，多布多豆身虽在佛祖之前听法，贪心如洪水一般常生劫夺之心，多布多豆身虽在佛祖前听法，痴心如暗常有昏睡之念，多布多豆身虽在佛祖前听法，妒心如土般增长，常思击毁他人之法，多布多豆身虽在佛祖前听法，我慢如风常思诸多恶念。"丑二，诠释为：

多布多豆自佛祖处受戒对有情常有杀心而不断，村为几户，域为四种民族共居之处，城镇为具备十八种工业之处，城市为多商之地。对此等地域亲自毁灭或生毁灭之意，挑起战祸与诸多争端，强夺他人的田园房屋财物等，强行使比丘还俗或对破戒者以嗔心夺其法衣，严惩严罚，对四宝的供物不可计数者明知不可私自运用，却全然不顾夺他人的供物，强夺他人的乐与乐之因，不让他人行善夺其福泽等七大罪。此等身语意之罪孽以序分大中小三罪。如问即使是多布所犯之罪在大中小三罪中是何罪则，多半是大罪。《经》云："多布罪大恶极佛祖亲临讲法，除了只调伏了一点慢心与明显之罪外，未能调伏其心。"在别人不见的暗处与黑夜时亲自做诸多恶业之故。前书云："多布多豆在白昼于佛祖之前听法，然而在夜间却行诸恶。"如不是这样，亲瞻佛颜闻佛法理应不入恶趣，然而因不依佛法反其道而行的异熟果无间成熟。前书云："惜哉汝住人间刹那时，不听佛法倒行逆而施，不思真谛迷恋诸行为，以业所积因时而成时，此刻我也极难救助故，是汝己身该忍之时也。"

子三，居士恰巴所犯之罪为："视无佛陀"至"颠倒法"，以一颂而示。魔王恰巴入辛境沃弥隆在佛祖前受戒改法名为雍仲恰巴，此后所犯的七大罪。一、如此思无有佛陀也无有佛法，即使修佛法也无解脱之果。《伏魔记》云："死后示为无生时，曰其名为得佛果。"对佛陀视为是行骗之辈与狡诈之徒。视佛陀所讲的佛法为谎言而执邪见。前书云："我之以上具权者，骗者辛饶弥沃生。"又有"辛饶弥沃狡诈者。"《塞弥经》云："欺骗者也改变之，定不利于我等友。"二、对佛法执邪见。《伏魔记》云："普行诸恶入法门，其表身行依法示，内之意念极为嗔。"三、对魔与外道邪教非正者捏造而称为正道。对觉悟辛饶佛法正法非邪者，诽谤为邪教而犯罪。前书云："有情众的所缘处，正行比丘沙弥等，口中如此道谎言，可惜有情无缘者，汝为外道常断者，死后又又生之论，又有视义为空论，此为颠倒是非也，所行无果逆之行，我为内道佛教也 ，修习佛果极为速，汝等断其邪教而，追随我的佛法后，修习深奥之正法，优者七日中七七，劣者也在七月内，刹那能得佛陀果，刹那所得佛果者，那有生之行为也。"又有："如此乱讲邪言时，又配毒药阿蛙者，善于慌言精于骗。"四、生修佛法不利来世之念而执邪见。前书云："汝等所修邪法者，无有意义无其果，如以虚空为准则，就同来世相约般。”五、此法为谎言需舍之。以此等言语使他人积舍善的恶业。前书云：“汝需舍弃邪之法。”六、不是佛法改如佛法引导有情入误途使其至痛苦之处。前书云：“阿门曲贝改诸法，改成邪见称为曲，哄骗他人使诈术。”七、对有信之士示邪道，引导其入恶趣之罪，前书云：“如此欺骗有情众，示入误途之邪法。”又云：“以诈之术欺骗他，慌称此为佛之法。”

癸三，断争论为：“其等如若”至“之戒律”，以两句而示。有人云此等非为菩萨戒之遮罪，如真是这样，试问在佛陀前有无受戒，如言不曾受戒，则此言非也，依次王妃曾受戒有《塞弥经》为证，云：“国王与王妃、王子、公主、达启耿除城的一切臣民均受戒。”多布多豆也应惧怕而受戒，《经》云：“多布请佛曰：‘如佛陀所讲舍恶扬善，许此诺言’。佛陀曰：‘证人之前所许诺，不是诺言是誓言，违背誓言使果焚，五百世中游恶趣，生何常有骗者顾，因而不要背誓言。’又云：‘我之弟子多布多豆此。”等为证。恰巴也曾以骗术许诺受戒。《经》云：“心中不曾生心念，但在佛前许诺言，辛饶佛祖明示之，所许誓言佛经般，如破戒律而回返，此举是己焚己身。”如前者言曾受戒，理应如所许之誓言而行，违背誓言将速于异熟果亲自或间接相逢。此等戒是居家菩萨之戒，因此这等曾是他门所犯的菩萨戒遮罪。如今修道者要为任何有情与尤其侵害自己的有情，还有佛陀所讲的雍仲佛法而受戒。此与律经所讲，还有下述的深奥经典所讲者均为无戏论宗与唯心宗的共同所断之戒律。

壬四，深奥经典所讲有三：癸一，四所断；癸二，四所取；癸三，发心四母。癸一，“大乘宗中”至“而修心”，以三句而示。如此对悦意处生贪欲，对不悦意之处生嗔心，诽谤比自己高者，欺凌比自己弱者，对中者生舍等五者为烦恼五毒合为一、对法与人生我执之见合为一，贪轮回不愿修佛法，即使愿修佛也只是为自己之利等四者是菩萨应恒断的四所断。

癸二，“出离轮回”至“无上愿”，以两句而示。四所取：以知轮回如牢笼之想生出离之念为一，使智慧空性生于心续为二，增进轻己重人的大悲心之力为三，愿得拯救无量有情的佛陀之果般的无上愿心为四，须不舍而恒常修习。

癸三,“自明之灯”至“福资粮”,以一颂而示,发心四母,以根本无明为境的自明智之心。自今时至未得佛陀间发此心,为求消除无明之暗得身与智慧之功德,以遍计为境对轮回之污泥不贪恋之心,至未得解脱之间发此心,使得解脱轮回之道永断轮回之苦,而得极乐之果。以有情为境的四大悲心,至轮回未尽时发此心,能得拯救众有情出轮回苦海至解脱极乐之境的功德,以突然之敌欺诳为境的结合四无量心,至未离此见行之间,发心能息突然之嗔,具忍能积广大福资粮。此四者如何成发心四母,有《心经教之明灯》云:“抚育思维自明智慧母,解脱轮回禁行力之母,抚育有情悲心续之母,消除敌众无量忍之母。”如云般,不具此四母之弊为,前书云:“不引发心四母之湿度,十度之苗不将发其芽。”又有失自明智之色,失禁行之力,断悲心相续,失无量之命之弊。功德有前书云:“具此发心之辛饶,如空降雨增海水。”如天空所降之雨水能成使海洋不枯一样,发心是佛陀之母、诸道之精华、功德之源。雍仲本教法藏宝库中,示菩提心之所学等为第九品之释。

第十品　定慧两度

丁十,此处广论特殊的后两度有二:戊一,禅定;戊二,慧度。戊一有二:己一,修禅定的前行之支;己二,修禅定的正文。己一有二:庚一,舍弃修禅定的异品;庚二,取修禅定的同品。庚一有二:辛一,别义;辛二,略义。辛一有三:壬一,舍弃不利修禅的居处;壬二,友;壬三,资具。壬一,“轮回境中”至“烈火煎。”以两句而示。为修禅定需舍凡人居住的一切地方,云为何则,因在自己所出生的故乡依悦意与不悦意之境而增长诸多罪孽,己身之一切功德如坏劫之风吹散微尘一样将不复存在。是一切集烦恼之基如园圃,园圃中不管是所种之菜与未播之草无有不生一样,常居故乡无有不生贪嗔等诸烦恼,直接与间接地不被轮回之苦所舍如在烈火之中无有半点安乐一样,会被苦与极苦又又相侵等罪过甚大。《三百颂》云:“己所生之故乡是何方,此为诸多贪嗔烦恼园,不增善业之处应舍弃,寻求增善之处要安居。”

壬二,“凡夫众被”至“爱憎网”,以两句而示。凡夫俗子被我执邪魔所缚,其等本质是对己方生贪恋之心,嗔他方与不悦意之处,心念被贪嗔之铁链所锁。颂己贬人，诽谤强者，欺凌弱者，将己身之缺点视为优点，诋毁他人之优点，尤其自己的儿女妻子亲属等是拖向轮回的绳索。《塞弥经》云："家室犹如毒之潭，儿女如绳难解脱，财物是为地狱种，亲属均为魔之苦。"如此有情的欲望多而不同，极难一一满足其愿。《三百颂》云："有情之愿众多尽所有，佛陀也难尽如其等愿，何况我辈故此需舍弃，世间情面方能修其果。"如与凡夫为友，只能增争执、诽谤、嬉戏、绮语。《无垢经》云："两人居而增闲谈，三人居时成敌手，比此多则常相争。"

壬三，"始终积守"至"源与基"，以两句而示。食物与财物是以农商等所攒，最初是依诸多罪孽与狡诈之术所积，其后恐其散尽而极力保护，疲于以少积多，以小积大，恐被贼人偷劫，自己吝啬舍不得花，以身家性命争执与守护，常成为丧失性命之因，财物多则有增长散慢之弊，《经》云："天恋财物而堕落。"入地狱的罪责，云："财物多则播种地狱种。"又有增长傲慢的弊端，又云："财物多则居高傲慢如恶魔。"如此财物是今生来世的一切痛苦之因，把非乐之因与无有利者误认为是乐之因与有利者而称为误。《无垢经》云："五毒之根源自财，财是误者极为误。"如此不管多富有也很难满足欲念，有《无垢经》云："如是不以知足心念控，即使世界成金也无满足时。"

辛二，"轮回房屋"至"应恒断"，以两句而示。略表如上述之罪责，轮回之居所、亲敌之贪嗔、财物等是修正道之障。修行者要常断而依靠下述的同善三法极为重要。

庚二，依同善之法有二：辛一，别义；辛二，略义。辛一有三：壬一，居处；壬二，友；壬三，资具。壬一，修禅定之处为："岛屿尸林"至"成至尊"，以两句而示。岛屿、尸林、谷底、密林、或最差远离村舍一俱卢舍的幽静之处或不被打扰的静处，无有恋亲友、憎敌人之行为。无烦恼处不播贪嗔之种，因而会增长证悟，使功德成至尊之处，不被敌人相侵，与亲友不能朝夕相处而使心情舒畅，具备水与柴火等所需之物。《三百颂》云："岛屿尸林谷底密林中，不被敌人相侵而居时，不依烦恼之境不播种，堡垒坚固心畅具所需。"如此之境因无凡夫俗子，无商农等繁杂之事，所以所行何事均可成为善行。为佛陀与菩萨所称赞之处，拉喇嘛曰："佛陀所赞幽静处，自然增长善业也。"又云："无有凡夫繁杂事，不闻罪责恶语处。"

壬二,“善鸣鸟与”至“无侵害”,以两句而示。在如此之处独自与善鸣之鸟为友,与善嬉戏之野兽为伍,此等安逸而居不会侵犯,不会言恶语。《无垢经》云:“独自而居悟心性。”独自而居是增长善行之尊,又或与示法的上师,见行相同的特殊道场为伴,是增长功德之友,如蜜蜂与蜂巢相依为友一般。《三百颂》云:“又或依止能示正法师,见行相同道场如蜂巢,除此以外须弃凡夫友。”

壬三,“其处具足”至“财之尊”,以两句而示。如此修行者之资具也不可多而无控,享用财物难有满足之时,资具财物多时,如鱼鹞弃鱼时虽无相夺之苦,然夺其鱼时就有痛苦一样,有被敌相夺、被亲友索要等诸苦相犯。如此只需少量能维系生命之资具。前书云:“知足无控难满贪欲心,如同鱼鹞失鱼之乐苦,知其此等罪责弊端时,只依少许维系饥寒物。”如此要常以寡欲知足之念依七圣财就能具不可思议功德之库,不尽乐因是为财物的至尊。七圣财为信施智慧精进,与戒闻意乐极净也。

辛二,略义为:“总之断舍”至“依律修”,以三句而示。总而言之要舍弃不利修禅定的恶友与乘骑食物等,在极为幽静之处独自苦修,恒常修善是我佛之行,在修习正法之前要依律而修。《集经》云:“现在贵庚三十有一时,舍弃一切政事王妃等,为何独自深居鲜花苑,不乘骏马大象之香车,贵体赤足行于粗地多辛苦,贵体曾着锦玉华丽衣,如今怎忍粗糙法衣苦,曾于金盏银杯中,遍饮丰盛美味等,而今怎忍滴水之饮食,您弃王妃王子众眷众,独自出家修行此为何。”如此不利修的所断三法与相同而应依三法等六者是在修禅定时不可舍弃之支是禅定之支。

己二,修禅定的正义有五:庚一,本性;庚二,言词;庚三,分支;庚四,功能;庚五,成果。庚一,本性是:“定学之义意念不动是。”以一句而示。心念自所缘之境不动而专心修习。知其三轮无相之悟,依次是定学与增上定学之法相。《基道果之论》云:“定为所缘不动也。”

庚二,言词是:“定学思维寂而居内止。”以一句而示。思维心念定而专心居于内在之所缘而谓之曰:寂止。《托拜》云:“心念止而无思居,因而谓此为寂止。”又云:“寂为烦恼渐渐寂,止为无思慢慢住。”

庚三有二:辛一,分支;辛二,个别之义。辛一,“分支凡夫”至“三静虑”,

以两句而示。分支有凡夫行静虑，义分别静虑，如来善法静虑。又分未入道的禅定与入道之禅定两支。“其有未入道”至“世间定。”以三句而示。《格拍》云：“超世间与欲界与，色界四界禅定者，无等至等四误途。”超世间者入道禅定将在下面讲述。欲界的胜观多分的禅定，未入道之禅定寂止多分的等至四无色界，色界之止观同分的四禅定与如来善法静虑为超世间之禅定，是培育一切功德之基。

辛二有二：壬一，世间道；壬二，超世间道。壬一，世间道有：癸一，别义；癸二，略义。癸一，别义又有：子一，四禅定；子二，四无色界。子一，四禅定又各有丑一，近分者与丑二，正行两支。丑一，近分或前行是：“近分法相”至“加行果”，以两句而示。以七作意，性相极明作意，视欲界为有过失，上界为优胜以闻思而观，以胜解而生是超闻思专心以息粗而见。极离作意，作意断小欲烦恼的对治，作意行之边果，是得禅定的正行。《地道明灯》云：“性相明与胜解生，离与聚积喜乐与，观察行边得正行。”

丑二，正行为：“初天寻伺”至“为四支”，以一颂三句而示，有寅一性相与寅二分支。寅一，性相为：以分支远离下界之欲念的专一之心为禅定之性相。寅二分则有初禅天等四，卯一初禅天有五分支，寻与伺为对治之支，能断初禅天的异品欲念不乐意；喜与乐是利益之支，有利于修禅者的身心之故；等持是居住之支，依对治与利益之支而生。《地道幻灯》云：“初为寻思对治与，离生利乐利益与，专心本性分支备。”寻喜乐的任何征兆，细思其本性，心以等持而居意识被乐所遍为喜，以此力身生轻安之乐为乐。专心居住等持之境谓等持。初禅天的近似正行时有寻伺两者。特殊时唯有伺而无寻之故，前书云：“正行近似特殊三。”总之初禅天之性相为，以对治之支寻伺其一远离欲念与恶因的专一心念。具喜乐利益之支者。

卯二，禅天有四支：内极净为对治之支，有部视之为于禅定地出离的信，中观自续派认为是念知舍等三者。使超出二禅定的异品伺之故，称其为极净，喜乐为利益之支、等持为住之支、喜乐等至之义同上。与初禅天的喜乐有区别，前者是离恶而生的喜乐，此是以等持而生的喜安。前书云：“第二极净对治与，等至而生喜安而，利益专一分支全。”总之二禅天之性相为，以内极净的对治之支离初禅天界的贪爱的专一之心具喜乐利益之支者。

卯三，三禅天有五支：念、知、舍为对治之支。念者是缘所熟悉之事不忘而谓念；知是又又观察喜之想与有无生沉掉而谓知；舍者是等持无过而居受安稳的行舍。断喜的乐是利益之支，等持为住之支同上，与二禅天的乐有区别，前者之乐是不离烦恼而为未息，此乐离烦恼而为息。前书云："第三念知舍等三，对治乐为利益与，专一本性分支全。"总之三禅天之性相为，以念知舍等对治之友使离二禅天界的贪爱的专一之心具断喜的利益之支者。

卯四，四禅天有四支：行舍与念为对治之支；舍受为利益之支；等持为住之支。前书云："第四对治舍与念，利益为舍专一心，又具本性之分支。"行舍与念等持同上，舍受为非苦非乐之受是无记之受。总之四禅天的性相为，以舍与念的对治之支使离三禅天界的贪爱地专一之心，具舍受利益之支者。此等简而言之，具寻伺等五支者为近似初禅天正禅者。无寻伺者为初禅天之正禅定。断寻伺两者为二禅天之正行。断寻伺喜三者为三禅天。断寻伺喜乐四者为四禅天。虽未得初禅天的正禅，然初静虑近分可为胜观之依称为：近分未至定。此初静虑近分，与初静虑正禅的近似与殊胜两禅，合后三静虑为静虑六地。净居地之静虑属第四静虑之地。是离等持显分之过故。

子二，四无色界为："阻止三想"至"细微想"，以三句而示。得四静虑而阻止方圆等形色之相，白黄红绿等显色之想，山峰与房屋等碍触之想三者。修诸法如空而超出一切色识，居如空之境者为空无边处。就连执空之念也断，居为虚空之识中是识无边处。就连执识之见也断，居无所有之念者为无所有处。观察无所有之想，阻止一切粗大之想，居细微之想中，是非想非非想之处。又名非有非非有是有顶之天。

癸二，略义为："其等是为圣贤道之基。"以一句而示。如此四静虑与四无色界，灭定等九者只是圣贤道的基础而已，是经中所言。

壬二，超出世间的道有五：癸一，本性为："比其入道"至"如来善"，以三句而示。寂止与胜观所摄，无愿的菩提之支能断凡尘者。分支有，入道后的资粮道与加行之等至证得解脱道的义分别静虑，与第一地以上圣人的等至无漏的如来善法静虑等两者。

癸二，生静虑之因是："因自极净正法戒中生。"以一句而示，极净之戒。此处以共同乘之义而讲，熟修增上戒就能生增上禅定，熟修增上禅定就生增上智慧。此可断烦恼之根证得解脱。《拉释》云:“居士与比丘之教义,首先不破戒使除业障,消除业障使等持明,等持明则得智慧。”智谢桑大师的《学论》云:“具油戒之灯心中,双运等持明灯亮,驱暗智慧光辉增。”因此其增上心学是由熟修增上戒之力而生。

癸三,修习寂止之正行,此处有少许插叙之言。《三百颂》云:“擒心之法需自上师知。”是前辈上师们的秘诀,此时上师具秘诀者,使弟子寻心等探寻己心,如弟子是根器利而天资聪颖者,证得己心为空性,肯定于真谛之上,自疑惑中解脱,知自心之性者,此等无需依寂止与胜观之序而修。问何故则,其已证得我心为空,无寂止与非寂止之因。自最初也生止观双运,自心之本性居空性为寂止,知如所有的真理为胜观。其两者如虚空与阳光无区分本性为一者是止观双运。《桑巴格拍》云:“己身本性寂止与,胜观两者双运也。”如是根器迟钝天资不高者,首先难识心之本性,即使识少许也生疑惑而不能断。即使入等至也以疑惑之念而动不能入定。此等要依次修习寂止与胜观之法。《塞弥经》云:“禅定要等至,智慧需增生。”是禅定稳固之后会生智慧之义。《格拍》云:“寂止稳而胜观明。”与其同义。又有如此之说,《叶赤·决定品》云:“寂止等持力之乐,胜观智慧力而明,止观双运无分别,此等圆满为不动。”首先熟修寂止能生身心胜任的轻安而以喜乐之兆遍身心。依此可生胜观使心性之真理无障明显而止观双运。寂止使息思维之风,对外境不生杂念,胜观使内心自我执中解脱证得无内外境分别之见,常习熟修后能具三世不动之境。因此以弟子之根器之利钝有双运与依次而修的两法。

此为如后者之宗有六义:子一,身之要义;子二,心之要义;子三,改过;子四,生兆之法;子五,得寂止之相;子六,修习止观双运之法。子一,身之要义有:“入门之道”至“七法等”,以两句而示。在入定前以知众生为母的悲心自轮回中解脱,愿至佛陀之境的菩提心为基础。《经》云:“需取大悲心之基。”《慈母经》云:“以大悲心为基础。”又有《吐焰珍宝》云:“善行之根贵为基,善行如无极正基,无有证得正果时,故而基之发心重。”以前行的菩提心之念在舒适的坐具之上,双腿如佛陀跏趺或半跏趺也可,双手为等至之姿,双肩耸起、脊梁伸直、颈项微弯、目视鼻尖、唇齿间隙如青稞粒大小缓慢而呼吸。此为如来普显遍布之坐姿有七要点。此坐姿的功德为身心相依，坐具舒适而身安，身安则心安，心安则等至明。能消除一切沉与掉，异与外道而不同，凡夫俗子或何人见也能引发信受，身心如自己之意能做一切善业身心轻安而身心胜任。《三百颂》云："褥安身心安而密意明。随顺教言能除沉与掉，能引异于他人之信受，轻安能使身心皆胜任。"

子二，心之要义有二：丑一，心所缘之所依；丑二，如何专心修习。丑一，"字母明点特殊佛像与。"以一句而示。前书云："字母明点气息之呼吸，特殊之法如来佛像尊。"其中依佛像而擒心之法是纪念佛陀能生无量福泽。所修之佛像等明显而稳定之时是礼敬与供养等积福资粮的福田，忏悔等除障之福田，所缘有特殊之分，临死时能念佛陀的功德，修密宗之道时对神之瑜珈有特殊之利等诸多益处。丑二，"专心一意"至"生沉掉"，以三句而示。以上述之姿势而坐，前面放精致的佛陀画像或塑像，为所缘之依对此专心而修。《耳传》云："熟修三绳延性绳。"为不动之念绳、不厌之本性绳、不作之性绳等三绳不间断而恒常修习。如被沉掉等缘夺取所缘又以修真理的精进而修。心识以紧而修如行独木桥，以松懈而修如居牢笼，虽然心掉时以松懈而修为安，沉则以紧而修为安。但是多半以张驰适度而修能阻止沉掉。因沉掉是心之张驰失调所致。《赤杰预言》云："沉掉是心之张驰失调之故。"《三百颂》也云："如行独木桥与牢笼般，张驰适度不违而修习。"

子三有二：丑一，指出过错；丑二，改正过错。丑一，"弊为遗忘"至"终之障"，以两句而示。如《雍仲绝顶教义地道论》云："遗忘放任沉掉造，不造是为六过错。"如遗忘修禅的秘诀之法，则难入正定，因不知所学之故。虽知所学然放任自流难入修禅。此二者是入定前的障碍，专心修习任何所缘处时，心如游于外境之中为掉举，退失所缘而不住真义上。以环境或威仪而意识昏沉为沉，丧失对所缘的意识而不得亮度。此二者是自禅定的正行中违轨的障碍，等至之所缘之义显而离沉掉之时所缘明亮而不用造作者，如以造作而改则难续所缘之流。沉掉两者使等持之义不明时，如不以各自的修改之法不改不造作，则势必为沉掉所主而失所缘之义。此两者为妨碍等持增长之障碍。丑二，"不忘精进"至"识时消"，以两句而示。前书云："不忘精思不放任，不造任运修而除。"依次以不忘总持使修定之秘诀入实践之行。精进使迅速入定而阻止懒散，作思能驱除沉掉两者。如沉则提神心念要极力执所缘之行，如掉则松懈心神极力进入所缘之行。不放任者，如沉掉之力甚大时依念知之对治使所缘安稳。沉掉两者如内部区分则有：昏聩为所修之义不明、困倦为身心疲乏、昏沉不由自主而昏睡，此三者为昏沉。浮动如毛尖之风、放逸如空中闪电、执持如猫爪，此三者为掉举。《格拍》云："沉掉两者二三六。"如沉则紧张心识，住高处或危地，需依凉性衣食，目之视法是目光向上而视。如掉则松懈心识，居低或暗处，需依热与具营养之衣食，视法是目光向下而视。如显不造作的等持时，不做任何调整，任其居至何时。如失所缘则依法对治专心而缚。知密意任运时消除其。

子四，预兆之生法为："浮得串固之兆依次得。"以一句而示。如《桑巴格拍》云："浮动得与串习与，稳固圆满五者全。"浮动之兆为认识思维如高山流水；得兆为如此延续而修如峡谷流水般能生少许无杂念之时；串习之兆如大河缓慢般无杂念之相续增长；稳固之兆为如海洋般非具巨大之缘时不动平静而居；圆满之兆为仍然以勤奋而修能得高山般不为何缘所动的自主之果。

子五，寂止修成的程度是："轻安能使"至"寂止时"，以一颂而示是引自《三百颂》之中。如问何为修成寂止的程度，串习寂止使身心在何时都轻安，如已愿所缘心具自主之力时为修成之时。如问身心未得轻安前的等持是属何地，此属欲地。其虽有如此专一之心，然是未等至之地，此不属等至地是因为，非以无悔与喜乐至尊与轻安所修之故。如此未得轻安时，虽不依恒常之念，然心自然不生杂念又能与行卧住等行止相融般的等持为欲心专一者，非正寂止。如等至专一之寂止能迅速引发身心轻安，此能增长轻安。轻安增长几许寂止也增长几许，能相互增长。

子六，止观双运的修法为："虽然如此"至"双运修"，以两句而示。培育如此之等至是为生除烦恼的胜观之故。如依此不育胜观，对其禅定串习几许也不能断烦恼，因此要修胜观。以断现前烦恼的世间道而行的胜观，与以断烦恼之根超越世间道而忍的胜观。前者是修习自欲界至无所有之间视下界为粗，上界为息的息粗之观者。后者是认为修习四谛为无常等十六行相之观或证得人与法无我的超越世间道的胜观。《三百颂》云："证得轻安寂止其等也，难断烦恼犹如外道般，因此如想超出欲地众，需伏贪等现显烦恼首，修习息粗行相之胜观，世间道使有情或有无，烦恼之种可以根除者，观察四谛等与因缘或，证得人与法之无我的，超越世间胜观需修习。”因此，对佛教徒而言两胜观的前者并非不可无，如不修后者不证得无我之真理，则依上述的寂止的世间道的胜观将不能断极障的一切网笼。四静虑与四无色界的寂止只能至三有之顶处。无有升至上界自轮回中解脱。因此如想自轮回中解脱的有情需要修习寂止与超越世间道的胜观双运并行。修成寂止者依此可培育胜观极为重要。在心入等至之时，诸法如空界般自然光亮，而分开之分为胜观不误者。以诸多行相不将所缘的心之内外执与所执的寻伺不善之珠，视为分别识的智慧者极为重要。《八界经》云：“佛陀曰：‘多布本塞与雍仲菩萨等，各自分明者有宝之因，问何则，如空宝中万物现而分开显色，分别而显般，自明智如空中之日般除万物的总与自己之性相外，功德等各自分明而知是自分明之宝。’又云：‘心与心性之区分无障而明。与无上极圆满之果相同而为真谛，分明极明为遍识，各自分明之智为宝。’”

癸四，功能为：“功用能生安乐得神通。”以一句而示。上述寂止的功能为，串习寂止使得心轻安，得心轻安则得身轻安，以此力身生安乐。以此安乐使心生喜乐之兆极殊而修得神通。

癸五，果为：“其果能得通慧等等果。”以一句而示。得眼与通慧等正果。《三百颂》云：“不动专一而居之心使，显现证得真谛而稳固，所缘何事本性具威力，是得眼与通慧之真因，因此修习身心轻安法，需修显而无分之等至。”有子一，五眼；子二，六通慧之讲。

附带讲一下丑一，六眼与丑二，此处所示的五眼。丑一，《经》云：“极净六眼者。”如云般六眼为：智眼、明智眼、悲眼、化眼、慧眼、心性眼。本性为一是以观对境的功德支分而区分。云何则有《九部隐义经》云：“具大观量六种是，智眼观界、明智眼观道、悲眼观有情、化眼观业、慧眼观空性、心性眼观法性。各又分道与果之六眼。”道之六眼为大乘有学道圣者的胜观极净之智。果之六眼是佛陀的遍知一切之智。

丑二有三：寅一，各自之义；寅二，括要；寅三，分界。寅一，有《不了义明灯》云：“五眼功德等也自然而显露。”共同之因是修习六波罗密度就自然得肉眼等五者。各自之因是:肉眼自修习静虑之有色根而得,自百由旬之大千世界以内的一切粗细之色均能真实而见。不能观比此更甚者,因为其因是增上缘有色根,与不可生比此更特殊之力,本性是无记异熟所生之故。与佛陀的肉眼不同,因佛陀之肉眼为正善。如《不了义明灯》之义能见四王天以内的一切万物。云:"肉眼能观四王天。"天眼之因是自供养明灯等而得,能观有情之死期与往生之处。依《不了义明灯》之义能观四静虑与四洲之众,前书云:"天眼能观四静虑与四大洲。"慧眼与法眼、智眼是自证得无性的闻思修三者而得,慧眼真实证得诸法的自性为空之义。依《不了义明灯》之义能知自化身之界大千世界至一切世界的本性之真谛。云:"慧眼能观化身之界的,大千界与一切世界众。"法眼能观与自己之功德平等以下的圣者的根器利钝之分。依《不了义明灯》之义能观佛陀之化身。云:"法眼能观两色身。"智眼能观一切万物之真理,是究竟的遍知一切智之眼。《不了义明灯》云:"智眼能观一切物。"此与佛陀之眼同义。寅二,以本性而括要,前两眼一概为根识,以计量能依器世间而分肉眼,以计量所依有情的区别而分天眼,此两眼并非不同。有学道的中两眼是真实意识,以主要观空性而生慧眼,主要观圣者之根器之区分而分法眼。第一地的后得智是两者的同位。佛陀之眼有根识与意识两者之分。佛陀之眼识是五眼之同位。寅三,前两眼自得静虑正禅的大乘资粮道时而得,慧眼自大乘见道等至时而得,法眼自第一地的后得智时而得。佛陀之正眼与遍知一切智同义。一分相同的假有者自第七地时也有之说。

子二,六通慧之讲有五:丑一,性相;丑二,分支;丑三,各自之义;丑四,括要;丑五,分界。丑一,依修得自己通慧的圆满之因而得的自己之境之要点真实而明的有境。丑二,有六通慧,《密法绳续》云:"六者以何而分的,云为何种通慧者,天之眼耳的通慧,宿命通与他心通,死与往生能生的,神境通与自己的,已知漏尽通之法,他人也要修其也。"丑三,《不了义明灯》云:"六通也可自然生。"以修习禅定之力能使六通自然而生。天眼通者为,能真实证得世间的一切粗细万物。以本性而分有外道者所具的天眼与内教入道者所具的天眼。天眼如此近似而分则有天生的通慧欲色界的天眼,以缘而得的如转轮法王般的天眼,以等持而生的静虑正禅而得的天眼三者。天耳通者为，如所有般证得世间的一切大小诸音，分支同上。宿命通者是，知自他的千百前世等，以本性区分如上。以近似分则有，先天性而知如三界之天神般。以业而知如现今的有些凡夫知道前世一般。依等持而知者是真正的宿命通。他心通者是，能知他人的善恶无记的寻思之念，本性之分如上。以近似分则有，先天性之识如天龙等一般。依身语的推理而知如推理的理与识的比量，依颂咒而得之识他人心通，与依等持所得的他心通四者。后者为真正的具相他心通。神境通者，能示诸多神通。《不了义明灯》云："具神境通之有情，变化而行诸洲中，能化其他有情知杀育。"本性分同上。以近似分则有，天生的神通如欲色界之天神一般，以业而得者如中阴的神通一般，依咒语而得者如念一些咒语即可变化的神通一般，与依药物而得的神通如涂抹一些物体于身即可隐身或使己身发光一样四者。此非真正的神境通，因非是以等持而生。以等持而生者是真正的神境通。漏尽通者是，能真实知道断两障之法与所断之离果。分则有知漏尽之法的通慧，与知漏尽的本性通慧两者。前者如圣者之慧，后者如烦恼障的有漏已尽的小乘阿罗汉之慧与大乘圣者之慧。所知障的有漏尽除者为遍知一切的佛陀之慧。丑四，前两通一概为绝对的根识，修道者与小乘罗汉所具的中三通为绝对意识，后者有两者之分。丑五，前五通在未入道之前也有，得静虑正禅的外道者也具备之说。《乘次第》云："有情往生不取色身者，他的神通见其也灭后"。《无垢经》也有七外道士行诸多神通之说。知漏尽通之法是一切圣者都具备的。漏尽法是无漏无间道之故，知本性是断烦恼障的人士所具备。

戊二，慧度之讲有三：己一，应知；己二，修法；己三，所修之果。已一有六：庚一，性相；庚二，定义；庚三，所源处之因；庚四，功能；庚五，闻应先行；庚六，所知之区分。

庚一性相为："慧学性相极分所知者。"能极其区分所知者为凡慧学之性相，极其区分所知而证得三轮无相者为增上慧学之性相，《基道果之论》云："慧为极其区分也。"

庚二，"一切智慧之尊而谓之。"西桑的《学论》云："是一切智慧至尊而谓曰：智慧。"

庚三，"参禅定与"至"胜观言"，以两句而示。智慧的本性是胜观之智。

胜观能真实见真谛之法。《托柏》云:“胜观心性胜而观。”如此之胜观是修习上述的等持以串习增长而知者,《见论大鹏》云:“首先要修闻之智,以名而得所缘处,中间需修思之智,名义完全相结合,最后要以修之智,要对真理极为思,其三串习而修使,能得慧眼。”《论》云:“闻者执音修执义,结合而执思等三。”经中有云:“具备三智尤为重。”首先闻时要具备记词句之智如胶,中间思时要具备知词句含义之智如于土石之中寻宝一般,最后修时需具备证得无误的真理之智如得宝中之黄金一般三者。《三百颂》云:“证得真谛次序之分为:境为词句意义与两者,证法闻与思和修之法,执句明义证得真谛者。”

庚四,“功能消除”至“成无上”,以两句而示。修习三智的学者,能消除一切烦恼,知有法与法性的境与心之真谛,自轮回的苦海中度至无苦之乐地。《三百颂》云:“犹如毁坏劫时之烈火,焚烧一切世间万物般,何人证得人法无我使,度尽轮回能至涅槃境。”又有《摄经》云:“施等无上之果而洗浴”。布施等五度与如不被其等的果无上慧度所摄的话,将具作思之污点而不成大菩提之因,被其所摄的智慧之水能洗净作思之污而变为无上果的正因。

庚五,“真实解脱”至“讲经生”,以两句而示。如此自轮回本质之因恶与烦恼,及苦果的束缚中解脱是由修而生的智慧证得正义而生。《九部隐义经》云:“此证未证区别大,未证者比铁还坚,证者是为需之尊。”证者是自以意乐智慧明白无误之义中而生。《九部骄阳》云:“得此义者解脱尊。”明义是自意乐智慧明白无误之义而生。《经》云:“圣贤上师示而明其义。”因此,首先自上师处以闻智记词句,中间明词句之义,而后修习所证之义使解脱显现。《慈母根本续》云:“讲证解脱三智慧”,所以依靠明识无误教义的智者,听无污的佛典,修习闻智是一切功德的先前必行。

庚六有二:辛一,佛法之顺缘五明;辛二,所示佛法的本性。辛一,《遗留佛法经》云:“工巧声明与医学明,内外两明合为五。”如云般能成为佛教之基础,又可摄取他人跟随而示工巧之明,为折服对佛法的谬论而示声明学,为拯救有情的病痛而示医学,善恶以算术而示又为改造万物成太平而示外明,妖魔以法术而除为证得共与不共成就而示内明五者为弘扬佛法的顺缘。为得佛果而发心寻求。

辛二有二：壬一，不了义与了义之义；壬二，两谛之义。壬一有二：癸一，略讲；癸二，详论。癸一，略义为："是以三智"至"能明其含义"，以两句而示。《无垢经》云："闻与思及修之智，应持命名明其义。"修习三智会持应所持者，能对诸物命名，能明白其义，如持应持的两义，对命名门可以命名不了义四密意与了义四解脱之名，其义四密意与四解脱之义各自不惑而知是明义。

癸二，详论为："对所量法"至"解脱门"，以两颂三句而示。如此所量的雍仲佛法以能量的三智量有：子一，不了义四密意；子二，了义四解脱。子一所讲之义并非如所有般不全，非尽所有如彼义，而是以少许捏造而讲。所调之处有非为真实的缘故，而是以特殊原故示四密意。《本豆》云："不了义之教言是具密意之法，别时意趣、人士意乐意趣、别义意趣、具意趣，也是为拯救有情而示此法"。第一，别时意趣，《八支律经》云："凡知此经而修习，就可永断三恶趣，能枯轮回之苦海，边鄙九洲耳不闻，妖魔难诱断恶友，速瞻辛拉沃嘎容。"此义并非不需其他因缘，单凭此经就可得佛果之义，而是指曾经行许多善业之人总有一天会得佛果的意趣。又有，如只闻佛号也可得不回返之果，与只闻佛法也可自轮回中解脱等经文。是指曾经修习之士，或即使不是，就算种善因的人士，总有一天善力增长而自然会得佛果的意趣。第二，人士意乐意趣，如为断对自己所施的布施产生自以为是的自满之心，对其讲贬布施而赞戒律，为断对自己奉行的戒禁认为是最胜的取见者，而讲贬戒赞忍之法等。凡自满与贪欲执有相等邪念是愿得解脱者的极大之敌，谁具有其念就只有歧路一条。《现等觉续》云："无欲不圆满则入误途，王子生邪念也成妖魔。"第三，别义意趣，但凡为引发凡夫俗子与声闻部众对所学生信受之念而示有善恶，有施事之人士，有色之法，是佛陀视一切万物都如梦境般而言的意趣。《摄经》云："如此有善男子，云何则有善男子因而有其念可示，有察有思有名有可示，学而明义可修智慧力，断恶行善又有修正果。"又有《大乘律经慈母精华》云："自无明至老死之间均无有，无有无上波罗密度，无有道，无有果，无有智慧。"所示是诸法之真理为空性而无所有之意趣。第四，具意趣，非如声而是变为其他之义的意趣。如《父续》云："我无生命杀其命，掠夺王臣城池我所行，弑父弑母夺其财，仙人梵志均掠夺，一切财物居已有。"此词句需变为其他之义而理解，《道现觉续愿心品之释》

云:“夺其命者是指夺轮回与涅槃诸物与执有相之命而知空性如虚空一般。王者是指阿赖耶识,臣为一切心所,掠夺是其等任何都无有所缘处,我所行是非空性而无实物,父为业之种,母为烦恼之近因,弑者是指此两者均无本质之义,夺其财者是一切诸障以空性之力而消灭,仙人为小乘之内执,梵志是各自的外执。夺者是消除一切执内外境之念,财物是以胜义而察诸法无有,其等是大乘者居我所有之意趣。子二,是自实有法与执有相,以及顾虑之障中解脱的四门,《见论大鹏续》云:“空性解脱门、无相解脱门、无愿解脱门、自然而光明解脱四门而入。”

壬二,两谛之义有二:癸一,诸法均属两谛之列之关联;癸二,详论两谛之义。癸一,“所示八万”至“胜义谛”,以两句而示。《定因要经》云:“有情之八万四千烦恼如摄则可聚集为两谛之中,其对治的八万四千法门也可摄为经藏、律藏、论藏等三藏之中。其中异品方与对治方两者都可摄入两谛之中。是世俗谛与胜义谛。其中世俗谛为尽所有而显的境与有境,胜义谛为慧界如所有而无境与有境。以名言而显有相的一切为世俗谛,戏论与一切有相均灭者为胜义谛。

癸二,两谛详论有七:子一,总体;子二,分义;子三,本性;子四,定义;子五,分支;子六,性相;子七,能立之因。子一,中观正宗认为无有真谛的总体,因无有以自性而各异的两谛之故。诸法之真理无所有之故,即使如此为断下部宗论的内外境之戏论而暂且之总体为:“如此内外”至“之总体”,以两句而示。一切诸法均可成为两谛之总体,如此不被心所摄的外法,与被心所摄的内法,依附处的外界器世间与所依附的情世间有情之众。自色至老死间的轮回之法,自布施至无上果间的涅槃之法均可摄入两谛之中。《达本》云:“雍仲菩萨狮子深奥供辛坡聂锦帛而如此问佛祖:‘法者为何?’辛饶答曰:‘狮子深奥如此,是世俗与胜义两谛之法。’”又有《各自界》云:“诸法集于两谛中,原因是一切诸法的显法为世俗谛,真理为胜义谛,是两谛均衡之故。”《塞弥经》云:“均衡同等之两谛”。如此所显的万法以世俗如云雾与彩虹般而真。真理上如虚空一般而不实。

子二有二:丑一,所破之异论;丑二,立己方之观点。丑一,“同与迥异也非反体分。”以一句而示。如是诸法集为两谛,如问两谛相同或迥异,则有

《雍仲业净》云:“两谛非同也非异。”两谛并非相同,如是相同就有四种反驳之理,云何则,世俗无需寻求就可观其色闻其声一样,胜义也会成为无需寻求之物,世俗不真实而虚伪一样,胜义也成不实,胜义极为真实般世俗也成真实,世俗有一与许多之分般胜义也成有一与许多者。有此四理由而反驳。《总集聚密续》云:“两谛同则有四弊,世俗所显无寻般,胜义也成无寻者,世俗虚般胜义虚,胜义实般世俗真,世俗分支众多般,胜义也成许多者。”两谛也非异,如言两谛异而不同则也有四种反驳之理,有法所知,阻止世俗则就成不生法相,有法就有法性,无有法则法性也就无有之故,胜义谛难成世俗所显的法性,现证胜义也难断对世俗法的我执之惑,一人之心中同时生集烦恼与解脱两者。所缘世俗而生烦恼方,所缘胜义而生解脱方,此两者在阿赖耶识之体时相异之故。前书云:“不同也有四种弊,世俗阻而不生胜,世俗法相非胜义,胜义难断世俗惑,烦恼解脱两者于,阿赖耶识成不同。”两谛是否本性相同而以反体相异否,也不是,两谛本性不同之故。

丑二,立己方之观点为:“是以证者两识而区分。”以一句而示。是以所证者的两识而分两谛之别, 如此未证得真谛的执显分之心观一切都是世俗,证得真谛执空分之心观何物都是胜义谛而分两谛是有理由的。为阻邪见的常断两边,为圆满福与智慧资粮之故,为修色身与法身之故,为断生灭两边等之故而区分。《大方便父续》云:“如此执显之心中,观何均为世俗谛,执空之心为胜义,原因为阻常断边,积资修与断两边,诸法均集两谛中。”

子三,本性有四:丑一,略表;丑二,广论;丑三,以喻而示;丑四,以何缘而立。丑一,“迷惑世俗胜义以此寂。”以一句而示。对迷惑之心而显的诸有法,是世俗,因是难敌真理细察之故。如错把阳焰当成河流的误识一样。有法离此误念的佛陀的一切智慧显法,是胜义,是所知的真理之故,如法性。《六十正理论》云:“一切迷惑为世俗,离其均为胜义谛。”

丑二,“凡夫贪恋”至“诸戏论”,以两句而示。有法凡夫俗子,你有对两取的诸多显现有视为真实的贪恋之心,因你是未证真谛的人士之故,如双目被蒙蔽的观者,对魔法师所变化的牛马等有明相与贪恋两心一样,无智慧之力而谓之曰:“凡夫。”以烦恼与恶业之力而不自主的相异而生谓之曰:异生。有法圣者雍仲菩萨,你的后得智虽显诸多明相,然无贪恋之心,因证得轮回与涅槃诸法如幻术般虚伪之故。如魔法师对自己所变化的牛马等虽有明相,然无贪恋一样。有法佛陀之智慧与圣者的等至智,无实执的戏论而不观任何戏论之相,因你实识能取与所取的无戏论之智故。如双目未蒙蔽者,无幻术牛马的明相与贪恋两者一样。前书云:"凡夫俗子异生者,显明相而有贪恋,圣者后得智所显,均证如幻一般虚,佛陀圣者等至智,无戏论而均不显。"

丑三,"目疾光影"至"无贪恋",以两句而示。如有涎分等眼病者会有光影等幻觉,然无眼疾者绝不会有光影一般,凡夫会显所取能取的一切戏论,视其为真实而有贪恋之念,佛陀的智慧不显一点所取与能取的戏论而无实执之念,眼疾痊愈时光影也不显一样,圣者雍仲菩萨的后得智虽显诸明相然无贪恋之念。《四言法旨释》云:"有眼疾者显光影,明相真与不真者,无疾之目绝不显,无贪恋心需知之。"

丑四,"蒙蔽慧眼"至"自然断",以两句而示。有法凡夫俗子,你的心目中会显所取与能取的一切戏论,因以俱生无明与遍计之心使有自他之执等蒙蔽智慧之目故,如白翳一般。有法佛陀,您的智慧无所取与能取之戏论,因您已消除无明与我执等诸杂念之故。如无云时的太阳一样。所谓《中观两谛》云:"智慧之目以无明,自他两执之弊病,任何都显的诸弊,尽而其等也极断"。

子四,定义有二:丑一,世俗;丑二,胜义。丑一,"遍计能蔽有相实有谛。"以两句而示。有法不净轮回所属的诸法,被称为世俗是有原因,你的现象不真实是虚伪之故,你只是遍计识的一种现象而已故。如梦境一般,遍计识是对非其之物执是其之念,你是自明智的异品,因你蒙蔽胜义真谛之故,如太阳被乌云遮蔽一样。有法不净轮回所属的诸法,称为真谛也有原因,你与我执者的万物实有的明相相同之故。《密集》云:"轮回诸法观察时,难忍观察虚伪者,对愚真而世俗谛。"又有:"世俗名意轮回义,引入世俗轮回义。"得圣人智时,心中的一切实执等心念,退返一切极净世俗无实执的想法与明相如幻影般而显而谓之曰:世俗。有相同的现象而谓之曰:谛。

丑二,"义为胜者雍仲界中谛。"以一句而示。对一切智慧之界与法性之分称为胜义谛,真理之义,所证的胜者,如现象般真实而同位,胜者为智慧殊胜，义为智慧所证之意。如证法不被正理而犯为谛。总之此为不欺不变之胜义，《经》云：“雍仲界中真实故，胜圣之义而为谛。”愿修遍识一切智的人士的所修中的至尊之义，不欺为胜，是智慧之境。《密集》云：“何言胜义真谛者，胜智之境胜义的，本性是也所知中，是为至尊之故也，此为圣者之所言，胜智之境是为胜，至尊是也此定义。”又有：“涅槃名义胜义意，涅槃之定胜义是。”

子五，分支有二：丑一，世俗分支；丑二，胜义分支。丑一有二：寅一，总示世俗之分支；寅二，不净世俗的分支分别而论。寅一，“凡夫显何”至“不能蔽”，以两句而示。有法世俗谛，你有两支，你有不净世俗与净世俗两种之故。应是如此，一切所取与能取的明相对轮回者而显之法为不净世俗，是对所显有实贪恋之念而覆蔽能证的真理之义的世俗故。十地后得智的一切如梦如幻般的明相为净世俗，是不遮蔽能证的真理之义的世俗故。是明相真实而视其为空而虚伪的世俗之故。《两谛》云：“世俗分支有两者，净与不净两者也，诸多取者轮回法，贪恋真观不为蔽。”

寅二，“境根有误”至“极为净”，以两句而示。不净世俗也有两分支，云何则为，倒世俗与极净世俗。前书云：“不净世俗又有二，倒与极净世俗也。”有法眼疾者，显光影等根器有病者的明相，与视阳焰为水等误识外境的一切现象，你对根器无疾者与外境无误的人士而言是倒世俗，你是根器无疾者与外境无误者之心目中不像明相般真实的同位之故，如昨夜之梦一般。前书云：“眼疾者的光影等，根器境等有误者，针对无误者而言。”有法境与根器无误者的世人执水为水，执火为火，执雪峰为白色的一切明相，你对世人不惑者而言是极净世俗，你是世俗与世人不惑的明相为同位，如田与肥水一般。前书云：“境与根器无误的，世人所执之何物，均为极净世俗也。”虽然为立世人的世俗而暂时以极净之词而学。然从真义上倒与极净世俗两者都是不真实与诱惑的同位而非极净。《密集》云：“不具正理非极净，世俗两者而言之。”

丑二，胜义有二：寅一，以了义则无分支；寅二，以不了义而示分支。寅一，“胜义无戏”至“离总体”，以两句而示。有法胜义，你无总体，因你无一与二等之故，你离一与二等的戏论。前书云：“无有分支胜义谛，已离八边戏论也。”有法胜义谛，你的真理不可以心而视，以喻而比，不可言喻也。《因明解析》云:“此非思维之实境。”又有《藏传长寿经》云:“无喻无言明空法之身。”

寅二，“示喻与数是应化机器。”以一句而示。为使未证胜义之真理者能记而示分支。《九部明镜》云:“深奥言之胜义与，世间共许胜义与。”又有十八空与雍仲九界等胜义之支。以空而喻，胜义之喻为无边无际，在界与经部等有众多示胜义之词句，问以何法而示，则以化机的根器不同而因材施教，如对症下药。《经》云:“以世俗幻影引而示了义。”

子六，性相有二:丑一，世俗之性相;丑二，胜义之性相。丑一，“无中显有虚幻是性相。”以一句而示。有法并非极净实有，无有而以虚幻而现的明相，是世俗谛之性相，又有《两谛之释》云:“并非真正实有而，犹如真实所显者，是为世俗性相也。”丑二，“胜义无有性相而极断。”以一句而示。胜义无性相而极断。胜义离性相与名相等戏论之故。“但是远离言语中，远离一切戏论者，是为胜义之性相。”是《两谛之释》之言。

子七，能立之因有三:丑一，世俗的能立之因;丑二，胜义能立之因;丑三，附带世俗的本性。丑一有三:寅一，以实有力之理不能立;寅二，确定能立之因;寅三，以经言而立。寅一，“世俗无有”至“不堪察”，以三句而示。有法轮回世俗之明相，对立你为真谛无正理可言，无正理可表明你为真实谛之故。如答所举因不成，则有法所知，对立轮回世俗之明相为真实难道不违正理乎，如言是故。如言是，则有法所知，凡夫异生莫非是解脱轮回而入涅槃境地的地道菩萨乎，如言是故，因此轮回世俗之明相如不以正理观察，即显似乐悦意与似利似害般，然以正理察则不堪其察之义需知之。寅二，“观待凡夫”至“其能立”，以两句而示。极净与倒世俗是以凡夫异生之识而分，以世人之语对不惑的心识如真实般而显者为极净世俗，对不实的虚伪之分称其为倒世俗的能立之因。如此对润湿为性者显水之明相为极净世俗，阳焰显水者称其为倒世俗，你在世俗与世人的不惑心识中是真实与虚伪的同位之故。《六十正理论》云:“世俗凡夫的心识，是以此识而分之，何具实虚之分者，称其是为能立因。”寅三，“色等世俗如幻一般示。”以一句而示。轮回法为世俗是佛陀所示。行色之法，是居轮回的世俗之谛，等在《各自界》中所言。世俗如幻般是佛祖所示，“如此所显之诸法以世俗则如云如虹般。”是经中之言。

丑二，胜义的能立之因有三：寅一，无所立能立之分；寅二，以不了义视何为能立之因；寅三，阻世俗而不立胜义。寅一，“胜义所立既断何言立。”以一句而示。《两谛》云：“胜义所立极为断，对此岂有能立因。”极为断是无有，岂有是无有之义。有法胜义，你无能立之因，因你非所立之故，你本性空而是佛陀与圣者的无上思想之故。《经》云：“胜义以义而为空，是为辛饶上师的，思想而示涅槃也。”

寅二有二：卯一，略表；卯二，详论。卯一，略表为：“世俗察而无有名能立”，以一句而示。如此世俗如以正理而察则无实有之份，称其为胜义的能立之因。《九部明镜》云：“斩断一切有相的戏论而确定胜义之谛。”有法世俗以正理而察无实有之份，称你为胜义的能立之因是有原故的，愿证胜义者的心目中你可以为胜义的能立之因故。

卯二有二：辰一，签置总之相属；辰二，本性分而论之。辰一，“无我两法我佛辛饶示。”以一句而示。人无我与法无我是我佛遍识一切对意童等雍仲菩萨众所示。《八界》云：“佛曰：‘意童其如是，轮回与涅槃的一切诸法均无实有与无相，需证自始就空而无我。”此义在内续中也有，《桑巴格帕》云：“轮回是为心性故，人与法是无我也。”如此的两无我者，以世俗谛与胜义谛会量而证得内外者，法与心为空性明其义。《乘次第论》云：“世俗胜义两者会量者，能观诸法无我离戏论。”《八界十万颂》云：“内外的分支如所有者，如证得内外空，则是显现极净的圣贤之智。”

辰二有二：巳一，破除人我执；巳二，法我执。巳一有二：午一，陈述己宗之义；午二，破斥异宗之义。午一，“外道邪教”至“人无我”，以两句而示。中伏藏之《因明言狮》云：“承认四法印者为内教辛饶，不承认者为外道邪教也。”四法印者为：“诸行无常有漏皆为苦，涅槃诸法息而为空性。此四者为见之四法印，阎婆罗施多玛罗刹女，施于粉团细喉饿鬼与，焰口母等施于水供者，此四者为行之四法印。”不承认如此见行四法印的执外道宗轮的邪教者有常见九部、断见三部，共十二部。以为五蕴与我不同者有数论师、淡黄师、唯我独尊者、无衣仙人认为识就是我，无言密者与示人为真派认为我与五蕴非异，本性也非一而有恒常之我。此等非正理，是应破斥者。比起此等，内教的乘之最低者，居士宗也已证得人无我之法。《以一而数续》云："消除诸苦的居士，对其人之有相法，执无我与我所见，未证外境无有法。"我所者是指俱生坏见的我与我所有的心已证无有，而并非指色等。以未证外境无有之词也可知道。

午二，"对其你之"至"也同住"，以两颂一句而示。如外道者云：人之我有则，那么试问，你所言的我者与五蕴同有还是异有，又或非同非异般有。如答与五蕴同有，那么我与五蕴应为一体，如此则有破斥的三理：有所承认无意义之过失、我成众多之过失、我为生灭者的过失。第一，过失有，有法所知，你所承认者无意义乎，因承认我者是为立舍取五蕴的作事者之义，如我与蕴同住为一的话，所近取者与色蕴会成一体，那么无分的一体岂有不同的两者之故。如言是，则作事者与作业会成为一体，如上述一般。《三百二十颂》云："你之我者如与蕴同则，蕴之以外言则无意义，应取者与所取成一体，作事者与作业同一也。"第二，过失为，你所承认的我者是唯一恒常自主者，如此人有五蕴之故，我者也成不同相续的五者之故，如言是，则非唯一乎，蕴众多般我也成众多之故，是失言也。又有我唯一般，五蕴也成无分的一体者，如言是，则非自主者乎，蕴为依他者般，我也成依他者，又失言。又成非恒常者，因蕴灭则我也灭之故。前书云："数与生灭等也相同也。"第三，过失为，如此你所言的我者应是以自己的本性而有，则自然需承认有生灭，如言是则又有破斥之三理。第一，不承认知前世者是，有法所知，是否不承认知我的前世曾为何人的知前世者乎？因知前世则前世与今生的两个我者应为同续，然前后两个我者不同故与知前世之论相违。前书云："如言生灭前后不同违。"第二，过失有所做之业失坏之过，有法所知，前世所行的业之果坏灭而不受乎，积业的我在未受果报之前已灭，又无与其同续的另一个我之故。其自然而灭成无有之故。第三，有逢未积之业果之过失，有法所知，如言前世之我虽灭然有后世的我会受先前所积之业果的话，会与已未积之果相逢否，自然而有的他人所积的业果与后者相逢之故。又有前书云："所积坏灭未积相逢与，后者生时前者住之失。"第二，如言我与五蕴不同相异而有的话："五蕴之外"至"求不得"，以两句而示。色等五蕴各自区分之后，应该有一个能示的我者，然不会有如此之我之故。《三百二十颂》云："我与五蕴不同相异则，无缘蕴之性相不具也，无为犹如虚空之花朵。”

第三，如言我与五蕴非一也非异则，“异而另外”至“我宗言”，以一颂而示。所承认的我与五蕴不同而别有可言者也不对，你所言的我者有无实有，如有则非无言否，有实有之故，无实有则其我根本上无有否，除五蕴之外无实有可言故。如言其我只是假有之物，色等诸蕴是依阻先前之乐的非真实之因，而知我等的果也不真而只是假有而命名的话，此是我教之宗。如言是，则又与承认我有之词相违。如言所举因不成，则你所言的我者只是假名而有，则假名者非实有而唯遍不成，假名者唯以名而有，不可寻得所命名之处故。因此外道者所言有执的我没有本性之故，我自然而无。

巳二，破斥法我执之念：“如此破斥”至“两无我”，以三句而示。如此内教的居士宗虽破斥外道所言的人我而承认人无我之见，然对法却有我执之念而非正解脱。比起此宗，比丘宗已证得人与法两者无我之见。《以一而数续》云：“消除杂念之比丘，法性也离戏论者，也证无有本性与，对于人与法两者，已证无我之见是，已得真与定之地。”因此此宗要破斥居士宗所承认的法我执之念，有能立法无我的五大因：午一，生非实有之因；午二，物非实有之因；午三，有性与无性共同而立；午四，于所立相同而立；午五，能证的正理无实有之因。午一有二：未一，以引言而立；未二，以正理而立。未一，“诸法无生我佛所示语。”以一句而示。一切诸法胜义中无生是佛祖所讲。《经》云：“一切诸法无生自始而净，一切有界也无生自始而净。”又有《雍仲业净》云：“诸法无生自始净。”《库》云：“法与法性一切者，生与无生自始净，一切都执空性相。”

未二有四：申一，观察果；申二，观察因；申三，观察因缘结合；申四，观察因果同或异。申一：“有则已有”至“不会生”，以两句而示。有法诸果，以胜义不生也，有也不生无也不生故，如言所举因不成，有者生则。有法苗有果者，无需新生否，苗已有故，如宝瓶般。如言无有者生，则有法无苗者，是不生乎，因无有之故，如兔角一般。苗有无两者，也是非生否，因没有是两者的同位之故。《慈母五经》云：“果实有无无缘也，由有不生非为果，由无生则无因也，因此不生非果也。”

申二有二：酉一，破斥由因而生；酉二，破斥无因而生。酉一有二：戌一，破斥由自他而生；戊二，破斥由常与无常而生。戊一有三：亥一，破斥由我而生；亥二，破斥由他而生；亥三，破斥由我他聚处而生。亥一有二：乾一，立论者为：由己而生是外道数论师所承认，云以何而认则，苗在种子时以不显之姿而有，之后以肥水之缘显而生者，曰其为由种子而生之名，诸物都是由我而生。乾二，破斥之理为："由己生则"至"不可及"，以两句而示。有法任何青苗，非由自己的本体种子中新生否，是因在自己的本体种子时已有而与新生相违之故。又有，你由自己中生则无任何意义否，因你有而无需新生之故。又有，如由你而生，则是否生无数个你否，因由你而生你之故。如言是，则会成生你者不可及之弊。《地道幻灯》云："如以己中生己则，如无己则违能生，有则又违能所生。"《慈母五经》云："己中生己非因果。"

亥二有二：乾一，立论者为：承认由他而生者是内教的实事师。生法为，种与青苗等一切因果都即是有本性的他，又是能生与所生，一切万物都由他而生。乾二，破斥之理为："由他生则"至"实无定"，以三句而示。有法种与苗两者，是相互无关的独立的他否，是有本性的他故。如言是则，有法种与苗两者，是相互无关联的他否，相互独立之故，如言是则，有法种与苗，非能生与所生否，是相互无关联之故。对此如言遍不成而说，种与苗即是无关联的独立之他，又是能生与所生，则由布匹中可生瓶否，瓶与布匹是无关联的独立之他之故。如他云布匹中虽不生瓶，然如由自己之因的泥巴中可生瓶一样。那么请明示布匹中不生瓶而泥巴中可生瓶的不同理由。如言此对世人是明显之事，则对其等是明显之事，难道就可肯定为真实乎？不能肯定也，因世人是迷惑之辈故。《慈母五经》云："由他生他成一体。"

亥三，立论者，由我他两者中生是外道裸形派之论。所言是指陶瓶自泥巴中所生之分是由我而生，自陶工与车盘所生之分是由他而生。今时之人自前世的生命中生是由我而生，由今生之父母而生为由他而生。因此承认由我他两者而生。破斥之理为："自他两者中生也相违。"以一句而示。有法色等，你非自我他两者而生，因非自我中而生，也非自他中而生之故。前书云："由二生则难有一。"《地道幻灯》云："因此自其两者中，无有任何能生者。"

戊二，破斥由常与无常中所生之论："常中不能"至"已得同"，以两句而示。有法色等，你不会自常中生，因常不能生你故，常不能逐渐而生，也不能顿时而生，因常非有功能之物。有法色等，你非自无常中而生，因非自过去未来现时而生故。你非自过去而生，因过去已灭之故。非自未来而生，色等已得自己的本质之故。现时的你与现时的你时同之故。如言遍不成则，会成因果同时也。《地道幻灯》云："因两功能所空故，由常之中不能生，无常不是过去未，现时因果成同时。"要知道其等是观待各自有法的过去。

酉二，破斥自无因中所生之论有二：戌一立论者，自无因中而生之论是外道顺世派之言。如何而言？刺的锋芒与孔雀的花翎是由无因而成之故，一切万物都是由无因中而生。戌二破斥之理为："无因虚空"至"而无有"，以两句而示。有法刺的锋芒等何色，你岂有生者？无有也，如自虚空之花中怎可生果实一般。有法刺的锋芒等，你会成恒常有或永远无有否，因是不观待其他因缘而生之物故。《中观两谛》云："无因虚空之花中，怎能生出一实物，不曾观待他果故，会成常有或永无。"

申三，观察因缘相聚之论："聚而生则"至"不生油"，以两句而示。如言因缘相聚而生色等，那么因缘相聚者有没有果实，如言有，则有法其果，会成因缘相聚者已有你否，因缘相聚者已有真实所缘之你故。如言是，则有法果，因缘相聚者已有你故，如瓶中之水一般。第二，如言无，则有法所知，由因缘相聚不生果否，因缘相聚者无果故。如聚沙中不能生酥油一般，前书云："如果因缘相聚中，生则果实已有或，因此不生成已有，犹如瓶中之水般，无有果则如何生，聚沙不生酥油般。"

申四，观察果是一或异："因缘同则"至"柱与瓶"，以三句而示。如果以胜义也有生，则试问因果是实质同一还是质异之体，如是前者则所生之果与能生之因，两者会成一体，如言是，则是因果或所生则与所承认自相矛盾。如言质异，则是因和非因两者都不是能生而相同，是质异故，如言是，则因果会成相互无观待之物，所承认故。如言是，则会成果不观待因也，所承认故。如柱生时不用观待瓶一样，前书云："如言因果质同则，所生能生成一体，异则是因非相同，相互不用观待故，会成果不观待因，如同柱与瓶一样。"

午二，立物非实有之因有二：未一，以引言而立；未二，以正理而立。未一，“内外诸法皆空佛所言。”以一句而示。所取外法之见与能取内法等一切诸法为空是佛祖所讲。《空界论》等经书有云：“外空、内空、一切法空”等等众多之言。《雍仲业净》云：“外无所取是为空，所断之境无所缘，内空无有能取心，断显之基无所缘，外与内二为空则，意识无思是为空。”

未二有五：“蕴界处者”至“怎可有”，以三句而示。申一，以数而察；申二，以方而察；申三，以因而察；申四，察聚异；申五，以时而察。申一，有法蕴与界及六处，你无实有自性，你真实离一与许多之故，是许多之分者故，如星辰一般。色蕴是为因色四大种，果色五境五根等十，戒与静虑合为非智之色合则有十五。界有外境之六界，内根之六界，密识之六界合则有一十八界。 处有外六处，内六处合为十二处，是有分支者的总体之故。又有有法色蕴，以正理无一个真实，因是总体之故。又有有法色蕴，无许多真实，因无一个真实之故。《地道幻灯》云：“明相无有本性者，远离一与许多故，如梦犹如幻境般，因有许多分支故，无有真实以实物，如同空之星辰般。”

申二有二：酉一，毁粗物；酉二，毁细物。酉一，“有色之团破碎之片块。”以一句而示。有法有色之团，无一真实之实物，因团为碎块，与碎块是有方的许多微粒之总体之故。《五经》云：“尽所而示不明者，色与色法极微尘，诸物不可修习也。”酉二，“十方之尘”至“方分物”，以一颂而示。如言极微尘以真实的无方分而有，那么，以极微尘聚集而增大之时，你所言的无方分之尘置于中间，在其尘的四面八方上下等十方各置一微尘而紧紧相依时，观察其与先前的中尘有无区别，无变化还是先前之尘否，还是比先前之尘体积有所增大。如果中尘连接十方之尘后仍然如先前一般大小那么山峰等粗团是如何而成，不可成否，即便连接众多之尘也不变先前之体积故。如是连接之后体积十方都有所增大则，有分支的极微尘怎会成无方分之物，不可成也，因其有十方之故。《六十正理》云：“十方之尘对中尘，言则是否成他物，是否不变如先前，如是团块如何成。”以此正理而破斥有部所言的无方分的极微尘为胜义之见。《雍仲业净》云：“比丘乘之观点为，无实之心染三污，知以微尘而成情器世。”此为有部所言的极微尘与字母，一刹那时是胜义之见的破斥之义，非是指其三者是胜义。如是则违反自宗中观派之见故。

申三，以因而察的立论者：“如言真正实有明显故。”以一句而示。说有部曰：有法色声，是真正实有，真实而显故。破斥之理为："其因五种分五无有因。"以一句而示。有法所知，色声等非真正实有，其等的因五大种非真实之物，因未成之故。有法所知，五大种未成真实之物，各大种又各是五小种的总体之故。《经》云："风之种界又示五。"

申四，"细察实物"至"相异生"，以两句而示。有法显现实有之明相，以正理察则无一点真实之份，对所取的一物，以能取的不同之心而生相异之识。如以乌毒而言，对常人是剧毒，对喉蛾毒患者是良药，对孔雀而言则是食物一样。

申五，以时而察有三：酉一，粗略总示；酉二，详者区分而论；酉三，立己之本性非真实之因。酉一，"非为有色三时之分者。"以一句而示。有法非有色之物年月等，无真实之性，是有过去、现在、未来之分故。是许多刹那之分故。酉二，"刹那中前"至"违无分"，以两句而示。如言是无分的刹那真实者，则以刹那而计时时，此一刹那与前一刹那的，此一刹那生时与前一刹那灭时之时间断否未断，如言未断，则前后中三刹那同时而生否，如言是，就成无量寿时与十寿时为同一时代之弊。成与坏劫也成同时则荒唐透顶也。第二，如言间已断则有法所知，与你所承认的刹那为无方分的真实之论相违也，是成同方总体故。《两谛》云："此刹那与前刹那，以时间如未断则，三时皆成同一时，皆成同方总体者。"酉三，"前后轮流"至"成同时"，以两句而示。一刹那自己无分而是真实，那么前后两刹那与中间的一刹那相连接时，是同时连接，还是在不同时间中先后连接，如为后者，那么中间的一刹那是否有相异的两分，如言是，则与所承认的刹那无分之观相违。如言在同时连接，则前后中三刹那是同时乎，所承认同时连接之故，如言是，则过去未来等将成一刹那时而极其荒唐也。前书云："前后而观中间时，相异而成同时则，前后又成同时也。"

午三，实有与非实有同等而立："实有虚空"至"明相故"，以两句而示。有法显实有之相的诸法，与虚空之花、石女之子等，你无真实与非真实之分，如实有般显者与非实有任何都无本性之明相故。

午四，与所立相同而立："诸物显称"至"执净同"，以两句而示。说有部曰：有法内外诸物，有真实，色等诸物真实而显以实有而称故。如火有热与焚烧的功效一样，如言，则有法所知，真实而显以著称之由不能成立其是真实之理，因凡夫是被无明痴心所迷惑故，如野兽观阳焰显水之明相一般。如昆虫视不净之物为净物一样。

午五，立无有能证的正理之因："诸法无实"至"而灭般"，以两句而示。以正理察则能证诸法非真实，如察正理自己是否是真实时，内外的实有之诸法既然不真实，那么中观的一切正理如何成真实之物，不成也。如火焚烧柴禾而柴禾燃尽时火也自然而灭一般，既以正理确定诸法非真实而证得诸法为空，则怎不证得正理也为空之理，能证也。

寅三，阻世俗而不立胜义："阻止诸物"至"怎可获"，以两句而示。如上述破斥一切实有物所属非真实，而并非是立无实有之空性为肯定与真实之因。如此有法所知，以正理不曾获空性为真实之份，显现之诸物是真实者也不被正理所获故。

丑三，附带论世俗之住法："如此诸物"至"边中脱"，以一颂而示。《界极断经》云："示无能自有边中解脱，示有可自无边中解脱，示二则自无二边中脱，自诸边中解脱之义雍仲菩萨众应讲之、修之。"如言，有无常断等诸边以教理消除之后，确定离中边的基之真谛证得无以言喻之义。分别智超越凡夫异生之心识而显现者是中观之见。《四言法旨释》云："戏论之边皆除故，此时中央寻不得，中观之名以此得。"因此一切诸法的本性以因缘生而住者也，无生是真理，无灭是本质而成。《大乘经慈母精华》云："不生不灭虚空本质者。"不灭的明相也如不以正理观察，则迷惑的明相如真实般虽有，依义则如梦境之牛马般，自无生的本性中不动如虚空界般而居。《中观两谛》云："如此所显之诸物，因缘缘起之力生，不察皆是迷惑相，犹如梦境牛马般。"又有，"诸法皆为无生者，遍识一切佛所示。"《慈母五经》云："世俗明相迷乱者，极其察则非真实，诸物坚固之精华，先前无有后不生，犹如光影一般是，如具智慧之目则，一切皆为空性者，少许两方所示基，所谓实有我未见。"如此世俗虽无实质，如以此言无假有与无因果则就与断见相同，其等是以幻境般而有。《两谛》云："如弃虚幻之明相，诽谤其则为断见。"又有《慈母根本十万颂经》云："不执有而离无边，不可显而为空性，戏论无缘无所集，非为断见常物空，不居任何一边者，能依之污不曾染，觉而悟者也是其，顶礼真正的智慧。”一切诸法如问如何自因缘缘起而生则，是以非常非实有的与自己的本性相同的因缘缘起之力而生，如此，以自己的无念之识放逸之时，触显境者为阿赖耶，不让执其显分者为阿赖耶识，此分别五门之境的破立所取与能取的七识的迷惑之念中以内外的缘起而生。如何生则，《普贤平等续》云：“外缘起而生者是，五大种、时之变迁为六、合种为七、合苗为八、合枝为九、合叶为十、合花为十一、合果为十二支。依次而生，反者以六分之正理而察不成境也。内缘起而生之顺序为，自无明中生行、行生识、识生名色、名色生六入、自六入生触、自触生受、自受生爱、爱生取、取生有、有生生、生生老死。逆次为修法也。”如此的内外之法一切缘起而生者，无本性而不是常，如幻般显而非断，以显而无本性而住。《律经十万颂》云：“佛祖曰：‘风师香味等雍仲菩萨，其如此，一切诸法自始而净之义为，非恒常，非定也。非断般，也非无定。自始而超常断两边，无缘大遍布也，在如虚空之性中本性任运而成也。”

己二，修法：“唯以智慧”至“两身因”，以三句而示。如此如唯以智慧空性一方也不能修正果，如声闻部般不具备大悲心而唯居涅槃之故。又如离智慧之法，即使精修方便之法也如外道般唯有入误途。其两者如果能相结合则，以智慧之力不堕轮回，以方便之力不堕涅槃，是修两利圆满的两身之因。《六十正理》云：“智慧不具方便者，方便如其修不成，方便智慧相结合，能修正果需习之。”如此以方便智慧双运之门对法与人执实有与有相的贪恋之念以正理而除，所知之真理空性有无显空非何物之界中以念而等持者谓之曰：修之名。前书云：“但凡贪恋之实物，对念消除明相而，皆非任何之念者，命为修习胜义名。”对此不断明相而对明相不贪恋，不修空性而不以心而行，在显空无分之界中，不以寻伺之念做作而等至。《经》云：“证得显空之义中观道中安。”

己三，所修之果有二：庚一，暂时的地道的行法；庚二，究竟之果的得法。庚一，“先依空性”至“十一地”，以两颂而示。如此等至时的空性与后得的悲心显而初入修习布施等福与智慧的一切资粮者为资粮道，大乘发心新生的任何初修者，大乘发心初生时皆可入小资粮道，以修法的区分，资粮道又有小中大三者，各有四支而合则有十二分支。《地道发愿经》云：“四念住与四正断，四神足行资粮道。”依次修则功德生而其后能得迅速连接无分别智见道的加行道。如此在加行道的暖与顶时修五根，忍与世第一法时以五力修习诸等持。前书云:“修习五根五力五等持，暖顶忍世第一加行尽。”加行道四分各自以所缘相而分三四十二加行道之称。如此的资粮道与加行道是凡夫之道，如心生其等的功德之后就能入超越世间的离戏论之智正见的见道，能得无尘无污的法眼。此时空性与悲心结合双运而真实见第一地的真谛法相，前书云:“显空无二真谛义，刹那之间显而见。”其非如极净的第八地等般如所有般见自性之本性，因还具己地的见断与圣者的修断之障故。因此，以对治断一百一十二见断之后，修道之大中小各有三道而分为九地，修道之小之小者为第二无垢地，至修道之大之大者为第十地不变雍仲地之间的八十一修断以对治等至之力而使其无效之后，将依次得十地以下的一切功德。又在十地前一刹那时还有的细微所知障，在相续后际时以如雍仲的等持无间道而断。之后在两刹那中以解脱道而至圆满的佛陀之地十一地普贤光地法界。《普集库》云:“十一普贤光之地，断证圆满三身满。”

庚二，得究竟圆满之果为:“我利法身”至“解脱地”，以一颂而示。此有二:辛一，能成之因;辛二，自其因中所成之本性。辛一，直接之因是先前所修的诸道，近取因需观待四缘而成，如此因缘是对发心以道而添加、增上缘是修根本与后得结合之道、所缘缘是以两我所空的法相为境、等无间缘是依相续后际的一刹那而生。

辛二有三:壬一，能依之身;壬二，所依之智;壬三，所行之业。壬一有三:癸一，法身者，界与智不分自然结合，离一切污垢的大解脱之界如虚空一般。《经》云:“法性真谛之身犹如虚空一般空。”分则有自性身与智慧法身两者。界大净等如空极净无分别之心，然为诸身的法性之分而称为自性身。观待如所有与尽所有的所知圆满而见者的智慧为智慧法身，如详分则有无漏智二十一类。中分则有五智，简分则有如所有与尽所有之智两者。正所谓《两谛》云:“胜义犹如虚空般，无相之处显证时，智慧资粮圆满而，即得自利法之身。”法身为具五无有的究竟之界。

癸二，受用报身，轮回方的有为八识与阿赖耶识灭于法界之力而言的基之真谛显分的一切功德圆满是具五决定之身。

癸三，化身者是法身或报身的神通之中，以所调之机而变化的五无定之身。前书云："世俗如梦如幻般，遍行诸多善业而，福之资粮圆满后，即得他利两色身。"

壬二，所依之智有根本五智，《密续十二童子》云："唯一明点法之身，法之身者无可喻，无喻之中生智慧，空性之智无偏袒，明镜之智无显隐，平等性智无贵贱，妙观察智不混显，成所作智任运成。"此五智以三身中的何身如何而属，则法性之智属于法身，成所作智属于化身，其余的明镜智、妙观察智、平等性智等属于报身。以五根本智而广分则有二十一智、六十二智等，简而摄则可摄为尽所有与如所有之智中。

壬三，所行之业为如此法身是空性如虚空如他利之勤勉与分别心，三时不变而居。《两谛》云："法身空性如虚空，无有勤勉分别心。"虽如此但也不断利众之相续，直至度尽所调之众之间，以法身之性佛陀在学道时修发心与愿心之力，所调之众的积善业的两力而对净与不净之众生之现象中以报身与化身而直至度尽众生之间以四大悲心而行利众之业。《四言法旨释》云："色身即为所调之明相，发心愿心极净，与有情业之区分而，即生报身化身相，善以方便度众生，直至度尽众生间，悲心之续不断也。"以三神变而行利众之业，三神变，《修菩提经》云："显示三大神变者，神通之神变、普言之神变、后示之神变而示法。"身语意无尽相续之轮以三神变遍及十方的诸世界而调伏众有情之念为身神通之神变，以神通知他心者是普言之神变，对所调之众应机而示三乘之法者为后示之神变。如此在示法时大地以六种地动而震，显十八大吉兆等为法明相之神变。如此无学道具备五圆满之功德，烦恼障与所知障及习气等觉而断一切应断而为断圆满，以证得如所有与知尽所有两者增长智慧证得一切应证而为证圆满。能依有道与道至正果一切功德圆满而乐果圆满。《地道幻灯》云："所断圆满而谓觉，所证圆满而谓悟，依道而至正果地，致使乐过圆满成。"雍仲本教法藏宝库中，示静虑与智慧之波罗密多之讲第十品之释文，以上是示肤浅与非两者，或因性相宗之释已确定而述。

密宗果乘释文——密义明灯

第十一品　密宗宗派之总义

法巧门宽深速密宗法，密姿耳传世间译师众，辛杰玛耶智西巴美，及如来曼日传承等礼赞。如此以第十品以上将因性相宗之乘次第，三人士之所修讲述后，现将讲述丁十一密宗果乘之无上道路次第有三：戊一，果乘之总义；戊二，比因乘特殊之处；戊三，示非凡之道。戊一，“雍仲菩萨”至“阿噶乘”，以三句而示。《普贤平等续》云：“直至有想之间时，悲心光与乘之边，轮回未尽之间示，如是无有想蕴则，无有乘乃无祖师。”如云般随有情之识与想之后，乘之边也虽无边无际，然聚而摄则可摄入因果两乘之中。《乘次第》云：“内教辛饶摄为二，因与果乘两者是所言”。《叶赤·决定品》云：“分类虽多摄为二，因缘转道性相宗，果实转道密宗乘。”因果二乘之所调化机也属三类。《心经教之明灯》云：“戒律梵行因之乘等三，我利他利愿与行之别。”此三者也可摄入尊卑两乘之中，如此戒律乘之化机根器迟钝者主修我利之小乘者，与菩萨勇识之梵行与方便乘之化机天资聪慧而唯修他利者是为大乘。其中菩萨之梵行与方便乘两者都为利他而愿得无上正果相同，而属雍仲菩萨之乘，“梵行方便之乘乃，他利愿与行而同”以此引言为证。大乘之两种性也以是否转果为道而分尊卑，如此因乘中以为如来藏是以种子而住，以两资粮之缘使其增长而得果。因果前后关联而称为因乘；果乘中认为正果自始任运而住，视其为道而称为果乘。其有四理由可言。一、密宗之法深奥，智慧迅速而能速得正果。二、借用正果如来善逝之容貌而修道。三、探讨蕴界入非果者而修三位一体的本尊之坛城。四、其果为自己所修之道，悟道与得果为同时，道果无二、无先后之故，并非无理由而只以分类而分，是以正量所引之果转为道路而称为果乘。《乘次第》云:“称为果乘是有四理由,速得正果容貌借为道,探讨非者而修其为己之行,因此是被称为果之乘。”如此被妙欲所诱惑之人士,以依所修本尊与密咒之瑜伽等方便之法众多,与菩萨宗中为他利虽愿速得正果,然要以大劫而修与正果极远,密宗中可在一生一世中修得正果而方便之法深奥,只转变想法就可将任何都转变为道路,示将化机引领至大乘之道而方法巧妙密宗之次第而称为方便乘。《解析密义》云:“大法深奥之入门,化机近而引领故,将示此等深奥道。”又有密宗以自己的事相被称为密宗阿噶乘是有原因的,无缘者难闻、凡人不懂、邪见者难悟而称为桑(密),修共同与不共之成就时极妙而称为阿(藏语有称赞的含义),本性无生力相不断,自始都不曾被过失与污垢所染而称为阿噶(太白)。此可承载至正果之地而称为乘。《叶赤·基之品》云:“不懂邪见者要隐(密),有缘勤者需称赞。”《无垢经》云:“阿噶智巧无二而,大乘承载至高处。”

戊二,比因乘特殊之处为:“是以四点”至“苦行修”,以一颂一句而示。第一句略表有《无垢经》之太白乘中云:“居士比丘被欲束,被欲束缚难解脱,需修百千万大劫,密宗深奥转变道,五毒转依为智慧,身与净土是双运,方便智慧为无二,因与正果为双运。”如云般密宗深奥之乘,比因乘以四点而殊,以每句示一义,第一,因果之两大乘所修之正果虽无区别,但以修行之缓急却有车与日月之别,因乘要以大劫为数而修,果乘只以人生为计。如此因性相宗以无量劫至六十劫、三十七劫、七劫、五劫、三劫依次是声闻、独觉、悲心菩萨、无戏论宗之得正果之时。密宗依《总集》则以七世、五世、三世、一生一世依次是事部、行部、叶辛部、大叶辛部之得正果之时。如依天竺之雍仲法部则以十世、七世、五世、三世、一生一世依次是诸事梵行原始法之乘,诸相皆具神通乘、亲生起悲心神变宗、极其胜义普满宗、自始绝顶无上大圆满宗之得正果之时。性相宗以因缘为道而远,密宗以果为道而速。此义是引自《虚空幻化库》中。

第二,性相宗认为外境之明相执著实有如幻术而修,唯以遍计实性之正理回遮,对自性圆成而生的明智却愚昧无知,内之蕴界入等不知为本尊,对本性无知不能同时行利乐一切与自己有关系的有情之事,不识密者烦恼与一切分别心为智慧而对道之行相愚昧，不断分别心则难入胜义智慧之海故，密宗知外境之明相无本性而明智之力不断之中为本尊之净土，内之蕴界入三位一体是佛身大坛城，密之一切分别心与烦恼都为智慧之神变不断而显。外内密之一切应净都以三洁净使其与正果之界在自界中相连而遇之区别。

第三，性相宗中认为烦恼与智慧有尊卑之分，而不外乎所治与对治之列。密宗中将性相宗之一切所治都可转变为道，如问何故则有年美大师云：“法大门宽方便之法众多。”如此不断舍五妙欲而转为饰等一切所知均可转变为道路而法大或法巧，知一切分别心与烦恼之类别，精通将其转变或解脱为本尊与智慧之法，即使行五无间罪或众恶业也不被其束缚，依交度深奥之法而门宽，转变想法以巧法之行所摄，不管如何修行也无有不成菩提之道而方法众多。

第四，性相宗中内外都有如道与不如道之分，疲于取舍之道，密宗中无有不同者没有任何需断舍之处，不用苦行与戒律之行为所束，不管如何也可引领至欲道而无需苦行，依众多对治烦恼之法使自己解脱而可引领他人等而殊于性相宗。

戊三，示非凡之道有四：己一，事相；己二，性相；己三，言词；己四，续部之分类。己一为：“以变为道”至“圆满成”，以一颂两句而示。自原始时就光明真实无言论的本性身与智慧不即离之界自性清净，与依此之法所净能净等一切是事相。其又可摄入净基、所净、能净、净果四类之中。本性光明法性自性清净为净基。客尘之障业与烦恼轮回之法，阿赖耶八识等为所净之污垢。《根本续色吐经》云：“阿赖耶界聚习气。”其又有一切习气之阿赖耶识是轮回之本而将回返，本性义之阿赖耶界之分不回返而转变为法性界之智慧。其他识回返而显其他四智。受能熟之四灌顶，而后修能解脱之生满次第，使属道路分的智慧新得等为能净之法，如何修习之法有前书云：“阿赖习气以净消，分别无欲之力摧，欲身是以法印毁，大种实绳自然脱，蕴之狱吏以计惑，光明生命以乐续，五毒利刃以力毁，智慧光彩以悟增。”净基清净之界与其之悲心加持中显现能净之道路明相是彼生相属。《心性明镜》云：“万物彼生相属也。”如此清净之界一切诸障都净而成菩提之界，身与智慧任运而能使正果亲显两利圆满而成。《九部明灯》云:“究竟之果三身乃,可化三五十五身。”

己二,性相为:“基性智慧”至“自显现”,以两句而示。基界空性中智慧任运之自然智,大径直原始智之力相无阻而显是属道路之根本。其为自然而无客尘之污垢自始而居。《母续悲心骄阳》云:“基界智慧胜义无实者,自然无垢原始而居住,客尘过失均离无性相,任运而成无为法中脱。”

己三,言词为,断道者之一切所断均可转变为智慧而称为转变之道密宗大乘。其之密者之义有《见论大鹏》云:“自始密与显也密,本质密与对他密。”所言之四密,第一是,自己原有之精华之义不曾显现而密。第二是,以世俗则身与智慧之明相虽不阻然不见而密。第三是,如不依有法力的上师之秘诀则很难不误地领会真理而密。第四是,对凡人与下乘要密而不宣。此四者也可摄入两者之中,无缘者难悟,与邪见者不可领悟而密。

己四,续部之分类为凡续者是转引自象雄语的丹扎之词。象雄又有里外中三部,从象雄所译的密续多半译自外象雄,其有众多语言中是译自玛语。其密续之本质是,聚集众多细微之祈请之言而成,自然示深奥密义。《密集大方便父续》云:“祈请所示细微增,如来密义自然示。”本性为:自然智无始终以密续本性而住,无造作明显而示的深奥密义。前书云:“本性无造作而住,意能遍识一切明。”言词为:修习共同与不共成就的仪轨无有不全与相属而称为续。又有前书云:“言词义全而相属,极其圆满示为续。”问何义全则有前书云:“义为见行灌顶誓,业与修供咒等持。”分类有二:庚一,以所诠密义之门而分;庚二,以能诠词句之门而分。庚一为:“所诠之义基道果之续。”以一句而示。如此所诠密义之续分则有基道果三类。基之续者是指相续所聚的普及一切有情的如来藏,因为有此如来藏,所以众有情就可修得佛果。道之续是指密咒与法印、等持等修佛果的一切不可思议方法。果续是指佛祖之功德在基中任运而以隐蔽之姿相属而住者。《虚空总断》云:“相续有基之习气,就有修佛果之因,有因则示修法而,依法而至基之处。”至基处是指,基在解脱为果时此等功德将显露而得。

庚二,词句之续有二:辛一,广;辛二,略。辛一为:“能诠密宗”至“本性居”,以一颂一句而示。能诠词句之续分则依《法性精华普遍十万颂》有:“外明咒之续、内密咒、非两者总持咒、威猛之恶咒、悲心之流咒、象雄之帖咒、甘露药物之上驮等七。”其合则也可摄为明咒、总持、密咒等三类之中。此三者也依次是以方便与智慧及双运等三者之本性而住。又如依自象雄所传之部则有，原始为静、转变忿怒本尊、无生灭空行母、度自他相续者金刚橛、摧毁分别心之甘露、无变更之长寿仪轨等并称为密宗六法旨。此又合则有《赤克》云：“如同虚空之静中，大种般之明王生，雷雹般之金刚橛。”

辛二，略则有三：壬一，分类；壬二，为何分四部之原因；壬三，解析各自之本性。壬一为：“不管合分”至“之言证”，以两句而示。凡密宗之续部是随有情之心识与诸法之界而变之故，难计边与数之量。普贤佛在无始时对自相之眷众如江河般而示之故，如同天空一样无边无际。因此分类之合分等虽无定不可思议，然而此处将一切密续都以四束而缚无有不属此中者，是有《聚密续》之引言与理由等成立之故。

壬二，为何分四部之原因有二：癸一，化机之器与时之门而分四部；癸二，能调法之门而分四部。癸一为：“以种性分”至“争执劫等四”，以一颂两句而示。如此与四续部之性相相同的化机有三：子一，行为；子二，根器之利钝；子三，时之区别。尤其是化机之主欲念等不同而各有四类之故。《坛城宝总集聚密续》云：“化机种性与应器，劫有时与四欲念，为调其等示密宗。”如云般，子一，针对四种性而示四部，因婆罗门着重卫生与身语之行为而针对其等，示主要与其等的行为相同的行部。贵族着重外表之整洁卫生与礼仪廉耻之故，针对其等示三门同分而行的事部。帝王着重统治众生等喜好远大之事而重脑力，针对其等而示着重所缘的叶幸部。平民族卫生意识差而烦恼粗大之故，针对其等示主修智慧之业的大叶幸部之续。

子二，应人士之根器而示四部。如此根器迟钝者难悟广大的心力所做，着重身语之事而修，针对其等示行部主修外之行为者。根器中者修习三门何业也能修之故，针对其等示内外行为同分而修的事部。根器利者能顺利驾驭广大心力之做，针对其等示主要以心而修，以身语之行为为友的叶幸部。针对比其根器极其聪慧者而示，以内心之瑜伽而行禁行之行为，无有取舍破立，一切诸法平等而修的大叶幸部。

子三，针对以时之区别而生的化机之四欲念而示四续部。如此在圆劫时没有烦恼与十恶业，欲念相对细微相互凝视就可满足性欲，针对此类示行部。三分时时没有意之三恶，而身语之七恶中性欲只要相互含笑而视即可满足。针对此类示事部。二分时时又生贪心没有意之另外两恶，相互触摸就可满足性欲。针对此类而示叶辛部。斗诤时时烦恼与十恶皆全，所以性欲互拥交合时方能满足，针对此时而示大叶幸之部。在坛城中本尊夫妇相互凝视、含笑、相互触而稍稍相拥、夫妇交合之姿等是为调伏其等四欲之义。

癸二有三：子一，确定续部有四；子二，密续外内之区别；子三，总述密续之分类。子一为："法是行事叶辛大叶辛。"以一句而示。如此以化机与根器、烦恼之粗细而确定能调之密续为四部。又有前书云："法身四离密意中，而示聚密大教续，外内密与极密四，行事叶辛大叶辛。"如此行、事、叶辛、大叶辛为四续，是《坛城宝总集》中所言。又有自天竺传入的法部所云为：事梵行原始本、具众相神通宗、亲生起悲心神变宗、极其胜义普满宗等四部，依次与行、事、叶辛、大叶辛部之见行基本相同。

子二是："前两者为"至"如此般"，以一颂而示。依天竺之乘，则事梵行与具众相部为外密，亲生起与极胜义两部为内密。《乘次第》云："果乘外密之宗是为二，事梵行原始本之乘与，具众相神通乘为外密。密宗内之乘是有三宗，亲生起悲心神变乘与，极其胜义普满之乘与，自始绝顶大圆满宗是。"所言大圆满是密宗之无上法。又依《总集》则，行、事、叶辛三部为外密，大叶辛部为内密。其叶辛之言词为见与第八乘叶辛乘近似，大者是大圆满以下都源自其中而言。内外密之区别有四，前书云："依神外生行为见解与，正果自生他生有四类，外与内之区别以此分。"所言般以见、行为、依神、正果等四而区分。第一，见为外密视为有境与对境。内密远离境与对境，不分内与外、有境与对境、所知与能知，而认为一切诸法均为平等无取舍之物。第二，行为，外密不能依五甘露与特殊之法，以断舍唯行清洁之事。内密行交度等特殊之法，与取五甘露而无净秽，混乱而行。第三，神，外密认为神灵是他，与自己有你我之分，以供养取悦就可赐成就于自己，得正果之时比内密更远。内密认为本尊夫妇之坛城三重勇识是自己而并非他物，认为与自己无二。认为以供养供大主宰神，成就与正果非自他处得，而是从大主宰神之坛城中所得。又有外密多半没有交合之本尊夫妇，此类是内密之本尊。第四，正果，外密认为正果只从他处所得，内密认为是从自己所得等是《乘次第之释九部明镜》之密意。

子三是："总续十万"至"经中言"，以一颂而示。密宗总有十万密续，其中明咒有一万续，总持有一万，威咒有一万，流咒有一万，帖咒有一万，甘露药物上驮有一万，密咒有息、增、怀、伏各有一万，合则有十万续，是《达本》所言。又有依《无垢经》所言，则有四面八方与中央等九刹土中生九坛城，自其中生九大续，中央总集宝坛城中生九树之九续、其九续又各生身语意之三续而分支之续有二十七，自其中又分一百零八等分支。《无垢经》云："其有一切总集之，总集宝之坛城有，大续幻化网续生，大续幻化网续中，根本三续六分支，又分三十六分支，是有一万六千品，业之加味有十万。"等极其广而示之。

壬三，解析各自之本性有二：癸一，外；癸二，内。癸一，外密有三：子一，行；子二，事；子三，叶辛。子一，行部为："分则外有"至"为行部"，以两句而示。主修外表之沐浴与清洁与身语之行为而称为行部，此有六义。丑一，见为："见观法相"至"如神之肖像"对此等外界之诸法显现众多之实有物，以内之心识思索而不曾得一点实有之份，悟其为无相的法性极净离污垢。以胜义知为如此，以世俗而视为本尊之大肖像。《恰巴郎登所著乘之论》云："外境之平坦、险恶与高山与内心之贪欲、嗔心、痴心等，外内身语与意等三者以三洁净视为本尊之肖像，其中高山与嗔心净视为龙布德色意之本尊；平坦之地与痴心净视为慈悲本尊之身；险恶之处与贪欲净视为雍仲扎色语之本尊。视其等本尊为主自己为仆之姿。"《聚密》云："实物高软粗糙使，瞻得种性之坛城，谓之极净之词也。"又将身语意等视为本尊之身语意之肖像，所显现的一切色为本尊之身、所闻之诸音为本尊之语、心中所想均以静虑而净，是为三洁净。此等见也是以极净与假言而视。

丑二，行为是："行为以时"至"与苦行"，以两句而示。在三时中身之行为是唯食三乳品，每日换衣三次，以三沐浴而清洁自身。语之行为是勤于念诵密咒与礼赞文。意之行为是将心念摄于法器等所缘之物上，而不忘菩提心之等持使其明了。前书云："行为有六时与食，衣与清洁所缘物，念诵等修苦行。"

丑三，修是:“修为无相”至“修本尊”，以三句而示。无相是修空性，有相法是以字母、声音、色、法印、形状与颜色之相，与空性等六有相法修习本尊之行相。其中以空性修本尊者是将心之空性称为本尊。对其等以思索知其为幻化般的本尊之肖像。《大方便父续》云:“修为有相无相二，空性字母音之神，色与法印六有相。”

丑四，誓言为:“誓言不弃”至“酒肉与大蒜”，以三句而示。总之誓言不弃三宝与菩提发心，与类别之誓言是，身之业法印与语之业密咒、意之业修本尊与上师等不弃而恒常念修，不长卧于床与断舍酒肉大蒜等。前书云:“誓言不弃三宝与，发心密咒与法印，本尊上师常念修，断舍卧床酒肉蒜，守持总与类别誓。”又有《乘次第》云:“守持三门业之七誓言。”

丑五，修法为:“本尊与已”至“成就果”，以两句而示。自己誓尊如仆之前方观想本尊智尊之神如主者，认为对其供养贡品就可赐成就。共同与不共的两成就中，认为能生有相者共同之成就，无相者不共之成就。《聚密》云:“生起誓尊迎智尊，礼赞念诵等等使，自他视为主仆姿，两净而视成就为，能取无上不共者。”又有《乘次第》云:“星辰时节清洁物与资具依，密咒够数具法修之义。”

丑六，果是:“其果七世之后得正果。”以一句而示，易懂。

子二，事部续为:“外之行为”至“事之部”，以两句而示。外行为之法与内等持两者同分修习而称为事部或两者之续。《总集教言续》云:“身语清洁等持等，同分而修为事续。”又有:“行事两者依而成。”所言此续有两义中，丑一，见为:“见证两谛”至“行部般”，以一颂而示。世俗迷惑之明相显现众多之相者，以自己的智慧与瑜伽现量观察，胜义离相的法性无戏论无分别而悟。认为其之加持显现本尊之像。《聚密》云:“见为两谛一切法，悟得远离戏论相。”修是有相法与无相法两者与叶辛续相同而修。行为与誓言如行部一般而修。

丑二，修法是:“生起智尊”至“得正地”，以一颂三句而示。生起自己誓尊，在前方将智尊以挚友之姿而观想，自此取成就。前书云:“生起迎请礼赞念，本尊与已如挚友，取成就而禁行居。”行事两部都以有无自生与智尊相融与否两者而不定。两者之分支有，观想本尊与空性的瑜伽与风与念诵等四，前两者是两身之主修法，念诵是敦请本尊意续之支，风是前两瑜伽之能依之支，此四者摄则可摄入有相与无相两者中。此风之瑜伽与无上大圆满不同，只是修习乐明无分别之等持与本尊瑜伽之因，与上部续之特殊道路有极大的区别。

子三，叶辛续是："叶辛主修"至"依为友"，以两句而示。身语之行为清洁等只为友，而主修内之等持叶辛之密意而称为叶辛续。前书云："密者叶辛主要示。"此有六义，丑一见为："见为胜义"至"大坛城"，以两句而示。《乘次第释文九部明镜》云："见是认为方便与智慧、域与原始智、胜义与世俗是无二的大主宰者。"所言般，从自己的智慧中何时都心力无阻而显现者为方便，其以方或面所空者是智慧，对其显现众多之法成源头者为域，其知一切法自始为本性离诸障者为原始智，是七圣财天然而成的胜义。前书云："胜义是心性之本性无造作、不成何物、非无显任何都能显现、不是何物、以一切法之本质而自显，如何修习将如此而成。如太阳以阳光而显一般。以此分而为七圣财天成。"以世俗则其万物是原始智之化身而自显，认为自始是本尊夫妇的坛城同时圆满。在此本性中认为没有轮回，以为是胜义与世俗无二的大主宰。《乘次第》云："胜义世俗两者无二使，增上大主宰为平等者。"增上之义是指此见殊于下部之见。《聚密大方便父续》云："见之诸法离戏相，诸法本性光明中，领悟始智加持神。"

丑二，行为是："行为上供"至"利众事"，以两句而示。行为是以食子等上供如来部与护法部而取悦，下对天龙八部与六道众生以布施而满足其欲。以礼拜与忏悔消除自己之业障，以四业之门行利众之事。前书云："行为现行具友使，主修本尊之瑜伽，广行两利居等持，供养佛祖护有情。"《乘次第》云："我利他利极其圆满行。"

丑三，修有二：寅一，有相；寅二，无相。寅一有二：卯一，略表；卯二，详论。卯一，略表为："修是生满依次有相为。"以一句而示。此续中生起与圆满两次第是依次而示，与自己之见不违之理将在下面细叙。有相之修法又有中伏藏天竺本部之《乘次第》中所示，有云："等持次序四五三门而，修习大主宰本尊坛城。"所言般广大之仪轨五现证与中者四仪轨、略者三仪轨之门而修共与不共之成就。南伏藏之《坛城宝总集》中所示则，细微之二十五法印又以四大法印束缚而示。正所谓《聚密》云:“修习四法印之法。”所言般是大法印、业之法印、法之法印、誓言之法印共四。卯二有四:辰一,大法印生起本尊;辰二,业之法印使事业现成;辰三,法之法印解析生起次第之本性;辰四,以誓印束缚。辰一为:“田境身眷”至“得正果”,以三句而示。自修成佛田与境圆满之因莲座与月褥中现证;自法圆满之因语字母中现证;时圆满恒常流轮之因意法器中现证;眷众圆满之因本尊全身圆满坛城之眷众等中现证;身之本性圆满之因智尊中现证。前书云:“空性月褥语字母,意之法器身圆满,五现证中领悟也。”辰二为:“誓言业法”至“供礼敬”,以两句而示。如此自己生起观想为本尊后,迎请智尊融入而以四法印相融,以四神变授权,如此修得四果法印之法以誓言法印与业之法印、法之法印、大法印四印相融。其中大法印为身而不变,法之印是语而不断,誓印为意具智悲威力,业印为业无阻碍等相融。以等持使同种性之身语意之本尊之神加持,与灌同种性之灌顶本尊之顶而授权。千千万之众悲心云朵佛母以供品海供养。对一切善逝佛行礼拜等使具意义。前书云:“等持灌顶加持供,使具四神变之福。”辰三,“所净基为”至“能净道”,以三句而示。其中所净之基是修习者之身语意与事业等四,善誓佛之身语意与业是所修之果,先行前行之诸业,依真如等持与现位等持,以五仪轨观想为本尊之瑜伽,融入如自己的智尊以四法印束缚,以四神变授权而修习自己的大法印,同时念诵此本尊之咒是能净之道。前书云:“身语意与事业四,身语意与业等四,四法印束修法印。”辰四为:“关联四智神相视无二。”以一句而示。大法印是妙观察智,业印为成所作智,法印为平等智,誓印是明镜智,关联四智以本尊与明相无二之态自修止中不动。前书云:“与此四智亲关联,置于神相无二中。”

寅二,无相者为:“修习无相空性之大法。”以一句而示。知一切诸法为空性的胜观与寂止双运而修,使领悟究竟之胜义智慧,在前面已细述。

丑四,誓言是:“誓言不违五种性之誓。”以一句而示。在此处菩提发心与三戒律等与菩提地相同而示,是共同之戒律,总之入个别种性者并非不用守其他五种性之戒律。只不过要以自己种性的戒律为主之故,被称为五种性各自所束之誓言。其中首先如来种性普显(耿囊)的誓言是,要发自己修成本尊之果后,将一切有情都要引至其果之心而修菩萨的三戒律,与雍仲种性自生(任雄)的誓言是:不舍弃智悲之法器;尤其紧随雍仲上师与珍宝种性事成(东智)的誓言为;每日以六时施三布施;莲花种性无实(尼美)的誓言为,尽力守持外内密之三乘;即使难守持也心中不弃,与业种性噶秀的誓言是一切业,恭敬一切四业并接纳,在此基础上又如法接纳叶辛与大叶辛部中所言的一切业之分类。又有前书云:"誓言五性之五誓,不亲渝盟者而守。"

丑五,修法为:"生起誓尊"至"则恭送",以三句而示。自己生起本尊的誓尊中,自本性之界迎请智尊而相融,本尊之神与自己之心无二如兄弟之姿而修,知本尊也不怎么优。认为成就从自己而生,与知自己也不怎么劣而以礼赞与念诵等修,最后送智尊后将誓尊收敛,此是依有法世俗谛本尊坛城的瑜伽,其又融入离行相之瑜伽胜义谛之中,两谛收敛于同一本性之心。如问此见不是世俗与胜义无二的大主宰乎,因认为是相异之故,则如悲心菩萨宗认为一切有境与对境唯是心一样。此处认为除一切寻常的两取之份是本尊与大主宰之瑜伽之外,别处没有不同之处而不违。此义又有《叶赤·基之品》云:"第一是为两谛而,只为一方是无实,此之根本心性的,化身不阻断之分,无实空性本性二,一方定时是无二。"

丑六,果为:"其果三世之后得正果。"以一句而示,易懂。

癸二,内大叶辛续为:"至外三乘"至"主修意",以两句而示。外密之外续行部、外密之内续事部、内密之外续叶辛部三续之拔萃者大叶辛之续,不像外续一般多取舍净秽之事,主修领悟一切诸法均为无偏袒大平等之谛。此有两义:子一,见;子二,修。子一是:"见为法相"至"天然住",以三句而示。法性光明自始离业障任何不成中又生一切此为因清净界,与自此中原始智之化身本尊坛城自然显现自己的明相者是果原始智之坛城。《乘次第》云:"因为清净大界中,果之始智坛城显。"又有《九部明镜》云:"因心性之界自始未生,本性无所缘中显现果一切不阻之化身。坛城与功德自始而住中不用生起而寻找。其等也自始无为以任运之主而住。"

子二有二:丑一,修之本性;丑二,分类。丑一是:"修习父续"至"不双运",以两句而示。父续中方便生起次第戏论与,圆满次第也会主修。母续中稍有生起而唯主修圆满次第明点。两次第之本性同分而示,虽称为无二续之名，然宗派与见修均各属两宗，以了义而言此三续也是智悲无二之续。《父续聚密》云:“修习无二之正义，因而殊于外密续。”《母续悲心骄阳》也云:“自悲而生之大智，智悲双运如青莲。”如此被称为无二续的雍仲六大密续中的《密续方便绳》也云:“方便智慧法印使，修成一切业成就。”又有在哪个坛城中本尊之相多男性，飘带与珍宝之装饰众多者为父续，多佛母之相裸体骨饰者，与披全人皮与以尸灰涂抹身体等为母续。

丑二，分类有三:寅一，以本性而分;寅二，以所诠义之门而分;寅三，以能诠词之门而分。寅一是:“父续注重”至“能圆满”，以一颂三句而示。此大叶辛续以本性之门而言则虽是智悲或生满无二之续，以世俗道路之分类而言，《见大鹏论》云:“如外生起次第与，如内圆满次第与，密为大圆满是也。”所言之父续、母续、无二续等三续，如此大叶辛父续中以生起次第为主，方便明相之本性为道路，使遍计所执的迷惑之明相净于本尊之刹土，显空无分别的始智双运而修共与不共之成就。智慧母续中生起次第戏论者不为主，串习风脉明点之瑜伽，依智慧明妃之阴轮而以界与始智无二的四喜原始智修究竟之大乐。无二续坛城宝总集中，以生满两次第双运，以九大业部的始智为道路而修，使自他的暂时与究竟之利圆满，在今世将蕴之浊垢逝入精华虹光或解脱于原始之界，使两利圆满而成。此又以化机分，则对嗔心大而多思维之众示明相方便之本性父续，对贪欲大而心能止者示空性圆满次第智慧母续，对痴心大而勤事者示无二本性子续大圆满之法。《聚密》云:“嗔心巨大之化机，方便本性父续与，贪欲巨大心止者，满次智慧母续与，痴心巨大勤事者，无二本性秘诀义。”有如依《根本续》所言的三百六十神坛，则始智的一百二十神坛为母续，等持的一百二十神坛为父续，有相的一百二十神坛为无二续。《聚密》云:“三百六十神坛之，三百六十坛城有，父续母续无二续。”如言后者有相而不妥则，得身语意三果的方便之本性以特殊之智慧所摄之故，不违而更加优越。《色吐空性决定续》云:“方便智慧以义殊。”况且又有修习共与不共成就的方法众多之说。有人认为《隐义四释》中所言的“法相神坛百二十”只是因本，其实不然，是密宗行之分类之故。如问罗珠大师所言的以上而下依次是所遍能遍，与以下而上依次是所悟与能悟的次序难道无定否？是无定，因是续之性相之故。又以乘门而言时，依南伏藏则阿噶乘是修生起次第的父续，叶辛乘是修母续心止者，无上乘是属无二续之中。又依中伏藏则，亲生起悲心神变乘为父续，极其胜义普满乘是母续见行相同。大圆满是属无二续。也有将极其胜义普满乘又内分父续、母续、无二续者，其实意义相同。又依修法仪轨而分，则大方便虚空续等为父续，三百六十本尊坛城等为母续，五至尊等为无二续之仪轨。

寅二是："基道果等相连续而居。"以一句而示。虽普及有寂两者中，尤其众有情的有所净污垢之如来藏是基续，能净客尘之法是道续，此所净以深奥之法消净而离能净者为果续，所缘应净之界而生能净，以能净使净果显露，相互相属而住。《叶赤塔色》云："无造所知之本性，思维障蔽未瞻其，对此命为基之名，修法能悟此性者，谓其命为道之名，此之所知现证者，谓其名为果之名。"

寅三为："能诠广大"至"众多经"，以两颂两句而示。诸父续能诠广大如天空。《基始觉续》云："父续大教示无虚空般。"根本是《聚密大方便父续》二十一品者，与教言续十二品者。《义续》与阿噶乘之经相同，有"聚密续者父之续。"之言。又有《父续九树》、《明智杜鹃》、《大方便虚空续》等等极多。诸母续所诠深奥如大海一般，《基始觉续》云："深奥母续密宗秘诀尊。"所言般有《悲心骄阳》之基道果续四十五明点，与《密义色吐续》三十一品也属母续，有阿噶乘与《义续》相同为证，"密义色吐母之续。"如有此是总集之根本而认为属子续的疑问，则《聚密》虽也属总集，然总集自己也有父续母续无二续三续。此为六续之根本，色吐续中也已明示，认为是母续也不违。因是主示圆满次第的修持之故。又有《普佑大慈母根本续》，与《意之极隐》，桑桑之伏藏《母续悲心骄阳》等等众多。诸无二子续所诠难悟如海龟隐蔽与大海一样，此之精华有神坛五至尊，与其等的精粹是《总集三部》，其等的根本有《无垢经》与《义续》相同有云："密义事成子之续。"《聚密义续》三十三品也是根本续。分则有四，《解析密义》云："分支广中略三与，扬括重要部等四。"以意义而关联续、教言、秘诀而置，自明智中神变不断而生之流无间断之故为续，任何都是自明智的力与化身而显为教言，一切自明智以自相而悟而称为秘诀。《聚密》云："明智神变八明相，明智力而显教言，明智自相秘诀三。"如言。比此更广有静义部，与猛续之部两部。静部又有六义九明镜带诺阿。六义是为见义，示《聚九树》三十六品与行义《明点三卷》十七品，与修义《九部隐义》三十七品，与誓言义《三昧耶十万部》八十品，与业义《雍仲普满》三十七品，与为成就义示《密义钥匙》等众多。支分九明镜是九部桑玛，《金字重言》十三品，与《小重言》、《明智杜鹃》九品，《绝耶》三品，《流绳》十九品，《教言流绳》、《秘诀散文》九品，《菩提心之秤毫》等等。诺丹为黑白妖之心药，噶布耿虹萨西与那布琼那拉欠之两仪轨。其中《聚九树续》与《菩提心之秤毫》已失传。猛部也有六续九明灯带诺阿等，其又有续与修法仪轨两部。密续有为示见论有《见论大鹏续》十九品，示行义的《幻化网续》三十品，示誓言之义的《格雅束曾》二十九品，示修义的《密格拍续》十九品，示业之义的《娲姆业之明点》三十三品，示成就之义的《密续方便绳》十六品。又有源自北伏藏的六续有六部等等。修法仪轨有：示念之根本九门，与修之十八分支的仪轨绰布昂欠，与雍仲噶杰成列两者。九部业，《解析密义》云："支分九部业集是，则加九明点为二，沃塞启哇与格雅，四业五流日光绳，娲姆赖特拉建与，能亮明镜是为九。"此有玛敦大师的伏藏九业部续九大品，又有天地冰雹之弹、铠甲锋利之弹、护遮锋利之弹、那巴业之弹等等。支分九明灯是：教言《心经教之明灯》、续示隐义之明灯、秘诀明点之明灯、尊主方便之明灯、智慧明妃之明灯、雍仲绝顶之明灯、离边义之明灯、见修经验之明灯、极要灌顶之明灯。诺索大小雷电之双颊。又有甘露宝盒相叠续，与甘露金叶树之续等等，极要回遮争执轮部有续教言精华之部，与耳传钥匙之部。续教精华部又有续有静续与猛续两部，教言有阿噶修神本尊相续之教言，与极密九明点之教言，瓦塞扎朵之续敦日托欠广中略三部与其之秘诀支分是：甘露阿噶之滴，侯日落之灌顶之精粹，密伏消除轮回之流，寿主白普威，财神阿雅赞拉，门神猛虎雄狮，命神弥堆江巴等的仪轨，半措神之威遮等等。耳传钥匙部有因、缘、果等各三而有九品。此等是总集之部。另两部是功德格括与业金刚橛之部。格括部有根本续、灌顶续、业之续、见续等五，仪轨与其等的支分等极其众多。金刚橛部有九续合释文为十，应根器之利钝而示的仪轨广中略与支分等极其广大。雍仲本教法藏宝库中，详论密宗宗派之总义是为第十一品之释。

第十二品　密宗入门法四灌顶

丁十二，现讲述密宗无上大叶辛之道路需具备密宗六基，以喻体而示则为："四灌顶鹏"至"五种姓之界"，以一颂而示。如翱翔高空者非百鸟之王大鹏莫属，其也要具备丰满之六翼。云何则是，羽毛虽众多，唯有自心肺而生的越风之两翼，与自肝脾而生的越空之两翼，与自肾而生的越地之两翼等六翼丰满时方可翱翔。与其相同在一生一世中如飞般至任运五种性之界者，也非此密宗诸乘之王莫属，其也要具备密宗之六基。云何则：戊一，密宗之入门法是四灌顶；戊二，认识因之见；戊三，缘入法性相之修；戊四，友行；戊五，誓言；戊六，业。

戊一，密宗之四灌顶之次序有三：己一，得灌顶与未得灌顶的利弊；己二，何等上师授于何等弟子；己三，如何灌顶之加行。己一有二：庚一，未得灌顶之弊；庚二，得灌顶之功德。庚一为："未得灌顶"至"果却空"，以一颂而示。未得密宗之灌顶而虽授受或修习密宗念修，何言得正果，就连今世之事也不成，来世会生在不净之界得不净之身。《见论大鹏》云："如是未得灌顶而，授受密宗之义与，行诸业与修密法，今生来世之诸果，无有都将被毁灭。"不仅如此，即便行何业也将无威力，即使有其他功德，然未得灌顶而虽修习密宗之法，所修之果将空，有《雍仲密宗灌顶续》云："未得灌顶之人士，虽具其他之功德，如抽车轮之轴般，念修之日虽满数，不会证得所修兆，此为未得灌顶弊。"又有《母续悲心骄阳》云："未得闻权将生聋子身，未得讲权将生哑者身，未得修权将生疯癫身，未得参禅将生邪见者，未得法太子权生乞丐，上师无灌顶则生愚者，未得传播权生边鄙地，未得授顶权生要猴者，未得转权生无佛法地，未得业权诸业将不成。"未得此等灌顶授权则，就没有修行十业之权，所修也将成为引恶异熟果之因。

庚二是："得灌顶则"至"地道满"，以一颂而示。自得密宗灌顶起即成佛陀之子，与来世能断恶趣之痛苦，能得暂时与究竟的一切乐果，有《见论大鹏》云："自此即成佛陀子，无有一切恶趣与，今生幸福极圆满，将生善趣解脱境。"又有自得密宗四灌顶起，就有权行上述之十业，即成具威力而使所修速成，能修得一切世间之功德，即使在轮回之境转悠也有得解脱之日；短寿者也可延寿，与能修成超越世间的任运持明以下之果，声闻等一切辛饶与佛陀之功德。《雍仲密宗灌顶续》云："此世间之功德又，不可思议可修成，转悠轮回之境也，以得灌顶之功德，可以修成无上果，寿尽将死之人士，得灌顶之功德使，能延不可言喻寿。超越世间的功德，三持明之以下的，一切辛饶之密意，佛之一切功德也，如意遂愿任运成，法界之中果圆满。"因性相宗或显宗的十地五道也自得灌顶而自然圆满，《根本续普聚》云："第一灌顶得第八地，第二灌顶得第九地，第三灌顶得第十地，第四灌顶得十一地。"所言是指瓶灌顶能净见断，与其余三灌顶能净修断之义。此与性相宗中以十波罗密多之门，依次修十地而最后得无上菩提果的修法之姿虽同，但在密宗之道中，其等无需长时而修，能如幻术一般顿时而行，在一生一世中能得正果，有《伏魔始智汇集续》云："大殊胜之地道是，地道无须依次行，未行顿时可入也。"如问现今即使得密宗之灌顶，为何没有得地之功德，与上述之言相违，则其等功德现今虽不曾显露，以四灌顶使始智显现，在生满之道串习此相续至未得正果间是称为持明，圆满之时其等功德将显露而不违。

己二有三：庚一，授灌顶之上师之性相；庚二，受灌顶之弟子之性相；庚三，其他灌顶之做事者之性相。庚一有二：辛一，舍弃恶相者；辛二，依止具相之师。辛一为："灌顶上师"至"盲引盲"，以一颂而示。上师恶相者虽授灌顶，然不会得佛陀之种，将成为修佛果道路之大障碍。如此不知三戒律之取舍，行为不依时机者，未断生于轮回之因，而以邪欲贪恋如毒池的家室，任意行与其有关的秘诀的特殊行止，与远离菩提心与其之根本慈悲等，粗暴易怒，心续如妖魔一般凶残，与未悟生满深奥之义未证真谛，不能熟脱自己却以略通彩粉坛城与仪轨之次序而自持为学者。虽略习因果之法而未得利，却以自满之慢心不以授徒为主，而喜舍弃弟子，与自己未得灌顶与教言、秘诀，没有丝毫闻思修之功德，却自持是圣贤之化身或种性与种族及传承优越，自持是修秘诀的有缘之士，与又有不顾经商与杀生等恶业，亲近在家之人，与为少许钱财而乱行所学等恶相者，虽授灌顶却像盲向导引领盲人至险恶之地一般，上师与弟子都将堕入恶趣之境而应舍弃。《幻化网续》云："不可授灌顶之师，邪欲贪婪毒之器，粗暴凶残与殴打，恶相者等不可变，以法使心常自满，闻法如食毒生慢，自此不可受灌顶，自满之辈逐步断。”

辛二，“所传之处”至“断贤续”，以一颂三句而示。密宗之道路汇集则可摄入密宗六基，即灌顶、见、行、修、誓言、业六义之中。弟子不具此六义就不得菩提之果，如此为使弟子修成六义，授灌顶之上师必须具备六功德，如此应具备自行事至叶辛与大叶辛与圆满大圆满等依次而得的灌顶，与精通其等的极净之见，具备极净之行止，与曾修习生满两次第之道而有自信，与不曾违背生满大圆满之誓言，不染污垢而清净，与精通广中略之诸业之实践而念修圆满六功德。又有《雍仲密宗灌顶续》云：“密宗徒具智慧者，得灌顶之标志与，此续倾囊而相示，又持灌顶之法印，依次授灌顶而得，种性师续贤续与，雍仲之流不间断。”在家或出家的持密者能熟同种性者，依次得三戒律如相而具备之师为三德雍仲大上师，此师如具备悟诸法无本性之智而精通空性，则称为空性雍仲大上师，是灌顶上师的至尊者。其精通续教秘诀之词意而无碍，得多次灌顶，自上师处得灌顶之标志与可以灌顶的法旨，他人也敬为上师，依次得外内密至大圆满间的诸灌顶，此种族高贵而圣贤之传承不曾间断，精通诸业之实践者是。

庚二有二：辛一，取具器之士；辛二，舍弃不具器之辈。辛一有二：壬一，身依；壬二，意乐之依。壬一有二：癸一，寻常之依；癸二，特殊之依。癸一为：“传于何处”至“种姓觉醒”，以一句半而示。被基如来藏所摄的六道众有情中，以前世所修之善缘为等起，使习气或种性觉醒者均可为灌顶之弟子。《密义色吐决定续》云：“六世间中所居的，以命所聚之有情，习气动而觉醒的，喜信胜解意乐行，人士以缘觉醒是。”如问恶趣非无暇否，因不是修密法的无暇者之故，则以缘而未觉醒者不是所依，觉醒者才成所依，人士以缘觉醒者，所言般无碍。如问一切有情即可为密法的所依是何原因，则密宗大乘之精华本性遍及一切有情，被此所遍及之有情仅为密宗之寻常之依。《微心经》云：“具精华者始智因。”又有：“普贤之乐遍及一切众。”

癸二有二：子一，辨别所依；子二，具器弟子之性相。子一为：“尤为赡部洲，暇满人身”，以两个半句而示。特殊之依是赡部洲之离八无暇的暇满之身。《密义解析》云：“特殊之依暇满身，赡部洲之人身者。”天神不被妙欲所迷惑也可。《经》云:“天神无有出家者,不离秀丽之长发,身着光辉六天衣,修习内续得解脱。”此引言可破认为密宗之依必须应是比丘之身否则不生之言,况且如真是这样,那么就会与“六世间中所居的。”之言相违,又有在家菩萨将会绝迹之弊。所言必须是雍仲菩萨之依,是指不可没有菩提发心。子二为:“心宽性温和”至“善良种性净”,以一颂两句半而示。心宽将不理睬他人的侵犯,身语之行止温和不犯他人自然生利,誓言坚定不破诸誓言,不喜狡诈与声誉而能断,以身之服侍,听从旨意,遂意所学等成上师之法太子,侍奉与恭敬心大,对勤修外内之诸密续之闻思修,自密宗之法中不回返。《雍仲密宗灌顶续》云:“本性善良如天空,行止温和如大地,誓言坚定如空守,见为不造作而持,能成身语意之子,不惜财物能供养,一切外内之密续,闻而领悟得自信,意志坚定之弟子,如愿应授诸灌顶。”又有《绝耶》云:“能守持绝密,能勤于念修、不贪恋性命、能断一切眷众、对上师的恭敬之心大、授则能修、示则能传播、信念大,吝啬心小,聪慧、心地善良、种族净。”具备其等性相者可为密宗之器,其也应是习气觉醒而愿修密法之人。《密义解析》云:“法门乘续见行之,能步其等后尘的。”

壬二为:“意乐之依觉醒具皈依。”以一句而示。意乐之依应是习气觉醒而具皈依者。前书云:“意乐之依前世之,善之习气觉醒与,心续具备皈依也。”皈依在前面已叙述。

辛二,舍弃不具器之弟子是:“反之试探”至“应严断”,以三句而示。与上述之性相相反者是应舍弃之徒。《雍仲密宗灌顶续》云:“首先试探密法而,中间侮辱上师与,最后蔑视密宗者,百劫中也不灌顶,无信狡诈以伪骗,违旨诽谤法友与,自持已知学问少,自持大乘而堕落,对其不授诸灌顶。”《绝耶》云:“三载观察外之境,三载观察内之心。”如言般,上师要观察弟子是否具器,对不具器之弟子何时都不可授一切灌顶教言与秘诀。

庚三,其他灌顶的做事之性相为:“灌顶明妃”至“供祀者”,以三句而示。灌顶之明妃相貌美丽等具备外相,心善是性情温和,信念坚定等内心具善业与,法太子之相是主要精通三藏之闻思修等,供祀者是在上师与弟子之间沟通的翻译,应知一切与精通诸业之实践等,此等在扬柔库中有详论。

己三,如何灌顶之加行有三:庚一,灌顶之入门之基;庚二,灌顶之正行；庚三，灌顶圆满之果。庚一有二：辛一，详论；辛二，括要。辛一，入门之支有四五二十支。壬一，上师之四支是："灌顶上师具备四念修。"以一句而示。灌顶之上师为消除所净四生之习气，以能净之任何等持修习真如、现位、因位等三细微等持是念，生起比此更粗的本尊之三大坛城是近念，之后生起明妃等一切眷众是修，迎请智尊融入以灌顶授权等是大修要具备。《日光网》云："念者并同近念与，修者并同大修习，加行业与大者也。"加行是供养与念之诸行，与大加行是指四业中以灌顶熟弟子之心续。

壬二，破土仪式的四支是："新旧之处"至"加持四守护"，以三句而示。若是旧修行处就无须破土仪式，《业之明点》云："先前修而加持的，如是旧处破土等，广者此处也无需，先前未修之居处，破土仪式如此行。"后两句是示新修行处要行破土仪式，如此，癸一，要观察土质而求土；癸二，居为己有；癸三，行能净之业；癸四，加持而守护。癸一又有两义：子一，观察地形为总之天空具八辐轮之姿，地形如八瓣莲花之状，中间有四标志与祥瑞为饰，能先收东方之曙光，能后聚夕阳之光彩，山峰地形与树木等与四业之形状与色彩相同则更佳，东与南方平坦广阔为前，西与北方高而险峻为背。在修坛城时要观察土质，息业之土要白而温润细腻，增业要色黄而柔软，怀业要色红而味甘甜，伏业要粗糙而坚硬，以证悟与梦境等观察此地有无土地神与妖魔等。破土时土具五色或细腻而密为善，恶者如有土之五浊时，应掏空换土或换修行处。五浊为：风之浊为云母与木片，火之浊为灰炭与瓦砾，水之浊为废井、河床与沼泽，土之浊为断、腐烂之土、沙砾、骨头，虚空之浊是火晶水晶等，还有孔穴、蚁穴、盐碱土、灰、尘土、头发、昆虫、生物众多处要断弃。不能掏尽或没有可换之地时，要以风之精华铁、火之精华铜、水之精华银、土之精华金、虚空之精华璁玉等五精华而治。观察土质时挖一卡之土而回填时，有余土或满时为善，未满则不善。子二，二求赐土，自有明相的土地之主人处求土而得其应允，自无明相的善逝佛，土地神五夫妇以供品与食子而求赐。《业之明点》云："土地神之诸夫妇，神饮酒与供品与，珍宝并同甘露与，乳汁等等遂意物，献而是以真实言，请求赐予修行处。"

癸二，居为己有，自己观想为忿怒本尊而遍钉金刚橛。主宰是将土地加持为雍仲之本性而主宰。癸三，行能净之业，绘地祇腹行之图而观察，在其腹处挖土、捶土、炼土、埋宝藏与以火而净之火供、以密咒与法印而净是做甘露宝瓶之法印，口念俺那玛阿噶等咒语。以密意等持而净是观想始智如水之等持，与情器净化为空而观想本尊大坛城。癸四，加持与守护，划土与加持等为同义，将土地加持为莲花与雍仲之状，为驱逐恶地祇以雍仲重叠之姿划土为四方而跳神舞。守护是修坛城。

壬三，坛城之四支是："设置坛城"至"画坛城为四"，以两句而示。癸一，设置坛城；癸二，泼洒净水；癸三，弹三线；癸四，绘制坛城。癸一，坛城之规模有大中小三种，《见论大鹏》云："两类小坛城之量，一肘又或一弓长，应依境与化机器，两中坛城之量为十二肘或十六肘，大坛城为二十五。"其中自身为一弓，以此修本尊之坛城之故，依小者一弓则有《业之明点》云："吉祥悦意之居处，设置本尊坛城时，高度应具一肘长，方圆坛城每面有，四肘之量要具备，其有硬而平坦而，中央稍隆如铜镜，表面粉刷要光滑，泼洒净水以净尘。"所言般易懂。

癸二，泼洒净水，《见论大鹏》云："字母熏香与珍宝，密咒药物与甘露，其等也各有五类。"在忿怒本尊之坛城时有业之明点云："铁粉铜粉石粉与，毒血配制而泼洒。"

癸三，弹线是不变之义，有钉与坛城中央的金刚橛，画圆形的金刚橛。线也有两条，天绳应是布线或人筋绳，地绳应是布线或毛线。前者要以五彩线合成五股线或二十五股，后者三股或九股，为代表两身之义长度应是坛城直径的两倍，弹法有三，《雍仲业净》云："所谓弹线是有三，本性之线不变雍仲界，极净之义无有变更义，等持之线自明始智线，称为无误清晰而显线，彩粉之线为示坛城姿，未误未乱无余漏而弹。"所言般天绳又或称为始绳，应具五原始智之故，要以下而上弹向空中而观想为本性之坛城，与以上而下弹与空中而观想为等持之坛城，地线或又称为誓线应具身语意之本性之故，要弹与地而明示彩粉坛城。前书云："天绳明示本性坛城义，地线能示彩粉坛城姿。"以线示义，凡线有《密义释》云："先弹四边之四线，是为大种四母线，后弹四方隅之线，能生四佛母之线，交汇之处又弹两重圆，法性无变动之界之线，中圈汇处又弹四红线，万物基中而净之四线，梵线左右弹门之四线，四季无变迁之四线是，门线汇处又弹四哲线，是为不误入义之四线，交汇处弹宫殿之四线，宫殿不变而分之四线，白线红线以数而异者，应依所修仪轨支分弹。”弹线之业与加持彩粉之法有《见论大鹏》云：“圆满弹线之业是，傍晚先做破土业，完成破土之次晨，要设八瓣莲花城，其上线与彩粉与，又置净瓶布鼓铃，卷拢线而铺东方，冉扬亢字以烧净，观想日月莲花座，对于本尊会所居，迎请等等圆满与，诸神悦意化为光，大智之士如此修。”加持彩粉是：“粉罐置于四方中，又写五种神之字，冉扬亢字而烧净，褥之又置五种字，放敛而显诸法器，其又生身而请示，迎请融与供供品，诸神悦意化为光，其等融入彩粉中，上师尊贵之右手，加持五勇之字母，要做聚堆彩粉业，其之义为五始智，标志是为五彩粉。”

癸四，前书云：“绘制彩粉坛城是，广与中与略等等，应随化机之根器，依各仪轨精美绘。”弹线是依各自之仪轨而不误而弹，此处依总集而示绘制线与彩粉之业，《业之明点》云：“中央金刚橛之孔，要以五彩粉填满，之后绘制坛城是，加持为修他利而，昂欠巴威坛城是，中央深蓝三角有，三红月牙相环绕，其之外围四辐轮，其色是为四方色，其之外围之轮有，八辐其色是金黄，四角之色是绿色，其之外围四供台，色彩是与四方同，其之外围铁围山，四方各有一城门，四门之色与方同，铁围山色漆黑而，又吐暗红之火焰，又绘其之门饰是，五色之图自内是，白与红色金黄色，绿与兰色依次而，绘制其之内处是，瓮城也要绘于旁，二层正面非如此，瓮城与其外围是，五色图之两分大，是以红色而涂满，此上要绘四佛母，佛像应绘精美图，旁背外围等各处，五彩图之一分中，要绘珍宝之砖块，其之表面诸外围，佛母兰色供台绘，白色半满璎珞图，其之外围半指分，菱形孔格经旗布，珍宝所成四念珠，外围面与二层等，是为虚空空之地，一指之分绘兰色，其之外围之表面，根顶砖块之基而，又绘珍宝之柱子，外至黑暗之境中，诸珍宝之柱子与，外围同等而置之，如同佛塔四梯级，一分是居莲花中，诸梯级以众珍宝，形状花样精美绘，梯级台阶之一分，绘制莲花中央是，佛法之轮其两边，牝牡祥麟面向内，不即不离要合适，颈绘精美之飘带，台阶梯级之各方，要分六六之分而，雍仲珍宝之柄者，项系多彩之飘带，珍宝珠链相连绘，色彩需与四方同，要以极其精美绘，此等是依总之义，而示诸装饰之义，其等转变忿怒是，诸珍宝之砖块是，变为干头颅之链，基础是以砖块姿，半满璎珞为头颅，诸台阶之各间中，要以鳌头装饰之，祥麟要变为巨鳌，雍仲珍宝之柄是，转变干头颅之外，其他基本相同而，静猛任何共同而，外有雍仲之围墙，火焰莲花之珠链，极其精致而绘制，四隅绘制净瓶与，如意树之四图案。”

壬四，净瓶之四支是：“净瓶做置”至“是为四”，以两句而示。癸一，做置净瓶；癸二，置供饰；癸三，布置圣物；癸四，布置上中下之三饰。癸一，《雍仲业净》云：“为断恶障驱逐诸妖魔，以香而熏使其清净与，内置诸物诸饰要皆全。”所言般驱逐恶魔与以净水与熏香而清净等，依仪轨而行，净瓶之内物是为示人神心意相融而置水乳，只满三分之二是示两色身，一分为空是示法身之义与，因具身语意功德业的二十五法印灌顶而有二十五净瓶药，又置五甘露是依无上之宗，要具备其等与瓶衣瓶口花系绳等。癸二，供祀者将诸物献给上师，上师要以扬永之法印姿，即右手空中以召唤之姿，左手在下以迎请之姿而取，在布置时以仪轨之词同时无误地放置在坛城中，此时要以无碍迅速之等持，即如同空中下雨一样与本尊无二之所缘而放置。《密义释》云：“诸物不识本尊夫妇则，如同田间之假人。”总之依之分类有《雍仲业净》云：“亲置佛像身之坛城与，放置字母语之坛城与，放置法器是为意坛城。”其等均要以法印布局，以密咒加持，以圣物关联，以词句分次序，以等持回忆密义，一切胜义知为域慧之化身等以六法而摄极为重要。癸三，九供品与诸美食等要放置在坛城之四面，上师与法太子与供祀者都身着各自之衣饰。其等有《业之明点》云：“九供品与九衣饰，诸美味等圣物是，法界始智无二的，观想无数化身生。”癸四，为示悲心保佑与为具加持之故，在坛城之上方撑黑色或五彩之幔帐，中饰是，为使善逝佛与自己之身相融而以红色幔帐围绕，其又以五彩花朵之珠链，与诸肉类与诸心脏之珠链，法铃与裂口铃等围绕。地饰是《业之明点》云：“四箭旗与四明镜，四利剑与四净瓶，金刚橛等置四方。”

壬五之四支是：“准备前行”至“誓言四”，以两句而示。癸一，准备之前行；癸二，融增之次第；癸三，赐密名；癸四，宣讲誓言。癸一，如不行前行之支则有夺权或不敬本尊之罪过，因此为请示之义，因坛城与弟子之业不可越级而入示前行之次第。其又要间隔一夜，一些杜撰者在一日内授完灌顶之仪轨，不可而需破斥。癸二，《密义释》云：“悲心方便之门本尊神灵启，入道之门法太子师启，加持灌顶之门姿态方法启。”所言般，开启密宗之门，首先为使弟子能成净器而以沐浴而净，之后为成诸戒律之基而先授皈依戒，之后为成三戒皆全而自斋戒依次授别解脱四戒，之后为入大乘之道而自悲心菩萨一戒起，应化机之根器依次授二十戒与雍仲菩萨无戏论等戒。《密续方便绳》云：“如此皈依之戒与，发心之戒需授取，居士比丘等等的，一切所学需知之，应知灌顶与誓言。”融增，如弟子是未曾入此坛城者，要与上师、法友与本尊等相融如仪轨而行。增者，破誓言者以忏悔而重授，未破者为增，如黄金之体又涂金箔一样。癸三，以鲜花落在何方而赐相应的本尊之密名，要三呼其名介绍为自己的本尊而授密咒。癸四，要宣讲灌顶之誓言将在下面细叙。

辛二，括要是：“四五二十”至“不能熟弟子”，以两句而示。如此是凡夫的上师如漏少许仪轨也会使加持与成就缓慢，何况此等仪轨之根本四五二十之念修如不全，则将不得加持而不能熟弟子，会使所行之义落空，所以仪轨齐全极为重要。

庚二，灌顶之正行有二：辛一，总示灌顶之仪轨；辛二，细叙四灌顶之分类。辛一是：“总之行续”至“四灌顶者无”，以两颂一句而示。总集之《聚密续》中明示，行部有水、飘带与宝冠之灌顶，“入门能熟之灌顶，水与飘带戴宝冠。”水灌顶是第一加行，能净习气而成净器。飘带消除五毒之业障，能得以种性而示的身与始智之权而为灌顶，宝冠是表示八识以五原始智而显，且不回返之义。事部在其之上又增法铃与密名的灌顶。“水与飘带法铃名，受权使成净器行。”法铃表示智悲双运。密名表示能授三界大主宰之权而自轮回中解脱。叶辛部有五智灌顶与净瓶灌顶是“入门五顶瓶灌顶。”五智灌顶是以种性所束缚的大纲，净瓶能消除烦恼之污垢而能灌五种性之威力。此等使外密三乘之灌顶俱全而得修菩提道之权而称为灌顶。此三续中主示弟子之灌顶，唯有瓶与智慧灌顶而四灌顶不全是为外密，又增后三灌顶而四灌顶俱全是内密之灌顶而将细叙。《见论大鹏续》云：“授予饶益十灌顶，授予威力五灌顶，授予深奥三灌顶。”所言般，外饶益十灌顶，内威力五灌顶，密之深奥三灌顶十八是以根器而分，弟子具信者授予外饶益十灌顶，《见论大鹏续》云：“宝冠灌顶飘带与，念珠铠甲法幢与，法印华盖净瓶与，饮食五精华而授。”其中五法印是，雍仲等五种性之法印，五精华是日月水土芒萨之精华。外饶益十灌顶中有外密中所示的瓶与宝冠、飘带、鲜花之珠链，与五法印之灌顶。对精进者授予威力五灌顶，对能修我利之精进者授予闻修两灌顶，能修他利的精进者授予讲业两灌顶，对能行两利之精进者授予灌顶之水即上师之灌顶特权。《聚密》云：“我利之辈闻与修，他利之辈讲业权，双运授予水流顶。”深奥三灌顶要授予禁行者，对行止之禁行者要授予密灌顶，与对明智之禁行者授予智慧始智之灌顶，同等之禁行者授予无二大乐之灌顶。前书云：“行止禁行授密顶，明智智慧之大乐，应器悲心摄化机。”《格雅大灌顶》中外与内、密、极密四灌顶的外之主瓶灌顶，与智灌顶中，叶辛部所示的瓶灌顶与智灌顶是其之所属是明文所示。具备一切随从均可入饶益与威力的功德而称为灌顶。真正的内灌顶是依上师夫妇的精卵而授，近似者是以三位俱全的上师之身坛城而授。密灌顶也有无依与有依之两灌顶，在仪轨中是授近似内灌顶与无依密灌顶，真正的灌顶是只授那些具禁行的弟子。极密等四灌顶是此处应述者。《金刚橛火焰燃烧续》中以灌顶与加持如水流而授的四灌顶之水，云：“所聚眷众请聆听，净瓶灌顶之水与，密之灌顶之水与，智慧始智之水与，安乐灌顶之水也。”其中外瓶灌顶之授法有十一，以依与所依而授之姿，前书云：“瓶顶授法有十一，依与所依之加行，依之灌顶又有六，净瓶宝冠雍仲与，主人名与禁行也，所依加行是为五，不回返与示旨意，授旨解脱允许五。”授瓶灌顶能使不回返轮回，赐宝冠而示未来能调伏有情的旨意，赐雍仲而授要转法轮之法旨，授予三界万物之主宰而自轮回中解脱，授名之灌顶行利乐有情之事，允许行密宗之念修业而授予禁行行止之权。依仪轨则灌二十五总义之教言顶，与本尊与瓶灌顶，其等的相随的身语意功德业等依次而灌，此等也属外灌顶而不违，年美大师云依彩粉坛城得瓶灌顶后能住化身之地。密灌顶不管依自身或他身均以智悲无二之化身菩提心续中得五真如之灌顶而命名，其之相随五灌顶物授与何处有，《火焰燃烧续》云：“内之灌顶物是五，聆听灌顶授予耳，智慧之见授予目，宣讲灌顶授予舌，闻思灌顶授予鼻，修之灌顶授予意。”智慧原始智的灌顶不管有无依，均需依四明妃而授灌顶，如依密续之义，则此与外灌顶两者都有为示身语意功德业的二十五法印的相随二十五圣物，前书云:“外之圣物二十五,五伞五字五雍仲,五净瓶与五法轮,又有宝冠念珠与,法幢飘带等等也。”又有:“二十五圣物而授。”示授法等。大乐之灌顶是四灌顶之究竟者,需自前三灌顶依次而授。方才所言的业续之四灌顶,与功德《伏魔火焰旋聚灌顶续》中所言的四灌顶之义,能从将讲述的四灌顶中领悟其义,因五至尊之密意相同之故。又有《母续悲心骄阳》中,外、内、密、极密四灌顶中,外灌顶有八十七义部,内也有八十七部,密灌顶有二百一十一义,极密有二百六十五义,宣讲誓言之总义,与根本分支中又分的义部有六百五十一部,其等将三时与无定时的业与烦恼如所有消净而生起,尤其有权修习圆满次第的一切业而称为灌顶,如此五至尊等任何之四灌顶圆满以瓶灌顶为主的三外密之灌顶亲示,与相随之分类如应使圆满的内密之主修方便的父续以下之道是可修之道而称为灌顶。智慧母续主修圆满次第时,以密之词义示要认真修习隐藏的四明妃之灌顶而授,享有世俗菩提发心与化乐始智之灌顶而名。《极密绝顶大圆满》云:“明智力之大灌顶,戏论者与无戏论,极其无戏论者与,如此绝无戏论与,是以四分类之姿,能熟具信之心续。”如言般有戏论、无戏论、极无戏论、绝无戏论等四,又各分外内密究竟四类,在戏论之时,依外瓶灌顶的相随身语意功德与四业的圣物分类等授使消除三界轮回九地的暂时的一切业障。依内明妃之时依精血或竹黄与黄丹,甘露与有柄明镜,主尊本尊夫妇相拥的神像等特殊之圣物而授予灌顶,使消净烦恼五毒之种。密灌顶时依三脉五脉轮而授灌顶,使有情之五道之续断而得五身五始智之权而称为灌顶,究竟之灌顶是,以诺!有缘之士等大声讲解佛陀在自身之义。无戏论中外是依坛城与瓶以九字真言使消净八识之两取,内是以四十五字母消除四十五误识,密是依压脉之法融合于无分别大离边中,究竟是法性无生等确定瓶之处。极无戏论中外是以三门之行止区分有寂之别,内是以五法印授五身五始智五刹土之权。密者是依五明妃与至尊不变的大乐相融,究竟是以心性空性等培育非凡之悟性。绝无戏论中外是以不共之入法使始智顿时而生, 内是如色身与法身之坛城,密是以坐姿与观法授明智之力灌顶,究竟是以四大喻体授与自明智普贤佛相融之灌顶。

如此以上下续与各自之区别而灌顶之分类不可思议,然主要以化机之界，意乐、根器与随眠、示于烦恼之对治诸法，没有不属究竟之四灌顶中者。如此外境之四季，与内之身语意心四，与密之痴心、嗔心、贪心、同分四，与对胜义之常、断、两者、两无之边执著四或又或以化机之主，外之生老病死四苦，与内之身语意心四，与密之嗔心、贪心、痴心、同分四，与究竟之因俱生之无明，缘遍计心识、色近取之无明、习气增长之无明等四的对治而示外灌顶、内灌顶、密灌顶、极密灌顶，或瓶灌顶、密灌顶、智慧始智之灌顶、词灌顶等四，或戏论、无戏论、极无戏论、绝无戏论四种。原因是四无明如不培育轮回，则生老病死之续会断，此续断则将不生身语意心的四团体，此不生则会阻断三毒与同分之流使轮回之因果落空，是观待化机之主外内密究竟之十六分类，而分外内密极密等灌顶之十六分类。

辛二，细叙四灌顶之义有五：壬一，本性；壬二，言词；壬三，分类；壬四，功用；壬五，喻体。壬一是："精华自身"至"等无间之缘"，以一颂两句而示。是对其基如来的大坛城自始在自身天然而居的任何义，依靠灌顶之道路领悟其义使成可熟之体，以道路亲生起与圆满两次第双运而显露，使得果执雍仲之正果而两利圆满。《火焰燃烧续》云："领会本性是为悟。"其又要两因四缘齐全，而修成究竟之始智，而使正果成熟。任何法性真如之精华自始在自身居住者为相应因，没有此因则即使相授也不会得灌顶，有《幻网续》云："除心之外无有法，灌顶之续非示他，特权自心具者是，三世佛陀之众示，如此我也相同示，自身如无特权则，授也不会得灌顶，对其虽授诸灌顶，其也不会得正果。"弟子心续之相应因，依法生正果如自花朵中生果实一样，具修习的开光的灌顶之诸圣物是俱生因，《火焰燃烧续》云："是为相应之因与，缘为俱生之因也。"四缘是，如法精通灌顶的诸圣物，与密咒、法印、词句、等持，具备此五者仪轨之次序的上师之智慧为所缘缘；具备信念与精进，禁行的可为灌顶之器，习气觉醒的弟子是为因缘；具备灌顶与见、行、修与誓言、业等密宗六义或阿赖耶，即具备两菩提心的上师是增上缘；灌顶的前后次第连贯而领悟亲自或无疑惑的加持，对刹那之心识生喜者为等无间缘。《火焰燃烧续》云："增上缘是阿赖耶，因之缘是习气也，所缘缘是上师智，相同等无间之缘，前后因缘果实也。"

壬二，言词是："本来圆满他人不可夺。"以一句而示。外内密究竟之灌顶圆满而授，或自始在本身圆满而居之义，以具威力的非凡之法使其显露成自主而授权，或其不被他人相夺而授与自主之权而谓之曰："灌顶"(藏语中有授权的含义。译者注)。前书云："言词外内圆满权，自主而得为灌顶，他人不可夺而谓。"

壬三有二：癸一，分类；癸二，细叙各自之义。癸一是："所净脉风"至"词灌顶"，以三句而示。总之三界的身语意心现前或其等的执著等是四灌顶的所净，尤其如依善趣的欲心之依，则子宫中最初形成者是双目与脐之脉结，自此生全身之故，脉是所净之主其之对治是身雍仲瓶灌顶，对其依附能动之风而显露众多之功用是语之所净之主，对治为语雍仲密灌顶。对其依附菩提心界之大精华，而在如水渠之管中粗精液如水流一般者，被风所吹动而飘荡而居者，其之对治是以明点大乐而净熟意雍仲智慧始智的灌顶。与其相同胜义菩提心也被风所动而生众多利弊是为意之所净，其对治原始智雍仲大乐灌顶使心净而能熟，所以示四灌顶。如此《库》云："相拥欲与执手欲，含笑凝视而满足。"密宗是不禁诸欲而转为道路，以各界之四贪欲的所净能净而确定四灌顶。如此《雍仲密宗灌顶续》云："授灌顶之次第是，确定而示是为四，是我普贤之所示，首先如此知义而，瓶灌顶如土地般，第二相授密灌顶，第三智慧母灌顶，第四如此第四顶，对一人士圆满授。"《火焰燃烧续》云："尚且外内密者与，一切圆满之义是，依次序而需相授。"

癸二有四：子一，为示瓶灌顶："单八灌顶"至"化身断证成"，以一颂三句而示。他化自在的诸天神以男女相互凝视之性欲所束，此所净之对治能净瓶灌顶，依彩粉或彩绘坛城，尤其对那些领悟先前所串习的根器聪慧者只依自他的身坛城也可，其等有《火焰燃烧续》云："有相彩粉之坛城，依其而授瓶灌顶，己身方便之坛城，依其而授瓶灌顶，他身智慧之坛城，依其而授瓶灌顶。"然而具备如此智悲非凡的密意之弟子极稀，而主要以两彩粉坛城而授。之后灌顶正行之本性是现而不阻的始智之化身显露的具威之任何灌顶的圣物，可成能熟弟子之物。言词是主要是以净瓶而授灌顶，故称瓶灌顶。瓶灌顶的由来，《灌顶续无边巨界》云："昔日达瑟沃莫洲，如来辛饶出世时，噶沃居部赐瓶浴，土地佛母丹玛神，祝福敬献宝净瓶，外瓶灌顶自此生。"所授瓶灌顶有四，《火焰燃烧灌顶续》云："能净沐浴瓶灌顶，授其灌顶是为外，加持本尊之净瓶，授灌顶者是为内，神变净瓶之灌顶，授其灌顶是为密，智慧净瓶之灌顶，授其灌顶是究竟。”外以净水沐浴之灌顶是属内加持瓶灌顶之中，加持净瓶灌顶之功用是洗净业障习气。神变瓶灌顶是上师之密意，加持本尊之净瓶是显本尊之宫殿，内之精华是显本尊之神，《幻网续》云：“瓮是宫殿神坛城，巴是本尊眷众全。”究竟是知其等一切是智慧之化身。之后授佛像画片身之灌顶，智慧之五大灌顶是以一种种性为例而示，上师之身以化身之本性而显之胸间，放射阿与玛两字母化为辛拉夫妇，融入弟子观想为至尊本尊的顶门而授灌顶，辛拉夫妇的胸间放射宝幢智悲之字母阿与玛字，融入弟子之顶门而摧毁其心续的嗔心与天子魔，识蕴与心净于虚空之界而变为意之本尊至尊夫妇，空性之始智亲证而修。以此为例授各种性之灌顶，弟子的心续之所净与净果等要于各种性的本尊与始智相应用。为何以智慧之灌顶则，以无明之五本性俱全的本性智慧法性，五本尊五始智的主宰而觉醒而谓之。《格雅续》云：“所谓器者是五蕴，灌顶五神五始智，如此应需具备器。”又有：“五始智全雍仲大始顶。”之后字母密语之灌顶等其他六灌顶也依仪轨而授。法器与诸装饰自上师本尊之胸间顿时放射而融入弟子的各处，以得无变无阻无误之义而观想。此之智悲双运的灌顶是近似密灌顶，与内之近似密灌顶有极大的区别，以自生与对生之区别而分外内之密。灌顶之神要融入所灌顶之处。九乘之诸果灌顶等也如此与后灌顶中所生有区别。其等被称为合瓶灌顶的灌顶八根本。所授是顶门等身之五处，瓶灌顶要授予顶门，智慧五灌顶要授予头部之前后左右顶等五处，语灌顶要授予喉间，意之灌顶要授予胸间等各自之处。姿态即瓶灌顶的法印是，右手食指竖起，以其他四指紧握左手五指尖。能消除杀生等以身所积的先前之罪与业障，可成修生起次第之器。秘诀是生满双运而授修如幻化般的本尊之瑜伽，要守持五种性与格雅续中所言的生起次第之誓言而不破。一切所显现之色均观想为本尊之坛城，如水月无本质以水月本性圆满般，显空或生满双运而悟极为重要。其能得一切如来的身灌顶与成就。究竟之果是能得身雍仲化身之非凡断证功德之故而称为灌顶。其等有《火焰燃烧续》云：“瓶灌顶者是有六，本性言词所授处，姿与业与果实也，本性如同明镜般，显而无阻始智也，言词因以瓶所授，授处顶门五处是，姿态紧握五指尖，业是能净身之污，果得身之成就也，任运天成大坛城，不即不离雍仲尊。”

子二，密灌顶有两义：丑一，真正的密灌顶；丑二，近似密灌顶。丑一是：“依靠阴轮”至“报身功德成”，以一颂三句而示。如此含笑而满足的性欲是乐化天所具有，其所净之对治能净密灌顶是唯观待上师夫妇之身坛城，有《火焰燃烧续》云：“观待父身方便与，观待母身智慧与，观待无二之交合。”前两句是示近似密灌顶，此处要依后者般为主而授。依靠具相的智慧明妃之阴轮而授是《见论大鹏》与《聚密》之义，《幻网续》也云：“依靠智慧明妃而，授予大乐密灌顶。”如何授灌顶之法，在夜半之时弟子蒙眼罩而祈祷，上师夫妇在密室中依交合之法而授，《雍仲密宗灌顶续》云：“弟子是要祈祷而，莲花密根相结合，交合而施精血物，能净语之业障也。”其又有外内密究竟之四灌顶。《火焰燃烧续》云：“贝壳蚌壳之器中，精血舌添外灌顶，明妃阴轮之处以，舌添而取内灌顶，交合之处以舌添，示为密之灌顶也，亲证欢喜之乐是，究竟圆满之灌顶。”不管怎样都要以自菩提心之水流中得真如五灌顶的观想而等至。前书云：“授无变动之灌顶，远离戏论为真如，授无变之灌顶而，不即不离之真如，授无本性之灌顶，大平等之真如是，授无贪欲之灌顶，各自显现之真如，授无相之灌顶而，无做任运之真如，五真如之灌顶得。”要领悟菩提心之本性无动，自性无变，真义无二，性相各自而显，功德任运之义。此等灌顶之本性是观待化乐之缘的菩提心之流，成能熟弟子之语者。言词是以精血而授之故被称为密灌顶。密灌顶之由来，《灌顶续无边巨界》云：“堂阁玉托神坛中，赤辛囊丹夫妇对，佛子其美祖普师，传授方便密灌顶，内密灌顶自此生。”所授之处是三处，尤其授予舌尖，姿态法印是为示智悲而并拢两食指尖。能净先前所积的妄语等语之诸恶障与烦恼之障，可成念诵之器。秘诀是以风心双运而授修义之念诵大无言之道。誓言须不破而守持母续中所示的圆满次第的一百单八誓言。要领悟一切声响为密咒与胜义无生的念诵双运之义为重。其能得一切如来的语之灌顶与成就，究竟之果是得语雍仲报身之身无尽的一切功德而称为灌顶。《火焰燃烧续》云：“密之灌顶是有六，本性言词所授处，姿与业与果实也，本性智慧菩提心，言词是以精血而，授于三处而命名，所授之处为舌尖，姿是两食指并拢，业是能净语之污，果得语之成就与，无本性之禀性具，可得梵音之妙音。”

丑二，近似密灌顶是：“三位俱全”至“智慧与”，以三句而示。近似密灌顶是以特殊的四明妃而生的佛陀之原始智具四喜者，虽不可为能示而非极净，然而密宗是以方便之巧法引领而为不阻方便法之故，有《火焰燃烧续》云：“自身方便四脉轮，智慧始智密顶得，他身智慧四轮中，授得不动界灌顶。”如是雍仲上师即具相者，则也可自明妃处授灌顶。总之是依上师的蕴界入三位俱全的原本坛城而授。其中蕴界是欠布夫妇之位，境心为哈拉夫妇之位，支体是安欠夫妇之位。上师的阿赖耶识的显分中生起至尊夫，空分中生起豆姆妇，与显空无二中生起夫妇双运而自密处放射明点，明点化为字母的十八对本尊夫妇交合的水流中得密灌顶，如何得法有前书云：“菩提心物精血水，开启头顶梵门而，菩提心之水流使，六脉轮之本尊喜，根除六道轮回而，菩提心之青苗之，授得密乐至尊顶，乐空无顶与边离。”之后是以外蕴转变为本尊，与内分别心转变为原始智，密之明智转边为法性以此三者示身与始智。其等的修法是如格雅大灌顶之仪轨中所示而修。

子三，智慧始智之灌顶有二：丑一，以有依而授；丑二，无依而授。丑一是：“外内具性相”至“法身智慧得”，以两颂一句而示。知足天的诸天神是以执手而满足性欲，此所净的对治是智慧始智的灌顶，佛陀之智慧无误真实者是依观智慧明妃之密轮而得之原因，有《雍仲密宗灌顶续》云：“智慧始智诸灌顶，需知明妃之密轮。”明妃如方便法之仪轨之词句而授，未悟空性者不可授。又有前书云：“又或进入密宗门，毁坏生起次第而，畏惧行止之加持，对其不可传授也。”如此知器之区别而灌顶之依的性相，《幻网续》云：“还有灌顶明妃是，极其美貌纯洁类，罗刹之枪不曾伤，十六乃至十八龄，是为妙龄少女者，又具灌顶莲花相，极其祥瑞之明妃，极为亲密是密友，具相极具信念者，要以三水而沐浴，全身需涂扑鼻香，身着华丽之衣服，宝冠项链臂饰与，环形项链与手镯，金玉华丽之衣饰，悦意精美妆饰而，赞供养而献上师。”所言中美貌是外身之性相，纯洁是未失贞节者，十六至十八岁之间是称为妙龄，灌顶之相是五种性之脉中是以莲花类为尊。亲密与信念是内心之性相，要将其引入密宗之门而熟脱心续等。之后如何授灌顶有《火焰燃烧续》云：“授法是有四类而，要与四妃相应用。”四明妃有《烦恼自然解脱续》云:“生起界之明妃与,聚集域之明妃与,大种空之明妃与,明妃密妃等为四。”生起是上降四喜,是自界中自上生喜而称为明妃。聚集是下固四喜,自域中聚集四喜而称为明妃。大种是明妃之密轮,脉是喜乐依序而生之处而称为明妃与,明妃是其等一切与究竟的大乐之源而称为妃。年美大师的灌顶论中没有此说是密而未示。如问如何与戏论无戏论极无戏论相应用,则上降是戏论,下固是无戏论,入返的第四乐空俱生的始智是极无戏论。之后与明妃相结合的真实者有外内密究竟等四,《火焰燃烧续》云:“外是双手相接触,内是乳房相接触,密是两阴相接触,究竟领悟始智义。”智悲两者都要观想为本尊夫妇是本尊之观想,方便之五股金刚杵之孔以红色阿字与黄色帕字重叠而盖,智慧之密轮五瓣莲花之蕊以红阿字与蓝帕字相叠而盖是字母之观想,与依此法为利有情之业而要亲证佛陀之身而发心是法之观想。具此三义而以外内密三交合之法是:中脉之顶的白色精液如水银般,被欲火融化如酥油一般,自脉道流入四脉轮而依次得喜与胜喜、殊喜、俱生喜等四喜依次序而辨认,四脉轮中各以四呼吸而数第十六究竟之时,无变迁之安乐以胜观而摄,使体验乐空俱生的原始智而得智慧始智之灌顶。要串习俱生始智是第三灌顶的究竟始智之见是方便道之要点。之后《聚密续》云:“明妃授得明点是,明点自密返头顶。”逆次之加行使下固四喜逆次至自处头顶,使体验俱生原始智而得大乐之灌顶。因此智慧始智之本性是,观待四明妃的乐空俱生的菩提心,能成熟弟子心续者。言词是俱生的始智是自智慧明妃所得而命名。智慧始智之由来,《灌顶续无边巨界》云:“摧毁黑峰之岩洞,对于豆拉本尊神,慈母授旨度妖魔,女魔示密轮之时,智慧始智灌顶得,密顶交合自此得。”所授何处,则授予意与尤其授予密处,姿态法印是以两食指示智悲之姿。能净嗔心等意之业障与所知障之粗分,能成等持之器。秘诀是以智悲双运而授,修乐空猛历火瑜伽之道。誓言需守持叶赤中所言的大圆满的三十条誓言,领悟乐空双运是要点,其能得一切如来的意灌顶与成就。究竟之果是修成意雍仲法之身大乐始智而称为灌顶。其等也有《火焰燃烧续》云:“智慧始智有六义,本性言词所授处,姿与业与正果也,本性乐空菩提心,智慧明妃而得故,授处珍宝之中央,姿态食指之中是,业净意之业障也,正果能得意成就,无迷惑之禀性具,具备真如之密意。”

丑二,无依者是:“无依自身”至“三身置己处”,以一颂一句而示。此无依之灌顶也要以四明妃而授,此处之四明妃有《火焰燃烧灌顶集》云:“产门密明妃与,明点密妃与,业密妃与,秘诀密妃等四。”依次是方便道之秘诀,菩提心之秘诀,上降下固的四喜与,俱生之原始智。其等成明妃的原因,究竟之子大乐是自俱生始智中而生,俱生始智是自四喜中生,四喜是自菩提心中所生,菩提心是自方便道秘诀之中而生而为明妃。之后修法是,自身观想为本尊的三脉五脉轮之密轮处观想绿色扬字,脐轮为红色冉字,胸间为蓝色芒字,喉间为黄色亢字,顶轮为白色巷字等,诸脉瓣中观想三位俱全的四十五本尊,以原本而居之姿而回忆,如明镜中显现肖像一般而修,之后呼气使密轮之扬字中生风,脐轮之冉字中生火,胸间芒字的水沸,喉间亢字中生土之湿气,其中生热气如虹般而放射,融入诸本尊而化光成明点,一切明点聚与顶门之巷字,自巷字降众多菩提心之明点,经四脉轮依次体验四喜之俱生始智而得智慧始智之灌顶。之后以逆次之加行体验下固四喜的始智得大乐之灌顶。《火焰燃烧续》云:“有依无依各有四。”之后明点收敛于心,心本性为空是法身,禀性为显是报身,威力明相众多是为化身,要介绍三身在自身之理。

子四,词灌顶有二:丑一,真实的词灌顶;丑二,以四喻而介绍。丑一是:“依靠究竟”至“俱生智慧成”,以两颂三句而示。时分天以下是以互拥交合之欲而束缚,传授此所净之对治能净词珍宝灌顶是,前三灌顶依次不得则第四灌顶之义不可全,《火焰燃烧续》云:“第一第二第三与,未至第四不得权。”故此第四灌顶也有外内密究竟等四灌顶,前书云:“生起次第是为外,圆满次第是为内,大圆满次密灌顶,究竟生满等三者,本性为一菩提心,智慧总授大灌顶。”得瓶灌顶与密、智慧始智等三灌顶的外内密,又得第四词灌顶是究竟之灌顶圆满。生满大圆满无二等四的所守誓言之直叙也暗示。因此第四究竟灌顶也有喻与义、词、正果的四究竟。如此第三灌顶时的夫妇交合的上降的第四喜,以体验乐空俱生的经验的始智是,能喻方便的究竟喻体。之后逆次的加行下固的第四喜之后精卵上下相融,相连接的风也灭时,体验此三者的思维也净于无分别之中的自然智大离边者是义之究竟。其之真理不可以喻形容,以词而言,远离分别思维,无喻无言离思维而住,暂时未悟之众以词句使其明白是词之究竟。《明智威力灌顶》云:“一切词句聚于义,其为第四灌顶也。”词是以姿态而言,姿态有《烦恼自然解脱续》云:“须弥上之绝顶处,十字交叉道路中,噶玛业之工匠师,修建魔王之宫殿,此宫殿有四房间,此又具有八库房,如此这般之住处,有一魔王是瘸者,乘骑无鞍缰之马,不分方向普遍行,难成事有众多数,为示其义如此言,如此这般之房屋,珍宝水晶之宫殿,血欲项链环绕之,月牙怀之坛城具,真实显露坛城的,无变动之坛城以,四融合而相融而,外锁内依门将等,坛城布局是如此,三世佛陀居住处,生大功德之源库,生无竭尽智慧藏,无迷惑之大臣者,解脱外网启内锁,大自然智而修炼,就至任运圆满空。”此之密意是,须弥山是心,十字路是自心脉中分四脉,工匠是具威自明智,魔王宫殿是肺脉,四室是自肺脉分五官之脉,八库是在此处游走八识,魔王是自明智入心脏时威力与肺风相融而生意,脉是肺风遍行四方是心识游走于六识的对境处,难成之事是生众多思维,如此的房间是肺,水晶宫殿是心脉的脂肪,血是心中生血,月牙是心脏中央之间隙,真实显露是其中央有智慧本性为空,禀性为显,悲心普遍三者无二者真实而住,无变迁是智慧无生灭住三者,四融合是四解脱,智慧大空,无愿、无相、精华以光明之本性而住,外锁是六识之对境,在未悟时如门锁一般,内依是心识以无明迷惑而住,门将是上师,在未被秘诀所摄时如门将守门一样,宫殿布局是心中,三世佛陀是自明智三时无变迁而住,功德是领悟其义而从自身得佛陀的一切功德,未悟则心识迷恋于外境以无尽的思维成轮回之因,大臣是上师,无迷惑是秘诀,解脱外网是境自显者介绍为身与刹土,启内锁是心识自脱而分别心介绍为原始智,修炼是自有情中生佛陀,至任运圆满之空是得两利圆满之果,如此其实无喻者以喻而喻,无言者以词而言,无应作不可思议之真理本性为空,禀性显露,性相无二大离边,超越取舍破立的单一智慧、三时无变迁之义、无误而领会是究竟之果,对其串习圆满,则有寂的一切诸法在基空性之界,以自解脱而解脱,以自清净而净,继而亲证正果,依靠义而以喻与词句而示,将使未领悟者领悟之分,命正果之名。其实是远离因果有无分别心均以自显自解脱而住。如此之灌顶的本性是依靠姿态与方便之法的自然智,能成熟弟子者。言词是明智离苦而称为大乐之灌顶。词灌顶的由来,《灌顶续无边巨界》云:“玉隆水晶岩洞中,其美祖普祖师对,桑堆等等诸眷众,传授深奥词灌顶,特殊义顶自此生。”所授处为寻常之心识,姿态是以右手中指示唯一明点之义,能净阿赖耶识的业障与所知障之细分,能成本净大圆满之器,秘诀以域慧双运而授,修四解脱之空性,誓言是居无有、夏瓦、唯一、任运之义,领悟见空双运为要点,其能得一切如来的身语意之灌顶与成就。究竟之果是修得始智雍仲自性身俱生原始智而称为灌顶。其等有《火焰燃烧续》云:“大乐灌顶有六义,本性言词所授处,姿态业与正果也,本性无生菩提心,不染是为明智慧,因离诸痛苦之故,是为大乐原始智,所授处为心识上,姿态唯以中指示,业能净除两障而,正果两资粮圆满。”

丑二,以四喻而介绍是:“又以四喻”至“无可辨认是”,以三句而示。自明智以四喻而介绍是,如虚空本性为空,如水晶精华光明任运,如明灯禀性是大自明,如明镜与影像一般本性为空,禀性显明,神变无定,性相无二,其实离辨别而示。详有仪轨中示。如此得四灌顶后依等齐全之时,也是得持明密宗戒之时。弟子的三门加持为三雍仲之时起,下三续的自续之灌顶自然而齐全中自己的誓言,与无上在前行准备之时明示生起次第的密戒,与上三灌顶以各自的反面而分,各有一新得的誓言,以本性同一之分可置反面之诸戒所得之时是此时,即成观待自己的功德,与根本堕罪两者均可培育之依。

壬四,灌顶之功用是:“成器灌与”至“虚空区分同”,以两句而示。灌顶之功用是,可成修道之器,与可使果始智的非凡威力如灌入容器一样而得。《火焰燃烧续》云:“分别两取清净与,自明智慧灌之故。”三门的污垢烧毁洗之火风水之三业,与能做非凡功德的基础而与基相同。前书云:“身语意之污垢是,洗与摧毁焚烧与,智慧之依分别与,土与水和火与风,如同虚空之本性。”

壬五,喻体是:“具相王子”至“掌控得主权”,以一颂一句而示,对小矮力士授可以锻炼之权,或如同流落民间的王子重回皇宫,继承皇位授皇权而亲政一般。《明智威力灌顶》云:“此为离戏明智威力权,如同小矮力士得权般,具相王子流落民间者,荣登宝座亲政王权时,全统宇内江山社稷般,如此有缘瑜伽具誓者,佛陀之子流落轮回境,具巧上师亲授佛子权,有寂之界威转明智轮，一统江山祝愿得皇权。”

庚三，总义之第三，授灌顶圆满之果是：“得灌顶果”至“饰之大轮也”，以三句而示。暂时之果是得四灌顶而依次得资粮道与加行道、见修两道、圆满道等五道之机缘。如此结合生满的前行积净之一切次第，入生起与圆满次第之修法，以异熟之身观如本尊的本性等之分类而修习四念住等与资粮道相同。之后依次使生满各自之功德增长而将无分别之始智与见道相连接而如加行道。由此因中以无尘法眼观见解极净的法性而如见道。串习已见之义的修道之一切所学圆满而得无学道，即性相宗中以三大劫方可修成之果，在此宗中依各自之缘在一生或两世、又或三世等得菩提正果。《火焰燃烧续》云：“依次得四灌顶是，修行之士大持明，诸如来等缘分齐。”异熟是资粮与加行之究竟之地，长寿见道以上有学地，大法印圣者之智见道之悟性是非凡之地，任运圆满是属佛陀之地。又有得四灌顶则能伏四魔而不生轮回。前书云：“降伏四魔阻生门。”得第一灌顶使知自己的蕴界为本尊夫妇而降伏天子魔；知蕴界为本尊则无有烦恼之苦，降伏烦恼之魔；无烦恼而不会重受生而降伏蕴魔；无生则无死而降伏死魔。究竟之果能全得佛陀地的身语意无穷饰轮之功德。《普聚珍宝根本续》云：“果为身语意等三，无穷饰之轮是也。”自身之脉自始为化身，语为受用报身，心性为法身之本性而居，其等的客尘以四灌顶而净，使正果可熟，以生满之次第而亲证，得究竟色身与法身之果而使两利任运。雍仲本教法藏宝库中，解析密宗入门法四灌顶之义为第十二品之释文。

第十三品　见行修之道

丁十三，现讲述为使以灌顶所熟之士能入，可自一切轮回之束缚中解脱之法，密宗深奥道路之门而以：“能使解脱”至“大圆满等三”，以两句而示。如此以外瓶灌顶修生起次第，与以内密灌顶与智慧灌顶两者修圆满次第，以密词灌顶修大圆满等三者是密宗一切道路之总纲。基或本性因之相续的任何所居者，以俱有缘所示的法或道路之续，依生满大圆满之深奥要义，净除客尘而成极净之后，在基中以隐蔽之姿，主宰亲证任运功德刹土中的身与智慧的布局不可思议者为究竟之果。《见论大鹏》云:“本性居于相续的,一切隐义极挖掘,以喻为示而修是,外为生起次第与,内之圆满次第与,密者大圆满是也。”如此生起次第与圆满次第、大圆满等三者也聚为两次第之道中,其义有:戊一,总义;戊二,分别之讲。戊一是生起与圆满两次第的所净,依次是:以无明而分则是遍计与俱生之两分;以障而分则是烦恼障与所知障两障;以轮回之本质分则有成次第与坏次第两者;以有情之迷惑而分则是生与死之两次第。观待其等而能净之道也有,凡夫之道主修生起次第世俗谛,与圣者道主修智慧圆满次第胜义之谛两者为道而净相续,正果是以生起次第行不净七地,与能聚色身之缘起得共同成就。以圆满次第行洁净三地,能得俱生大乐的身与不共成就。

戊二,分别之讲有二:己一,方便生起次第;己二,智慧圆满次第。首先结合生起次第的一切道路,《解析密义》云:“见行修与誓言与,业等五而分类。”修习其等的次序也如此为定,前书云:“确定真理介绍与,对其修炼而取舍,串习修习其密义,其等持基根本与,圆满行两利为业。”其等以相同为由而分的次序有《根本续普聚》之释文《日光网》云:“誓言如同大地示于首,灌顶如同墙壁示于二,等持如同粉刷示于三,业是如同绘画示于四,见如眼睛一般示于五,行如观者一般示于六。”故此确定生起次第之道有二:庚一,道;庚二,道路转变之果。庚一有五义:辛一,见又有壬一略壬二详两义。壬一是:“生起基时”至“以理而决定”,以两句而示。生起次第道路之基领悟极净之见是要点。《见论大鹏》云:“外之生起次第者,领悟见解为要点。”极净之见是要依三正量而领悟,以佛陀之法旨无垢的教言正量,贤哲以实践而得的秘诀正量,与两者相同的理论正量三者确定而领会深奥之义。成其等的根本正量是密续中所言的诸大因。

壬二有三:癸一,昔日五真之因;癸二,随行五姿之因;癸三,领会五身之因。癸一是:“五身对眷”至“而示意”,以两句而示。佛陀之五身对各自之眷众示意的五语是:法身对始智眷众以无生义之语而示,报身对自显眷众以密义姿态之语而示,化身对胜解眷众以宣讲词句之语而示,自性身对无二眷众以不变雍仲之语而示,现觉身对如来海眷众以明智加持之语而示意。《格帕》云:“第一五真之因是,对眷示意之五语。”

癸二是:“本性自明”至“天满法”,以两句而示。与昔日的五语相同之姿而示意。密义之本性要自明而悟之故以法身语之姿,其又以姿态而示意如报身语之姿,其又以词句而示如化身语之姿,其等使领悟无二始智无能示之义如自性身语之姿,其又知是不混天然圆满自显而显故如现觉身语之姿。其等昔日之语对未来即今日之诸修行者如同亲自宣讲一样,以义之本性而讲能示意之故是大因。前书云:“如同亲讲而示意,宣讲密咒之本性,定成修者未来义。”

癸三是:“超越观察以伺知其义。”以一句而示。此有两义,无观察而知义是四身之因,无缚脱深奥之义超越喻与词、分别心而领悟。有伺而知是化身之因,依观察而悟深奥之义。前书云:“因明论与义混也。”子一,因明论之因;子二,同音混义之因。

子一有四:丑一,悟;丑二,三净;丑三,四平等;丑四,大主宰之一因。丑一是:“本性无生”至“性相离心识”,以两句而示。其显有寂两分的贪著,确定无二始智有四种确定之法。《见论大鹏》云:“以同因而确定与,字母之姿确定与,是以加持确定与,亲证极领悟是也。”以同因确定禀性无生,以字母之姿确定化身不阻,以加持确定本性无二,以亲证确定性相离思维。如何量,则一切有寂的诸法在自然心性之界是同因,未悟之心识中所各自而显其实无有两者之分。同因的其本性也包括比喻之故,以禀性无生而确定,禀性无生者非断定,威力不阻而身与始智自显是,其无表义之阿字,以能表阿字,与比此更显众多而表故,化身不阻而确定,以证悟禀性无生中化身不阻而显之力或加持,其两者非不同能以本性无二而领悟,其实是七圣财任运而成之故,力与明相以身与始智而显现者,如金与金色一样本性无二而确定。其本性无二之义也非,以此就是无二之能取心,所观之境与能观之识等心识的对境或有境等,自证分观识中以无境自显离言词而悟之故,要确定性相离识。诸法在自证分观识中圆满而确定的洁净无边之刹土中,无有不净迷惑之心识之故是等觉,有《格帕》云:“同因者是佛陀与,有情两者是同一,其之姿与字母与,何人加持无二而,离所行处中真实,以四领悟满一切。”

丑二是:“情器心识身与智慧满。”以一句而示。外器之五大种以五妇而净，内五蕴以五夫而净，相续的八识以原始智而净之故，如此所显的一切万物本来就是身与始智的坛城。具三洁净之故，有《见论大鹏》云："大种器与内之蕴，八识相续均洁净。"

丑三是："菩萨胜义"至"同等显寂增"，以两句而示，如此中观般，悟青苗非由己而生而断一方，悟非由自他两者等而生而断四边的两种胜义也以无生而平等，对水显水之明相的极净世俗，对阳焰生是水的明相的颠倒世俗等两者也以幻象而平等者是共同的两平等，前书云："大菩萨之中观的，胜义世俗两平等。"大乘人士之无遮的空性非分类的胜义两者以七圣财本性而与增上胜义平等，为何称为增上胜义，则有前书云："七财任运天成故，禀性无有中边与，断弃空性诸边与，加持有寂明相混。"显而有功能之极净世俗，与显而无功能之颠倒世俗两者对不净者显现。以能生极净神相四寂相使增上世俗身与原始智平等者是增上两平等。前书云："其等也有四义为，能生同相常寂而，密宗之乘是增上，因是自然智慧是，生是极净业是育，领悟之时显同相，如悟极净世俗则，可行解脱菩提业，极净者是未成故，寂与四而增上也。"

丑四为："显法众多本性唯一住。"以一句而示。如此诸法的显法虽众多，然均是以心性大原始智之唯一主宰而居，前书云："自然智慧无居显，无有遗留而显者。"

子二，音同义混之因是："本性自共"至"与义混"，以两句而示。本性有寂一切万物的共相虽如世俗实有般而显，然自相胜义空性其实无二而是大离边，离自他与优劣的区分而如虚空一般而住，其又如摄则能断自相五烦恼而与共同之乘音虽相同，断法之区别是以知无本性之义而断之故是义混。其五毒并非是真实谛实有，以各自的本性而空之故。《格帕》云："音同义相混有五，禀性自共离边分，是以能表喻而示。"如此以诸大因确定而本性因之续真实新证是宗派，前书云："清澈浩瀚大海中，显现日月倒影般，唯依音而法性义，非做意之对境也，自己智慧真实而，领悟远离所缘的，其义就是明智境，无有自显增损与，不可诽谤为无记，确定唯一识之力，所做其事自何生，要依闻思两智慧，悟此见能圆满成。"在因大乘中虽也有两谛双运等，一切其实是心性的神通之说，然一切情器无二以净而平等是身与始智的大坛城自显而示，是密宗阿噶乘的不共之见，离承许之新真理称为真如与大乘了义中的所言虽相同，对其以俱生大乐无变迁而区分是密宗的特殊之见。

辛二，行是："宗派之步"至"见行结合义"，以一颂三句而示。密宗之行止是结合宗派或深义见之步法，以外之行止爬山般，要依根器的利钝与串习的大中小优等所得的次序而行相应之行止。《格帕》云："行止区别如喻则，诸侯地域铁一洲，铜为两洲银三洲，金轮法王统四洲，主宰是以强劲取，威力大小齐等三，如有不同一般而，如此根器大小与，浮得之力而区分。"最初之行止称为普喜行止，初修之士要学外内诸乘的一切多学，守一切所守之誓言与一切和谐相处而行，要如尊贵的小王子一般，皇子可立为储君，以随顺的行止与众人和睦相处，使众人欢喜而自己不被过失所侵，能引发众人的好感时是得一切大主宰之能。又如具备果断之心时就可亲政一样，如若不然将会受父皇的惩罚而流落民间一般，初修者也如不随顺外内密等一切而行，则将会超越善逝佛之法旨，将会破三戒而不得解脱之故，要不违一切宗乘而主修密宗的精华见与行。《基始觉续》云："最初行为普喜精华行，年少皇帝亲政皇权般，喜好外内一切宗乘般，不敬高者不弃卑贱与，修习所学守持应守戒，不被罪责所侵顺众意，主修精华密行不生慢。"

辛三，实践的修法次第有：壬一，略表；壬二，详论。壬一是："修习之法"至"次第之所熟"，以两颂一句而示。生起次第的所净是以卵生与胎生、湿生、化生，四生所培育的三有的蕴界入习气等一切，能净依次是，《幻网续》云："为净四生之习气，生起如此有四类，戏论者与小戏论，无戏极无戏论四。"所净四生培育轮回之身的形式相同的能净之道生起次第仪轨齐全，与各自能培育果色身的一切相好功德，与其与本性深奥空性相结合，与即将讲述的净圆熟齐全等，要具备特殊之四法。净果能净轮回的一切幻象而圆满涅槃之果，与轮回行相相同之道路能净除所净轮回的本性，与如来的坐姿相同的胜解转为道路使各自的原始智圆满。两者可成圆满次第能熟果之道路，使以相好之主而熟。

壬二有二：癸一，总义；癸二，分支。癸一有二：子一，普遍的等持真如；子二，现位等持。子一是："本性光明"至"光明于心续"，以一颂而示。此之所净是死有的习气，死亡之时身之大种之五精华以相隐没之姿依次隐没之后，明、增、得相三者的近得相以念而摄，未证悟近得相隐没于光明的刹那间可得解脱之义，回返者在离障显空无分别之中瞬间居住之间。能净之道是修习真如等持，本性无生为空性，禀性普遍而自显，性相光明真实者以智慧内明而居，如虚空一般，如此而住之法是以无造作大离识的本性而置。不被造作与不造作之弊所犯，一切分别心以无分别的始智而显，此时有《域释》云："对任何都不恋无分别。"所言般，不贪恋外实有的明相，内心以无分别而住，一切实有与无实以自己的本性而解脱为净。《见论大鹏》云："真如等持本性是，世俗幻象显实有，唯显但是无实有，实有无实平等居。"其以本性之分虽是智慧，串习未亲证间要修习之故，因而称为等持。前书云："如此证也要修习，是以等持而主宰。"其是灌顶时的加持变迁之力，或要依第三喻之始智而生。又或以宣讲密续与秘诀中，或在别处显宗道路中是要依闻思而悟。净果是自此等持出定后，基之光明与死之光明与法身等两者行相相同之故，要以死亡净者为法身的强烈之念而修，消除死有的习气而净实有的贪恋与无色界，增添能亲证离戏论法身的种性之种而使正果圆满。能成培育究竟光明之基而成上道之能熟，净圆熟是等持的功用或功德。

子二是："未证真谛"至"熟上部"，以一颂而示。所净是未悟死之光明，法身始智而在刹那之后，不曾领悟如幻景而显的，任运之力光与明点之团的明相是自相之义，而自风心两者中成中阴之意身者。能净是现位等持，其之本性无阻自显，禀性是对他人生慈悲之念，性相是空性具悲心精华者，如虚空中显现彩虹一般，其之修法是，前书云："法相虽是空性而，如此未悟之有情，要修悲心菩提心。"对未领悟自己的本性为空的有情要普遍生悲心，无造作与偏袒之弊，可使我利与他利任运而成。自串习真如等持之力而生，《格帕》云："是对真如等持义，串习因中生悲心，现位等持之悲心，浮而得之因是也。"真如之力以大悲心而显，使空性与悲心无二的无禀性者，是有寂诸法的根本始智尊者发心，以现位等持之名而赞，其实使显露是方便道之根本两资粮的无误之因。《见论大鹏》云："所谓现位等持是，基与根本无有的，世俗菩提心性其，悟与未悟有寂的，一切诸法之根本，根本菩提心性其，即成明智原始智。"净果是其等持如幻景般显现之分，与中阴的明相与报身两者的行相相同之故，出此定后，以中阴净则是报身的强烈之念而修，消除中阴而净贪恋空性与色界。增添如幻景的报身衣饰齐全而显露的种性之种而使果圆满，能成为可培育自基中以光明双运之身而出定之因的大悲心之基础而成上道的能熟。

癸二有二：子一，真正的因位等持；子二，成共同之说。子一是："空悲双运"至"成能熟"，以一颂一句而示。所净中阴的有情以与来世之身相连接之意，对将生之处以贪恋而将要进入的风心的入法。能净之道是因位等持，其之本性为生灭无二，禀性以光明与字母、法器、佛像之行相而显，性相为离辨别，如水月一般。修法是自种子中生青苗或空中显彩虹一样，此又有丑一粗丑二细两者。丑一，修习细微字母者为，空性与悲心双运的现位等持之心以阿字的禀性而显，前书云："现位等持的心性，是为阿字的禀性，其中生成就之喻，如意珍宝仁宝切，如同云彩虚空的，何处普遍放敛之。"修习字母之云的放敛之法而能得明与稳固的九相。《幻网续》云："所谓因位等持者，以阿修习心性而，阿噶极其明显的，明而稳固有九相，萨勒桑碍啦给巴。桑碍浪碍不被夺，不入不做不浮动，可以变之九相生。"此九相结合将要讲述的本尊之身而讲，则观想任何本尊，身之显分以双目瞳孔的黑白都不混清晰而显是萨勒之义。其又非离明智显分之锐气的沉睡，而是具明智的锐气是桑碍之义。其又非如彩虹一样的无心识之色法，而是小到每个毛孔与每根头发都被遍知一切之智慧所遍布，根识的功德以百数清晰而现是啦给之义。其又在心中显现而行相却无有一点实质，如水中的月亮一般具显空的习气而是桑碍之义。如此的本尊之身也非以，是此本尊或有此本尊的比量的心念，而是在心中以真实而显一般清晰，是浪碍之义，是五明相，不被遗忘或放逸等散逸之缘所夺。唯有所缘而无有入其他对境或造作对境之行相，是不入不做之义。其观想也非瞬间，而是日以继夜地入定也不会有任何粗细分别心所浮动，是不浮动之义。身色与面容、居住或行走，又或放敛光明等如何修习也可如意而生，是可变动等为稳固之四相。改正弊端是，不可成为顽固的实执心，改此弊端就可将不净之明相以净相的禀性而显。以串习增长之力而增长，有《见论大鹏》云："浮得串固与圆满，观想戏论将会生，对其是要圆满也。"净果是，此细微的字母可成为培育一切坛城之基，将入轮回的中阴风心是来世之因，与化身佛为调伏化机而以色身而显的变化等三者的行相相同之故，以生净者是化身之念，在后得之时要执稳固的我慢而消除生有，能净视显空为异而执著的分别心与色界。增添可随意应化机之需而变化色身的种性之种而使果圆满。能铺自乐空之力中可亲证始智本尊之身之基而可成上道之能熟。

丑二，修习粗本尊之身有二：寅一，生起能依无量宫殿；寅二，所依本尊。寅一有二：卯一，生起基础是："自空界中"至"相叠成须弥。"以两句而示。实质的五大种的本性以五明妃而显的五界中显现"阿扬冉芒亢"五字，化为光而依次自阿字中观想虚空之坛城方圆逾量之界，自下而上有风与火水土的坛城，形状与色彩如各自仪轨中所言般重叠而成，其上面由让字中观想十亿须弥山，是外三千世界任运圆满观想之基。

卯二有二：辰一，观想无量宫殿；辰二，念净相。辰一有五：巳一，褥；巳二，侧；巳三，屋顶；巳四，门；巳五，二层之顶。巳一是："四辐之轮莲花日月褥。"以一句而示。《格帕》云："自心白阿化为光，光彩极其鲜明的，是以等持观想而，一切均成阿而修，对其心念相融则，自阿字中生玛字，红色烈火坛城显，阿与玛字等持是，清晰明显而放射，皎洁月亮与骄阳，坛城如同望日月，观想成为聚集者，阿字显氏字母中，观想无贪莲花座，座中化光珍宝的，坛城光明亲自修。"原始智的坛城之轮的四辐与轴心不混而显之上，由各自的字母中观想莲花与日月之褥。巳二是："甄字化光"至"珍珠檐瓶美"，以一颂一句而示。前书云："日月莲花之褥中，无量宫与装饰等，极其聚而细微修。"在褥上因之种阿字中生五彩的甄字，自此生无量宫殿正方形，珍宝之墙内外五层，色彩也自内而外依次有《哇姆业之明点》云："五色彩图自内而，白与红色与金黄，绿色蓝色依次是。"宫外有红色的珍宝供台环绕，上有妙欲诸仙女手持各种供品面朝内而献。墙顶有金砖以女墙之姿而外凸，其上有以短柱所托的墙头之梁，其上屋顶的椽头有鳌首口衔金玉的彩旗幔，或珍宝的半满璎珞与五彩经旗，椽子之上有飞檐突出而能覆盖供台之外，其下面有珍宝檐瓶，如宝瓶倒置一般连续排列，其瓶口可至女墙的下方，飞檐之上又有镇压的女墙如宝塔的台阶一般。巳三是："珍宝柱石"至"途金料"，以两句而示。无量宫之内珍宝柱石上有以方位或种性所表示的珍宝之柱。斗拱是银制所托以种性所示的珍宝之梁交叉而置,除中间的天窗之外有表示平等的珍宝之檩,与众多始智的种性珍宝之椽与阿莫哩噶石之苫板,其上以金料而涂。巳四是:"门房门框"至"各八层",以三句而示。经云:"门与门坎门楣三,左右两瓮城为五。"门房瓮城突出,左右门基为银制,铁制的门槛有水纹,珍宝之门楣有虚空之纹,又有四珍宝之门框,金制门扇有霹雳之锁与金制钥匙装饰,门房外面之两角与内两角的供台之上有表示四无量心的珍宝四柱,所托的交叉四梁之上有《见论大鹏》云:"具八解脱之台阶。"其又有因果的台阶二八十六之数,因之台阶是门房内外各有四台阶,果台阶是门房之顶有装饰的八台阶重叠而成,其有达康者是有柄雍仲颈有五彩飘带与珍宝之串相连,其上有莲花之浮雕,盅务者是短柱间的诸珍宝之板,萨则是珍宝之网,南琼是金砖,珍枪是珍宝的半满璎珞,大鹏首与八装饰而饰。巳五是:"须弥梯级"至"自仪轨中知",以一颂两句而示。无量宫之顶天窗四角有珍宝或斗拱所托之顶,有色彩为白绿红蓝四色的须弥四梯级之上有白色宝瓶以金色项饰装饰,贝制斗拱与莲花所托的十三法轮相叠而成,其顶有遮雨的珍宝之伞,璁玉夏日与金制夏智极其锋利而精美。以化身之飘带装饰,四方台阶之顶又有《雍仲业净》云:"其上有具八辐之法轮,左右有牡牝祥麟,项以金铃与飘带为装饰,法轮之上有有柄的珍宝之伞。"还有幢与旌旗等在女墙上环绕而插为装饰,门与台阶之装饰有象狮等,门之外四角有宝瓶与如意树装饰,其外围有铜铁与雍仲之围墙环绕。其等只是以无量宫的共相而言各不相同,以各自仪轨中所示般无误而修。还有五至尊神坛等密宗的某些坛城,为调伏恶毒的化机而以尸林无量宫之布局而示者,要从生起仪轨中得知。

辰二,念净相是:"其等本性"至"常念之",以两句而示。坛城的净相要结合基道果之法,则在基是在有情之界中,如牛奶被酥油与芝麻和芝麻油遍布一样任运而住。《见论大鹏》云:"如此坛城逾量者,自身任运而天成。"如此在有情之时以种子之姿而住者,在道路之时以解脱方的诸法结合禀性而修。《尊胜生起仪轨》云:"十度之墙解脱道之门,十地屋顶果之二层具。"如此而观想,使业障净而在佛陀之时,如自种子中得成熟果实一样自己可圆满亲证。《见论大鹏》云:"修习三种智慧而,隐蔽业障皆净除,所做事使有漏尽，证得佛陀五身而，逾量坛城任运成。”知道其等是自性心威力之现象或佛陀的功德而念净相。

寅二，观想所依之本尊有二：卯一，修部之宗；卯二，续部之宗。卯一有三：辰一，以己子他子之门而生起；辰二，以五现证之门生起；辰三，以四仪轨之门而生起。辰一是："生起次第"至"置于褥"，以两颂两句而示。自己以善逝之子而生起有六，首先将真如的智慧，现位之心，如因之阿字与玛字之种一样观想于前方之空，由其中放敛光芒而祈请域中本尊之意而允许加持，之后前方之字母融入己身修成自己成为善逝之子的种子，其中心显空之分顿时生起至尊本尊夫妇或哇塞夫妇，又放敛光明自域中迎请智尊而融入之后培育无二的威力。自己之子修他也有六。自己以本尊大法印而显现本尊夫妇交合而住，自其中如依楚部旺欠则有八十六明点，如依哇塞列冉则有六十五明点，自阳体本尊之密界放射而聚于阴体本尊之密轮而观想，之后奇妙物之坛城中依旺欠则为五对阿玛字、八对哈冉字、四对哈扎字、一对哈瓦字、二十七玛扎焦字、二十个哈字、四个夏字。依列冉则为一对阿玛，又有四对阿玛、八冉、四扎，二十七玛扎焦字、十哈、四夏等放射善逝以自己之子而修的种子的字母，之后诸字母聚集为光团，其中身之六处等圆满观想，各主仆以装饰齐全而观想与各自之褥，如三部总集的生起仪轨中所示一般。又有《根本续日光明灯》云："自己誓尊以生起次第之姿而修使善逝可为自己之子，本尊智尊以圆满次第之姿而修使自己可为善逝之子。"《根本续》云："智尊迎请与前空，虚空之界礼敬赞，融入自己之蕴中。"自域中迎请智尊至前方之空而住，以自己意之化身礼敬、忏悔、供供品使悦意而赐加持之后化为光而融入己身，自己观想为本尊夫妇是自己成善逝之子。之后由自己显现本尊大法印夫妇交合的连接处，放射菩提心明点，在坛城中成各本尊夫妇之字母而自其中生起神像是善逝成自己之子的修法。

辰二是："五现觉之"至"五智慧"，以两颂而示。此之所净是色受想行识等五蕴之依，与痴心、慢心、贪心、忌妒、嗔心等所依五毒，与父之精液、母之卵、中阴之心，此三者相融，自其中培育圆满之身的五阶段，能净依次是生起本尊的月褥、日褥、字母与法器、此等相融为一体，自其中圆满生起本尊神像的五生起仪轨。净果依次是亲证任雄、噶秀、尼买、噶东、耿恰等五身依，与明镜、平等、妙观察、成所作与空性等五智慧。

辰三是：“四仪轨之”至“出生前”，以一颂一句而示。自空性中以字母而生起本尊之身的三处置三字母等，空性可净化死有与中阴，观想字母可净化生有的近取心融入父母精血之中等。观想圆满之身可净化在胎中形成身体。置字母可净化出生至根识可享受对境等阶段。又有能调的乘有大小之别，与化机之根器有利钝等区别，而使生起次第的分类也众多，虽如上下修炼部中所示一般，然可属于能净四生之仪轨中有《略义根本大释》云：“被业与烦恼所束缚的一切有情都以四生而生，播轮回之种，增烦恼之田，为回遮其等而示方便生起次第。”

卯二，依续部有略详两义。辰一，略义是：“格派所言”至“不属其者无”，以三句而示。正所谓《格帕》云：“如同有之轮回使，成熟三界有情姿，胎与化而生一般，智慧精进大小而，顿时依次示两义。”以依次与顿时而生起的两宗之中可概括内外密之一切坛城之生起仪轨，其之依次者也有，与卵生相同的戏论宗之生起，与胎生相同的小戏论等两宗。顿时也有与湿生相同的无戏论宗，与化生相同的极无戏论宗等两宗。

辰二，详论有二：巳一，放射；巳二，收敛。巳一有四：与午一卵生、午二湿生、午三胎生、午四化生相同的生起次第。午一是：“为净卵生”至“生身时”，以一颂三句而示。为净卵生而示的戏论之生起次第是，如此观想本尊时的莲花座可净产门，日褥净母亲之卵，月褥净父亲之精液，种子字母可净中阴之风心，胎时的凝酪与膜疱等变化相同，是以字母变为法器等净化，其化为光团可净生蛋的阶段，其光团化为圆满之身可净化自蛋中生身。午二是：“胎生等同”至“净出生”，以一颂两句而示。如此净胎生的小戏论之宗是，产门以莲花座净化，母亲之卵子以日褥而净，父亲之精液以月褥而净，字母净中阴之心识，其变化为法器能净五界圆满。五界是：父母交合时的触受硬乐而能净土界，精液湿润而能净水界，所增之体温能净火界，明点浮动能净风界，欲之乐能净空界。其中放敛光芒而能净蕴界处使其等依次而成。其中观想本尊之身与生为圆满之身相同而净。午三，“湿生等同”至“成身时”，以三句而示。与湿生相同的无戏论之宗是，莲花座净产门，日褥净暖，月褥净湿，自字母中生神可净由风心中生身。午四是：“化生等同”至“水面般”,以三句而示。为净化生而所示的极无戏论是根器聪慧之宗,自褥至成身是顿时观想,是如鲤鱼刹那间跃出水面一般的种种生起仪轨等。巳二略,则可摄为顿时与依次两仪轨中。午一,卵胎两者摄于胎生中是依次的仪轨,午二,湿化两者摄于化生中是顿时的仪轨。此时为又示与化生相同的顿时之生起仪轨而根本文中以“智慧身与”至“瞬间圆”,两句而示。与诸化身唯依心识而瞬间成身者相同,有些密宗大乘的极无戏论宗不依仪轨与词句,境与智慧本来俱生的本尊坛城始智幻景的化身,以念提醒而顿时圆满如镜中的镜影一样,生满双运而观想是天资极其聪慧根器极利之宗,如母续究竟密尊的密生起仪轨一样。正所谓《智慧明点》云:“首先自然智慧俱生生,之后自己提醒成本尊,最后明相自力知为心,此三别处不生俱生有。”

午一,与胎生等相同的依次者有二:未一,如何观想的次序;未二,以根器而分的生起分类。

未一有三:申一,所净;申二,能净;申三,净果。申一是:“普遍之宗”至“等相同”,以一颂而示。三仪轨的生起之法,根器中等者之宗是《幻网续》之意趣。一切新旧密法中此宗极为普遍,详论则如此,所净是与中阴的心识食香近取者,融入父母的精血之中依次圆满成身相同之分。

申二是:“莲花日月”至“明确示其义”,以两颂而示。《见论大鹏》云:“心性观想为阿噶,方便散放收敛中,意之标志法印生,法中散放收敛中,身为本尊法印是。”所言般,莲花座净生门,日净母之血,月净父之精液,本尊之种字母净将融入母腹精卵中的中阴心识的阶段,此字母变为各自的法器或普遍变为雍仲能净以父母的行为,使中阴心识融入精血之中的五个阶段,自各本尊的字母所表中放敛光辉等可净,在母腹中成身的增熟等蕴界处等依次圆满的阶段,圆满成本尊之身能净一切器官圆满而出生的阶段。三仪轨的明示有《黑柱续》云:“字母法器明亮之光中,是以明智大智而任命,悲心之中调伏思魔神。”字母为如来之语雍仲,法器为意雍仲,观想本尊为身雍仲,是身语意的仪轨。风之分中生语而可聚集语之加持之依是字母阿字,明点之分中生意而可聚集意之加持之依是光辉行相的法器,脉之分中成身而可聚集身之加持之依是身圆满,有《见论大鹏》云:“具备三仪轨而使,能具身语意等三,始智眷众加持而,即可具备功德也。”

申三是:“净果化身”至“佛身成”,以一颂一句而示。此之净果是诸佛陀为调伏有情而自投胎至出世间的降生的宏化。在上道时在莲花座之上的日月褥即智悲结合,在诸脉轮中暖乐燃滴的结合,字母法器风心融入中脉,光辉放敛化而成乐身, 自其中可成俱生的乐空始智之身而成圆满次第的能熟。

未二有二:申一,以根器的区别而如何自生与对生;申二,自生的次第。

申一是:“自对顿时”至“优中劣”,以两句而示。根器利者同时观想自生与对生,根器中等者自对两者,其一依次观想而另一个顿时观想,《父子同修》与《藏传长寿经》一般唯示自生而没有对生等是从自己观想为本尊的自生中,自然将无量宫的诸神如自生一样,自生对生以和合之姿如镜中显现镜影一样而观想。对此等仪轨又另示对生仪轨是杜撰的行为。根器迟钝者如仪轨而依次观想自生与对生,是依次之宗。

申二是:“脉之一树”至“依仪生”,以两颂而示。此处如依《总集》而言则有《密义释》云:“观想脉轮放脉叶。”优者散射诸脉叶,中者观想六脉轮,劣者观想主尊全饰三类中,此根器优者之宗散射脉叶是依脉树、三主脉、六脉轮而观想,脉之一树为命脉,是红白两脉。三主脉是精血中三脉,六脉轮是,顶、喉、心、脐间、脐下、密处六轮。脉瓣的分法是,顶门为四脉瓣、喉间为八、心间为四、脐间是二十七、脐下是十、密处为四脉瓣,自中脉而分散,其等的辨别是,五支脉、八分支、四门、九鲜花。五支是,自心间脉轮所分散的四脉瓣连接四脏,即脾脏、肺脏、肝脏、肾脏,汇集处是命脉与脏脉的连接处,依次是第十一脊椎、第三脊椎、第八脊椎的右侧、第十四脊椎等,心之脉瓣是心脏中央的三皱褶的中间皱褶内的四脉瓣的中央。其处等在静相本尊是依次观想任雄、噶秀、尼麦、东智、耿囊等五种性之十夫妇,在猛相本尊时变化而观想绰塞等色欠十夫妇。八分支是自喉间脉轮分散的八脉瓣连接八所依,即眼脉、耳脉、鼻脉、舌脉、脊椎脉、密脉、右白脉、左红脉。其等的汇集处:眼脉是双目的连接处;耳脉的汇集处为后颈窝,等等是根器迟钝者之宗。根器优者要观想在眼球、耳门、鼻孔、舌之中央等处。被称为无暗明亮明灯无量宫,依内在是眼之明灯无量宫,依外在是坛城东方无量宫,其他也与仪轨之词而各自贯通。脊椎脉,有些先哲认为是第五脊椎,《密义》中认为是第七脊椎。如此在喉中、心脏三皱褶的右脉中、左血脉中等，在静相是观想十六叶辛夫妇，在猛相是观想十六明智夫妇。四门是顶门的四脉瓣，让让尼西、浪吴杂得、布浪象塔、代杂乐西，汇集处依次是：自手腕上量一寸处内脏脉与寿脉的结合处，踝骨内外侧两脉的结合处脚掌心，中脉的上段至大乐脉轮与下段在脐间与脚脉交叉之处，如此在上身的布浪之脉与下之踝脉，在脐间汇集的左右被称为宁猛与宁色的两脉是观想八门将夫妇之处。九鲜花：脐间有轮的九脉瓣，音节脉、舌力脉、颈窝脉、上身脉、心间脉、脊椎中、暖边脉、耳尊脉、脉孔等九。汇集处依次是咽喉、舌中央或舌尖、后颈窝、第五脊椎、心脏中下部的中脉内、第七脊椎、肝脉新朗之内、任何一耳之尖、肾脉豆帕之内。其等各分三尖的二十七处是观想二十七哇姆之处。如何观想，有《密义》云："塞玛在中傲立姿，佳姆在右相招姿，欣德在左护法姿。"自脐间下量四指的脐下大自在力之轮的十脉连接十大骨节，是观想十矮力士与十将军之处。前书云："大自在力无量宫，哈拉生起力士将，力士是以勇士姿，将军观想出征相。"密处阴阳脉轮的四脉瓣至四手脚掌心，是观想四大天王主处。其等在各自脉瓣的结合处，姿态与装饰齐全如仪轨而观想。有《根本续》云："结合之轮神居处。"《密义》云："观想须弥山般身，又或观想芥子身，结合修士根器分。"如此真如等持的空性与现位等持的悲心双运的显相显现本尊的相好者，非唯以显现而是以自显现时起禀性本来无实质的显空无二是生满双运之义。其之真理如示则有《隐义》云："方便神变示为生之身，不贪有者水月之轮与，显而无实明镜镜影与，齐而不混如同彩虹色，受用诸多方便神变则，比此更甚见行不会有。"因此方便生起与智慧圆满，即显空双运是密宗大乘之道两谛双运的不误之义。有《见论大鹏》云："胜义净于菩提心，世俗净于身始智，两谛无二而居住。"如此的同一本性以两次第之名而示之道使两资粮圆满而可得两身之果。《火焰轮密续》云："如此本尊显修使，福之资粮可圆满，如知其为水月般，即可圆满慧资粮。"如此不知以智悲双运而修则就不成密宗之道。《密义释》云："不知等持双运则，如同盗贼入空室。"

子二，总义成共同者是："都请智尊"至"修无贪"，以一颂而示。从誓尊的心间向空中放射如钩的光辉而迎请智尊，融入自生与对生的本尊中自然以宝冠灌本尊之顶，以加持盖三密之印依《总集》是《根本续桑巴塞吐》云：“生身三处加持而，以大始智饰头而。”所言自域即空中有耿囊恰巴等五佛亲降，而自生与对生的诸本尊各自之顶有耿囊，额间有任雄，左耳后噶秀，后颈窝有尼美，右耳后为东智等居住而灌五大原始智之顶，以三字母加持三处而盖亲证三密之印。自其等之密续中所引的灌顶的密咒是：“苏姆叶啊腾萨度哈拉部达拉阿凹”“仲姆萨度哈拉部达拉萨俺”“娄西萨度哈拉部达拉格俺”“乃拉萨度哈拉部吧拉著俺”“然那萨毒哈拉巴达拉智俺”。与加持之咒是：“姆琼扎普温阿尼日巴拉章德”“姆尼浪欠温阿尼日巴拉章德”“姆叶西腾温阿尼日巴拉章德”，要依其等之义而行。另外有哇普等所言，自空中亲降五佛而依次对诸本尊灌顶加持之姿都要自然领悟。《黑柱续》云：“不显域中祈请而，与自己为无二的，加持灌顶而盖印。”如此母续的《道现觉续》云：“三百六十本尊佛会众，生起对其融入始智是，迅速悲心加持不变动，迎请悦意融与使安住，灌顶盖密法印之事是，迎请夸姜五佛于前方，供养意中五母之圣水，洗净寻思能取之习气，灌顶加持开光住头顶。”所云般，对其他也要领会。如此所观想之身具备圆满之智，是智悲力三功德的大主宰，其必须要有明亮之相，具我慢之心、念净相三者所摄。《义续》云：“明与我慢念净学无贪。”学修明亮之相是：初学者自一法印的细微字母起依次而修，对容貌与装饰等各个都要牢记而修，静相本尊要具备九梵相，其中外之九梵相是有《格帕》云：“住起走观柔颤仪，娆青明亮秀威燃，法器如同仪轨修。”所言般本尊之身与手脚等非如骨与木头一样僵硬是柔软之义，粗细等均称为颤相，皮肤非松弛为仪态端庄，骨节等轻盈摇曳是妖娆之义，身形强壮而皮肤薄是年青之姿，色彩不混为明，自其等散发不尽之光辉为亮，身具大丈夫之相而美观是秀丽，具威慑一切的威严九相。内之九梵相有《绝顶明灯》云：“空而明显是萨烈柔巴，不做自相是萨烈蓝尼，自然无贪是萨烈赤烈，词句无言是萨烈桑尼，不动自然是萨烈浪尼，未赐任运是萨烈兰弥，自显无执是萨烈玛烈，无思大乐是萨烈雅烈，痛苦自消是萨烈沃得。”猛相本尊有九猛相，装饰之分类静相有十三装饰，猛相有尸林之八大装饰，以念提醒而修，最后可得明与清澈的，如湖水不动时能显倒影一样的稳固之相。执我慢之心是：所修的本尊是我自己的心识之流要无间断而持，与果时的本尊无二的我慢之心等不离。

念净相是：如此修习之后其等是佛陀之功德本来在自身任运而住，以证悟之力使其亲证。是为调伏化机而如此显现的信念提醒而修。九梵相的念净相有《见论大鹏》云："不断吝啬境净使，支节极其柔软与，不断我慢境净而，足如柳枝一般颤，不弃贪心境净而，腰际如树而妖娆，不弃痴心境净使，身如童子般年轻，光辉如同雪山般，如同须弥具威严，每个汗毛之孔中，十亿光辉之光束，是以六十六十放。"如此无量宫与本尊眷众装饰圆满而显的一切，法身的原始智、报身的相好，在是有情之时如太阳被云雾遮挡一样，与阿赖耶八识等之孔中以隐藏之姿而住，在果佛陀之时是如太阳远离云雾一样而亲证的信念而培育信心。《根本续》云："法身无有亲身中，显现相好之身则，是为受用报身印。"雍仲本教法藏宝库中，示所修见行修之道路是第十三品之释。

第十四品　密宗之誓言与仪轨

辛四，为示第四密宗之基誓言，根本文中："一切基之"至"如命脉"，以三句而示。誓言是密宗的见行修等一切之基础，虽得灌顶然如不守持誓言，则将不会成熟其等之果，如此能驱除前世的业障之黑暗如同太阳，是一切密宗成就之源如同如意树，是一切道路之依，能执解脱之命如同命脉一样。故此要不毁誓言而守持。所守誓言之分类有二：壬一，有守持之誓言；壬二，无守持之誓言。壬一有九：癸一，本性；癸二，言词；癸三，分类；癸四，毁誓之因；癸五，毁誓之先兆；癸六，补足毁誓之法；癸七，守持之功德；癸八，能表之喻；癸九，此等之需。癸一是："本质所守"至"居于心"，以两句而示。誓言的本性是，何时都不超越所守的根本与分支之誓言的净心，其又知诸法是自心之意。《续》云："自己心性是誓言，唯是自心清净也。"

癸二，言词是："不越承诺"至"焚功德"，以两句而示。言词是，不超越所承诺之言是为誓，守心就可焚罪孽与不守而毁则能焚功德。前书云："所谓誓言约束义，自心无有焚烧是。"

癸三，分类有二：子一，誓言的禀性；子二，定数。子一有二：丑一，略表；

丑二详论。丑一是:“四灌顶得”至“《黑柱》言”,以两句而示。其有生起次第之誓言、圆满次第之誓言、大圆满之誓言、究竟大平等之誓言,依次是由密宗的外内密极密四灌顶中而得。《黑柱续》云:“生起次第是为外,圆满次第是为内,大圆满是密灌顶,究竟生满等三类,本性同一菩提心。”此等成戒律之因是,是自密宗的四灌顶中所得的戒律之故。智喜桑之《学论》云:“持明密宗之戒律,须依四全之灌顶,四不圆满瑜伽士,如同无梯跃屋顶。”誓言与戒律的区分,例如,菩萨戒的身语之七恶业有开遮两类,以观察善果之大小而行不违是誓言,其之本质是入返之戒律。本性同一而以反体而分。

丑二,详论有:寅一生起,寅二圆满,寅三大圆满与寅四究竟四义。寅一,神坛五尊之诸密续中所示之誓言。“生起誓言”至“与分支”,以两句而示。生起次第的誓言之根本是《格雅执命雍仲密续》中所明示的诸誓言。此又有:卯一,根本;卯二,分支。前书云:“根本数与分支数,要知是有两分类。”根本誓有辰一,略表;辰二,详论。辰一略表:“上师本尊”至“大鹏义”,以两句而示。五根本誓言之对境是《见论大鹏》云:“自己恩重上师与,本尊佛身不弃与,密咒法印不间断,诸法友间要慈爱,一切密法极隐秘,此为根本誓言也。”

辰二,诠释此密义的详论有五:巳一,上师;巳二,本尊之神;巳三,密咒与法印;巳四,法友;巳五,密誓言。

巳一是:“等觉佛与”至“不可违”,以三句而示。如此第一根本誓言的所守之对境有六,《格雅》云:“有情总的上师与,辛饶导师亲教师,授誓言之上师与,恩赐灌顶之上师,补足毁誓之上师,解脱智慧续上师,秘诀教言之上师。”所言的第一是对佛陀守持,前书云:“有情总的上师是,正等觉之佛陀也,如同自在之君王,其要极其恭敬也。”如此别解脱戒之规范师与亲教师是引导入法门之师,授誓言与赐灌顶的上师为同一人,被称为誓言灌顶上师。忏悔罪孽处的上师是补足毁誓上师。宣讲教义的上师是解脱智慧续之上师。赐大圆满秘诀的恩重上师是秘诀教言之上师等六类上师的恭敬之法依次是要以比君王、父辈、父亲、母亲、自己之双目、自己之心脏更甚之心爱护而以三门不行一丝相违之事。尤其为阻无上根本堕罪有:“尤其三恩惠”至“格雅续中言”,以三句而示。又有《叶赤·誓言集》云:“智慧续之上师与,誓言灌顶上师与，秘诀教言上师与，三齐全是根本师。”所言般，如果赐灌顶、宣讲密续之义、赐秘诀三恩惠得自同一上师处，则此上师是三恩上师，其比本尊之神与自己之命更甚之故，以自己的身语意三门各有十种守持誓言之法。第一，身之十法，《格雅》云：“上师行走之前方，不迎接与隐藏与，面显愤怒之姿与，跨越上师身影与，乘骑未许之坐骑，与明妃等苟且与，跨越鲜花衣饰与，跨越上师宝座与，上师之前不检点，乱着不允许之衣，行为极其不雅等。”所言等不可行。第二，语之十法，前书云：“弟子对师言妄语，离间语与上师尊，不悦意之言词与，上师有事垂询则，不回答而示怒容，对上师言恶语与，恶言诽谤上师与，不恭敬之言词与，毁坏上师语之威，打断上师之言语，不行上师所授事。”要断弃此等恶业。第三，意之十法，前书云：“嗔心连同愤怒心，狠心连同不恭敬，怨恨心等不善心，一丝恶意不可生。”所言般，嗔心等五毒与易怒为六，危害的狠心为七，不恭敬之心为八，怨恨之心为九，生恶意为十要断弃。三门之所守中有些是有开遮两种，开许之时是前书云：“对于上师有利或，上师允许时开许。”

巳二是：“自他三门”至“依念知”，以三句而示。如此知自他的三门为本尊之身语意，领悟胜义中本尊之神与自己之心无二之义，与等至之时知一切色声思维三者无自性如虚空一样，后得时不超越神咒始智的化身如幻景之见中。《雍仲大密续》云：“自他身语意三与，佛陀身语意三的，知为其之大法印。其只是以世俗而，胜义雍仲心性中，一切色声念思与，空性是为无二而，法身佛之身语意。”所言般，色为显空、声为响空、心为念空，要与知是法身的身语意的念知不离。

巳三是：“因缘诵咒”至“续不断”，以两句而示。前书云：“因不误是根本咒，生起示身缘密咒，念诵业之次第咒。”所言般，伏藏之《普聚珍宝根本续》之释文《日光网续》云：“不误之因咒是生起诸神的根本种子字母。生起缘之咒是以精华而生起等，念诵业之咒是真言与密咒。四法印是，身修为法印，语思为法之法印，意以誓言法印束缚，解脱业之法印加行事。”如此之咒与法印，优者如水流之续，优之中者以昼夜分六时而修，优之下者在一昼夜念诵一次，中之优者如同优之下者一样而修，中之中者以每月之望、晦、初一、初八、二十二、二十九，与中之下者以每月分四次而修，下之优如同中之下者一样而修，下之中者每月一次，与下之下者在每季节之初各修一次。其也要百十千万等够数而修，会供与食子也如此不可间断。

巳四是："有情总友"至"矫诈谤"，以三句而示。《基誓言所执续》云："总的法友是有情，守持之喻如同族，入密宗的法门者，观待亲者是为远，如同同宗而守持，与己见行一致者，观待远者是为近，如同堂兄弟般守，同在同一上师处，灌顶誓言相融者，此是极亲之法友，要比兄弟更需敬。"不可超越所示的恭敬之法。又对其等不可以身行打盗，以语增损与诽谤，以心行狡诈等事要断弃。

巳五是："深奥之见"至"告者隐"，以一颂而示。密者即隐瞒之义，应隐瞒之对境有《格雅》云："根本分支誓言毁，此等毁誓返誓者，先前守持诸誓言，而后不守而弃的，如此背弃誓言者，未瞻坛城之容者，亲与委托告者隐，誓言未融者要隐。"应密之誓言是，前书云："总之四隐秘者与，中之四与应密与，委托告诫诸密法。"深奥之见与粗鲁之行、本尊与自己的密名、成就之兆四誓言是总或恒常之应密之誓。修行处、时、友、修行之圣物四是直至修成间要隐秘。他人不生信的圣物与资具、坛城、供品等是应隐瞒之密誓。上师与法友所委托或告诫要隐瞒者是委托之密等十。如此《见论大鹏》中所言的五根本以《格雅》之引言而分则有二十九誓。如此云："胜义谛与世俗二，上师之誓为六类，远近等等四法友，是属身之誓言类，三密咒与四法印，是属语之誓言中，总与中间之密与，应密告诫之十密，是属意之誓言中，如此分类二十九。"其等如摄则可摄为身语意之三誓言中，是暗示之义，而且十万誓言也可摄为此中，有《广大水流》云："三昧耶中所略十万誓，摄于身语意之根本誓。"对上师与法友守持的誓言是饶益与断危害之业主要为身，可摄于身之誓言中。密咒法印是念诵之分支主要为语，可摄于语之誓言中。十密是不以言宣而以意而守持主要为意，可摄于意之誓言中。其等是根本誓言之因是，如不毁此等誓言则，即使毁分支之誓，也可渐渐补足而迅速得功德之果的根本与，如毁此根本则，即使守分支誓也属无意义而可成迅速得罪孽之果的根本。各自成根本也有《塞吐定续》云："上师是秘诀之根本，本尊是加持的根本，密印是威力之根本，偶雅为成就之根本，雍仲特殊乘的特殊入门法总誓之根本。"

卯二，分支有二：辰一，不共誓言；辰二，共同誓言。辰一有略详两义，巳一略表是："分支誓言"至"各有五"，以两句而示。《恰巴郎登所著乘之论》云："五根本与五所行，五不弃与五接受，五所知与五所修，是为密宗誓言也。"五根本在前面也述。二十五分支与《格雅》之义相同。

巳二，详论有五类五誓：午一，五所行是："五所行中"至"禁而行"，以两颂三句而示。其中交度两者是，《续》云："本性极净交度与，根识对境交度与，静虑等持交度与，具巧方便交度与，亲自证悟交度也。"第一，有情的三门自始是以佛陀之身语意而居住之义，以明智亲自连接，以证悟之力度未证之识。第二，境与根识自始以男女菩萨之本性而住亲自连接，度固执的两取。第三，轮回与寂灭两者是自明智之力而生在无二中连接而度两执之寻思。第四，与智慧明妃交合而度十恶之众。所谓十恶者有《格雅》云："总之需度之有情，应度十恶不赦即，佛陀上师之教敌，毁誓言与背弃誓，漫骂誓言对修行，阻碍设障断修与，危害一切有情与，现今亲自危害与，摧毁雍仲佛法与，地狱饿鬼畜生等，是为十恶应度众。"三恶趣是为斩断痛苦之流，故是应度之众，毁誓等因罪孽深重而应度。危害佛法与有情者是对自他两者都有害而为应度之众。第五，昔日的瓦本如法将一切危害佛法与有情的男魔超度而与女魔交合，将其等引导至大乐之境。此等也要依悟性的串习而依次而行。其又以世俗则，虽然所度之境如光影，能度的自己修士如幻景般居住，然而胜义中知其都没有本性而度，则不成堕罪反而能圆满大资粮。偷盗是领悟明相为自相者之所取，妄语是知一切轮回之性相为虚伪者之所行，粗鲁之言为训斥危害佛法与密宗之法者可以言。其等有开许与回遮两种，要权衡善业之大小利弊而行。

午二，五不弃是："教敌生嗔"至"离自续"，以三句而示。前书云："其有极净五毒与，邪恶五毒须知之。"度教敌之嗔心，与对有情以悲心爱怜的贪心，本尊神之我慢之心，悟一切诸法为平等而不取舍利弊的痴心，极净法性之界中不容忍邪恶见行者的嫉妒，五毒所取也不会被罪孽所染，而能得功德而是极净五毒。与此相反的五毒是一切经典中所言的诸恶，其等也如视为所治与对治，则与声闻与独觉等小乘无异。随意而行则不会自轮回中解脱之故，在密宗中知烦恼是心性之力而无自性的智慧为道而离两者之弊，而且又可将五毒转变为五种性的身与始智而不被束缚。

午三，五接受是："脂芋琼与"至"成五佛"，以三句而示。正所谓《格雅》云："脂芋又同脂琼与，芒萨班玛冉达血，雍仲心等是为五。"所言般以各自之本性可修五佛，得证悟故是法性的禀性，威力可消除病魔，是修炼加持的非凡之圣物之故，应接受。前书云："四可成与除五病，能除净秽之寻思，共同之需是五与，修五种性之功德。"如此脂芋能除毒病，增财富，能得如来种性的身与始智；脂琼能除浪吐病，声音婉转，能得业种性之身与始智；芒萨能除麻风病，威力巨大，能得珍宝种性之身与始智；血能除托宁之病，能增光彩，可得莲花种性之身与始智；精液能除中暑之病，可长寿，能得雍仲种性之身与始智。

午四，五所知是："五蕴五种"至"力而行"，以两句而示。《总集誓言续》云："五蕴并同五大种，八心识与八对境，手足之脉与脊椎，拇指等等知为神。"识色行受想五蕴，依次是尊取楚安瓦邓五本尊，空土风火水依次是豆姆尼里利满仓当党南五妃，如此眼识等八识是敦巴八夫，色等八对境是敦姆八妃，手足左右之八脉是八门将夫妇，二十八脊椎是二十八哇姆，手足之十指是十矮力士，四拇指是四大天王，要深悟其义。又有在密宗大乘中视一切情器之本性为自相者相反，而视为唯是身与始智之坛城。《根本续》云："大千观为神变尊。"

午五，五所修是："五佛五夫"至"之力修"，以三句而示。《格雅》云："五种性与五始智，种性五夫与五妇，身语意与功德业，各自又有五分类，合为四十五而住。"如来等五种性、空性智等五原始智、尊取等五夫，豆姆等五妇，法身等五身。无生义之语，密意姿态之语，梵言词之语，响空无二之语，明智加持之语为五语。五意是五原始智。刹土，饰，宝座，光辉，无量宫是五功德。息增怀伏任运为五业。其等又有前书云："如知各自性相则，要与修习关联也。"所知的见之誓言领悟而修习是修之誓言，至未得成就之间修炼是修炼之誓言。前书云："如不修则修炼之，誓言将毁是我言。"故如此的修习之义不可违背誓言。以此誓言，五所行与五不弃、五接受三者，未悟而串习不坚者只在心中以不断之誓言束缚，以身语不行而以今生的廉耻与来世的恐惧使无恶业而行。得证悟串习者已离歧途之故，可亲自行事。

辰二，共同之誓言是："守持我利"至"之誓言"，以三句而示。为我利所守持是别解脱戒，与为他利守持是菩萨戒与行事叶辛之续所示的誓言等，也要不弃而守。《格雅续》云："共同乘之诸誓言，摄与略而示则是，为我利而守持与，为他利而守持也。"

寅二，圆满次第的誓言有六：卯一，根本堕罪；卯二，分支；卯三，总誓；卯四，粗罪；卯五，恶作；卯六，大罪等示别义。卯一是，"圆次誓言"至"五堕罪"，以三句而示。诋毁上师与舍弃本尊、超越善逝法旨、对友争执、失菩提发心，为五根本堕罪。其中第一与第二、第四等三誓言是对前面所讲的上师与本尊、法友守持。第三，根本是我佛正等觉佛对化机示取舍之法的四门五库，与其中的三戒律之学，明知而藐视故意违反是超越如来法旨的根本堕罪。第五是以五毒使胜义菩提心与世俗菩提心退失者是大乘道的菩提心之根本堕罪。

卯二，分支有二：辰一，各自的本性；辰二，所守之果。辰一，自五根本所分的分支各有四罪，第一个四分支是："如法不修"至"为密宗"，以两句而示。《续》云："虽得密义如法不守誓，吝惜秘诀是以恶智做，具器之徒反授邪教言，不识密义自负为密宗，上师之支是为教核心。"此有四义：第一，虽如法知密宗之誓言，又得生满次第等深奥密义，自己却不如法遵守。第二，自己虽知此等分支之密义，对有缘的具器之弟子以恶意而不示密意。第三，虽对有缘之士示密义，却以恶意颠倒而示相反的邪义。第四，不知密宗的深奥之义，却自负为阿噶大乘人士，此四是对上师所守的分支。

第二个四分支是："诋毁五蕴"至"密印断"，以两句而示。前书云："蕴为佛之本性诋毁父，妇女智慧本性诋毁母，对于妖魔教敌生悲心，等持不明咒与法印漏，本尊分支密宗之骨干。"此有四义，第一，众有情被如来藏所摄之故，一切男性是以本尊的本性而住，对此诋毁，与尤其自己的蕴界处是以三位齐全的本尊之坛城而住，却认为是以集烦恼所生的本性是苦谛，视五蕴为苦，以此身不洁之念而诋毁。第二，女性是智慧的本性，智慧是大乐俱生的原始智，禀性是自其依中生原始智而成灌顶之依而也是上师，在行止之时成所交之处是培育原始智之依，在女性中有原始智空行母之说，与女性是以五明妃的本性而住，所以对一切女性诋毁。第三，对以恶毒之念危害佛教的有色之敌与无色之魔等以慈悲之心而三门亲自保护。第四,以心所入定的等持不明,语之咒语与身之法印遗漏,此四是对本尊所守的四支。

第三个四分支是:"对法生疑"至"盗密法",以两句而示。《道现觉续》云:"本性洁净正法生疑惑,诋毁自他一切诸宗派,肆意篡改善逝佛经典,偷盗深奥如意之珍宝,法之分支是为佛法幢。"此有四义:第一,对因果与超越因果的见行与证兆,究竟之果等生,是真或是假的疑惑的二心。第二,如自己是大圆满的修行者,则诋毁其他密宗之法与人士,如此密宗之士诋毁因乘之信徒,因大乘者诋毁声闻与独觉,声独者诋毁天人他依之乘等诋毁自己的教派,如此诋毁别的内教宗派,没有原因地诋毁外道十二祖师的教派,此处稍稍插叙,《解析幻化明灯》云:"破斥邪念增毁与,赞而为使领悟与,制伏教敌引后继。"所云般,为阻断他人的邪念与未悟心与疑惑、增毁等意识之流与行为,对所诠之义不误而赞,为使有缘之士领悟正佛法而引领后继者诋毁其他教派,是具正知的贤哲的不共之行为,其等以教理而讥讽等是有重大意义,是有利佛教与众有情的伟业之故。如此我佛正等觉佛也为制伏外道邪教而宏扬内道辛饶佛教之故,化成外道祖师夏日拉扎之身,先宣讲外道之教义而最后破斥的宏化一样,如不具备此等重大意义,则不可随意诋毁外道之宗派等。《三百颂》云:"不可诋毁外道佛陀言。"如此其等不但是被如来藏所遍及的有情,而且其等也有积聚可度至善趣的善业之故。故此如无特殊的需要与意义,而对自他内外的一切宗派与人士诋毁与诽谤等,将会有如此的堕罪,要明察。如此不管对任何三乘之义,说此非佛陀之言的认为有善恶,而心生邪见与疑惑、偏私的信心与制伏净相者,虽修习不误的佛法,也会被此邪念遮蔽而不会修得成就,如果自己有不共的非法信念,则任何佛旨、教言、伏藏、耳传净相的业会等对修成就之义没有一点区别。《续》云:"旨续加持自己信念取。"第三,除非是具三智慧的贤哲等解析深奥密义,或广者略为简义、整理混乱的次序等论著外,杜撰者肆意篡改佛经的诗与散文与余漏等。第四,佛陀的深奥经典等,非从毁誓者与外道者、危害佛法的人士处偷盗,而是从具信念与有需要的人士处暗中偷盗而据为己有等四是对善逝佛法所守的分支。

第四个四分支是:"不许争会"至"害有情",以两句而示。正所谓《誓言明点》云:“不许供会之轮而争执,卑微下乘之中住七日,依止不具性相之明妃,危害三界一切众有情,法友分支义之要点是。”此有四义:第一,在会供轮时对上师或法友等虽无恶意,然以身与语而争执。第二,在诋毁密宗的声闻部与论议之中住七日之久。第三,依不具备密续中所示性相的寻常明妃。第四,无边宇宙中的一切有情是属如来藏之种性的总友,尤其在菩萨宗应视为父母与兄弟一样,在密宗中应视为本尊夫妇的三界的众有情,以恶意与加行之门危害此四是对法友所守的四分支。

第五个四分支是:“未熟示密”至“他人乐”,以两句而示。前书云:“灌顶未熟之众示密义,破斥已熟具信者之心,能熟非义劣者未悟义,熟脱极其夺取安乐的,极密分支法心珍宝是。”此有四义:第一,对不具三相之人授密灌顶,对没有攀登上层的对治者授智慧灌顶,对未得瓶灌顶者示生起次第,对未得诸上灌顶者示圆满次第的深奥之义,对未得灌顶与教言两者的人士授密宗的念修之法,又有以时阻隔者,即未到授法的时机者授法,以处阻隔是,对此类需隐瞒者却示密义。第二,对具密宗之器的化机有信念与意乐、胜解心三者的弟子,以恶等起示与其愿修之法相颠倒之法而破斥其心。第三,懒散而无忍耐不可熟自己而未悟胜义者。第四,对他人的修行设置障碍而夺取他人的熟脱之安乐,此四是对菩提心所守的四分支。

辰二,所守之果是:“守持分支临死得四身。”以一句而示。守持此二十分支之果是在中阴时得四身之果。前书云:“正果四身中阴初时得。”

卯三,总誓有二:辰一,各自的本性;辰二,所守之果。辰一有六:巳一,五毒业;巳二,五毒行;巳三,五应断;巳四,五不越;巳五,五转变;巳六,五行止。巳一是:“贪嗔痴毒等是五毒业。”以一句而示。五毒是心性之力在密宗中虽不断弃,然五毒的五恶作在道路之时要守持,《母续悲心骄阳》云:“嗔心之力杀害他人命,痴心之力不辨真与伪,慢心之力破斥真理言,贪心之力贪恋他人财,嫉妒之力诽谤他人优。”巳二是:“争执持毒”至“五毒行”,以两句而示。断弃以此五毒所引发的五毒行是,前书云:“争执恶行是做纷争基,恶意根本加行执恶毒,诋毁诽谤圣人贤哲众,巧取暗盗豪夺中意财,离间上师法友等等与。”巳三是:“积不许财”至“五应断”,以两句而示。《酬忏经》云:“为解口渴而饮沸铁水,诋毁威严教法之幢顶,熊熊火焰铺为卧具与，违背深奥业之誓言如，食物之中呕吐有毒物。”依次是，积上师不许之财、毁灭佛陀之教法、对上师与法友之妻妾做邪淫之事，释文中所言的以誓言而聚之友是指上述的亲近之法友，对其生嗔心，与施财弟子即具信念的施主争执，此五要断弃。巳四是：“自心不耻”至“五不越”，以三句而示。前书云：“超越原始君王之法律，超越日月明灯之光辉，超越伟大大鹏之列与，逾越沸滚血海之界与，逾越锋利黑剑之利刃。”依次是，根本不耻于自己之心，不诅咒执佛教的人士，不度入教派之人士，不镇压无辜的人士，不威慑、增毁无辜的神鬼为五不越。巳五是：“不毁坛城”至“五转变”，以三句而示。释文云：“外器万物转变为本尊坛城而不毁坏神坛与佛塔；五毒转变为五原始智走立卧住时以原始智威镇五毒；三毒转变为身语意而不间断身法印，语念诵，意等持之事；内有情转变为本尊夫妇而视众有情为本尊之本性而不争执；妙欲转变为五甘露而一切饮食不忘加持为会供。”巳六是：“具相智巧”至“修等五”，以三句而示。前书云：“具相的明妃以智巧原始智享用，五根本甘露以见的始智享用，智悲之食享用为会供，佛教之敌享用为交度之对境，修习域慧以不间断无时而享用。”第二，所守之果是：“守持总誓中阴得报身。”以一句而示。三十总誓不违而守之果是在法性中阴之时得报身。《续》云：“守果报身二中阴时得。”

卯四，粗罪有二：辰一，各自的本性；辰二，所守之果。辰一是：“信外道神”至“混恶资”，以两颂而示。为求世俗的功德信外道之神，伪装圣人之像，我利之业未圆满而却行他利之事，我利之业圆满而藐视他人，自己未得证悟的信心却对他人传授灌顶，无悲心之威力而取他人的信财，对轮回系身语之环，阻挡信善之道，对修行者行危害之事，毁坏他人的菩提发心而阻挡其之善行，不敬父母使其寒心，贪婪会供之妙欲与上师之财，以佛法为商品而聚敛钱财，以阴谋窃取秘诀，在愚人之前伪装得道之像，积与恶相混之资粮。此等是引自释文中。辰二，所守之果是：“守持粗堕有时得化身。”以一句而示。《续》云：“守果三中阴时得化身。”不违十六粗罪则能在有中阴之时得化身之果。

卯五，九恶作是：“毁誓同住”至“需断弃”，以一颂而示。毁誓者破根本堕罪而不忏悔不信破誓之罪或明知而故意违背誓言的人士。于其等同住一处，与其等同入会供，食毁誓者之食，对其授增补堕罪的灌顶，将善业回向为世间之果，最初入密宗大乘之道而之后却降入下乘之道，示不正确之法，自己的诺言在此违背，生起次第的神身不知为幻景乐空而成能修罗刹的颠倒之法，九恶作要断弃。

卯六，四大罪及其他是："见邪修误"至"需守持"，以一颂而示。此有四大罪、六瑜伽、九弊、毁誓之七分支、未受灌顶的十罪、判断失误之十二罪。第一，《三部发愿经》云："邪恶之见祸害大，修行失误罪过大，行止变异危害大，果实霜打亏损大。"第二，《誓言明点》云："偶雅郑重密义被散逸，偶叹身语密关被破坏，偶巴秘诀隐秘之门误，阿叶解脱善业之流断，偶扎坚硬密法旨网毁，会供加持小而未补誓。"第三，《酬忏经》云："基有惑障误之三弊与，道生邪卑流误之弊与，果生霜失耽延之弊也。"毁誓七分支在下面讲述，十灌顶在灌顶品时已讲述。判断失误之十二罪，《酬忏经》云："大乘见之判断失误弊，见解倨傲生于空尽处，未解教言生于迷惑处，未悟秘诀生于愚人处，誓言我执生于罗刹处，业嘱星曜威微生愚者，道有行执生于三界处，留恋居处生于堕天神，意续倨傲生于罗刹处，等持嫌境生于残缺人，追随有兆习气生胎中，执有无边生于独孤处，执空见等生于长寿天。"以后一句括要是：如此五根本、二十分支、三十总誓、十六粗罪、九恶作、四大罪、六瑜伽、九弊、其毁誓分支等，合有一百零六，未受灌顶的十罪合为一计是一百零七，判断失误的十二罪合为一，则是一百单八誓言，要不违背而守持。

寅三，大圆满之誓言，《叶赤·誓言集》云："不扰清净"至"之行业"，此七颂两句是以秘密意之语而示三种。十誓言依次是：见不以勤奋而修；不弃两菩提心；执本尊之我慢心；做任何有利上师教法之事；不违背上师之法旨；不贪恋上师与善逝佛之信财；不跨越上师的身影；对闻智不满足；不抛弃修行；不诋毁贤哲，此是第一个十誓言。不诋毁上师、隐瞒见行；不非礼上师之明妃；不非礼比丘尼；不与有夫之妇苟且；不与禅师或苦行僧相争执；不做诅咒之法事；对危害小者不行诅咒之事；不弃本尊之神；不为财而卖佛法，此是第二个十誓言。不离念知；交度密宗与真言不间断；自心不留恋外境；不贪凡人的财物；不扰乱尊贵者之心；不间断有漏之善业；对有情不弃悲心；对有缘具器者示秘诀；宏扬上师的宗旨，此是第三个十誓言。此等之义括要则是："其等无守之间要守持。"以一句而示。此等先哲们认为是密宗的总誓，此处示为大圆满之誓两者不违，此等直至到无可守持之时外，要守持是大圆满共同之誓言之故。第四，究竟大平等之誓言是："究竟大同超越能所守。"以一句而示。究竟不共誓言是一切诸法自始以大平等而住，以特殊之心识如此证悟而超越所守与能守，《见论大鹏》云："平等同时守持是，禀性平等之义以，辛饶心识使平等，一切均为菩提心，无可守持之戒律，可得平等圆满果。"

子二，誓言的定数有二：丑一，无以言语；丑二，以数而定之誓言。丑一是："总之观待邪见而无数。"以一句而示。如此观待所治邪见的对治誓言之数也无数而不可言喻。《格雅续》云："阿赖耶识与有命，有情之数有几许，是否有数可确定，对无生有的误识，邪识之数有几许，正等觉之佛陀也，不可确定其数故，无数其的对治也，断与行与转变的，对治誓言之数量，无有确定之数而，故此佛陀如来也，不可言喻无尽是。"

丑二有二：寅一，以引言略表；寅二，详论引言之义。寅一："对境而分总与增上殊。"以一句而示。《塞吐定续》云："总与增上与特殊，总之誓言有十万，是以六道之区别，五毒十恶而区分，增上四万四千又，三百之数而齐全，特殊一百三十三，衣食友有四十数，其等总之合计则，十四万又四千与，七百七十三之数，其是总的誓言而，三昧耶是秘密名，十万是为总数也。"观待对境而分，则以六道众生而守持五毒十恶是总誓，观待时处亲属等守持五毒十恶是增上誓，观待本尊与上师法友与三依守持根本与分支是特殊之誓，是为三类。

寅二，详论有二：卯一，各自之义；卯二，禀性。卯二有三：辰一总；辰二增上；辰三特殊之誓言的定数。辰一有二：巳一，十万誓的计算法；巳二，消除疑虑。巳一，"十八地狱"至"合十万"，以两颂一句而示。正所谓《根本续桑巴塞吐》云："总是十万之数也，是以六道之区别，五毒十恶而计算。"所言般，八热地狱、八寒地狱、独孤地狱、近边地狱为十八地狱，合三饿鬼部为二十一，合三畜生部为二十四，合四洲之人与四尊贵之人是三十二，中洲之人是属大洲之中。非天三十三部可摄为天龙八部而四十。天龙八部是：非天的阿修罗王、魔、王、星辰、药叉、龙、妖、食香天神。前书云："非天部是八部也，天有二十七部使。”二十七天神是：六欲天、有色界十七部、无色界四部。合其等是六十七部。对其等所守之誓言，《根本续》云：“其等各自区别之，身与命与福禄与，语与意与功德六，业与色彩饰与财。”对此六十七对境各自又以身、命、福禄、语、意、功德、业、色彩、饰、财等而分十类共六百七十。此六百七十对境中除无所有天神之外，又各以五毒十恶而分，各守一百五十而合为九万九千，与无所有天神的十恶又各分十而为一百，又以身命而分各十而守持是一千，总为十万之数。无所有天神不计五毒之因，《续》云：“无所有之天神是，除去五毒计十恶。”守持之法是，五毒要以转变为五身五力五原始智而守持。《解析密义》云：“嗔心痴心与贪心，忌妒慢心等五毒，各自又分十类而，五毒转变始智守。”守持十恶之法又有前书云：“身之杀生与偷盗，行邪淫是三类也，语之绮语恶语与，妄语离间语为四，意之嗔心贪心与，邪恶之见是三类，各自又有十分类，弃恶扬善而守持。”五毒与十恶的十分类是密续之言，在此处不再赘述。

巳二是：“以境而阻”至“成无谓”，以两句而示。如问其等对境中，有的以居处与境地所阻隔，有的没有身语等而与所守有违，则此疑问不对，是依普贤佛之法旨而以自己之心而守持，如不是则不仅成被佛陀更贤之弊，而且将使意之善成无基，故此是如发心与回向的功德一样果不虚。

辰二是：“增上之境”至“三百也”，以一颂两句而示。守持增上誓言的对境是上师与法友、佛堂、佛塔舍利、文字、密续、教言、秘诀、坛城、因密咒、缘密咒、念诵之密咒、见、行、修、誓言、业、因、缘、果、父母、子、女、侄子、侄女、男友、女友、以同宗所属的二十八类，如上述一样，以身与命与福禄与语与意与功德六，业与色彩饰与财。各分十类为二百八十，又以五毒与十恶又分十类而守持一百五十誓言，合为四万两千誓言。插叙增上的二十三对境是增善业的福田、国王、大臣、主人、有加持之神、善知识、善良的人士、被尊为自他之师者、被尊为宣讲教义之师者、念诵正法者、修习正法者、诽谤善行者、羡慕恶业者、恩将仇报者、背信弃义者、在高山之顶大声吼叫者、往大海中投毒者、随意阻挡河流者、在密林中放火者、毁坏虱子之聚会者、以居处而相属者与、以时相属者与、坐贤哲等尊贵者之上首者二十三对境。以身、命、福禄、语、意、功德、业、色彩、饰、财等分十类，又以十恶而分而守持十恶为两千三百。《续》云:“增上四万四千又,三百之数而齐全。”此处十恶不再区分,有“断弃十恶而守持。”之言,而没有明示要断弃百恶。《根本续》云:“增上誓言五十三。”如问所言的五十三对境之数不够,则是将对自己与他人传授的两师、对自己与他人宣讲的两师、贤哲尊贵的上首分两类而够数。虽多一数,但总是三个而不违,是明示之义也不违。如此不分则与略表之言有违。合其三百为六百之数,又加将在下面讲述的一百三十三誓言共七百三十三誓言。又加衣食友之四十,合计是十四万四千七百七十三誓言。

辰三是:“尤其八乘”至“四十又有一”,以三句而示。八乘各有九誓言而合为七十二,阿噶乘有五根本、十分支、八密、五转变、五享用,《续》中虽只示四享用,但将供品与资具分二就是五。五不越、二十三断弃、合计是六十一。衣食友之四十是《解析密义》云:“酒肉两者各有十,加持享为成就物,衣饰装饰之根本,分类又有十之数,是以破立而守持,取舍密友十根本,具相加持而享用。”《经》中所指的四十一是将大蒜另计的。此等的详论需引自《塞吐续》,此等是笔者追随怙主罗智与年美大师之后所言。

卯二,本性有三:辰一,识别所守之誓言;辰二,可守持誓言的所依为何人;辰三,消除疑虑。辰一是:“法门八万”至“其为道”,以一颂一句而示。总之虽广示八万四千法门,所守之戒律均可摄为三戒律之中。《解析密义》云:“所守戒律是有三,别解脱戒菩萨戒,大乘密宗之戒也。”其中别解脱之宗是唯以我利为目的,以外相与内戒结合而以诸多苦行而发愿修得自己一人得解脱之果。所守之戒在第七品时已详述。菩萨总是唯以他利为目的,以智悲双运之门,接受诸多戒律而发愿修得可使我与一切有情的他利的两利之事任运圆满之果。此有两宗的所学在第九品时已详述。密宗持明戒是以饶益与虚空一样无边的一切有情之事为目的,知正果在自身而转变为道路之法特殊智悲之门,不超越生起圆满大圆满之誓言而修究竟认为三身佛陀之果由自身而得。此等也有《解析密义》云:“别解脱求自身脱,菩萨自他无上修,密宗一切暂时与,佛果由己而寻求。”

辰二是:“优者顿时”至“自下生”,以两句而示。其之入道之法,因根器之区别而有三类,如此一些前世所修的宿缘圆满者觉醒的根器聪慧者,不满足小乘之道而最初就以愿修密宗大乘的成就之心而入大坛城,得灌顶时顿时得以密宗誓言中而分的三种戒律。是得密宗不共的特殊之誓言，断危害他人之业，行利益他人之事，其等一切以大平等之始智所摄的戒律之故。《见论大鹏》云："别解脱戒齐全是，居士比丘等等之，一切齐全而圆满。"等等是指菩萨戒，一切齐全是指别解脱八类，与两宗菩萨戒一切齐全之义。根器中者是按三戒律的仪轨依次受戒，受法是依次而得，以住法而言是称为特殊之人士三全执雍仲者。《解析密义》云："特殊非凡之人士，三戒依次受等有。"根器迟钝者要自下方依次自厌世四法而修起，使成为愿出离轮回的可守持戒律之依时，对此依次授自斋戒至比丘的戒律或菩萨戒之间，之后使寂止之基稳固时传授两无我之智慧而决定离增毁之见，之后依次修习密宗之乘，以各自的灌顶为前行的次序一般得密宗之戒律，勤修各自之密法，使誓言以本来大守持而恒常居住。

辰三是："持密戒者"至"圣贤言"，以两颂一句而示。如问授取密宗之戒律前是否需要别解脱戒，如需要，则就不会有在家的菩萨，天神也不可成密宗之依，如言是，那么就与《密续》中所言的："六世间中所居的，习气浮动而觉醒。"与《经》中所言的："天神无有出家者而不理长发，入内续之法而得解脱。"的引言相违背。如不需要，则又成无需引领至道路之弊，如言是则，又与《六教言》中所言的："所示九乘之数也，为使引领至解脱。"与《心经》中所言的："未入门则不可至内室。"之引言相违背。如问别解脱戒是否需要，则不需要以先前之引言可知，别解脱之戒上是否可以附着？是可以附着的，《解析密义》云："别戒之需是无定，别戒之上可依附。"然而为使成三戒齐全之士而取别解脱之戒不仅极善，而且依道路之次序而修就有不被恶业所污染，功德之基稳固之利而可取。《基始觉续》云："喜好一切内外诸乘般，不敬尊者不弃卑贱者，学习所学守持一切戒，不被恶业所染悦众意，主修精华密行不独行。"菩萨戒是必须的，如无则没有可生之基，《密义》云："菩萨之戒必须要。"又有《无垢经》云："总之因果之诸法，如无发心之基础，任何因也不生果，胜义之谛岂能寻。"如问下部人士依次得上部戒律，此两种戒律是以同一或相异而守持，如言同一则就成证法相同而因示证法不同之故，如相异则就成诸多心续的以不同之心续而同时守持之弊，此有两宗，一宗是认为如诸多装饰一样，如金饰中镶嵌璁玉一般。一宗认为是变迁，如儿童成长为青年一样的两宗中，不认为是前一宗，因成心续相异之故。认为是后一宗是众多贤哲异口同声所示之义。《解析密义》也云："认为是以变迁姿，不弃增长上部全。"

癸四，退失誓言之因是："退失誓言"至"四门言"，以一颂两句而示。《格雅》云："可使誓言退失的，因缘等是如此即，身为大臣或国王，行使其等重权者，颂扬自己诋毁他，善于讥讽与偏袒，为求名利两者故，常做世间之琐事，贪恋财物之心与，常使己方得优势，嗜酒自高自大与，是以见与行止与，修行等而矜骄与，对佛法之偏私重，对法极易满足与，不能守口秘密义，极爱清净洁僻重，所接受之诸誓言，不能守持而退失。"又有不知各堕罪的取舍之法，即使知道也不敬上师本尊与法友，虽敬也不具守心之念知而使三门放逸，即使具备少许念知，然而烦恼之威力大而离破立此四是会毁誓的四门。

癸五，毁誓之先兆是："毁誓之兆"至"业尽兆"，以三句而示。如毁誓则有几个先兆，云何则有《密续》云："若是毁其誓言则，将生麻风黄水疮，极其难治之疾病，节占休呢两教敌，已有真理也难伏，奴仆眷众与财富，诸财物与有情是，与悦意等分离而，不悦耳之讥讽与，无辜遭受不白冤，息增怀伏四业中，修持何业均不成，皆成白费气力事，将现一切不悦意。"毁誓者如无先兆则不可。前书云："毁誓如无先兆而，此生无有病痛与，家丁兴旺财源广，此等虽似吉兆然，自此子孙后代时，先前安乐之福均，枯竭而生恶趣中，将受无边之苦难。"无毁誓者如现毁誓之兆则是恶缘将尽之兆，前书云："如果不曾毁誓而，显现毁誓之兆则，前世不计其数中，所积众多恶业之，异熟所生之恶果，在此生中将耗尽，如行忏酬毁誓之，诸多善业之事则，三恶趣之诸痛苦，来世不用承受也。"

癸六，补足毁誓之法有三：子一，示可否补足；子二，详论补足之法；子三，以未补足之弊而括要。子一为："别解脱失"之"深奥力"，以一颂而示。但凡别解脱与密宗、大乘等任何破戒之罪如补足，则必须要有不隐瞒之心，《长净》云："不隐瞒，不遮掩。"《忿怒大自在》云："不隐愧疚之心而忏悔。"如此无隐瞒之心则大小两乘之宗中破分支之罪有补足之法是相同的，但是对根本戒的破戒之罪有无补足之法是不同的。别解脱戒之根本戒无补足之法，必须要重新受戒。《根本密续塞吐经》云："小乘宗之诸戒律，破则如同焚树木，即使全力补救也，繁茂之叶不会生，对此未示补救法。"大乘无须补足也有前书云："特殊密宗之誓言，因悟大始守之法，如同火炼赤金般，无需补足我未示。"密宗中在未悟大始守的无守之意前，有破戒也有补足之法可补足有前书云："太白密宗之誓言，如同铜镜染污垢，又如宝瓶凹陷般，擦拭锤打即可般，特殊巧法与神变，见修行为伟大使，供养会供而守则，无有罪孽我所示。"是以深厚之自力，即见与密意力深奥，要苦修会供与忏悔之法。

子二，五根本戒中，丑一，上师之支有二：寅一，示毁誓之支；寅二，忏悔之法。寅一是："加行如毒"之"无解脱"，以两颂一句而示。正所谓《道现觉续》云："至尊上师身语意诋毁，如斩狮头速堕无间狱，第一根本之誓为国王。"凡至尊是本尊，但在密宗中更有上师为至尊，所以称其为至尊上师，如以七支诋毁上师则如斩狮头之罪，其果如利箭般堕入无间地狱，此是五根本罪中的首位，是极其严重之罪，如同在世间得罪国王一般，此如详论则有加行、七正行、四后知、四时等毁誓之十六支。加行对上师生诋毁之意如毒需一大劫之时方可消净罪责。七正行中以利刃等所伤为破戒、抢夺财物为堕罪、以语言恶语为恶作、诽谤为不胜之罪、绮语为失误罪、意生嗔心为重罪、生贪心为邪罪。其等中前者比后者罪孽深重，异熟之果也各需一大劫方可消净。《经》云："其之毁誓七大支，破堕恶作不胜罪，失误重邪之大罪，七大劫中方可消。"后之四罪为：刻意以三门行诋毁之事是无对治，故意诋毁而无懊悔为难消，对已诋毁之事生随喜为远去之罪，以为自己所行之事无过错者为无间之罪。如此四后知俱全，则依次需万劫、十万大劫、百万大劫、千万大劫之时方可消净，三味耶十万部之罪俱全则无消净之法。此等有前书云："四后知之罪责深重为，无对治与难消已远去，无间之罪万十百千万，三味耶满无有消罪法。"四时者为，自行此等毁誓之罪而过三年者为无补之罪，过十年为无忏悔之罪，过三十年为无消之罪，不曾忏悔而死则为无解脱之罪。前书云："其又以时而增四分界，三年无补十年无忏悔，三十无消毁死无解脱。"

寅二是："加行上师"至"恒常时"以三颂两句而示。如此虽生加行之心而无正行之实则为除于萌芽之时，此罪要以修习一百单八遍上师的旨意与曼陀罗、会供等方可消罪。虽有加行与正行而无后知则为碰头之罪，在前三者之上加火供、食子、沐浴、修本尊四项，以罪孽之深重而分，毁誓之罪需修一千万遍、堕罪为百万、恶作为十万、不胜为万、失误为千、重罪为三百、邪罪为二百遍。如四后知俱全则在前者之上又添加酬忏、请灌顶、禅定、忏悔、随喜善业四项，而无对治之罪需修三月、难消为六个月、远去之罪为九个月、无间之罪为十二个月即一年。如此过一年需修十倍，两年为百倍、过三年则无补救之法，故要在未成无补之前在正行的消罪之法上请十三灌顶、二十三会供、酬忏三个月、修禅定三年、忏悔、随喜、沐浴等要修三年。如此在未至无忏之间十年修上述之法。无消需修三十载，在未至无解脱间是烦恼与对治碰头之时，直至将死间要修习上述诸法以求消罪。如成无解脱则就无法补救。其等又有《誓言明点》云："罪责忏消除苗碰头与，随后倍增极其懊悔而，对治粗细深奥忏悔法，福与智慧资粮分支是，旨意曼陀会供食子与，火供沐浴念诵修正行，酬忏灌顶追悔随喜与，修习禅定后知随其后，前者之上添加后者修，百与诸数是以月年数，依次不误本支数而修。"守毁之果，前书云："毁五根本生于地狱境，守果一世修得五身佛。"此句虽示五根本其中是以上师为尊之故，是上师誓言的守毁之果。

丑二，示本尊之忏悔之法正文云："本尊以邪"至"如前行"，以三句而示。《道现觉续》云："九域生身之界佛未聚，如意珍宝得失堕地狱，第二根本之誓为大臣。"九域有《库》中所云：法相之域无堕戏论之边而为无边，超越尺度而无际，显现众多而为不间断，刹那也不显深奥难悟而是无表里，超越词句与思维而为无量，近似任何之物如何解释也不违是不狭，无高低优劣之分普遍而住是大遍布，身与始智功德圆满而为无穷尽，断证精通的本质不返而为不变之域，为九域。如此之九域中诸法以生住灭而居。有无数始智之神，其等以化机而分虽有不可思议难分优劣的众多仪轨，其实是一域之显现，如不知则是以毁誓七支毁本尊之誓是为如意珍宝得而复失之罪，如此对本尊之神心生邪念而舍是毁誓，取舍是堕罪，置之不理是恶作，身不叩首不作法印是不胜之罪，语不念诵密咒不赞美是失误之罪，意不修禅定不信是重罪，供会间断是邪罪是七正行。其等如依次超过四后知与四时则在第一中阴之时将生于无间地狱。其之痛苦与寿命比上师之罪要少五分之一。此罪位居第二是因毁誓之罪比上师之罪少五分之一故。忏消之法比前者少五分之一外一切相同。同喻是世间帝王之下唯有大臣有权而以此为喻。

丑三,法之忏悔之法是:“法有生圆”至“如前行”,以一颂而示。《誓言明点》云:“渝盟之罪超越佛法旨,甘露断流堕入复活狱,第三根本之誓为上师。”佛法是佛祖所示的一切旨意,如超越其旨意则是甘露断流。超越佛法的七支是:超越此处所示的生起圆满大圆满的誓言是毁誓;超越神坛五尊中所示之誓是堕罪;超越大乘总纲为恶作;超越恰嘎诸法为不胜罪;超越上师部诸法是失误之罪;超越磐玉法部为重罪;超越恰那法部为邪罪。此七正行具备前后之支将堕入复活地狱。其之痛苦与寿命比本尊又少一分,罪责也少一分而位居第三,法之忏消之法又少一分。同喻是君臣之下是以上师为尊之故。如言上师比君臣更为尊贵,则如以修来世之法而言则上师是比君臣更为尊贵,然以世间之法而言是君臣尊于上师。

丑四,法友之忏消之法是:“对友争执” 至“易而勤”,以两句而示。前书云:“对于法友争执与诽谤,天龙争夺生于众合狱,第四根本之誓为国法。”如此一起受四灌顶是同命之雍仲法友,以同一上师之徒为同誓之友,本尊相同为近友,同为密宗者是同乘之友,同为大乘是密意相同之友,内续者为同义之友,凡入佛教者为和睦雍仲法友此七,或又以总与远近亲密之四友而分,以七正行而毁法友之誓是为天龙争夺之罪。如此内讧为毁罪、争宗派为堕罪、忿怒为恶作、诽谤为不胜之罪、以身相争为失误之罪、以语争执为重罪、以意而争为邪罪。其等又超过后知与四时之限则,将生于众合地狱之间,痛苦与寿命比前者少受一分。第四根本罪之罪责比法之罪责少一分,忏消之法也少一分而依次修习剩余的两份。同喻是如同国法,国人不敢超越国法而行事一般,修道者也不可与雍仲法友相争。

丑五,菩提发心的忏消之法是:“菩提发心”至“易消罪”,以三句而示。《经》云:“自心不净誓言密门失,砸碎天珠生于黑绳狱,第五根本誓言为佛子。”自己为利他而发菩提之心以盟誓,又以不净等起使对治之方败绩而使所受密门丢失,是砸碎天妖玻璃宝珠之罪。此天妖宝珠是说,天神与满妖神交而以神变生出一枚如同帐篷大小的玻璃宝珠,此珠如同如意宝一样能生一切所愿之物但很难保管，破碎之后就不会生任何功德一般。他利之菩提发心具空悲精华者如毁誓则无有佛陀之基。因此七不净等起是，以邪见而发为毁誓之罪、以恶意而生是堕罪、以嗔而生是恶作、以贪而生为不胜、以痴而生是误罪、以妒而生是重罪、以慢而生是邪罪。其等如具备毁誓十六支将生黑绳地狱。其之痛苦与寿命比法友少一分，罪责也比前者少一分，忏消之法也依次少一分。同喻是如同执善法的佛子，具菩提发心之士被世人所尊敬一样，大乘之士也珍惜普提之心而使其不失。如此毁分支则依次比前者少一半而修沐浴于供会、念诵、酬忏等而消罪。此等是依母续之意而讲。总聚中所言是根本续与格雅续、意续相同，以身触犯上师与法友等对其贡献如意的财物使其悦意，数落自己的罪责而忏悔。以语冒犯则要念诵，以意相犯则要以非凡的见修行等酬忏与，以一百单八会供而酬忏。又有罗智怙主所示对大中小三种毁誓之罪以十万、千、一百或十会供而忏悔。倘若上师与法友不健在的话，可以相其之子孙或法太子与佛像等之前忏悔是誓言续所示。

子三，不忏悔之弊为："不忏今世"至"地狱境"，以两句而示。正所谓《见论大鹏续》云："如毁根本之誓言，不思忏悔消罪法，如此这般之人士，刹那间也不相谈，其之罪责言不尽。"又有《格雅续》云："如毁一切根本誓，对其如不酬忏与，不修消罪之法则，将生无间地狱境。"《根本续》云："如毁分支之誓言，将生相同之堕罪，儿女眷众与财物，如同利刃相残般。"补足破戒毁誓之功德为，《义续》云："毁誓忏悔而消则，如同果实之缓急。"《黑柱续》云："如对园林施肥与，按时灌溉不误则，开花结果一般生。"

癸七，未毁誓之功德是："具誓之士"至"均圆满"，以两句而示。如不曾毁誓，则是执佛祖之种性等诸多功德，有《大鹏续》云："能执佛祖之种性，可成世人之尊者，哇姆之众也尊重，佛祖佛子菩萨也，视如佛子与密友，对其将会加持之。"《黑柱续》云："未毁誓之人士是，善逝加持具神威，心想事成即成佛。"《密义》云："密宗誓言如命脉，暂时究竟增功德。"

癸八，同喻是："相同之喻"至"诠其义"，以两句而示。誓言的同喻是格雅中所言有十一喻，诠释其义为：守与未守誓言之中生相对之利弊如同边境之城堡，未毁则自道法中生正果如同良田，如此能生两成就等一切如意如同珍宝，能承载一切乘如同天空，能斩断生老病死如同利刃，能生佛祖之子如同父母，心性中能生悲心加持如同大海与波浪，能焚一切痛苦之分别心如同火焰，能消除三毒等一切烦恼如同良药，能续解脱之命脉如同帝王，最初发心至最后能使正果圆满如同商人一般，为十一喻。

癸九，此等之需是："与其而离"至"戒中得"，以两句而示。其等根本与分支之誓言以念知不悔而守，就可具大始守之义而得佛果。《道现觉续》云："离其等之大始守，是自苦守因中生。"《密义》云："如不离此誓言则，即证见修行与果。"

壬二，无守持的无上誓言是："本性法相"至"《塞吐经》之意。"以一颂两句而示。此有五义：癸一，本性，自法性大乐中不超越三时而得无上至尊果。《誓言明点》云："本性修得无上果。"癸二，性相，本质极净而超越所守与能守。有前书云："性相本性净而无所守。"癸三，言词，自原始时起未守而具所守之义而谓之曰：大始守。《义续》云："五守持之始守誓。"癸四，功德，具妙观察智视一切为净而烦恼等一切恶行的所守自然而断，只具功德。《母续》云："烦恼恶行自然断而无。"癸五，分支，《瓦嘎现满续》云："何为誓言我将示，无与夏瓦唯一是，一切誓言之帝王。"《绝顶巨界》云："无所守与唯一和，夏瓦者与任运四。"所言般大圆满道不共见之四誓言中，无守持是以空性之分而置。如此明智与其中所显的一切显现之法自始无本质之分与两取之戏论而无生。《绝顶巨界》云："自始极净本质中，无有两取是为无，无有破立而为无，无有取舍是为无，无有中边是为无，无有盈亏是为无，无有生灭是为无。"夏瓦是以悲心明智普遍之分而置，如此内外无境离依，五识放任思维失控，明智无主大放任不混于何物，智慧内明无思维之分别心而超越所守与能守之分。前书云："自始而净是夏瓦，守界尽而是夏瓦，所守净而为夏瓦。"任运是以本性显分而置。如此无本性的法相之域中显诸多变化，不断何物，不成何物，不居何处的功德自然任运而居。前书云："自始而成为天成，自始而居为天成，自始是而为任运。"唯一是如此，无与夏瓦，任运等三者其实自自然智唯一之中不曾超越，虽显现众多之象，然在无自性之域是同体，词与喻和文字尽所有一切无有不曾聚于唯一之中者，唯一自己也无内外本质不灭在三时中平等自始而居，有前书云："不可数而是唯一，一切同而是唯一，无有不同是唯一，无有我而是唯一，三时同而是唯一。”又或杀救无二、淫梵无二、施盗无二、真伪无二而此等也属唯一之义是《塞吐》之义。

辛五，仪轨是：“深奥业之”至“下方束”，以三颂一句而示。因化机根器之优中劣而分广中略三义，广义又有静猛两义，各有念修两义，其中念有前行九门，修有十八支正行，念修有二十七支，中者也有静猛两者各有念修之支二十七。略义有本尊极其圆满的桑贴与扬贴聚精华两义，第一又有同修四十五静相本尊与同修八十六猛相本尊。其也有念修二十七支，与扬贴又有本尊夫妇或单体本尊两者。第一，五毒摄为嗔心、五蕴摄为识、如此魔为天子魔、大种为虚空、此之能调为五身法身、智慧为空性、力为慈心、眼为明智、本尊摄为至尊夫妇。如此静猛本尊念修俱全而修习。第二，是以自己之意愿或修阳体单本尊或阴体单本尊，其等均要念修俱全而修。《业之明点》云：“深奥仪轨之次序，念诵者与近念与，修持者与大修持，须知是有四分类。”自上师尊者念支起至安置外依之念支间为念，自此至融增置饰之支间为近念，至成就本尊精华之支间是修持，至散聚间为大修持是《业之明点》之意。本文中所示的四九三十六是将九业部也计算在内的。其等密宗的仪轨在《生起次第天妖玻璃宝珠》中已详论。

庚二，此处讲道路之果四持明之义为：“因缘总持”至“或关联五道”，以一颂一句而示。此又有修持明之因与其因所修成的暂时之果两义而示。第一，其之真因是领会以四证之态证得一切诸法自始是佛陀的性相圆满之见的真理的总持，是成熟四持明正果之因。识其因而领会修性相生起与圆满次第等持双运之总持，是成熟四持明正果之缘。又知友行为等之性相而修得正果。《见论大鹏》云：“能知义者为见与，入其门为修持与，其之果为勇识的，见行领会具总持。”第二，是见修圆满三者所摄的四持明有《密续方便绳》云：“见道修道圆满道。”又有《见论大鹏》云：“勇识依次所得也。”其中异熟持明与长寿持明两者是见道第一地所属。《方便绳》云：“见道异熟持明与，长寿持明勇识的，分类之地是同一。”此两者的区别是以根器利钝而分，如此根器迟钝之类明智虽成熟为本尊，然不能将浊身修尽而是异熟持明或勇识，根器锐利者将浊身修成精华之身而使道圆满而为长寿持明或勇识两者中。前者意修成光明佛身者在与自身的皮囊相离之时就得大印持明。前书云:“自己意执本尊的,神身因而自身的,皮囊脱则佛身者,能以自明智亲自,明了显现佛之身,对此言为熟大印。”后者是,身心两者是以光明之身具虹化之功德而成熟, 此长寿之身如不灭长寿父子三尊者一样无生死者,或虽是依次所入得成就之身, 然在百岁之时又返老还童如十六岁之童子一样,延续生命至千六百岁为一世而得圆满任运持明之地即佛陀之地。有前书云:“寿以十次百岁或,六千六百次百龄,直至其间能长寿,是以百岁延其龄,恒常修持见修而,最终连同有漏的,身躯一起得佛果。”以共同之药物的避谷术,与修炼精液之法,依明灯风轮所得的长寿与此不同而意义有区别。在修道中所得的大印持明是,学道双运之身相好圆满之姿。《成就续》云:“修道圆满而成的,亲自显现佛之身,共同具备相好身,以姿而分是报身,以道而分是法印,大者雍仲勇识也。”在第二地至第五地之间证悟之智慧如雍仲般摧毁自地之业障故为雍仲持明;第六地主修般若大转法轮;第七地具巧如法轮此两者为法轮持明; 第八地精通无分别之智慧故为珍宝持明;第九地以无欲之姿修净土而行他利故为莲花持明;第十地业圆满而广行有情之事故为真如持明或宝剑持明。《方便绳》云:“雍仲法轮珍宝于,莲花真如持明之,至尊种性所执也。”修道之第十地以下是属大印持明而相续后际的智慧中生解脱,与特殊圆满道任运持明是,前书云:“刹那消净业障而,佛陀之地任运生,如此极净之智慧,五身任运天成也。”四持明以见修圆满三道所属而讲是密宗六基的六大密续之究竟密意。又如五道关联四持明而行则,如此身虽贱而意却成熟为佛是异熟持明在资粮与加行道中,其在未得加行道世第一法之前脱离异熟之身躯,则在中阴得大印持明,意已熟本尊之身之故脱离身躯之刹那间得雍仲菩萨的见道。如未脱离身躯而得世第一法则将亲证长寿持明,其身也将成为精华之雍仲之佛身、意得见道,以其两者而得极喜第一地。《达本》云:“第一地时能启见之门。”自此见道之光明中所生的第二双运无垢地至第十不变雍仲地以下的九地是双运始智幻化之身,属大印菩萨而得修道。其得圆满任运持明法有《方便绳》云:“菩萨如与大印的,等持相离之时将,修得任运菩萨也。”如问圆满道是道还是果则,如答是道则与《乘次第》中所云:“圆满道是假名之道,是将正果命名为道也。”

之说相违，如是正果则与假名相违，则前者虽是《乘次第》在讲述因大乘之时所示，然而因果两大乘极难区分故，其含义是圆满无学道之本性是三身五智等的主宰将在究竟正果品中细叙。以地而言则超越有学道十地后就得十一地普贤光之地是因果两乘共同所言。《库》云：“自此更上一地则，十一普贤光之地。”因乘认为此地是究竟圆满之果。《普聚库》云：“十一普贤光之地，断证圆满三身全。”如问任运持明与佛陀有无区别，则如同鱼钩所钓之鱼自水中钓至岸上一样，成事刹那间得佛果有先后之分。《方便绳》云：“尚且未得圆满之，佛陀正果之地而，成事刹那时之后，方至佛陀之地也。”成事刹那是消除细微所知障而能使觉悟等至与后得圆满之际。因乘菩萨相续后际荣升佛陀之分际也如此。五道关联四持明而行是衲之密意。故此现如今能精确示密宗之义者唯有老衲，如有修持此等论著之士定成希奇之事。雍仲本教法藏宝库中，示密宗之基誓言与仪轨之义为第十四品之释。

第十五品　圆满次第猛烈火之巧法

如此以第一次第生起次第将生世俗谛转变为道而净化心绪，而后示己二，依能熟的第二次第，将死亡胜义谛转变为道的圆满次第有二：庚一，智巧需要双运之因；庚二，确定所示法之本质。庚一是：“圆次速得”至“真奇妙”，以一颂一句而示。圆满次第是能迅速解脱之法比下部更殊，如此生起次第净化寻常之现象与执著而虽转变身与净土之胜解，然而不曾超越思维之外，圆满次第领悟心之本性净化对幻化本尊之现象所生的执著之念。《格帕》云：“身与始智现幻化，其又证得无二性。”如此以有所缘之法将自相分别心依次，或以无所缘之智顿时阻断，而驾驭无分别之始智之相有《六教言》云：“心之调法是有二，依次调或顿时调，依次调是如此般，心绪摄于标记上，分别之心渐渐息，原始之智渐渐明。”顿时所调是大圆满之秘诀，驾驭不可思议之原始智。因此知现象智慧分别心三者任何也无本性之智也依方便之道而生是奇妙之法，问为何，则因不依方便之法则智慧始终有弊，如此起初如不行方便之道而以智慧修空性则为时过早，禅定不得固相不稳而易变。修持也有区别，依方便之修持如树上盛开的花朵，而不依方便的修持如野外盛开的花。中间未关联方便之证悟功效小而不能驾驭无偏袒的原始智。后期如远离悲心与菩提心则将误入唯修自己的安乐的歧途而不能得正果。《道现觉续》云:“不修道路之尊方便道,自始至终不可得圆满,早修晚脱修持无功效,虽得难有奇妙乘之威,未联方便之智束缚道。”如此方便之道有两者及其分支与,又有生起、念诵密咒、作法印手势、修习风与身之修养等一切方便之道,如不被知一切均为幻化的智慧空性所摄,则唯以方便之道也不可得解脱之故,要正确认识到任何方便之道的性相是空性之理。《格派》云:“如现方便的道路,其之现象无本质,幻化光影肖像般,远离两取之行为,自明智慧幻化者,不恋对境以无有,现象众多之明相,不灭一切无本性,具智慧之其思维,因成至尊之境地,行为无欲行何事,能成无漏两资粮,不可障蔽智慧与,至尊方便自始享。”如此智巧双运之修持的增效与威力大,道能生信念,证悟能增功效,一定能修得佛陀之正果。《母续》云:“智巧双运如同青莲花,修持威大如同骑士般,生威如具六翼之大鹏,希奇如同出海得珍宝,是大乘如帝王驭臣民,生信念如人士成事般,功德不可思议至尊宝。”

庚二,所示之道有三:辛一,略表;辛二,详论;辛三,以两次第而括要。辛一是:“因此特殊”至“真希奇”,以四颂而示。此引自《道现觉续》中。如此有情自身的五大种与成因的五界,又加依具风脉明点字母之缘的始智之界为六界,是雍仲之身,方可成为密宗阿嘎乘之法器而非此不可,有《道现觉续》云:“身如无有血肉与骨则,怎成修持密宗之身依,如无连身脉境心脏则,岂能行走始智安乐风,如无脉管风之道路则,怎增大乐菩提心明点,明点依威功能无力则,良种义之笔记无有故,持密宗是依靠身依生。”因缘相依的身依具十八种功德之身,何言三界就是欲界中也唯此可成密宗之非凡化机。如此之身如勤修圆满次第与特殊之秘诀,则定能修成一切道路之功德。

辛二,详论有二:壬一,所修之基风脉明点;壬二,示所修之道的本性。壬一有三:癸一,总述;癸二,分讲;癸三,以功德括要。癸一是:“其有居者”至“菩提心明点”,以两句而示,易懂。

癸二,分类有三:子一住者脉有三:丑一,自性;丑二,言词;丑三,本质。

丑一是:“管道之体游走血风精”,以一句而示。自性是管道之体游走血风与精液。

丑二是:“身根命脏生慧之根本。”以一句而示。言词是身与五根、命与内脏等一切的根本而称为脉,或烦恼与智慧的起源,身与五根盈亏与生死的根本而称为脉(藏语中脉又有根本之含义,是一字两义。译者注)。

丑三有二:寅一,三脉;寅二,脉轮之本性。寅一有三:卯一,略表;卯二,详论;卯三,括要。卯一是:“胎中最初”至“扬噶言”,以一颂两句而示。《密续之王》云:“脉结三角双眼成。”《总断》云:“最初形成有界之基双眼。”双眼是大种之眼与明灯之眼,人身最初在子宫中形成胚胎时,最先在脐之脉结三角中形成双眼,自大种之眼中形成四大种之身,自明灯之眼中形成执原始智明相之脉,心脏有三槽中,右为白色精脉,左为红色血脉,中为浅蓝遍动脉。《密义续》云:“三槽右为白精脉,左槽之中红血脉,三槽中为遍动脉。”自宗的个别人与他宗虽有右血脉,左精脉之说,然而自宗的《母续心之极隐》中云:“男性右为精脉与,左为血脉前娘瑟,后为娘曼之脉与,中为遍动脉等五,女性与其相反也。”是如此认为的。

卯二是:“右脉轮回”至“二十一”,以三颂三句而示。如此右精脉是轮回之脉,其功用成轮回之分。《六部明灯》云:“右为轮回之脉,游走浊垢身之明点与烦恼之风,显现一切弊端。”自此脉中因生浊垢身之明点,游走烦恼之风而是显现明智弊端力之道路的根本而为和脉。其之能依脉与所依风与烦恼, 以此所生的一切轮回之分是显现基自性的神变或变化是骤然而称为“姜”(意为唯一),即精脉。《总断》云:“右为骤然而生之脉。”此脉与以此而分的一切都执轮回之分而称“玛”(意为母或根本。“姜玛”是藏语精脉之音译。译者注),此脉是安乐的自性,女性之脉尖被裹精液闷闭在内而性欲难以满足。左血脉是涅槃之脉,其功用成涅槃之分,《六部明灯》云:“左为涅槃之脉,游走精华心之明点与原始智之风,显现一切功德。”此脉中游走精华心之明点与多为原始智之分的风,是显现明智具功德之力的道路或根本而称为脉。其之能依脉与所依风心,以其自性能生始智与涅槃之果,如精通此脉之秘诀,则法相空性不可言语之兆以始智自然感受如尝食物之味而称为“若”(藏语中“若”字有味的含义。译者注),《总断》云:“左为法相自然之脉。”此脉与以此脉所分的一切均执涅槃之基而称为“玛”(“若玛”是藏语血脉的音译,译者注),此脉女性在右执血,脉尖露而有月经分泌。其脉之分类非一类,有五种性而分类也如此。此脉男性在左,脉尖被裹而血从鼻孔而流。精脉是方便之脉,男在右,女在左;血脉是智慧之脉,男在左而女在右。中脉遍动脉在精血两脉之中而称为中,是菩提道或根本而称为脉。是一切风心明点与有寂两者之根本而称为遍,以风之呼吸而动为动,是一切脉之母而称为玛。《六部明灯》云:“中脉不游走任何弊端与功德,显现自始而净的大明智。”中脉是利弊不染之脉,其中游走命风,显现乐空无二的法性之明智自始大净者。其又有能依世俗之中脉与所依菩提心之中脉两者。世俗中脉的上端至囟门,下端至下阴,粗细是自下阴至心间有马尾之粗在精血两脉之间而称为中脉,心间如毛线分五条支心脉,显现原始智而称为始智之脉。《烦恼自然解脱续》云:“结集众多始智脉,自此又分五命脉。”心间至喉咙间如三股丝线称为上方彩虹丝线脉,至脑间如麦管之粗渐渐变粗称为部浪香它脉。以上如青莲般至囟门称为尼劳青莲脉。精血两脉折叠如三股丝线自左右心槽中而分,在梵囟之处精脉自左缠绕血脉至右鼻孔而游走阳风,血脉如此自右缠绕精脉至左鼻孔而游走阴风,如此有《塞吐续》云:“布赞安乐神坛中,至喉语之神坛间,中脉缠绕精血脉,喉至谢腾神坛间,精血重叠绕中脉,谢腾脉至脐之间,三脉并行而居住,肚脐间至风门间,右被左脉绕而住。”风门是指脐下四指处即所谓的丹田。左脉缠绕是男性虽有经血然不漏,女性是右折叠而虽有精液而不漏,如此缠绕之故三脉之结有四四或二十一个。所依胜义菩提心之中脉如玻璃之柱空而径直以光明之自性而住。《光明心经》云:“中脉以光明之姿而住。”也有示其光脉中以光辉明点而满的自性之意。故此胜义中脉是以修持所生之脉而称为菩提心之脉。《烦恼自然解脱续》云:“内空菩提心之脉。”如此又有《六部明点》云:“其内有菩提心脉与其他不混而住。”命脉之内修持菩提心脉具四相者,对此摄入超越常断之边的始智而显现不可思议之功德。《六要部》云:“中脉之中如摄风心则,修兆证力明相众多与,显现无量光明之明相。”要在此内修持之因,其中有阿赖耶及命风依此脉而是净化命风之义。

卯三,括要是:“三脉之中”至“所依处”,以三句而示。如此三脉如身之支柱而住其内因有身语意的三字母之故，外为身语意，内为烦恼三毒，密为善逝的身语意之依。《格派》云："左中右如支柱般，而住具备法之音。"

寅二，脉轮有卯一略卯二详两义，卯一略义是："树之坛城"至"无有违"，以三句而示。脉轮之数一些密续也有四脉轮而关联四佛或四部本尊之说，也有五脉轮之说是关联五身或神坛五至尊，也有六脉轮是关联六身或密宗六义之佛。脉瓣之数虽也不同有众多之说，但不可视其相违，因有各自的密意之故。

卯二有三：辰一，总聚之宗；辰二，母续之宗；辰三，总宗之说。辰一有三：巳一，总述；巳二，分别而讲；巳三，括要。巳一是："总聚之言"至"显净象"，以两颂两句而示。心间法轮之中有能生幻象与始智的精华八支脉，其内有净基与能净一般之种，有《聚密》云："心间法之脉轮有，脉之精华八支脉，心房空旷之中有，如筋线之八支脉，三脉是为法性脉，一脉是为始智脉，三脉是为自续脉，一脉是为功德脉。"《格派》云："业者法性之脉是，光明白圆息相有，始智之脉四方增，功德光明红色而，怀伏两者是为四。"前方的三脉瓣是三身之自性空性智慧法性无生显现之依光明黄而圆形，内有净基非天与地狱之种蓝色智字与黑色杜字，之上有能净身雍仲之精华庵字具自光如锦缎之帐，右有始智之一瓣是显现四智之依光明深蓝为方形之相，内有净基天与人之种白色阿与黄色尼字，之上有能净意雍仲的自性蓝色哄字。左有自续之三脉瓣是显现三毒与三界寻常幻象之依光明红色如月牙状，内有净基饿鬼与畜生之种红色这字与绿色丝字，之上有能净语雍仲的自性阿字如红莲宝石发光而住。此怀业之脉有人认为是功德之脉是错误的，有《聚密》为证。后有功德之一脉是显现净土与无量宫等无量净相之依，光明紫色三角之态而住是《聚密》所言。其等的住法为八，但功用是四种。

巳二，分别而讲是："黄光阿赖"至"身语意"，以三颂两句而示。《聚密大方便父续》云："黄蓝红黑四脉光，居住八种心识也。"依次黄脉中住阿赖耶识、蓝脉中住意识、红脉中住烦恼意识、紫黑脉中住五门之识。如此以游走精华而分，则黄光游走在脉之精华如白丝线中，蓝光游走在气息之精华中，红光游走在血之精华中，紫黑光游走在五门的精华之脉中。黄光中住庵与智杜两字，蓝光中住哄与阿尼两字，红光中住阿与这丝两字。紫黑光是其等的利弊。其中阿与尼游走在气息之精华中，智杜两字游走在脉之精华中，这丝两字游走在血之精华中。三字游走在其等的精华中。其等也有前书云："黄光游走脉精华，蓝光游走气精华，红光游走血精华，紫黑游走五精华，黄光居住智杜字，蓝光居住啊尼字，红光居住这丝字，黑光居住其利弊，两字一同而住又，啊尼游走气精华，智杜游走脉精华，这丝游走血精华。"生于天堂与人间的辅佐是意识所为而结集在其之种子阿与尼字，生于饿鬼与非天的辅佐是阿赖耶识所为，结集在其之种子这与智字，畜生与地狱的辅佐是五根识与烦恼意识所为，结集在其之种子丝与杜字。《教言续》云："生于非天之辅佐，其是意识之所为，其种是为啊尼二，饿鬼非天之辅佐，阿赖耶识之所为，其种是为这与智，畜生地狱之辅佐，是为五根识所为，其种是为丝与杜。"因此在未证悟之时以恶业与烦恼所行的一切习气结集在六字之上，如嗔心所行之习气聚于杜字上而抛至地狱之境般其他也如此。证悟之时一切善业始智的自力极净者聚于身语意之三字上，转变身之姿态修持佛等聚于庵字、语之姿态转变诵咒等聚于阿字、意法性转变修持无分别心等聚于哄字，净基之字与其所摄的一切习气使穷尽而自轮回中自然解脱。如此心间八脉之端有脉之精华如白晶丝线，粗细有马尾的十分之一中，有依血与气息之精华相融的风心极其细微，显现未灭的大种的精华五彩光辉之中有菩提心空性之分自性光明的大明点。《聚密》云："如此八脉之端又，精华白脉如丝线，粗细马尾十分一，其中游走血精华，如同朱砂银朱般，其中气息之精华，地下金汽般游走，三大精华之中央，气息精华其又有，光明色彩众多者，土之精华丝线般，水之精华唯朱汁，火之精华明镜中，如同反射日光般，气息精华金汽般，虚空精华自性空，光辉之团而聚的，中央菩提心精华，金汁珍宝之岭般，色彩如同日光住，其为法性域精华，是为胜义义之因，其明点有法身住，五精华住五种性，三精华是身语意。"

巳三，括要是："普贤五佛"至"平等住"，以两颂而示。如此心间法之脉轮有八瓣脉瓣，顶门三十二瓣，喉间十六瓣，脐间六十四瓣，共四脉轮是格帕之意。有云："方便自道所具的，是以四脉轮而住。"又有："顶喉心间脐间有，大乐享用法轮与，变化之轮是为四。"如此四脉轮及特殊心间八脉之下端，精华始智之脉中集聚一切风心之精华时，对自显现未障的始智断弃一切业障而显现涅槃无量净土之相，称为在自相究竟天密严刹土中得道觉悟。《六部明点》云:“知其脉而擒住其风则,万物无内外而明。”亲证之时显现始智寸许之光,色心分离之时三身之力自然圆满。如此心相自性之光大普遍者普及佛陀与众生,力之显法虽有有寂两者,以胜义则在自续中未成而无优劣之相,一切在菩提心界平等无区分而住。偶尔有情之界以八识的能障及依靠被等持所净而亲显大乐之法有《格雅》云:“自己所生之精华,自身自然证悟而,即成大乐之至尊,自性本来自居而,其性非自他处生。”故此身是身与始智之依,是普贤五佛居住的无量宫而不可思为不洁而诋毁。

辰二,如依悲心骄阳智慧母续中所示则是:“母续之中”至“依对治”以两颂两句而示。如此有《道现觉续》云:“根本三脉支柱稳固脉,卅二悲心无量自然住,十六悲心无流续他利,十二佛母显现不灭力,八八妙欲作事变化身,四为方便智慧加行道,五种性或五身及妃住。”所言般中脉以中柱之姿而住。精血脉及顶喉心脐脐下等五脉轮中,顶门大乐轮有三十二脉瓣为无量三十二佛母,喉间受用轮十六脉瓣为无续十六佛母,如问与二十无续佛母之数不属则,在坛城时是以四方及中央而分唯有此数而,其实是指四种密尊之四佛母而言。心间法轮有十二脉瓣为大乐四佛母与八怒母,脐间化轮有六十四脉瓣为以净土而增,因有五智慧佛母而以十二妙欲而乘则为六十之数,四行事佛母无变化是因四业是四季,居住与坛城之四角。脐下智巧轮四脉瓣为加行道四佛母,其等自始居于自明智之力中,以提醒之姿在各自之处与饰一切,或五脉轮之中央五种性善逝佛,又或在顶门上师、心间法身、喉间报身、脐间不灭化身佛、智巧轮为桑萨佛母等观想于息乐之脉。在三脉相连之处三角火坛中观想空行佛母能托度母持钺刀与头颅,热则为绿色,寒则为红色,依方便之天杖,其以红火之姿观想为细针一般而专心修行,其将在初修时守护,之后要随机应变,心沉掉之分大则心绪摄于红色啊字,思维多则摄于白色明点之上,寒则摄于火焰之流,中脉内的所观想之物极其细微则猛烈火之功力易生，得原始智而在胜义本性之中修习脐轮火，其等有《大种明点》云:“初修之时化身之等持,能托度母方便天杖者,观想其身是为受护尊,能胜任时报身之等持,红啊明点火流脐轮火,沉掉生时热寒要点修,自心智巧随心所欲生,得始智时法身之等持,乐明空性如空洁净义，将行解脱深奥之道路，光明空性脐火大乐得。”

辰三，大乘总宗之说是“总之额间”至“中所言”，以一颂而示。其顶门大乐之轮有三十二脉瓣，喉间受用轮有十六脉瓣，心间法轮有八脉瓣，脐间变化轮有六十四脉瓣，密处护乐轮有二十八脉瓣，是《密续叶赤塔色》之义。此在方便道中有名而推为总义，又如依业之续则有六脉轮之说，《总聚》云：“布赞安乐之轮与，阿霍语之轮与，谢腾脉之轮，脐间有之轮，脐下自在力之轮，密处智巧之轮等六轮。”又有《金刚橛》云：“顶门藏日秀布，喉间烦恼总摧，心间萨列谢仓，脐间有界能生，密处哇嘎普生，脚底风轮等六轮。”脉瓣也是随本尊之数而不定，其实也是如此。

子二，所依风有两义：丑一，本质之分；丑二，功德。丑一有三：寅一，根本；寅二，分支；寅三，括要。寅一，根本五风是：“动者风有”至“六巧法”，以两颂两句而示。《基始觉续》云：“根本五风上行持命与，等住通行下行风是也。”是上行风、持命风、等住风、通行风、下行风根本五风中，上行风居于胸腔以上至鼻孔与脑中，行呼吸之事，形状如伞色为黄色，修行之力可行于空中，能通法音及一切语种，修习之法是紧捏鼻孔而从梵囟处呼出，功成之兆能行走于空中而至天神之界。持命风居于心间有延年益寿之能，形状如珍宝为白色，修习之力能生喜乐与增原始智，修习之法是心绪安定而摄心，功成则可长寿与有往生夺舍之能。等住风居于脐间能增暖，形状如轮色为红色，修习此风则能增暖乐之力，修习之法是跏趺收腹而坐，功成则不畏水火。通行风遍布全身能增强体质，形状如日光，为绿色，修习则能增众多神通，修习之法是蜷缩头与四肢，功成则能变化神通。下行风居于下身主排放与禁闭有漏之事，形状如吹火筒色为蓝色，修习之力可使至大乐之界，修习之法开合收缩肛门，功成可得欲道与神通之足。其等是外之五风暂时之果能亲证六方便道，究竟得不变大乐之果。

寅二，分支或内之五风是：“支风土水”至“五现象”，以两颂两句而示。正所谓《要义明点》云：“土风淡黄脐间住，主行色蕴之诸事，水风浅蓝密处住，主事受蕴之诸事，火风淡红心间住，主事想蕴之诸事，风风淡绿喉间住，主事行蕴之诸事，空风浅蓝顶门住，主事识蕴之诸事。”所言般，内之五风是五大种之本性，土水火风空之五风依次居处与功用、色泽各自有引言而示。

依修习之法形状依次是四方、月牙、三角、满弓、圆形而居。在修道之时以修习之力使无漏等持自在而得，修习之法脐间为土、密处水、心间火、喉间风、顶门空轮等五轮之中各自之风色泽与形状俱全者以风心摄于一处，而五风胜任之兆将在两鼻孔各显五种显象，如此修成右鼻孔之五风时，修成土风则呼出之风如烟、水风如阳焰、火风如萤火、风风如火焰，空风如无云晴空一般为浅蓝之风。右鼻孔为日风之兆，左鼻孔月风修成之兆。土风如日光、水风如月光、火风如电光、风风如虹光、空风如蓝光而现。

寅三是："合则自风"至"得神通"，以三颂三句而示。其有明智之自风、烦恼之业风、始智之乐风三风中，第一，心乘风马而游走则称为明智自风。分则有五游走之风，《要义明点》云："观而游走居于眼根中，普遍游走居于耳根中，极净游走居于鼻根中，极其游走居于舌根中，定而游走居与身之根。"《风之除障七十法》云："五游走之风在根与所依根识三者中是居于无所依之处。"此为无记之五风，游走在五内脏与五外境之处。故此一切有情即有心绪，而心之所乘是风，所以风心两者无区分而住。第二，但凡居于脉中而住为业之风，不居者为始智之风。观待外在之缘所游走之五风如遇逆缘则成业风。分则有前书云："昏沉之风脑中住，主事痴心昏睡事，违和之风心间住，主事嗔心违和事，傲慢之风肺中住，主事我慢蔑视事，性欲之风密处住，主事贪心性交事，嫉妒之风肾中住，主事妒忌诋毁事。"如此业风成为心之坐骑而生一切愤怒分别心，从而成为轮回之因也有前书云："八万四千烦恼有，风之姿态如此游，烦恼风中生痛苦。"第三，在体内将脉以法而修，业风以等持教化而成始智之乐风。分则有精华五风，《内秘诀亲授之要点》云："土风精华明镜智之风，火风精华妙观察智风，风之精华平等性智风，水风精华成所作智风，空风精华空性智慧风。"依次使身与光明明点的明相现显，其等的性相不混而各自而悟，其又无自他之分别而始智同悟，其又不观待别缘而领悟在己身无需修习任运而住，知一切均不曾超越空性是此五风之功能。尤其修成无漏各自的等持之时可得各自种性之功德，在他人之现象中也可生如此神通之庄严。其中土风之精华入中脉则可得无漏等持，内之心绪稳固，外界中显现自然之本性黄色之光，痴心消净，大原始智之力亲现，受用如明镜之智，行至雍仲重叠之净土。如此水风使心净、火风使心旷、空风使心安。其他也以所净能净如总义而易关联。《幻网续》云:“五风精华具威则,五光中之五始智,五身所至五净土,五无漏等将可得。”

丑二,功德是:“风可持育”至“能入地”,以三颂而示。如此依风之瑜珈可使心绪清静,本性离戏论,思维成原始智之时称为密之风,其等外内密之诸风自由主宰之时可持护守佛祖之法。风有持护守佛法的四功德,如此外身之五风自由主宰而具备五大种之威力而持佛法之精髓,内心生乐明而得暖兆持佛陀五身,以无二之力得共同成就,能引有情之信念道之使者等持佛法之传承,不共成就在今世修成持佛陀之义。如此有护佛法的四功德,病魔所困者以风使解脱病痛而比医学更殊,恶魔缠身者以原始智猛厉火能亲自度恶魔而比内明更强,以缘起幻轮之真谛干枯苦海而比世俗谛更高,脐间猛厉火业之法印使恶缘根除而比实有之善更妙。具此等功力则能如风吹灰尘一样摧毁烦恼而圆满原始智。守佛法的功德也有四:如勾招恶魔,则以吸气如铁钩之风自境中勾招,既然能勾天神仙女,又能招妖魔之盗,勾招凡人魂魄就不在话下,满力之风既能抛水土而能使非天阿修罗晕倒,更何况凡人与药叉迷惑而躲远之事无难处,排除精华之风既能束缚天空之云与风,又能震慑日月。可对飞鸟施法则,何况超度敌魔无甚难事,呼出箭风既能洞穿土石,洞穿死尸之梵囟。能使明妃之内脏抛出,则将敌魔之身心分离就无难事。又有如精通风之瑜珈,则如追就能赶上空中飞鸟,如逃则能躲避死亡之魔,如击能摧毁坚固之岩石,如游则不沉于水,如飞跃则坏劫之火也难焚,如升则能住空中,如遁则可入地。此是《基始觉续》之义。

子三,为示明点的本性根本文云:“庄严菩提”至“至自处”,以四颂而示。如此精液是自精脉的上端顶门的巷字而降,血是自血脉的下端密处的啊字而生,男性的血脉与女性的精脉下端有脉结,是以男不漏血而女不漏精液,在前面已讲。在遍动脉中有大精华者,是自父体所得的白精华,与自母体所得的红精华,最初在母体内相融的本质中,成为意识的所依光之明点如小豆之盒中有精华之明点以啊字之形态而住。此又以时间的推移而变迁,昏睡时在心间,睡梦中在喉间,思考之时在脐间,激烈运动时在风海,性交时在顶门,身心安适之时在密处。其精血两者被称为内之日月。夜增月而昼增日,男在上旬增月而女在下旬增日。显现十六分,是在日升之时增火风之力而内外之暖气浮动，此时宜禅定而消混浊。上午至脐间而生性欲，多为安乐之受而宜修乐空之法。中午至心间而心识沉重而贪睡，要修不动光明之法。下午至喉间而易生厌离之心应修无常之法。黄昏至顶门，明点火之威力增，外之日落而身寒身之明点枯，神鬼蜂拥而至易生惧意，应修生起次第而驱鬼神。初夜以阳气融明点喉间降十六，内外星宿之力增。夜半八明点游走全身而八个降于心间而昏睡，应以睡梦光明而断迷惑。凌晨四明点游走全身而四降于脐间，寒意重而应修脐间猛历火。黎明两者游走全身而两者降于密处，密根难以自禁。其为混浊元气之精液。菩提心之明点是一切功德之基而应不失而守为重。

癸三，以功德而括要，如此领悟脉风明点之修法，如不以勤而修其要点，则不可得解脉结的功德而与究竟之正果相远，为示其要点，根本文云："总之脉道"至"佛陀果"，以一颂三句而示。身之所依脉是风游走之道，语之所依风是依此道路而游走在有寂两界而如马一般，意识之所依明点其实也是菩提心之所依如人一般，其如被业风所左右则心识迷恋与五根只对境而生众多妄念而成轮回之种。因此心之坐骑是风，为使约束轮回之事而制约风，为使风胜任要依身姿之要点修风，以此净化脉道而解开脉结使业风转变为原始智之风，断轮回之因而其果轮回将自然而除有《道现觉续》云："脉之道中乘坐风之马，明点人士手持字母剑，思维之敌囚于牢笼中，两取轮回之敌回遮有。"如此在各自脉轮中擒住风则就能擒住明点。擒住明点就可自轮回解脱，涅槃自由主宰的方便道之根本唯有擒住明点，其也有胜义明点与世俗明点，依次依靠将要讲述的上门方便道与下门方便道使其两明点胜任，从而将中脉被精血两脉所缠绕的二十一脉结以双数解脱而各得十地之一地，或知其为元气与风之精华各一融入其间的功德。如此土之功能使变化轮中融入风心胜任而显现大资粮道之暖兆。风居住其间而亲现功德解开中脉之前两脉结与变化轮之脉结。精通风心相融使风入其内而修成自在与异熟之神变。分则有三四一十二，前四者是，《母续》云："身与受与心和法四中，磐叶不洁之物而念住，上师是以幻象而念住，密宗身以佛陀本性而。"所言般，因性相宗的大小两乘的资粮道等四有学道的修法在第七品中所示般或以此引言也明示。比此更殊的深奥太白密宗中是以自他两身观想为本尊之体而念住，感受转变为始智而受念住，平息心与心所之戏论而心念住，知假名的一切万法为幻化而法念住。中资粮道时的四正断又有前书云："磐叶断弃身语意迷惑，上师断弃有无常断边，恰嘎禁行六法不断修。"所言般修习即将讲述的六方便道使，昼之六识之妙欲与三门之行为，夜之睡梦死相等不断而修，不新增对立方，所生者也成特殊智巧法所摄之道，能新增对此有利之方，修习将所生者增长之法。大资粮道四神足，前书云："磐叶领悟对治为神足，上师修习道法得神足，总宗会供修得两成就。"生起与圆满次第之义以乐欲修，以精进不舍，以心不忘，以妙观察智观察而修使风心胜任之等持生与心续而得四自在八异熟十六神通之果。其中四自在有《道之明点》云："身得自在变化众多物，受得自在诸愿皆如愿，心得自在能住数大劫，法得自在能示众多乘。"八异熟是："妙欲异熟享受无尽界，宝藏异熟诸需已尽有，药得异熟五毒病中脱，巧法异熟大乐菩提增，智慧异熟始智自然生，五肉异熟降服五恶魔，甘露异熟无魔持命脱，会供异熟福与智慧满。"十六神通是："上有火焰下涨汪洋水，超度恶人降服难降众，改变边鄙总至原始智，引导卑贱强使无漏生，五种变净他身转为佛，破斥屠夫度为雍仲身，烦恼海枯修得不灭语，摧毁五魔显现无惑意。"其等是自精通风义光明等至而生，下两乘无有此法，有前书云："并非何乘都有此妙法。"火之功能使风心入法轮中胜任而生加行道之暖兆，风心住与融入如前者一般，解脱中脉之第三第四脉结，分则暖、顶、忍、世第一法四法，有信等五根与五力，此十有《母续》云："信与精进念与禅定与，智慧生而福与智资粮，双运而积得暖得正果。"生起圆满双运之义以信而勉、以精进生喜、以念不忘、以等持与智慧修习无边之门是五根，以此五根得暖兆而生十一明亮，《密意明点》云："断弃无暇轮回生厌离，自他入善迷惑之念尽，修十度而智慧空性得，摧毁烦恼不积恶障业，倍增菩提心大具正知。洁净业与行为所示是，得暖雍仲菩萨需知之。"之后得顶法是，顶者有《悲心骄阳续》云："无我总的形象之本质，是为顶而任何不可蔽，对于空性专一真如者，对于无量专一现位与，对此字母专一本位者，极其圆满专一而圆满，离戏论者专一非何物，如能精通顶之等持则，能生始智第二加行道。"此时能修成七功德，前书云："无有内外之虫离小乘，能聚法之功德灭异己，不畏恶魔迷惑空性坚，明相洁净至顶究竟地，是得顶之功德之兆也。”暖与顶之时信等五根之力倍增而消除所治之障是为五力，其五力使得忍而有三功德。《悲心明点》云：“忍使勇坚堪忍不可惑，能悟对境能识魔诱惑，无有嗔与迷惑息而住，证悟至尊真善丈夫者，此为修得忍之先兆也。”所言般他人不可主宰、能识妖魔的诱惑、无嗔痴，具备此三功德，则能亲证世第一法俱生原始智，有《智慧明点》云：“智慧俱生即成本净界，明点俱生自明始智明，有相俱生加持身境与，诸境俱生明相极为净，涅槃俱生不剩成佛陀。”此时将生此等功德，前书云：“已近涅槃十度无缘生，爱怜轮回无害行利乐，不居两边智慧心中生，不害有情佛陀大害是，为安有情佛陀会化则，尤其能行痛苦者之事。”前三句易懂，如此断弃对有情有害之事，对己败坏是对佛陀大害。应知为本尊之神不危害而尤行利他之事。 风之主要功能使风心融入受用轮胜任而生见道之暖兆，风心住而解脱第五与第六脉结，对生起圆满次第非以胜解而修，而是以念主宰，以智慧消除执相，精进使功德迅速圆满，喜使增长正法之明相，生起次第使身轻安，圆满次第使心轻安，等持使主宰诸门，舍使消除反面之受，圆满雍仲七支中修得菩萨第一地见道无分别之始智。修成圆满十二种百变神通，有《地道幻灯》云：“得第一地之菩萨，十二百变功德是，弹指一刹那之时，出入一百禅定与，瞻百佛陀闻百法，震动百界发百光，游百净土悟百境，能示百法示百劫，示百神通化百身，眷众如此皆环绕。”亲证如此的地道功德者以李西大师与占巴大师、慈旺大师等可知。其他是解脱异熟身之束缚时所得，《象雄耳传》云：“大鹏雄狮瑜伽士，解脱三缚三力满。”如此幼鹏在卵中已六翼丰满一般，瑜伽士在身之所缚中六力圆满，《音释》云：“始智利明之力与，密意执所缘之力，智慧增长之力与，信念不间断之力，精进勤勉之力与，不返见之力六力圆满。”如此幼狮在母腹中三力圆满，其有自肉而成控制之力，善跳跃自强健体魄中所生之力，能飞跃空中自气风中所生之力等三力圆满一般，瑜伽士也自异熟身之束缚，与习气明相之束缚、心识之束缚中解脱之时身语意之三力圆满，如幼鹏飞翔与幼狮飞跃一般，地道的功德亲证圆满而觉悟成佛。如此心间脉结解脱中生见道之功德，之后修道九地主要是圆满次第的功用，风心入住融入大乐轮的功德而得九地，其中入之兆鼻孔中风同时游走，住之兆在鼻孔气息暂断，融入之兆显现空之明相等诸空色。其中第一地之第十地之间关联十度也是关联深奥圆满次第的等持而分，问为何则有《李西大师礼赞》中云："无有取舍是具布施义，无有守界戒律之义具，无有自他具备忍之义，无有勤勉是具精进义，不即不离具备禅定义，无有迷惑具备智慧义。"又加无有烦恼之力、无有亲疏之悲心、无有顾虑之愿心、超度轮回之方便四则，以常规自布施之智慧之间依次是：第一极喜地、第二无垢地、第三发光地、第四法印地、第五法性云聚地、第六证悟安乐地、第七如意而成地、第八无贪洁净地、第九字母轮地、第十不变雍仲地，中脉被左右两脉缠绕的二十一脉结以两数解脱而各得一地，解脱最后的第二十一脉结之时修成究竟大乐至尊地雍仲持之果。

壬二，示所修道之本性："方便之法"至"两秘诀而示"，以两句而示。此方便道分则有二：癸一，依自身具巧；癸二，他身明妃。是《幻网续》与《密聚续》所示。癸一有六：子一，根本脐间猛历火与分支；子二，身境转变为道的幻化身；子三，转变梦境的梦；子四，转变睡眠之光明；子五，转变死相的中阴；子六，转变抛魂的往生抛瓦法。此为《母续》中所示的六法，其等是唯依自身的修行之力所得而不曾依靠其他之缘，所以称为自身具巧之法。

子一，脐间猛历火有二：丑一，总义；丑二，所示之正道。丑一是："总之自断"至"初学者"，以三颂一句而示。如此心依风而心之一切行为由风而行，风心两者居为一处，脉轮不歪斜中生始智之风，脉轮歪斜弯曲中生业风使熟轮回，故此如不阻业风则难阻轮回，阻断业风有四种阻法，《基始觉续》云："阻法有四自断数阻与，强行阻断依次阻断也。"自然而断、数而阻断、强行阻断、依次阻断四法。第一又有究竟阻断、同分阻断、近似阻断等三。依次是佛陀与菩萨，禅定天神无有气息游动者，其等不是道路。

丑二，所示证道，前书云："法性域风始智乐风与，明智自风意之念风与，身之力风烦恼粗风与，体不调风有之力风与，大劫毁坏之风等九风。"依次主本性之事、主生始智之事、主自然空性之事、主诸多能变之事、主中阴之事、主一切烦恼之事、主身体违和病痛之事、主身心贪欲之事、主毁坏身心之事。如此之九风健康的人士无病痛者各有两千四百数之风自口鼻中内外游走，在一昼夜时游走俱生之风二万一千六百之数，为自己的如其数思维之坐骑而大游走，与内之动脉中游走者是分别心与始智的小游走等，总计有十二万六千六百之数在内游走。其中始智之风的功能是无分别心，与显现乐与光亮。业风的功能是生浮动、紊乱、沉、掉、沉睡、烦恼、分别心等一切不善之加行。如此计数自口鼻中内外游走的风之数而阻断，所知细微而难修。第三是，将上下两风合而束缚，会生病而对初修者不可修习。第四是："此为依次"至"大乐境中舍"，以四颂一句而示。如此四种阻断之法中，此为依次而阻，是依次修习温风、中风、粗风。其等在何时都以身之姿态而约束、清除脉管、清除毒风、强迫持命风就范等是要点。身姿要点是正襟危坐，双足交叉以跏趺之姿而坐能速生暖兆，脊梁要挺起如箭一般端正能使风就范，双手在脐下以等至法印之姿重叠而能生乐，喉如绳结一般束缚能生无常之心，双目直视鼻尖使智慧明亮，双肩高耸如大鹏展翅使脉风就范，身心专注而速得暖兆。身姿不变之法以禅带捆绑好，大守持之法自身观想为上师本尊空行母等任何一体而修，是能主宰身心大种之要点。又或身以仓当七姿约束，《托拜》云："跏趺禁下风之要，等至不做事之要，挺胸聚集散之要，收腹聚明点之要，弯喉不言语之要，舌根自然之要点，耸肩脉道直之要。"其有《要义明点》云："阳风粗而短者游于右，阴风温而长者游于左，中性长短适中住中脉。"所言般男士主修阴风，女士主修阳风，两者均修中性风则易生始智。不管如何观想三脉及脉轮，内外的诸风以各自的形状与色泽而修，右鼻中游走者是骄阳毒风而不擒，左鼻中游走者是明月甘露风要擒之，其又有上行、下行、等住三风之要点，上行风要压、下行风要提、中风要汇集。风吸入以庵字、住为啊字、呼出以哄字之要而应用。吸入、聚满、排除、抛出等关联风之四加行而数小宝瓶、中瓶、大宝瓶风之数，最后不使以二万一千六百之数游走而平稳则是成为始智之主宰，此时可使一切功能不同的七万两千脉均可成为一中脉之本性。因此风入住融于中脉之兆，在鼻孔同行、粗风之游动停止、转至别处而鼻孔处毛发不会吹动等兆。此等是要点，又有风胜任则五风擒于各自之处修习锻练身体的幻化轮之招式与，得始智在温风中入无分别心猛历火之本性光明法性之禅定。《方便道法》云："得始智为法身之等持，光明空性洁净如空义，解脱深奥之道需行走。"但是修此密法易走火入魔，故此如需改正脉风明点之弊，则要自贡欠大师师徒所示的《董东稠》、《珍宝结》、《除风障七十法》等书中取而修习。雍仲本教法藏宝库中，示圆满次第脐间猛历火之巧法为第十五品之释文。

第十六品　昼相幻化之法

如此的脐间猛历火始智之风，是修炼六方便道的根本，其他五方便道也要关联温风以各自的所缘扼要则易得感受，《基始觉续》云："六巧法自风之力中生。"因此圆满次第之要是感受六方便道之义，其又以喜修行的精进与能忍的刻苦为要。前书云："六巧法之要点感受重，修习巧法能忍刻苦重。"子二，修习第二方便道幻身有三：丑一，基见修；丑二，友行；丑三，幻身之本性。丑一是："讲述母续"至"不即离"，以三颂而示。如此外明相与内有两者所属的一切万法是以自然始智自己之力而显。自显现之时起是以无基的本性不变而住。其在与自明智无二之界中自始解脱故都是自然始智，有《悲心骄阳续》云："自然大始智之此本性，对何无有变动自然明，其性不可辨别有寂基。"又有"知何均显佛陀之密意，显何自然始智境中脱。"如此之义如自己不亲自领悟则即使法性自始而住也无益，就如藤本植物之花虽显现在树木之上，然而不是树木本身之花一般，因此知其义而却不熟练，则唯知镜中之花虽显而不实之念则无益。修则能串习而使始智成自然，不管昼夜均不变是串习的程度。如不具备此串习的程度则将会堕入有无之边，具备如此串习则对任何迷惑与烦恼均不畏。前书云："无基离根本之大乘法，不积分别心之习气障。"因此不具备此信念的参禅将会被外之明相与内之误识等所缘主宰，所以要具备此信念。正所谓《基始觉续》云："藤本镜中显现花朵般，自然不变他物自己悟，自明帝王感受极为要，证悟见等是成通达也。"如此见亲证而无需勤勉，自明智固有光明之中不修不涣散之义将不即不离而生。

丑二是："依证之兆"至"大放任之界"，以四颂一句而示。又有前书云："见与行是始等中平等，胜义世俗源等尾平等。"如所言般，内之见与外之行为两者如不同则不会成道，而密宗之行是在生起次第时对见的串习微小之辈要持皆喜之行如前面已讲述一般。在大圆满之时证悟如虚空一般之见的瑜珈士要持所向披靡之行，是超越所行与能行如至宝洲一般，一切不超越自然原始智而远离取舍与袒私而行。因此其是圆满次第的明点瑜珈士要受用乐之始智。其又有：寅一，会擒有漏世俗明点；寅二，会守护无漏胜义明点两者，寅一，有漏的明点是修成正果的良种、生原始智的柴火、聚集空行母的要点、增长善业的基石、密宗精华的成就。有《方便明点》云："具相人士爱惜生命般，有漏世俗明点会擒住，修正果之良种自己有，生始智的柴火身上增，聚集空行之要自己得，增善业之基石基础固，密宗精华成就自在聚。"擒其明点要修巧法与幻轮招式缘起等，世俗明点不失而住使增有漏之功德，六方便道之功德也会亲自显现，空行母众也会赐共与不共的成就。如失则福泽之流将断、痛苦之黑暗将至、障碍之火将燃，要知会成为轮回恶趣之根本，因而就像人士爱惜生命一般，哪怕是白芥子一般的精液也要守护而不可失。

寅二，乐之原始智空明无有为之义在修习任何方便道时与食眠行坐何时也不离而恒常守护。尤其此原始智何时都有而对世俗之琐事、宗教之纷争、密明点之乐等对任何都不贪恋，一切见行上进摄于密宗之态不被超越佛法之堕罪所犯而修习明点乐之行。行何事在如虚空一般的等至中以后得幻化一般之姿而行。要激活空明智精华之力，显现何物不取舍不造作，知是自力自显而以自然原始智融合。通达此原始智而对任何事与何时均不变，则不管做净与不净何事不被其等所缚，此时在十三禁行中何行有益就以此禁行修练。《基始觉续》云："幼童般的行使无自性，疯癫般的行使不计较，猪狗般的行使寻思灭，罗刹般的行使禁行生，天童般的行使引信念，帝王般的行为使震慑，鹦鹉般的行使得智慧，哑巴般的行使以姿示，勇士般的行使毁轮回，比丘般的行使引净信，大鹏般的行使搅腹下，珍宝般的行使心愿成，雍仲般的行使无变动。"

丑三，幻化之身，将万物修为幻化的瑜珈，其又有：寅一，总义；寅二，所需之义。寅一有三：卯一，略表；卯二，详论；卯三，括要。卯一是："如此所取"至"十喻一般住"，一颂三句而示。如此外之所取之境、内之能取之心、中之幻化之身等何物自始均没有丝毫实有之分，任何不灭之力无本性之上可显现其与其之影像，一切显现的影像以空色十幻象之姿而住，无有而力之明相不灭之故。

卯二有二：辰一，示外境非实有；辰二，内心非实有。辰一是："所取诸境"至"彩虹光"，以一颂两句而示。有寂道三者之法，其外之五境的明相非实有是以空相幻化八物的本性而住。其实在显现明相之时起就不超越空性本质而本性无显现。幻景八物是：所显现之物以因缘缘起相聚而顿时显现如魔法师所变化的大军，虽现而非实有如阳焰，内外何处均没有而显现如空谷之回声，没有而在迷惑中显现如梦境一般，虽没有却似有般显现如光影一般，显而无本性如镜中的影像一般，无有而显现幻像如水月一般，显现任何无有之相如彩虹一般。有《摄经》云："有寂诸法如同幻景般，阳焰回音梦境光影与，影像水月彩虹一般而，不是何物没有何用途。"

辰二是："能取心者"至"如幻术"，以三颂一句而示。如此内之能取心迷惑的分别心也非实有，只是明智之力不灭的神变，而其实本性为空中三时不变一切唯以原始智而显现。如此境心任何均无本性，一切要修习无实幻景之道，夜之睡眠也要以知其为睡梦之念所摄，以幻景十喻识别梦境而修习变化、转变、增长之法。昼夜修习幻化瑜珈使通达其义。其梦境以幻景十喻而比喻，则此梦境之明相以一切为实而是世俗，与胜义以始智而显而是胜义谛，两谛的本性虽显现，然而此明相无自性如影像一般，心之自性是自一心中如军队般显现众多不同者如水泡一般，自明智的自光中所放逸之心力不可思议如闪电一般，亮而离实有逐则不至，擒则不获如彩虹一般；被风所动则可行至九百须弥山之外，比幻身更能远行而不显如幻术一般；能享受豪华宫殿与天龙之财物如海市蜃楼一般；以喜之乐欲而修能修成一切，能至所见之处等可生乐欲如回音一般；岩石山峰大种之界不可摧毁不可阻挡而显如阳焰一般；此根刚灭色身即灭又显其他布局如光影一般；一心之本性中显现众多善恶，没有不到之处与未遍布之处均可显现如水月一般；修道则能使梦境净化与增等，如何转变也能转化如幻术一般。《道现觉续》云："幻化十一喻体所示道，显现真谛自性如影像，以一变化众多如水泡，明智自力放逸空中电，亮而显现无实彩虹光，风之飘动本性光影般，享受诸境财物如海市，能赐所愿之愿如回音，色法难毁难阻阳焰姿，此灭又显其他如光影，以一显现众多如水月，均可转变如同幻化术，智识心等一起是梦境。"

卯三是："总之境心"至"知幻象而修"，以两颂一句而示。如此外境的明相与内心的思维均非实有，以世俗是心之所见与显法不同而虽显现众多之相，然而本质无变更，如六趣对水有六种不同的看法一般，《六教言》云："无本性之此物体，任何观察如其显，六趣对水六看法。"因此内外之一切诸法本性无生、自性不灭、性相无二、其实自本净中不动而住，要知一切均为菩提心力之神变自显自脱，参禅时如生分别心则，要以幻化梦境之念转变此分别心，就可使分别心转变为原始智。如迷惑则要以是幻化梦境之念转变为道可使迷惑以原始智显现。如痛苦则要以是幻化梦境之念转变为道可以以痛苦为动力而使入正道。如此如成狡念则转变为幻化，自己所愿之一切诸法皆为幻化而确定。如成虚伪则转变虚伪之相为幻化，将虚伪之相以梦境一般解脱，可生无显之原始智。如成诱惑则转变诱惑为道，知一切世界为诱惑幻化而可使显现无惑的原始智。如成变异则转变变异的明相为道，知所变异的三界是幻化梦境一般，可使显现无变异洁净原始智，如相悖则转变相违的明相为道，可使所相悖的三恶趣也知为幻化而显现无悖的原始智。如迷乱则转变迷乱为道，知迷乱的妖魔外道是幻化而使显现无迷乱的原始智。如成障碍则转变能障为道，知烦恼与所知障为幻化而使显现无障的原始智。如成所取则转变两取为道，知境与有境的一切诸法是幻化，使显现无取的原始智。是引自《主宰明点之释》中。

寅二有二义：卯一，所需修之义洁净幻身；卯二，不净幻身。卯一是："在其念中"至"合而修"，以两颂三句而示。要发为使利乐众有情而依靠如幻化一般的等持，将心中之本尊以俱生本尊夫妇生起之发心。之后在前方莲花日褥之上观想大幻化空行母，绿身持钺刀头颅依天杖，双足以舞姿而住，为使修成幻身而又又祈祷，之后将卑劣的三门行为幻化之法是观镜中自己的肖像，对其赐衣饰与饮食，对其赞美等时是否高兴，又对其打骂或诋毁等不满之态时有无怒容，观其没有喜怒般，观想自己也以幻化之人士般显现，他人对己的赞叹与诋毁又有何喜怒，是真实的幻化之身。对此念以念与乐欲使其串习而，知自己之身为镜中的肖像、语为回音、意为空之念在僻静处将他人的悦意与不悦意的一切行为视为平等而时常修炼，稍有串习时在多人之处以极其坚定之心，结合逆缘而修，如生贪嗔之心，则又返回幽静处如往常一样修炼而直至修成。

卯二是:"之后又将"至"幻化身",以一颂两句而示。最初是依方便世俗之身而修,将大幻化空行母之佛像或任何本尊的佛像显于镜中,常时专心而修,使其串习而极其坚定,在前方之空观想如此之佛像,要修至即使触摸也似乎可以一般之境,一定要修成明显之相。如此串习之时以造作之念所串习者,又以胜观之见所摄的生起次第合格的明显显露而修,从而使异熟的此身以本尊之相而净,其虽显现容颜与手足之相,然而将会以无自性空色大法印之佛像而显。之后为使增加功力将其佛像依次以观想为满世界般巨大者、微小如白芥子般,以一变众多、众多又聚于一体等,又将息、增、怀、伏的佛会眷众等以大小散聚变化而修,要使串习圆满。观想幻化佛像之义是为使修成自然光明中显现的中阴佛身。尤其风心融入中脉,而在四空所引的光明之后,修成只是风心的幻化佛身。又或以风融入中脉的四喜所引之后的俱生中修成幻化佛身。又为修前者之义而入光明时所示的内外密之四空性所引的各自的光明等持,又要修习只以风心所成的幻化佛身而出定。后者之义唯有四空各自的替代以四喜能引之义而无其他区别。又或依整持与随融的禅定出入禅定之法有二,前者是任何圆满次第都是将佛身心间字母等一切一心专注之风合盒如应而擒之后,将佛身字母明点等依次收回,而在无所缘中合盒之风能擒多久,之后又唯以风心所成的幻化佛身出定。后者是器世界化为光而融入内之有情,其等也化为光融入己身,自己融入心间的字母,收敛之法如前,在此光明中唯以风心所成的幻化佛身出定,与其又入光明之定或又出定等以风之加行一同又又修习,出定入定是幻化之要点,此如能串习而通达,则能得中阴不共成就而能断轮回之流,暂时一切明相以幻化般显现而灭我执之心,亲证则水火剧毒利刃等也不能侵害,在此生即能消除脉风明点之障,能修成近似欲界天神的虹化幻身等能速得成就。雍仲本教法藏宝库中,示昼相转变为道幻化行之义为第十六品之释。

第十七品　夜相梦境与睡眠之法

子三,方便道转变梦境有二:丑一,总义;丑二,梦境之秘诀。丑一是:"身之六脉"至"定能脱",以一颂而示。自轮回无始时起阿赖耶识中习气之种极其增盛，而其本性意之思维是以梦境而示。身之六脉轮中有六趣种之字母，其中入风心就梦五毒之梦，如此脚底之轮入风心将梦烈火焚烧与洪水冲刷，台风吹散与杀戮的嗔心之梦。密轮中融入风心则将梦饥渴与欲取性交的贪欲之梦。脐间轮中融入风心则将梦大海、不洁之境、生麻风病等痴心之梦。心轮中融入风心则将梦狭窄的地域与道路、房屋，卡在岩峰中、坠入悬崖等妒心之梦。喉间轮中融入风心则将梦愤怒、军队、武器、征战、雷电冰雹等慢心之梦。顶门轮中融入风心则将梦五毒俱全的众多之梦与唱歌跳舞、照镜、佩戴鲜花之饰等，是习气之梦。以先前的习气哪个大就梦其梦境，做如此之业，行为也如此而变，得如此之身，福泽也如此而得。一切变为同分逐渐增大，与缘相逢之时必定自种子中生果实，积业而使中阴之明相亲自显现，六趣中得相应之身而受苦。如愿自其中解脱者，就像种子焚烧后即使与水肥等因缘相聚也不能发芽一般，如将阿赖耶识中的种子梦境转变为道，则摧毁种子而也将摧毁其轮回之果时是已阻断中阴之道。如在梦境中不识则行止时也不识，行止时不识则在修习时也不识，修习时不识则在中阴之时也不识，中阴时不识则将迷于轮回而饱受痛苦。因此此见是将一切外器世与内有情视为梦境一般，以梦境一般而有，显现也是以梦境一般的本性而显，因此也要如梦境一般而修，所修之功德也如梦境一般而净，一切业与行为，力与悲心等均变为如梦一般，洁净的明相上师本尊空行母的明相也如梦境一般而显，正果也如梦境一般而觉悟得佛。如问梦境正果之功德如何，则有巨大、众多、良善、迅速、能成、能变、能神变、能行、能见、能遇、能感受等不可数。梦境之巨大，是细微的己身能变化为巨大如山峰一般而能得巨大的功德。众多是以一身能变化千百化身般能得众多的无量功德。良善是比恶劣的有情更能生良善的功德般以自身能生佛陀。迅速是三刹那间梦境中也能做很多事情般，道路也能如此而行。能成是即使是自己难办成之事，但在梦境中能办成一般，能办成其他天人之事；能变是梦境中能将此身变化为大鹏与雄狮、飞龙一般其果也能变化为密宗；能神变是寻常者也能身随意神变而行；能行是能至天神之界与喜足天、沃莫洲等他界；能见是能见不曾到之地与不曾瞻望的佛容；能遇是能遇过去者与未来者；能感受是能感受到难以感受之事，与见道十六功德同分，《道现觉续》云：“梦境功德如同见道智。”

丑二有三：寅一，前行之姿；寅二，正行之法；寅三，最终主宰。寅一，前行之姿有四：卯一，总的前行；卯二，共同的前行；卯三，特殊的前行；卯四，此梦境之前行。卯一是："断弃眷众"至"生次修"，以两句而示。在幽静处断弃不洁与恶友之扰而闭关，忏悔先前所失的誓言，思轮回之苦对其培育正确的厌离之心。为使息灭障碍而要修本尊的生起与圆满两次第极为重要。

卯二是："上师本尊"至"使其喜"，以两句而示。将上师观想为佛陀而供曼陀罗，本尊以会供而供养，空行母要以食子酬谢还愿而祈祷能识梦境，对世间诸神要施水供而宣不许妨碍之法旨。

卯三是："狮卧之姿"至"上师众"，以两句而示。以狮卧之姿势而睡，又以皈依心、发心尤其要生非凡的信念又又祈祷上师极为重要。《续》中有云："为使识梦是要做祈祷。"

卯四是："自身本尊"至"而入睡"，以两句而示。自身以幻化观想为任何本尊，上师要以普贤佛之相观想于顶门，观想空行大幻化母绿身持钺刀头颅不计其数遍布于所显的外境，以此念而入睡。《道现觉续》云："自身幻化本尊坛城中，自然佛陀上师居顶门，自脱道之铠甲空行绕，自己在此念中入梦境。"

寅二，正行之法有四：卯一，生四乐欲；卯二，培育四念；卯三，消除四弊；卯四，扼要。卯一是："昼之现象"至"生乐欲"，以两句而示。此也有转变习气、生厌离心、生乐欲、培育念。又一是生烦恼时要知一切明相是梦境而转变习气。又二是任何四威仪均要观想为梦而生厌离心。又三是在临睡时要又又生愿能入梦，入梦后又能识梦境之乐欲心。又四是梦醒之时对已识的梦境如此生乐欲心，未识则又要培育愿能识梦之念。其等又有前书云："白昼所显明相诸幻化，梦醒之时识与未识者，培育定能识梦境之念。"

卯二，培育四念是："惑延聚处"至"明点上。"以一颂而示。此也有心之境是脉轮、睡梦之因是意之流、睡梦之铠甲是字母、睡梦的意向是念明点四义。第一是在睡眠时意念不入细微惑延之脉，而要念于中脉。第二是思维不放逸而意识的自性以焚香的烟气一般盛满自密处至喉间的中脉。第三是醒延不放逸不使中断，而观想于四瓣红莲之上的道路之铠甲四空行母之咒冉拉夏萨四字要依次专注观想。其有四功德，冉是火之字母空行会主母之咒，能生五根识而能识梦境之义。拉为水之字母是空行母引导解脱道之咒，能生明智之根识梦境为道。夏字是风之字母是空行母降服中阴者之咒，能生智慧之根知梦境为道。萨是土之字母是空行母能明离实者之咒，能生明亮之根使梦境清晰。第四忘延是不使意识放逸于诸多外境，而专注于宗派之根本红色明点之上。其等有前书云："惑延聚处中脉大乐脉，烦恼微脉阻挡无惑境，续延能断意流之蓝风，朵区自续阻断无续马，醒延铠甲冉拉夏萨咒，阻断道路之障无逆缘，忘延能擒脉之一明点，境时明相灭绝是胜义。"

卯三，消除四弊是："风之马惊"至"要守护"以三句而示。此有四义：辰一，风之弊；辰二，心之弊；辰三，妖之弊；辰四，病之弊。辰一是食物没有营养而风动心绪难入梦，则要按摩与吃有营养的丰盛之食物且卧具要暖和。辰二是思维多而难驯不入梦，则要修空性与激烈运动。辰三是恶魔做怪，心生恐惧之念或身体颤抖，则要修断行与幻化。辰四是梦境不清晰不识而浑噩，则是身体违和使血满脉轮之兆，要修身使风能胜任。其等有《转变梦境》中云："风浮动而意识之马惊，心念做事思维童子动，恶魔呐喊而坠悬崖中，病之刀伤夺去解脱命，美食专注空性绳所缚，断行铠甲修身筑堡垒，外弊风心病魔中解脱。"

卯四，扼要有二：辰一，略表；辰二，详论。辰一是："之后识梦要旨有二十"，以一句而示。如此有《续》云："之后识梦境之密法有，外之四弊二十内要点。"《音释》云："之是随前者之词，后是迎后者之词。"如依根本文则是四弊之后所示之意，依引言则是断四延之后所示之意。识梦有二十要点。《转变梦境之释》云："识梦境有四要点，风心融中脉之要，明相梦境清晰要，意识自主而入要，能识恐惧动力要。"所言之四要点有时之四要点、身姿之四要点、脉之四要点、所缘之四要点、空行母之四要点，此二十要点。

辰二，详论有四：巳一是："初夜狮卧"至"要知之"，以一颂而示。此又有五要点，时之要点，《转变梦境》云："初夜所知聚于境之地。"初夜是时之要点。身姿之要点是"狮卧之姿能断三毒根。"所言般，枕头要高，右侧朝下而睡，风之浊气排九次。脉之要点是"喉间是为睡梦聚散处。"在喉间脉轮中。所缘之要点是"无生阿字风心聚中脉。"所言般，四瓣红莲中有红阿字，前有红冉字、右有蓝拉字、后有绿夏字、左有黄萨字，所缘专注于几个字母上观想合盒之风，最初意识即将摄于梦境时专注于冉字上，之后明相摄于梦境时专注于夏字上，之后思维摄于梦境时专注于拉字上，之后心念摄于梦境时专注于萨字上。之后将入睡时专注于阿字或明点之上，能迅速入睡则稍稍念一下四字之铠甲，之后所缘可专注于明点之上。如不识梦，则在四瓣上观想“啊雅冉拉”四字，雅字是风之字母，是能托度母之咒能育生命之根；啊是火之字母是大幻化母之咒，能育思维之根可使识梦；红啊字与绿雅字如前，要依所缘次序所知之聚法四空依次会显而识别，以念与乐欲而入睡。其等明相与心识皆在梦中之乐欲不间断。尤其将入睡时念知要专注于阿字或明点之上，风聚于此而易识梦，即有巨大、众多、良善、迅速等之要。其时空行母之要点是“示息姿态引发化机信。”梦中将梦具美饰的女士使自己乘大鹏或雄狮而牵引，在山坡或台阶之上朝高处行走，供珍宝与果实、美食等梦，要认识是梦境，又要知梦境是空行母所赐，空行母是大幻化母。

巳二是：“夜半上下”至“要知之”，以三句而示。此也有五要点，时之要点是有《续》云：“夜半明相受用转为饰。”在夜半之时，身姿如前，“风修七遍能驱根门障。”所言般，下行风紧收，上行风紧闭以能修多长为计修七遍。脉之要点是“额头明亮之灯清晰境”是额头。所缘之要点是“白色明点五境明相现”，将心念摄于白色明点如小豆般之上。要以先前未识之梦这次一定要识别之乐欲而入睡。此时空行母之要点是“示增之义五根受用分”空行大幻化母为赐道之四铠甲，而会赐使明相之境清晰的梦境，如日月升起、吹海螺、采摘草药或鲜花、六谷丰登、绸缎锦帛飞幡等色音香味等梦。梦何也要识为梦境。

巳三是：“黎明如前”至“念而摄”，以三句而示。此也有五要点，时之要点是“黎明自在帝王亲执政。”在黎明之时如先前之姿而睡，“二十一风使风心胜任。”呼吸二十一次，脉之要点是“心间法性之轮所居处。”是心间脉轮之中。所缘之要点是“能聚黑哄心识自主入。”将心念专注于能使心念自主而入的黑哄字一指之上，以要识梦境的乐欲而入睡。此时空行母之要点是“怀之本性意识立为帝。”心识入道之梦，会梦至无量宫殿之内、住天神之宫殿、坐宝座之上、上师授教言、父亲授行众有情之事之旨、母亲赐各种美食、雄狮所托之宝座、莲花之座、日月之褥等梦。梦何要识梦，知梦境为空行母所赐。空行母是大幻化母。

巳四是："天明心识"至"要专注"，以三句而示。此也有五要点，时之要点是"天明威猛神变吹咒气"是天明之时；身姿之要点是"随意长卧心识放逸置"随意而睡；脉之要点是"密处脉管方便道之要"在密处脉管之中；所缘之要是"能擒明点恐惧为动力"心念专注于黑色明点如山羊粪大小之上而入睡；空行母之要点是"威猛神变明相擒于道"会梦神变勉励之梦，如烈火焚烧山野与洪水泛滥于山野、坠入悬崖峭壁之中、被坏劫之风吹走、被猛虎与饿狼掏出肠肚、被疯狗与畜生等咬伤或践踏等被不祥之兆所惊扰等众多恐惧之梦。要识为梦境，紧紧把握在其梦境之中识为梦境之心识。知一切万物为幻化梦境一般而能在梦境中得原始智慧。

寅三，梦境的第三总义最终主宰是主宰梦境而修炼原始智之力，有四：卯一，使精通梦境的原始智；卯二，以恐惧之梦修炼；卯三，以无顾虑而增长；卯四，修炼清晰之梦。卯一是："诸法虽现"至"转为道"，以三句而示。如问梦境的真实是什么，则诸法之法性或诸法的本性，所显的万物等一切如幻化般而显，也以幻化一般真实，胜义也只是梦境而非有何物。不管成为任何思维或迷惘也可转变为道。要以先前幻化时所讲的十一转变法的信念所摄。以一切道路中离果最近，可成如何之义没有比此更殊等先前以十一功德所示的正果一般的信念而修，《续》云："明相迷惑心绪之时应，要放知相为幻之始智。幻化引领幻化之业行，要燃识梦境之原始智。梦境迷茫为梦之夜时，要修知梦为空原始智。"

卯二是："知梦是梦"至"随意行"，以三句而示。如此如梦大火焚烧时，要以梦中之火不能烧毁之心而跃入火中，不会被焚烧而自己也化为火焰住在烈火之中。如梦大水，则跃入大水之中，不会冲走自己化为水而哺育或施于有情。如此不管梦见如悬崖峭壁、恐怖的刽子手、虎豹等野兽，宫殿男士女人财物美食等任何美梦恶梦，都要践踏而修炼，修行得道后自己也可化成其等随意行事。

卯三是："昼之现象"至"本尊颜"，以一颂一句而示。一切明相为幻化，一切幻化为梦，一切梦境是心之空色而可以变化、转变、增长等。如梦人士，则知其人士是梦可以随意变化之念，以一变二、二变四、四变八，如此变化千百也可以，观想其等为本尊而变化，变为本尊而可闻法。《主宰明点》云："以一人士变化众多者，变其为佛瞻仰密宗佛，以一女士变化千百万，自此化妃授杰玛灌顶，以一狼狗变万尸林境，能瞻桑曲宫殿坛城容，梦鸟变为大鹏骑大鹏，行至如意树冠摄万物。"所言般要以大小、多少、收散种种、地域境地、变有情为本尊与以其等变化众多而修炼，以不定之变化而修炼而增长。

卯四是："见闻所缘何境均修习。"以一句而示。此有三义：辰一，以所见之境修炼，如梦日月时，就紧抓光辉至上界游览天神之界等，有前书云："日月之上游览天神界，云雾之中可降甘露雨，乘坐龙狮飞行于天空。"要修习其等。辰二，以所闻之境而修炼，如梦一女士就可将其变化为空行母，使其引领自己至象雄之地与沃莫隆欠洲等地，闻灌顶与教言与秘诀等成就。辰三，是以所缘之境而修炼。《转变梦境》有云："空行刹土空行会主与，持明会中究竟天宫与，佛陀刹土哇拉沃塞等，下至地域等地利有情。"如所言般修炼。如此梦境秘诀之要点，是将白昼之明相融入梦境之中，将梦境融入中阴之中，将中阴融入光明之中等三点，其目的是在中阴之时可亲证幻化之身，昼之明相融入梦境，梦境融入中阴，中阴时识别光明以自修成报身而摧毁中阴之城，可从三界轮回之污泥中解脱。因此斩断梦境的四蔓延，是惑延是先前迷惑之明相六趣习气之梦，为斩断其梦要修习无常与幻化，与自非凡上师处请灌顶。续延成自续，则会不识梦境或虽识梦境也不能变化与增长，为斩断其梦，要消罪与沐浴与除晦气。醒延是根本未睡或虽入睡但未变化转变梦境而醒则是空行母不悦之兆，要忏悔毁誓之罪，以会供与酬忏、供养使空行母悦意。忘延是虽识梦境而忘却如其之义而无彼之通慧。要闭关与使风心胜任或修习空性。

子四，方便道转变睡眠为道有四：丑一，光明之本性；丑二，识睡眠之光明；丑三，介绍自然光明；丑四，行为以睡眠之要点扼要。丑一是："光明佛陀"至"之勇士"，以三句而示。此如依基道果而言，则基是，欲界有粗者七识之识，色界有细微阿赖耶识，无色界主要有极其细微唯是阿赖耶识之识，虽然其等蔽住光明使不识自性而成轮回，但空性之光明与睡眠之光明、死亡之光明等三者不管是否修炼在一切有情之心续中，如芝麻自然有芝麻油一样，称其为基之光明。《明亮明点》云："源为六趣一切有情者，光明佛陀本性不曾断，无需寻求不灭三时住，芝麻与油一般无二住。"道是，如此光明虽固有，但如不以上师具巧法者之秘诀引导则就无益。上师所示之法弟子修炼之力以诸识使近取消除，一切诸法悟为无生的总义之光明，与醒睡死三时风心融入中脉所生的四空感受而介绍，以密义或胜观之原始智唤醒的光明，以晴空无云所喻的幻化一般的细微的二现消除，极无分别的原始智亲证究竟之光明等，道时的光明成所修是极其大德之法。前书云："俱生所生光明大乐者，为使有缘弟子亲证悟，灌顶誓言秘诀诸要点，上师喻而始智顿时生，比以诸苦修炼大劫时，以法如此而得真奇妙。"果是，道之光明增长而具威力时，则自此可亲现无学的双运而称其为果之光明。其实光明是刚见圣人真谛之道，双运唯是佛陀之地。其光明亲证之功德，前书云："光明不间断的有缘士，即成摧毁中阴之勇士，手执斩断轮回恶业刃，杀死无明帝王之功德，佛陀刹土自己可瞻仰。"

丑二，识睡眠之光明有五：寅一，前行；寅二，行为；寅三，专注于明点；寅四，座间所执；寅五，确定解脱之标准。寅一前行是："境友同依闭关供会轮。"以一句而示。如此在极其幽静之处、悦意之寺庙中，依一位知秘诀要点之友，闭关而对上师本尊空行母等供养曼陀罗与会供。《续》云："前行寻求极其幽静处，闭关修炼善业要扼要，要以挚友秘诀而培育，空行悦意食子为抵押，修习生原始智之秘诀。"

寅二，行为是："断弃身语意行使有暇。"一句而有前书云："应断身之运动扰脉血，语之魔业绮语要断弃，分别心之思维散收断，能生功德随意安乐住，要修任运天成之光明。"要断弃三门的一切不净之业，一月间介绍自然光明而修炼。

寅三，专注于明点是："狮卧之姿"至"逮光明"，以两颂一句而示。《道现觉续》云："三夜不眠按摩吃美食，缘起要点须燃长明灯，身之姿态雄狮之卧姿，语要识光明而做祈祷，心要生识光明乐欲心，枕前明灯观想空行母，能明无实媚态舞姿住，慈爱微笑对己深情视，自其引发光明始智流，长长满满轻轻融顶门，己身本尊顶门修上师，心间四瓣蓝色莲花中，白色明点如晶以褥变,明而无实轻而无污垢,黄绿红蓝四明点同在,明相聚与隐没与灭断,无等五时依次专注修,使入睡眠而逮其光明。”以第一句至第五句间是示要不睡,按摩身体、吃丰盛的美食,缘起与身语意要扼要,如转变梦境般以狮卧之姿态而睡,将明灯观想为空行母能明无实之身,自其生长长的光明之流融入自己的顶门,使睡眠成满满的光明之念修炼七或九遍或十三遍,之后自己的心间观想四瓣青莲,中央有空行母能明无实的本性的明点呈蓝色光彩,明亮而无实质,又或无垢如水晶置蓝丝之上一般,本质为白色而以褥与境而呈青色,四瓣有黄绿红蓝四明点,夜晚入睡时不要使其成痴心之梦而是光明,不使其成迷惑而是成无梦的睡眠中识光明。要以此乐欲又又而修。之后显现明相之时为黄色明点,明相收聚之时为绿色明点,明相隐没之时为红色明点,明相灭断之时为蓝色明点,无明相之时将意念专注于中央的明点之上的次序将显现下面所述的四空,要知之而在睡眠中识光明。

寅四,座间所执有三:第一班是:“座间上师”至“两者是。”以一颂两句而示。入睡则让其小睡一刻,之后以手指弹脑门或揪头发慢慢唤醒,上师问是成无明之眠或轮回之眠、又或是光明之眠时,如不知是何睡眠,则此是无明之眠,痴心之本性如畜生无念者,其是真正的无明之眠,其果在中阴初时风心入中脉而成深厚的无分别心如沉睡一般,不识其是光明则自己能感受法身也无济于事。好似在战场上父亲来援助而不识,反被视为敌人而杀害一样。《密明点》云:“无明痴心黑暗迷惑睡,畜生无念昔也迷于其,中阴无思太沉不能识,自己感受未能利自己,战场杀父之援视为敌。”轮回之眠就有梦境,多半睡眠即有梦境,何梦均梦轮回之善恶之业而沉迷于此,其是在战场母亲为佑而不识反被自己所杀一样,不以念知认识其为自相而尾随分别心之后,其果是不识在显现法相光明的中阴之后所生的迷惑,像现今的睡梦一样接二连三迷惑而漂泊于轮回之中。光明之睡眠非此两者,前书云:“感受迷惑多半轮回眠,众多迷恋六趣之水增,中阴明相火燃不可熄,自己生己未能把握而,如杀恩重之母视敌般,不使坠入现空以念知,如所尽所智生成自主,会有识与感受你知否,其义自然解脱要需知,自始自脱佛陀是如此。”以此介绍。

第二班是:“又请空行”至“无阻明”,以一颂一句而示。如先前般入睡,首先以，先行收聚明相等四所知聚于基中，识入涅槃，智慧由自而现，识境两谛均衡，如此扼要而入睡，又如先前般唤醒而问是否识光明，如答识得光明，则又问是识光还是识明，如问是为何，则无明之眠是住轮回之根，其之对治佛陀之光由己显现，如同室内之黑暗如无明之眠。在此黑暗中点燃明灯则可将万年的黑暗在刹那间驱除而成光明，深厚的无明睡眠之黑暗也可被自然显现的原始智驱除，认识明亮的本性轻松自如，清晰明显不动之义是识光。如同哑女吃蔗糖一般，母续云："无明之眠建定轮回基，佛陀悲心之光使清晰，暗室燃明灯般自内显。"轮回之睡眠是三界六趣的创造者，可以以其之对治佛陀能明，如同我等的住处好似被我执所执的我等一样，在其内外之间挖一个窗户如明亮之本性，内之黑暗不曾外出，外之众多来往不曾入内，内外光明是中间的窗户一般，无明睡眠未障蔽内光外显，轮回之眠不曾入内而梦境间断，非其两者的意识明空，不可言状如同少年感受性欲的安乐一样是光明。前书云："轮回睡眠三界创造者，善逝始智之力为使明，内外不间断如窗户般，无明内明内光显于外，轮回境净外光照于内，无二明空无中边而修。"

第三班时是："黎明又唤"至"示秘诀"，以两句而示。黎明时又如前自四时关联而修的睡眠之唤醒，问时如识光明，则上师就讲光明是明空同分，有明亮之分念知所摄之兆轻松自如神志清醒之状，其自始没有睡眠的实质，其是无明之睡眠有明智之分者，有空性之分而不生梦境，有无分别的思绪已间断。其是未悟者成领悟的原始智，有《转变睡眠》云："光明之义明空同分而，明亮之分一同而感受，无明睡眠实质自始无，无明者成明智大乐身，因有空性之分而断梦，分别心绪消除思绪空，未悟之义领悟现觉身，道路之中正果恒长住，佛陀尊身始智亲显现。"所言般要生信念。

寅五，解脱之标准是："睡时逮则"至"融而脱"，以两句而示。前书云："虚空内遇中阴时解脱，佛陀传承回遮轮回敌，始智连续三时不即离，遇此秘诀有缘不修则，五谷丰收之时饿死般。"如此睡眠光明识三次虽少，但在死亡之时定能识光明而解脱有密续中所示。别处说识七次就可在临死时解脱是指光明母子融合而解脱，基之明智空明无生任运天成是母之光明，自然清静无生空性自然是子之光明净明各半而相连接，在离实质之体时融为一体，然而在母之光明处融入唯以是否离实质之体而分，并非为不同之智。原始智之门净空半分之智，使母子相融。又或在临睡前已识心性而入睡，虽沉睡不知是否识光明而不曾有一丝梦境，刚醒之时在心识中清晰而住，身体轻松神志清醒者是识沉睡的光明。又或刚入睡时识心性而之后有少许思维，或虽知入睡而仍能见室内的一切，与生众多见相与闻相者是识不沉光明。如此刚睡时虽不曾识心性，但看见从眼中显现如大号般的，或月光与日光般的光明，以此缘而清晰地识心性，自此秉性显现无远近的众多见相与闻相，其是识印象之光明在别处所讲，识睡眠之光明能在中阴时如虚空内遇一般而至佛陀之境，连续原始智之流，原始智虽不曾径直而识，但唯以识面也可在中阴之时识别是《续》中之言。如此以三班而示，优者也有在第一班时顿时认识之士，中者有时识时不识者，劣者也以上师与明灯，勤勉而修则可在半月或一月中识别，何时认识时就离友与明灯而自己一人勤修。怎么也不识光明则要修习在转变梦境时所讲的总与共同、特殊的前行，与此义的前行与行为等又又修炼，尤其道路之正法是擒风就能识光明，因此要勤修脐间猛历火。

丑三，介绍自然光明是："如此眠与"至"不能证"，以两句而示。正所谓《明亮明点》云："眠与光明不能分辨则，难分有寂药毒相混般。不识人佛君臣不辨般，不得法身空壳求麦般。"所言般要分辨睡眠与光明之分，如此在如黑暗之风的睡眠中分辨如明点般的光明，在如明灯般的光明中分辨如火焰般的法身。睡眠也有两种，无明之睡眠如同大黑暗一般，百岁之寿其一半是以睡眠而度，却不曾满足无穷无尽是大痴心。是自无明之基中生，本质以痴心而居，缘是以色身所致。轮回之睡眠是如同六趣的有情一般，纷扰之梦经常有而不曾穷竭不曾减少是大迷惑。自烦恼之基中生，本质是以分别心而居，缘以前后之业所致。如此的睡眠如黑暗与风暴两者中有如明灯般的光明，如同在已有千万年之长有微风之暗室中，堵塞通风之空，聚集灯盏棉花酥油等物而燃起一盏明灯，则虽历时千万年也不重要，黑暗与其本质不再有力，可在刹那间驱除而明亮。如此喻般，一切有情皆有以无明与迷惑所生的睡眠与梦境两者，睡眠之黑暗是心之居处，迷惑的梦境是心之业，比识别睡眠的光明没有更为深奥与便捷的修佛之道。秘诀扼要而痴心成光明如明灯一般，梦境明亮如同天窗一般，称其为光明，非梦非睡，两者之间真正的光明以无明所引而心识聚于内，梦境中不曾迷惑而心清醒而住，是所知而识、以受感触、得其本性也。如同暗室中点燃光明虽以具备暗室、灯盏、棉花、酥油、火种等而成，但入室内的人士不观其他只视火苗就可见自火苗中所显的一切明相与明亮，在修炼光明之时虽也具备人士之业与睡眠、秘诀等等，然而修炼中的人士不观其他唯以专注凝视果之光明，就可感受明相、自己的明亮与本性者唯是光明。

丑四，扼要有三：寅一，外之四时修炼；寅二，内之四时修炼；寅三，密之四时修炼。寅一是："结合外之"至"结合修"，以两句而示。《道现觉续》云："结合外之四时恒常修。"是黎明、白昼、黄昏、夜晚等四时中，黎明时智慧意识由己显现而与明相相同，醒后至未工作间显现任何感受与证悟，念与思维等均要视为原始智而彻底断弃明相，习气化为动力无生时常修炼，可使自明智由自己显现而如帝王亲政。白昼识境两谛均衡而与增相相同。显现任何世间的诸多事情均为世俗谛，观察其义而知其无实质如幻化本性者以自明智而言是胜义谛。观察其义而举一反三是两谛均衡。黄昏所知聚于基中而与得相相同。中午至黄昏之间一切所知收聚而外境渐暗内根收聚于内，大种即成黑暗之时思维隐没、烦恼入眠、原始智逝于域中而如水流汇集于大海一样而修炼密意即成如大海一般。夜晚意识入涅槃而与光明相同，傍晚至黎明之间在入睡时入光明之定，而入睡可至乐明之境，而法身由己显现、烦恼根断、原始智自然而住一切所知如虚空般而修炼可超越空性。

寅二是："内之四时"至"四空义"，以两句而示。前书云："内之四时结合睡眠修。"入睡眠之瑜珈至未睡之间专注于心间的所缘之依时，风心略有汇集而大种依次隐没之兆有烟雾与阳焰等细微之相，之后将入睡时风多半汇集而心识隐没于明相中，粗大外境之思维灭而称为空，将显现如秋季天空中皎洁的月光一样的景象，之后睡意渐浓时风基本汇集而一切细微境的思维灭，明相隐没于增相称为极其空，将显现晴空中骄阳之光芒一般的景象。之后入睡时风悉数汇集而增相隐没于得相，一切细微的思维基本灭而称为大空，将显现晴空被黑暗笼罩一样的景象。之后一切风汇集而沉睡，任何粗细的思维均灭而中脉——功德之脉朝上中汇集风心一切皆空，或近得相隐没于光明，将显现秋季晴空一般的景象。如此四空各自直接以威猛的乐欲所识而最终不舍一切空性光明本性是秘诀的性相。

寅三是："密之四时"至"其为要"，以三句而示。将要讲述的死亡时的大种隐没次第之后，明相、增相、得相、光明依次隐没而要以识四空的禅定而入等至。如此任何外与内、密之四时结合修炼之目的，是使一切寻常人在死有的光明中唯以风心而成的中有四名蕴能修成幻化之身，因此有《圆满次第续》云："外取感受内置标准量，密之需时方可发威力。"外之结合四时而培育串习，内之结合四时而引标准之量，密之四时结合而行事，如此外使四时之界的光明或又有在幻化身时所示的整持与随融等，也是乐空所引的任何俱生也以其光明而入定是醒时法身融法。自此出定时逆序自近得相至阳焰之间的景象一同修成俱生意识的佛身是醒时报身融法。自此出定而异熟之蕴三重勇识的佛身是醒时的化身融法。如此寻常的执著之身变迁为佛身，语变迁为密咒、意变迁为法性等勤修融迁双运之法，夜晚有少许串习时要勤修睡眠融为法身、梦境融为报身、修炼等融为化身之法，可随意变化而意识得自在是串习之相，自此在死亡之时极其细微的风心聚于一体，风少许浮动而死亡的光明成近得相的刹那间即形成中阴，即刻依次显现明相与增相，自此生八十寻思而感受中阴意身四名蕴的一切迷惑景象。此时优者能将死亡融入法身，是二十粗念与内之大种隐没之时将情器的我执之念，以生起圆满两次第的精通者的汇集次第而汇集自法性之念中不动。之后极其细微的明、增、得三相的一切先兆显现之时，如行走于熟路一般，八十寻思隐没于三空之后，死亡光明之空结合胜义谛之法性而入定能自三束缚中解脱，有学道之功德圆满一切所净清静而无学道双运佛陀法身的功德一同圆满是法身的融法，自此光明中四空逆序而出定时，如睡眠时的梦境相同的中有之蕴是自前者返回之蕴，超越粗略过程的四名蕴的习气修成唯以风心所成的相好之姿，意识佛身的加行称为报身的融法，如果报身的修为未能修成幻化身，或虽修成但如同最后有的菩萨一般在具备念知两者时以特殊之需而在胎中结生相续一般，则以通慧观察能修密宗的特殊之依缘起不混的善父母，而在其两者的精血汇集至身体圆满之间，以五现证与、三依轨、刹那化生等结生相续是化身之道或融法。修成如此的三融法则就能精通共与不共的成就。雍仲本教法藏宝库中，转变夜相为道的睡眠与梦境的修炼之法是第十七品之释文。

第十八品　转变死亡与往生法

子五，方便道，转变死亡有四义。丑一，现今生死中阴之时为使能行利乐来世之善业而勤勉是："中阴分类"至"闻思修"，以三句而示。如此生死之间不管能活多久都称为生死中阴或是自己的一生被称为住之寿命中阴。是住在生死之间而命名。因此寿命有长短而无定，因此要知做今生之事是无意义而要阻断一切放逸的行为。今生的明相不管如何均以视为幻化之法，而要修一种能从轮回中解脱的深奥方便道之巧法。现如今贤劫光明劫中有密宗之佛法，无上果乘之续、教言、秘诀三者，可修炼的深奥秘诀难分优劣，虽然都是如宝洲一般，只要自己能勤修就能在一生一世中修成正果的妙法，其中衲之秘诀如此广大圆满众多者，均是我教律法密续的密意、教言的精华、秘诀的精要、上宗派秘诀的结晶。自己宗派的善法，不曾被其他宗派所染，是可信赖之处、源正根纯之法、不误之道。首先要以闻智修词句、中间以思智释义，最后以修智修炼极净的正法，如同即将去强盗出没之地，首先请保镖等准备妥当之后就不会有意外一般，死亡之时因先前串习而此时明智得威力，方可在三中阴接二连三的显现之时，不管有如烈火焚烧、水流沸腾、坠入悬崖等热、寒、粗糙的诸多感受，也相信是自己的景象而得解脱。正所谓《金汁经》云："自然住之中阴时，闻思修要勤奋学。"《智慧明妃明灯》云："住者寿命中阴时，介绍始智修炼重。"

丑二，临死中阴有三：寅一，秘诀之要点；寅二，大种的隐没次第；寅三，显现光明而解脱之法。寅一是："尤其现等"至"隐没次"，以三句而示。因寿命无定而死亡不知何时至，所以要修炼并精通《绝顶巨界》中所示的观察死亡的秘诀在《域慧宝库》中所详论之义，有能自突然之障中解脱之需。尤其精通《道现觉续》中所示的三秘诀而能自在运用之士，优者对光明之明相不即不离，此时能悟明相为幻化与心无生灭之义，对蕴之取舍不惧而乐病好死，知死亡是自己的景象而修炼也不依他法，能住光明空性之本性中，以狮卧之姿融合空性与智慧，在此修为中死亡能在刹那间解脱。如此有《金汁经》云：“隐没死亡之中阴，不动念之明亮重，光明秘诀正理持，今日修炼如护送，中阴景象如相迎，一刹那间可解脱。”此是根器极其聪慧者可往生唯一法身。上之上士能在见上证悟，不计较死与不死而融合空智；上之中士在修上觉悟；上之下士融合空智而往生。《母续》云：“优之极优见上域智融，中者修空性时即往生，劣者光明母子融往生。”中士修炼往生法的中之上士要以他利极喜的往生法，如何往生之法有前书云：“死时自己住于阿莫石，眷众菩萨净土悦意绕，此本性中修大乘而死，如同大炮一般随意而，定能往生缘起巨大也。”中之中士转变本尊而往生，前书云：“转变本尊往生此外器，佛陀净土本尊无量宫，内之有情本尊佛眷众，自心空明大乐法之身，三大乘之本性中死亡，佛陀净土妙善悦意处，本尊坛城尊者转变而，有情众生怙主虹化身，是以一切化机怙主显。”中之下士是将自己的心识明点以专注与索取之法而往生于本尊的心间。前书云：“专注报身索取自己心，死时信念明则是极净，断弃欲持迷惑极为重，威猛禁行往生得报身。”劣者要依他缘者也有三类：下之上士让其以狮卧之姿观想中脉，依靠原始智径直之秘诀以二十一喝声将心识又又抛至上师之心间；下之中士以自他两者的原始智径直之秘诀而往生；下之下士依靠串习往生法，依上师或良友以他人之力而往生。前书云：“下上做姿专注而往生，中士叫名拔发而往生，下士闭门上师引往生。”如此，根器优中劣的三秘诀精通任何一秘诀基本不依大种的隐没次第。

寅二有二：卯一，大种的隐没之法；卯二，此时的提醒。卯一是：“不属其的”至“之力尽”，以一颂一句而示。不具备其等秘诀之要的寻常人总之有大种隐没次第，问如何则有《金汁经》云：“土将隐没于土时，身体沉重不能食，起立行走之力尽，水将隐没于水时，口水鼻涕不能禁，火将隐没于火时，体温消失由边聚，风将隐没于风时，呼吸紧促四肢摆，此时眼球朝上翻，即将死亡之先兆，上师秘诀念为要。”外身的四大种隐没于内心虚空的四大种，其等依次隐没之时五风将失，如此外身的土隐没于内心之土而土的功用隐没于水时，将失能托身体之风，身体沉重而不能起立。外之水隐没于内之水而水的功用隐没于火时，将失增光彩之风，流口水鼻涕使干涸，外之火隐没于内之火而火之功用隐没于风时，将失分解清浊之风，体温汇集而脉搏不能跳动。外之风隐没于内之风而风之功用隐没于心识时，与火平等之风失而唯呼气而不能吸，之后意识隐没于阿赖耶识时，劫业之风失而眼珠朝上翻转而外境灭。卯二是："其时优者"至"育胜解"，以两句而示。《托摆》云："优者自然始智介绍示，中者自相幻化一般示，无有秘诀之妻寻常人，本尊上师胜解修炼重，不贪不恋不惧育勇气，死时秘诀良药治百病，寻常之众如此示秘诀。"死时的意念比一生的善恶之业更为重要而要授发菩提心之法，介绍心性与提醒要依其根器而做。

寅三，显现光明而解脱之法是："尤其精血"至"得解脱"以一颂一句而示。实有之体所束缚的隐没次第尽而，细微之脉中的血汇集于命脉的功用，三血滴依次相击使气息也以长短依次呼三遍而外之气息骤然停止。之后顶门之处有自父体所得的白色精液向下急速降落，外之景象将显现如秋夜晴空月光满天之相。内兆有意识清醒而嗔心的三十三思维分别心灭，称其为明相。脐间有自母体所得红色明点向上急速升起，外之景象将显现如晴空日光映射一片空明红霞之相，内兆具安乐之受而贪心的四十思维分别心灭，其为增相。之后白色明点与红色明点在心间将心识挤在中间而相撞时，外之景象如深夜晴空漆黑一片之相，内兆意识将生无分别之兆痴心的七思维分别心灭。骤然昏黑而昏迷，其为近得相。《道现觉续》云："散失失气寿尽意昏迷。"昏迷清醒而阿赖耶识无念与能念而以隐没于空之名，其实是隐没于法性之界的刹那间将显现如深秋晴空一般，没有任何思维分别心，不属何方，不堕何边，密意大普遍空智无二自然原始智无隐蔽赤裸而显，是基自性之光明最初大解脱之基。虽然不管识与不识均会显现，但唯是真正的瑜珈士至解脱之城的大道。雍仲菩萨的密道有《金汁经》云："意识隐没于空时，无思意识虚空界，晴空无云一般现，本净法身中阴也。"《道现觉续》云："大种收后自性法性的，光明晴空一般普遍显。"认识其就是光明母子融合者。死亡的光明如母般，自己所串习的光明如子，在刹那间如孩子入母亲怀抱一样，没有中阴而觉悟成佛。解脱之姿如喻则，自己所串习之光明如瓶中之空一般与基时光明如瓶外之空一般，两者在瓶毁之时相融合一般，在身心分离之时母子相融而以本净法身得解脱。《道现觉续》云："昔所串习始智瓶中空，自然死亡瓶外无边空，中之瓶所毁而自然融，虚空母子相融真奇妙。”母子相融者也可解为基与力无二证悟者，如此基之智慧本性大本净如母而住者以胜观而悟，自其基相中所显现的力之明相如子以任运超越所串习，而本性于自力两者在中阴时如果知道如日与日光一样，是自力而非它则是母子相融。此时未悟者智慧在心中昏迷而住，此时是内之气息所断之时，其兆即有尸臭之味。前书云：“内气断时即生尸臭味。”如此这般者从昏迷中苏醒时魂魄自眼睛而出显现法相中阴之景象，第八品云：“明智自眼睛而出以始智之力显于外境，万物即显光明与佛身之相。”虽如此也有经云：“与体温相伴而魂魄飘泊。”是指魂魄与体温相伴而自身之任何一处而出。如魂魄自上身而降在心间以下出则将生于恶趣之中，自下身而升在心脏以上出则将生于善趣。体温如聚于顶门而出则，如是修习大圆满者则以本净而解脱，其他也可生于善趣之中。此时是密之气息所断之时，有《密续》云：“与温相伴温失密气断，身心分离之苦如此大。”因此在死亡后的七昼夜中魂魄还会如蜜蜂回蜂巢一样围绕尸体，七日之后体中的一切生物都死亡，而可以以火供焚烧尸身等。

丑三，法性中阴有二：寅一，明相；寅二，秘诀。寅一有四：卯一，基相光明之明相；卯二，双运团之明相；卯三，始智四修之明相；卯四，任运大宝之明相。

卯一是：“此时未脱”至“定解脱”，以一颂而示。先前所显现的如虚空的本净之时未解脱则为虚空融入光明者，魂魄自眼睛而出的近得始智的四刹那之后为基相光明。在虚空中将显现光明五始智的自相五彩之团，如悟其为自相则可得解脱。《绝顶巨界》云：“续道智慧自目出，虚空之中以光显，修秘诀者解脱时。”

卯二是：“之后隐没”至“置无思”，以一颂一句而示。之后是指基相之后显现双运明相之意。如此在之前未解脱则是为融入光明双运之中，自先前之明相所生之姿，对曾修习声与光明而串习之辈所显现身的明相之姿，有《二十一钉经》云：“光是净土无中边，如同彩虹显于空，声自无定之界响，自然无续如雷声，光辉无定示胜变，如展五彩锦缎般，修而串习之辈者，身与净土均显现。”此时将显现从自己的心间有光明之线连接此等佛身之心的明相。《金汁经》云:“心间光明所显者,连同光辉寸精华,连接光明之身相,对此不散专注置。”自己的意念如能专注于此光而能擒则称为明智入光。将自然入无分别的禅定,如有此等明相自光线而融入自己的心间的景象则称为光融入明智。本净的面貌在本地领悟而以其得解脱。双运之意是明智的自光悠然而显者,与修道景象中固有的法性之五光明报身净土之景象两者,在明智之境同时领悟而无二融为一体而谓之为双运。团是指耿囊恰巴夫妇所住的五团,与如此仁雄等各自主要所住的五团在各以禅定的一昼夜而显。

卯三,始智四修之明相是:“之后双运”至“则解脱”,以一颂两句而示。之后是双运融入始智者,从自己的心间有极其细微的光线射入空中对此不放逸而专注而视时,此景象将渐渐变大。前书云:“身显光明景象者,始智五锦缎显时,识己面貌极重要。”如言般,显现在蓝色锦缎之上有蓝色的明点,如扣置青金石之碗般具光彩者有同色的五团明点装饰景象,之上又将显现白光锦缎上有白色明点,如倒扣水晶之碗般如先前一样的景象,之上又将显现黄光锦缎上有黄色明点,如倒扣金色之碗般如先前一样的景象。之上又将显现红光锦缎上有红色明点如置明镜或倒扣红宝石之碗般有同色的五团明点装饰的景象,之上将显现圆形之光环如孔雀花翎之伞般的景象。此等景象要以知是自己的明相,念不变而入定则可得解脱。平常所言的显现始智的五锦缎者,是指此等景象与五始智的明相同住之意。

卯四,任运大宝明相是:“之后智慧”至“自印象”,以两颂而示。先前的一切如不识是自己的明相则称为始智融入任运。先前的一切景象与明智聚于上方的光环之力中,将显现本净的明相如晴空无云般,其下方有大自在忿怒本尊的坛城,其下方有雍仲圆满的佛会。各方隅有自然变化的净土,下方有六趣的景象连同能调的祖师自然显现自基中不动而为基之明相或景象,六显法与两门等八是固有,六显法是如佛陀的悲心一样显现而悲心无亲疏偏袒,如光般显现一切均以五光而显,如身般显现而静猛本尊的明点遍布虚空,如始智般显现而明相无隐,如无二般显现对何均无分别思维心,如边际解脱一般显现而本性净,两门是洁净如始智之门般显现而普贤解脱之基是固有,不净如轮回之门般显现而无明有情的迷惑之基是固有。如信此等明相是自己的景象则可以以法身而得解脱。《金汁经》云:"任运三身之明相,显何须知为梦幻,幻景无有本质者,不可迷恋而弃之,要置空明不灭境,定以法身得解脱。"

寅二,秘诀有二,卯一是其四景象均有寻常的秘诀特殊者:"总之四明相"至"至基中",以三句而示。如此在法性中阴时有身语意之力声光与光线三者的景象如相迎般显现之时,对此要念如护送的三秘诀,此时如子逢母亲一样对任何景象均不起疑心而信其为自己的明相;不变金镔般,自此坚定的信念中不移而固守;射出之利箭不回返般,在坚定不移的固守中不动而住的三秘诀圆满而成佛,有《绝顶巨界》云:"具信器之空行母,此时识其面貌者,此中阴中无须留,三缘显现三相迎,三护送也护送而,三秘诀满得解脱。"其等的解脱之缘六随念是,见中阴的景象之缘而随念上师之时即至眼前示秘诀,念其秘诀而知显现一切均为自己的明相,以此随念本尊之佛而瞻仰其尊容,以此念见而又念本净之域,又随念以此念而应入禅定,入定而修即得解脱。《金汁经》云:"随念上师念秘诀,念本尊与随念见,自此随念原始域,之上又念入禅定。"与此同时将显六神通,根净而六根的所见净,智慧净而离分别思维心,始智净而知有情三世降生之境与死期,等持净而身心胜任,有漏尽而自利圆满能见六趣之境而为他利可变化化身,智慧净而领会佛陀的不颠倒之义。有前书云:"根与智慧见解净,始智净与等持净,有漏尽而慧圆满。"解脱之定有《托拜》云:"解脱有优劣中等三者,优者在三境刚显之时即知是自己的幻化明相,明智知自己之面貌而得佛陀之果,中者是知自己的明相为幻化而修二十一刹那时之后得解脱,劣者不知无实而虽不曾以无实得解脱,然而不会迷惑,在刚显有之中阴之时得解脱。"所言优者在三刹那之后得解脱,中者在五刹那中后,劣者在二十一刹那之后得解脱之区别。此根器的优中劣三者又各有劣、中、优、极优、至尊、顶、圆满等七。优之七类在三刹那间解脱,中七在五刹那间解脱,劣之六者在二十一刹那间解脱,其中优之圆满者在三解脱边际刹那间得解脱,其他在三或五,又或二十一事边际刹那间境与根苏醒依次领悟而得解脱。解脱边际刹那与事边际刹那的区别是以是否要观待昼夜而分,解脱边际刹那时是明相显现智慧而要住此之念的思维之长而无须过夜。事边际刹那时是要观待昼夜,昼夜延长而刹那时也延长，昼夜是禅定之昼夜即现今入定的住分之长。劣之劣者知有之中阴而以自然化身而得解脱。自神通之力而变化之法是，本净不隐者不生变化，因没有显现任运之门的时间而得解脱之故，此时不生化机的景象，显现任运之门则显化机之景象而就有其利乐有情之景象，要知为在梦境中虽行利有情之事，然只是自己的明相而不能利乐他人一般。化身是在得解脱而未隐之间变化，如同自流星发光一般，自明智而生以自己的明相之姿行利乐有情之事连同变化隐入本净之内域。

卯二，任运的明相向内收敛之时八隐法同时所生之姿是："之后八现"至"境为要"，以两句而示。《金汁经》云："悲心隐没入悲心，如同日落之光辉，所化能化极为净。"所言般，没有所化六趣的景象，所以能化佛陀的景象也自然净而无迷惑之名。"光也隐没自光中，彩虹一般无显智。"五彩光明的一切景象如同彩虹消失于虚空一般，本性净而超越能显与所显之智或思维。"身也隐没自身而，童子瓶身一般的，智慧内明而居住。"身不成有相实质的面容与手而智慧内明。"始智隐没始智中，如同幼儿入母怀，明智解脱于基中。"法性母子相融而旁无始智。"无二隐没无二中，如同水滴融入水，有法法性相融合。"一切有法有相之明相融入法性不成何物之界而两者之相灭。"边脱隐没边解脱，虚空隐没虚空般，居于雍仲法之界。"没有所隐没者与隐没之处而法性雍仲之界三时不变中居住。"不净隐没洁净中，如收帐篷绳子般，光明之中无移动。"是指无有净与不净之分，而在融合同分中不动。洁净隐没始智门，雪狮盘踞雪山般，居于雍仲法身界。是指明智回返自境本净之界，自烦恼的迷惑中解脱胜出而无畏无惧。如此以八隐法使明智回返自己之境，知居于本净任运无二之境者将不回返而恒居法身之界。有寂隐于空域而成基解脱应在任运隐没之时识其面。

丑四，中阴有三：寅一，中阴的本性；寅二，生之先兆；寅三，此时的秘诀。寅一是："先前未能"至"无阻身"，以三句而示。在先前法性中阴之时无缘得解脱者任运之明相隐没而将显现如梦境一样的有之中阴。《叶赤塔色》云："前生有之体态者，五根俱全无阻身，具备宿业神变力，同类天目净者见。"所指是四大种种子之分而成的四名蕴所聚的无阻之身，具备前世宿业的神变之力，而唯有中阴同类与天目通者可见其身。如此聚土之功能自前世身之习气中生不可触摸的无实体之身，如真身般显现的有之体态为其特征之一；以水之功能之种以幻化之身而显现以香味为食，近绕前世之宿业而为食香近绕是第二特征；火之功能之种显现中阴意识之身，五根与体形如完整般显现的五根俱全无阻之身是第三特征；风之功能之种中以业之风无阻而托，常生观一切事物之念而入的能入为第四特征。无阻之身，是离实体之身而能无阻的贯穿山峰等实物，除不能到具备所净的解脱之地，与以业之力所至的母亲的产门之外，其他任何地方均可在刹那间随意念而至。神变不是自功德与等持中所生的神变，是自前世宿业中所生的离奇神变众多之相没有不能行所思之事。虽以八岁童子之体在中阴为时多久的前一半为前世之体态，后一半为将生于何处的来世之体态，然而上界无色而不可显现体态而唯显空无一物之景象。其中阴之寿虽然有长者为七七四十九天，短者为七天之说，但也有以善业之力顿时解脱者与比其更长者之说。在七七之间将各显生死之景象，七生也是以化生而生，生死均在同时而成，如受生也是在此时转生。

寅二是："前世之因"至"时常显"，以一颂而示。如此将在与前世之业所同的四生的产门而受六趣之身，受生六趣的先兆有：光与头所朝的方向与显现彼处的景象。此三中，第一，不管生与六趣何地将生行走于其光道之景象，《绝顶巨界之中阴要义明灯》云："自身有五烦恼故，道以五光持而行，其果生于六趣境，前世之业将引于，相同之处而受生。"第二，头之方向如将生天人之境则朝上，将生于非天与畜生之境则横向，将生于地狱与饿鬼之境则朝下。又有，"如生恶趣之境则，头朝下而至下方，如生天与非天则，将生朝上之景象，如生人之凡间则，将生横侧行走相。"第三，如显现地狱为枯木、饿鬼为水或烟雾、畜生为血海、非天为雨雪的景象则就是即刻在刹那间生于此地的先兆，显前之时是天为宫殿与鲜花之苑、非天为沙场与风暴之中、畜生为居室与云雾之中、饿鬼为污泥与峡谷、地狱为黑色洞窟或钢铁黑暗之城。显现其等景象之时心识入其内而想居于其中，则就是入其产门的景象。人之产门将显现无定之景象，东胜身洲将显现鸳鸯嬉耍之湖，如此西牛贺洲为有牛之湖，北俱卢洲为有马之湖，南赡部洲如显现烟雾之景象则将生于边鄙之地，极其寒冷为近似人身，如行走于云雾之中则是生于五根不全之身，如进入有人声嘈杂之地的景象则是入暇满人身之产门。总之，生于欲界为境、色界为光、无色界喜以无思维而居。将生之地常显现于心而贪爱增长而想看看而至此地，或以恐惧之念所追赶而视其为庇佑之所，或隐没之心对其生片刻之贪恋而生。生于何地均是以四生而生，以胎、卵、湿、化四生而生于六趣各自之地。

寅三是："优中劣之"至"而投胎"，以三句而示。如此显现六趣之先兆之时，如对支渠断提处架设水管般，要念续善业之道的秘诀，四名蕴被风所驱难恒居一地，如鸡毛随风飘扬一样之意识放任迷离者以七倍而明于前世之念，此意身行至亲友之旁时，以亲友不应自己之声或不给自己饭菜为缘，或先前修习此道之士即知是中阴之时，优者以见行结生相续而斩断中阴，此时追忆前世所修的见行而修，此中阴之意识易转变而顿时显现如虚空一般的证悟，修得如遇熟人一般的始智而使其串习，在一七或二七或如应之时串习，三身由己而得，能断六趣迷离之崖而不在受生。瓦堂大师有云："证悟自然原始智，如遇先前之熟人，念而生于心续时，即成虚空一般的，离别异熟习气身，有之种子抛于空，即断缘起水车流，无有四生之景象。"不具备此等智慧之辈以念而舍与心想十方变化之界，心生想到其地的强烈之念而在中阴之地消除自己所执的习气，法性真谛的加持入心续而斩断相续后有的功能，生于净土而得佛果。又或虽不曾修习此法，然而如修得串习本尊神之生起次第之威力，则有《经》云："串习生起次第风心所生中阴身，以五现证修得相好俱全本尊身，中阴融入报身即可修得幻化身。"修为中者因先前串习幻化而亲证中阴景象为幻化，无执着之念斩断轮回之绳不恋轮回而不想受生，不想而不寻，不寻身而离业之风，离业风而不入任何产门而斩断轮回。瓦堂大师云："何义均无贪恋而，所执自脱之见解，如以自信而悟则，是断贪恋之欲念，无有两现分别心。"劣者也如需受生则以自主而受生，心识游走于沃莫洲，或空行刹土与大乐净土等诸净土，在其地如遇贵族种性的父母之时，在其交合之时以无贪嗔之念将父母观想为自己所信仰的本尊之神，以来世要入大圆满之门为谋利众有情而修佛陀之想而自产道入母亲之腹，能遇此大圆满之道而可在一世中得佛陀之果。《明灯》云："秘诀之力能得善趣身，宿业净而先前习气尽，一世之中能得解脱果。"又有《金汁经》云：

“光明秘诀之修持，生为贵族父母儿，又以此诀得解脱。”不被此等秘诀所摄的寻常之众是以命运而受生。

子六，方便道往生之秘诀有二：丑一，修习；丑二，实践。丑一有三：寅一，加行之扼要；寅二，教化风之要；寅三，以声之要点而往生。

寅一是：“强行修佛”至“之捷径”，以三颂而示。《道现觉续》云：“强行修佛之故身之要，雄狮威姿而坐解脱道，三脉径直明亮脉之要，脉轮之瓣不混速成道，能托之轮轻速风之要，往生解脱乐境成妙喜，白色明点具光心之要，无垢洁净能聚明智光，能引解脱乐境伞之要，能成引领佛地空行通，能生引道威力夏智要，始智锋利之刃度轮回，消除道障习气字母要，摧毁六趣种子消业障，囟门白恰始智字母要，引道中观开启佛陀门，意之所指目标上师要，三身佛陀齐聚速得道。”如此不修而得佛陀之法是往生之秘诀，此秘诀之先行仪轨如上述梦境密法时一样也要勤修。加行九要，身体姿态之要点是跏趺而坐双手握双脚拇指，右脚在上自身观想为本尊之神；基础脉之要点是右白左红中蓝三脉在脐下如洽字下端一样而住，上端中脉通往囟门，左右两脉通往两鼻孔；能托风之要点是在三脉会合之处有四辐风轮轻而灵巧之辐在脉中不碰而呼呼旋转；明点心之要点在风轮之上，要清晰观想自己心性的白色明点，如银汁大小如小豆一般；解脱伞之要点是在此明点之上，观想本性为空行母引领解脱道的始智白色小伞如半颗小豆一般；引道夏智之要点是，此小伞之顶要观想夏日夏智锋利始智之刃如宝塔之顶一般；除障字母之要点是在顶门观想白色阿字、喉间为蓝色塔字、心间是黄色尼字、脐间是绿色丝字、脐下是红色智字与黑色杜字，即六趣之种以五毒的本质如烟雾之态而住；囟门字母之要点是囟门有白色恰字覆盖；意之所指之要点是顶门五指之地要观想以普贤佛之姿态而住的根本上师。如此，以要点而修就可成无要之法。如弓箭、拇指、羽毛、箭头、弓弦等任何都无要点而所射之箭一般，前书云：“九要专注扼要的己身，能至解脱之城极为重，基时如此而识无要道。”

寅二，教化风之要点是：“呼出之风”至“佛陀境”，以两颂两句而示。《转变抛法经》云：“呼出浊风除病能量力，病魔业障三毒顿时抛，吸入始智乐风风之力，左右精血脉中缓缓降，紧束下行之风脉之力，能使胜任开启顶脉门，下方能抛能托轮之力，一触即发犹如弓弦般，能使明点腾飞始智力，心之本性冉冉腾于空，能剪烦恼空行母之力，夏日夏智以及锋利顶，能焚习气解脱之威力，始智之火焚烧六趣障，能释风之要点时之力，顶门观想蓝风呼呼出，能置明点于褥要点力，观想慢慢降于风轮褥。”教化风之要点的九力：呼出浊风除病之力是三世之贪嗔痴三毒与风胆涎三病、男女黄门之三魔、烦恼所知双运之三障，观想其等以浊风自三脉中各呼出三遍而依次骤然呼出。吸入风之力是，缓缓自两鼻孔中吸气而自左右吸入白红两色川流不息的始智乐风，满满自两脉降至三脉会合处，此始智之风击中风轮之时，如帆被风推动一般呼呼旋转。紧束脉之力是，紧束下行风使风能胜任而开启顶之脉门与，下行风能托起。能抛风轮之力是，要观想以始智所成的风轮被吸入之风所推动如以弓弦射出之箭一般。腾飞始智之力是，要观想明点心之本性者冉冉腾飞。能破空行母之力是，要观想本性为始智的夏日夏智极其锋利者将烦恼的本性骤然刺破。能焚解脱之力是，要观想始智之火猛烈焚烧六趣本性之种与业障。释放时之力是，不能憋气而需释放之时虽自鼻孔释放，但要观想为自顶门悠悠呼出蓝色浊风之念。放置褥之力是，要观想明点缓缓降至风轮之褥中。如此九力均不懈怠而修是往生法的究竟修法。如同雪狮自雪山而跃时，身首皮爪等均不懈怠之力而成主宰者一样。有前书云：“九力威力增长之己心，能至佛陀净土具威力，如此修法须知为修要。”

寅三，以声之要点而往生是：“吼声明点”至“强行得”，以两颂两句而示。正所谓《母续》云：“脉风心之引声抛之义，威猛囟门以吼顿时开，顶门始智字母落之义，自顶至喉渐渐以恰落，受用之轮为褥抛落义，上升下降童子戏球般，开启梵囟之门征兆义，穿孔掉骨流血浓且肿，无征兆则威猛模仿义，眉际以上为空恰声盖，过量寿如尽则回返义，水或依法而击得心念，死兆如俱全则赎命义，寿之法印风要明点落，定死惧则延寿守护义，上师身中引入三身寿，如此修成加盖雍仲义，明点心隐压阻盖法印。”以声之要点抛法有九义，抛法声之义是以吼声猛抛。降落之义是以恰声使始智之字降落。所缘心之义是以吼声猛抛，以恰声降落尽所能以心默念，在脐下七呼吸，之后置于风轮之褥而七呼吸，如此七遍至心间，又七遍至喉间受用之轮，自此明点及夏智一同将囟门径直穿透。又或以三遍或一遍如前修习。束缚下行风而观想脉之下端渐渐密闭。修成征兆之义是在囟门之处有血浓流出，或掉落如拇指大小之骨，又或径直穿孔等兆。无兆空之义，如没有征兆，则以恰声将眉际以上覆盖而观想为空。过量回返之义，如过量而太过威猛则有死亡之险，以掌击打头部或以水击打额头，又或击打脚心则能使心念恢复。赎命之义，如显死亡之兆则以前述的狮跃姿跏趺而坐，雍仲寿之法印即双手紧抱脑后，双肘紧顶双膝，上行风紧守而所缘意识聚于明点及伞之上自喉间降之心间，又至脐间，之后又引至脐下，不管有几多死亡之兆也可回遮。延寿守护之义，所往生处的上师本尊的额喉心三处有阿庵哄三字，默念三字使三世善逝佛的身语意之本性传承上师依次融入根本上师，自根本上师的身语意处流出延寿之流如乳汁一般融入己身而观想，身语意之咒是，阿氏仲、庵氏仲、哄氏仲。各个又有长阿、长庵长哄百单八遍，或死亡之兆明显则念千遍，阿庵哄是身语意精华咒之，氏能摄寿，仲能延寿能轻易修成长寿成就。停止修习之时上师传承等化光成为白色阿字，将满三千世界的万物寿之本性细微阿字聚于此字，而后观想融入己心本性明点之中。加盖融为一体雍仲之义是，修成往生之法则就会有何时需要之时只须弹指就能往生的自信，座间将风轮之褥转变为金色莲花，之上放置明点及伞，之上以六趣之种阿庵哄氏仲杜六字而压，之上囟门以白色恰字覆盖之上，有空行母加盖金色雍仲之印。前书云："九义胜义所示之佛陀，而今掌心所握是重义，定成如此修习雍仲性。"如同做何事如身心根器俱全，则不管何事均能成功一样。

丑二，实践往生之法有三：寅一，优者往生于法身；寅二，中者往生于报身；寅三，劣者往生于化身善趣。寅一是："大限至时"至"母子融"，以两句而示。此有五义：卯一，示往生处法身；卯二，修能抛而往生之光明；卯三，示往生时之界限；卯四，往生法母子融合；卯五，往生之果法身之奇妙。卯一，往生之处法身者非佛陀智者所做，如所做般显现的十二宏化、六十一宏化，一切只为拯救有情而离胜义不近，因断所欲之故。有情愚者未做，任何如做作般显现的破斥基道果之弊也只是为示正道而非求佛果，因是有情之明相之故。因此胜义之义无生灭空而不断，胜义之义明而无少许实有之份，所往生处的唯一明点是此，法身也是此，能修也是此，而其他报身与化身如日月或彩虹一般，日月只能照亮一梵世，彩虹只能装饰一地而已。虚空万物总之无变迁坏灭般，往生处法身也有如此之功德。有《道现觉续》云：“往生法身唯一明点处，佛陀智者未做诸宏化，拯救所愿断而不可近，有情愚者未做所做者，唯示能入正道不可触，故此不生不灭法身也，报身如日明亮梵世灯，化身如同彩虹片刻饰，世界昏迷总之不可替。”卯二，自身一定要修成法身光明，不然如盲人难以独行、老朽难成勇士、妇女不算男人一般，非根器优异者不可识其貌，如同未融化之沥青不能粘一样。修成法身光明，优者以见解得证悟是基时光明与道时光明无二如居住虚空相融之境。不计较生与死，在何时也自法身之界中不动。中者以追忆先前所修习的道之光明，才能在基之光明显现的刹那间证悟而光明母子融合而得解脱。劣者以念不忘而如此得解脱。前书云：“优之优者以见域慧脱，中者所修空性中往生，劣者光明母子融往生。”卯三，自己身灭大种隐没之后即便是曾做无间罪之人也会显现死亡之光明，《智慧母续》云：“大种隐后自然法性的，光明虚空一般均会显，此即法身以智领会则，定能现觉悟而成佛陀。”如意识昏迷而念力失则将无济于事。卯四，《续》云：“昔所串习始智瓶中空，自然死亡瓶外无边空，中之瓶所毁而自然融，虚空母子相融真奇妙。”昔日自己所串习的光明如瓶中之空，临死之光明如瓶外之空，身灭如瓶毁一样，此时所显现的基时之光明，自己如能认识则就如子识母亲之面一样，此二者相融则就如将内外两空之间的墙或帐篷等阻隔之物取掉之后两者相融一样。卯五，前书云：“虚空收束不入产门般，得佛陀而不受有情身，无作优越功德他相中，悲心愿心之力将引生。”如此以法身而得解脱，则此身虽不亲自做利乐有情之事，但间接不阻行有情之事。如同虚空与虚空的神变一样。

寅二，以报身而往生是：“三中优者”至“而往生”，以三句而示。以每句示一义。卯一，在天神界三十三天之西南有诸神聚集之处是益幸祖普居住之地，此处有阿莫里嘎石，上有一百亿雍仲图案如棋盘，压则沉而托则漂浮，色泽不同有一百零一色，此为天神祖师的宝座，任何天神在临死之时如坐此石而往生，则可任意往生于色究竟天的任何一处，有缘之诸天神在临死之际均会到此石而往生，未能到此石者如此观想也可任意往生。因而此处如此这般就可成事，不管在何处寻一白石上画许多雍仲之图加持为阿莫立嘎石而开光，没有丁点白毛的黑狗与母狗交合之时，在毛尖准有一滴精液取而保存，此二物为缘起之物必须有，在临死之时坐于白石之上，将精液涂于鼻尖，意识在阿莫立嘎石之上观想沃莫洲等自己所向往的任何净土的佛陀及眷众而域慧相融而入定，就可往生于此处。《道现觉续》云："中之优者他利为主而，极喜往生缘起修巧法。"卯二，修习大乘三结合之法，身为本尊与居处为净土、心为法性在等至与后得位何时也不离而修，在临死之时能转变而以此觉悟。如彩虹消失而无尸体一样。前书云："中者转变本尊而往生。"卯三，《密续释文》云："自己临死之时在头顶观想本尊，意识专注于此以吼声而抛，不回落而融入本尊之心。"

寅三，化身往生于善趣是："三劣之士"至"念咒吹"，以两句而示。此也有三义：卯一，身以狮卧之姿，头顶观想上师或本尊，明点自梵囟处以二十一吼声抛至上师之心无二相融而又又修习。卯二，唯能依靠他人之缘而往生，即喊名、拉拽梵囟处之发而念往生经。卯三，以密咒所加持之泥丸紧塞双阴下门等九孔，口念根除恶趣之密咒而自脚心往上吹气，同时念《往生经》，定能往生于天人修善之身。是密续释文之义。

癸二，根本第二义，依靠他身明妃之法有三：子一，依靠他人之身的修法；子二，无明相之圆满次第；子三，两次第之功用。子一是："尤其无往"至"四念修"，以两句而示。《方便绳续》云："结合念修之四法。"四念修是：寻访明妃观察是否为具相明妃为念之支，示意而以三想具备双运交合为近念，以方便法印所拥的菩提心在四轮之中由上而下依次降落以降聚之加行，使四喜原始智依次而生是修，此以引散之加行至顶门间依次由下而上以四喜逆次使领悟俱生原始智是大修。此是乐空强行而生能瞬间度尽地道而圆满。是顿时解脱之法。此等在《域慧宝库》等文已详论而此处不再累述。

子二，无明相圆满次第是："总之两次"至"是无上"，以一颂一句而示。观想本尊之身而转变为道的生起次第与圆满次第等不管怎样，最后总要收摄至大圆满之上，如此生起次第之时，外器的无量宫殿等变为各自之字母，字母融入内之佛会，诸佛融入各自之法器，法器融为字母，字母融为明点，明点在各自之褥如启明星一样明亮而观想，此又融入中央之至尊明点而融入自己的心间，观想增长寿命及光彩等是延寿之妙法。又以各自坛城的内生起与密生起等自生之法追忆自身为佛会而以无上思想与行为而披甲，生起佛身是身之披甲，念密咒为语之披甲，修空性为意之披甲，是后守化身的摄次。之后其等也明而无实体，逼真如欲行欲言欲笑一样，如先前般自法器摄为明点，众明点由白红之光线如收帐篷之绳一样融入大宝之心，此又成光团是后相报身的摄次，之后手做雍仲法印手势而弹指加盖不失明镜智之印，如此莲花手势做于顶门自鼻孔吸气而加盖不失妙观察智之印，白阿手势于心间而加盖不失空性智之印，大宝手势于脚心而加盖不失平等智之印，法轮手势于脐间而加盖不失成所做智之印。一切有法之相决定于不生法性之界，是细微圆满法身摄次。如此他生摄为自生，自生以三身摄次而无相决定而消除常边，又以空性悲心双运之力中如水中生水泡一样，追忆自己为此坛城幻化大法印佛身，任何所知均观想为本尊坛城而入行为瑜珈使消除断边，现色为本尊瑜珈、声响为密咒瑜珈、思维是原始智瑜珈、行住动走为本尊法印瑜珈，饮食以内之火供而食或饮食藏为甘露是饮食之瑜珈，先前的摄与起要结合睡眠与梦境而修持睡起之瑜珈。《时之业绩》云："具备神通兆之辛饶者，直立侧卧俯卧仰躺与，行住食睡做何行为也，法印密门以慧开启而，自己追忆本尊法印身，空中生起如此界坛城。"此等的所净是示此童子身体发育完又会至死亡之相。依次自外器摄至至尊之心间，是外之景象依次隐没而与明智融入阿赖耶识相同，身守化身之摄次与明相相同，后相报身的摄次与增相相同，细微圆满法身摄次与近得相同，即死亡之光明与自此生起佛身与中阴相同而修。如此圆满次第的俱生大乐佛身也是有所缘，如彩虹消失于虚空一样融入本性无相大离边之界是圆满次第的无上之法。

子三，两次第之功用是："生起消除"至"无上地"，以一颂而示。如此修习生起圆满次第之功用，是生起次第以三千世界任运圆满而修使意识之明相极其巨大如三千世界一般，与消除眼识的明相土石岩峰一样的实有自相之分。将内有情观想为本尊夫妇而使意识中显现如梦境一样的无量明相，与，只以眼识而显，消净心中的执着及习气。尤其知自己之蕴界入等在原始时是本尊之相，追忆此义而消除色蕴等业障。下部密续中，是近似生起次第除唯以悲心而摄而无他义，圆满次第是将明相观为本尊与无量宫的戏论摄而消除中阴之道相，勤修脉风明点之法而消除烦恼障。如此生起与圆满两次第可使修法身与色身的两因，即福与智慧资粮圆满。《密续火焰轮》云：

"如此明修本尊身，可使福资粮圆满，知其如同水月则，可使慧资粮圆满。"尤其不可思议的圆满次第可使法性无分别的原始智圆满而得。如此以两次第之道修诸地是这般，总之因乘的第十一地普遍光是两利圆满之地。《八支律经》云："十一地时变化示化身。"

如此，以十地相续后际修道如雍仲之等持专注修法性的等至时，刹那时之后立即亲自领悟如所有与尽所有一切诸法的最初遍知一切智的同时，菩提相续后际的相好所饰之身，转变为其之种性之续受用报身，以肖像之姿可在欲界同时变化千万亿化身。《密续方便绳》云："如同雍仲之等持，摧毁一切分别相，能使融入雍仲界。"雍仲之界是大乐法之地。《库》云："大乐法之圣地是，不动等明三身满。"经中所言的第一重天之上无相之心，至第十三重天之上无明相之间，是与依次修习第一地至第十三地，以下诸地同义是总义。尤其果乘中所讲以数而言的是雍仲乘之十地，与大乐法之三地等十三地，前者，《库》与《大宝律法经》相同，所讲极喜等十地是因果两乘共同之地，后三地仅是密宗所言，《普聚宝根本续》云："大乐法之三地是，十一普遍光之地，十二不贪洁净地，十三轮大资粮地。"《方便绳》中也暗示此三地，有云："需者轮大资粮的，佛陀之地亲证者。"又以类别而言则有十地与善逝十二地、无上三地等。其中善逝十二地，《夏巴》云："普遍光地与、甘露光地、虚空光地、雍仲光地、珍宝光地、莲花光地、业光地、无喻光地、离喻光地、智慧光地、遍知一切地与自明智光地等十二地所言之义是以五原始智与智巧而宣。"无上三地有《乘次第释》云："文字法轮大资粮地与，原始智无上地，无二雍仲明点地等三地是结合于三身。"《金刚橛密续》云："先前三地之上又加，众苦庄严地与原始智上师地为五地。"此五地在《见论大鹏续》中也曾暗示："诸地亲自证悟的，始智上师之地是。"《原始根本界续》有云："密宗帝王五地是，大法印之佛地与，法轮大圆满地与，无欲光明之地与，普显无二之地与，平等圆满地等五。"是结合五身而讲。如此诸地中以两次第之道可使根器优越具精进者在一生一世中亲自修至原始智无上地。《乘释明镜》云："极其具义普满之乘，可修至无上三地中原始智无上地以下诸地。"雍仲本教法藏宝库中，示转变死亡之相为道与下门往生秘诀之义是第十八品之释。

第十九品　大圆满之基

丁十四，现讲述一切乘之绝顶自性大圆满之道。戊一，首先如问如来藏怎样遍布众有情之界，则以优越之处回答是如此：“九乘绝顶”至“芝麻油般遍”，以一颂而示。如此大圆满之乘是一切乘之绝顶，乘之分类戏论虽多如聚而摄，则未有不摄入九乘之内中。九乘有三种说法。第一，北掘藏所言之九乘，《珍宝集十万颂》与《有界九部十万颂》相同，囊丹、让丹、叶丹为外法律经之三乘，托托、西托、雅托为内续因法之三乘，拉则、囊则、扬则为果密心双运之三乘。第二，南掘藏所言之九乘，《聚密续》有云：“乘以九乘次第示，夏辛囊辛赤辛与，什辛因乘之四法，居士比丘太白与，元始果乘之四法，殊胜无上乘为九。”第三，中掘藏所言之九乘为，乘次第有云：“内道辛饶乘摄则，可入因果两乘中，因乘分则是有二，大乘法与小乘法，果乘分则也为二，外与内之两乘是，也称外内密三乘，小乘分则也有二，天人他依之乘与，独觉辛饶之乘是。大乘之法也有二，悲心菩萨大乘之法与，雍仲菩萨大乘无戏论。果乘外密之宗是为二，诸事梵行原始法之乘，诸相皆具神通之乘是。密宗内之乘是有三宗，亲生起悲心神变乘与，极其胜义普满之乘与，自始绝顶大圆满宗是。”如此九乘有三种说法，在《教理宝库》中已详论，此三种分法的各自之第九乘均是自然大圆满之乘，也称绝顶或无上之乘。三种分法之教义相同而所修之法没有不摄入胜观与任运超越两法之中者。所修之果也是在今生以虹化而得正果。《宝藏十万颂》有云：“绝顶乘之诸法中，自始无做任运住，蕴不遗留现等觉。”如此以近似之道而分则，《十二童子续》有云：“道如总言则有四，无道歧途近似道，极其洁净等为四，极净之道也有三，断道变道解脱道，此为大解脱之道。”所言，无道者是凡夫俗子，即不曾入任何宗教而未被教化之众，其等不曾得解脱之道。歧途者是外道常断两宗者，其之见修行等一切与内道背道而驰。近似道是因乘之四乘，是唯修暂时之乐利者。正道极净觉悟道不混淆法相而示则是，以因为道性相宗之断道、以本性无二而示，以果为道者之转变道密宗之乘，因果无二胜义无区分大乘解脱道等三者中，此道是后者解脱道是究竟之道。如此佛陀所示之八万四千法门归根结底也是为引导众有情生此菩萨之心而讲。如问何故，则佛陀所讲的八万四千法门也是以化机心续中之八万四千烦恼而示对治之法。如此以化机心续中之贪心所引的两万一千烦恼的对治而示律经显宗之两万一千法门，其中以应舍而示的一万法门，以应取而示的一万法门，以取舍无二所示的一千法门。以嗔心而示对治之详论十万颂，以痴心而示的对治俱舍论，三毒平分或诸烦恼之对治密心续之法门。依次是以见与行、见行双运、方便智慧与智巧双运，生起与圆满、生满双运而示，单者各为一万法门，双运为一千法门。因此如不生菩提之心则没有八万四千烦恼之对治，菩提心是八万四千法门之所诠或集之对治，唯依雍仲佛法方能使众化机生具力对治之故。如此之光明大圆满之界中有寂道三者所摄的一切诸法自始而住之故，道果或所治与对治无区别而在法身之界三时无变迁而住，《一根而分之续》云：“佛陀圆满有情满，有界圆满寂灭满，乐与痛苦无二满，乘也圆满法性满，有边圆满无边满，一满二满一切满。”所言之，一圆满者是轮回法，二圆满是涅槃之法，一切圆满是道法，其等自大乐之界中无自性生而住，之后又以无自性而圆满。如此在示大圆满之言词之同时也示诸重要之义。《金龟续》云：“大圆满之言词是，念之思维不生而，等持极其圆满与，诸识不恋其对境，智慧极其圆满与，等持智慧圆满而，将生无别原始智，三界之业中超越，无上正果圆满也。”所言大圆满之乘自始不曾被分别心所染而离分别心者即为均不是之等持。三时始终不渝地修此等持而不动则使内心之思维自然而净，对外境以无分别智而显是对外境所显之智。修持即为诸不是之等持，对外境所显者是原始智，要知其本性与力不即离无二而住。此即衲心中所藏之秘诀之精华需诚而持之。如此如双眼般之秘诀中，有是圆满而非大者与是大而非圆满者；两者均不是者、两者均是之四类中。如只知秘诀而不曾证悟则是圆满而非大者；得证悟而未得上师之秘诀者是大而非圆满者。未得秘诀又不曾证悟者为两者均不是；既得秘诀又得证悟者为两者均是。如此一切诸乘之绝顶、诸道之究竟、八万四千法门之所诠之义称为基大圆满，如同芝麻油遍及芝麻一样，如来藏也遍及有情之界，自然而住者为应证悟者，能证悟之缘是大圆满之续与上师之秘诀，依此而证悟不曾证悟之义则为既是圆满也是大者的大圆满之道。如问此如来藏是以实有而住或以无实有而住，如以实有而住则是以识而有或以蕴而有，如是以实有而有则成如同外道之常，因有识之故，如有蕴则即同独觉辛饶相同，因视外境为极净之故，又或成为识永不曾住，因蕴以极净而住之故。如以无实有而住则成断，因是永不曾有之故，如同兔角。如此向问则，非也，如以如来之本性而问则是无实有，此非永不曾有，因自明智显法之自性不灭之故。如问是常者否，因明智以显不灭而住之故则，非如此，明显者无实有，无实有者明而不灭之故。现而无自性之故后所立为永无。《正量》云："精华大密所隐者，常不曾染非实有，断不曾染明而现，两边不染无反面，一边不染任运成，自境而住为本性。"《乐轮续》云："不成有法不可示，不成无者自明现，非为常者无实有，不是断者任运成，不是两者无助伴，非为唯一显明相，超越诸边菩提心。"《返轮回因之续》云："心性光明之明点，自始无有实有体，智慧明现自始有，吾也难示其实体。"如以力而问则，是实有，因一切有寂是以识而现之故。也是无实有，其明相唯有名而无实体是无基之明相故。

戊二，以下诸道是大圆满之路基之义是："为使亲自"至"此乘之台阶"，以三句而示。如此如来藏虽遍及众有情，所净之客尘在轮回之本性八识及阿赖耶识之管中，如云隙之日而住，以未显现而命名，此在密宗道之时虽以灌顶与生起，圆满等诸妙法而修，然在大圆满中，心与心所在界中所灭的离戏自然原始无做不可思议之中自然住而无做作，力之明相客尘自然而尽，原始之义三时无变迁深奥之义以真实无误而悟之法，有《隐义经》云："如同黑暗之空升起太阳之时，大地顿时为光明照亮一样，诸下乘被如同黑暗之障所蔽时，大乘之义如阳光使诸障顿时而消。"因此一切诸法之精华，一切诸道之正行，究竟法身之无误密意能决定之法唯有此大圆满而非其他之故。三戒律与生起与圆满等诸乘均为大圆满之路基。《见论大鹏续》着眼与无上而云："各乘分别所示是，为除分别心而讲，其等分别而示是，可成此等密续之，大乘道之路基也。"

戊三，示大圆满之道殊于下乘之因是："证得深义"至"殊以一切乘"，以一颂而示。此以大圆满特殊之七大因而讲：己一，佛语传承法之区别；己二，上下乘之区别；己三，所悟见之区别；己四，明显原始智之区别；己五，见与词句之区别；己六，义与所学之区别；己七，究竟果之区别。己一，其他佛语传承之法，如同以弓不能丈量天空一般不能证悟正义，此能悟深奥之义容纳无边之空于胸。《托拜》云："如示大满教法之奥秘，除此任何诸乘之佛语，如同以弓丈量虚空般，无边之空岂能丈量乎，如识大满教法之精华，未摄却纳虚空如怀般。"己二，其他之乘如同乞丐，自身也要寻求他人佑护一般，以究竟正果所佑护而唯向往大乘，此如帝王一般正果在自境而摄能佑护下乘而上下不对称。前书云："上下乘之境地之区别，帝王乞丐一样不对称。"己三，下乘之乐空明三者之感受，如同诸鸟难翱翔于高空一般，此如同大鹏能翱翔于高空而凌驾于百鸟之上一般，领悟无变之见。前书云："领悟之见乐受之区别，恰似大鹏不同百鸟般。"己四，其他乘之以意所显的时隐时显之感受能被对治原始智所破而易变，领悟此能成一切之对治自然原始智无隐显之义，则有如同太阳与油灯一样的区别。前书云："自然光与明显之区别，太阳光破微弱灯光般。"己五，其他诸乘如同见库中有珍宝而不能享用一般，只知无生等词而不悟其义，此如同入库而享用珍宝一般，领悟无惑之正义。前书云："悟胜义与知词之区别，见与享用珍宝难对称。"己六，其他诸乘修习各自之见行，如同与大臣交友而未与帝王相熟一般作用小，此如同帝王相熟一般领悟原始而住之精华，而不用观待他缘。前书云："极净义与所学之区别，帝王臣工相熟力不同。"己七，其他诸乘只知究竟之果为三身，根器利者修此乘则三身以道路之显相而圆满，究竟在本净之基中领悟任运明智之义，未修而只入此门者也在来世之后就不再轮回，有普贤佛所示，前书云："三身兼备究竟大圆满，根器优越之辈何须言，根器劣者唯入此门也，此后只转一世是我言。"如此有《明智相续绳续》云："谈何教言秘诀也，不悟大圆满之义，唯谈佛语传承者，精华深义不可遇。"如问此在大圆满之内部也特殊则，大圆满内部也有心识部、法界部与诀窍部三宗，心识部自明而空谈与法界部以离界为见此两者未悟正义。诀窍部也有外内密极密四宗，前三宗要观待中阴之时，此能在今世修成虹化身而得解脱，是一切中的特殊之乘。

戊四，（以下章节在原著中不曾细分，为使读者能无障解读，而分自丁十四大圆满中。译者注。）现为确定大圆满之宗派有中耳传《索耶》云："最初不识本性则，基时不得险要地，中间不知迷乱法，不能斩断迷惑根，最后如不证悟则，轮回因中不能返。”一切三界众有情不知从基中所生基之明相为自己的印象而迷惑，为使其等迷乱之法与明智相识，斩断迷惑之根在基时得险要之地，最初要不误而知本性为要点，丹巴日绰巴有云：“确定基时之本性极为重要，如同没有屋基就不可能在空中建起高楼一般，不识基之本性则不能打好正确的见修行果之基，就有误入歧途的可能。”《绝顶巨界》也有云：“不悟基之本性则，难断有寂之联系，基之本性须知之。”如所言般，基是大圆满道与果之依，其本性要不误而知为要点。

因此最初确定基之正确本性有二：己一，破除不同说法的有弊七基；己二，本净任运无二之无弊基为本宗所立。己一有三：庚一，略表；庚二，详论；庚三，括要。庚一，略表为：“暂且基之住法七意旨。”以一句而示。如此大圆满基之本性有不同的七种说法，前贤中智仁波切等认为是本净。西仁波切等认为是任运等七种说法不正确是应破之基。

庚二是：“任何不实”至“是众多”，以一颂三句而示。正所谓《乘次第》有云：“本净任运是不确，以此命名唯不违。”此句之释佛陀所讲的《九部明镜》有云：“唯以本净与任运等命名则不相违，如真以为如此则是错误之识因破之。”本文之每句为一种依次反驳，辛一，驳斥，认为唯独是本净之宗有二：壬一，示其等所言之宗；壬二，驳斥。壬一，其等认为本性离戏论以唯一明点之份不曾成何体。

壬二，破斥其宗，如果你所认为的本净的本性是离戏论如天空一般洁净中没有无明之分，如同月亮之中不曾有黑暗一般，如此则不生轮回否？因基中没有轮回之因无明之故。如言本性本净中骤然生无明，其中生轮回也不相违则，不是本净否？因是无明与迷惑生轮回之基故。如言非，则有两种识之流续否？因有彼此不同的基本净与无明之识两种心识故。如言是则，就会产生有洁净与不净的两基之弊。

辛二，破斥认为是任运之宗有二：壬一，其宗之义，认为任运天成之本性不被何物所束缚，不偏袒何方，一切功德自始任运天成；壬二，破斥其义，如此所言，则此任运因是有寂的一切诸法任运天成，则常轮回于凡尘而不能得解脱的失言与涅槃之义也任运天成而无须证悟基与无须修习道法等失言否？因有寂两者自始就任运天成之故。又有一切功德在基自然而有，则有情与佛陀无区别而失言，佛陀的一切功德在有情之基时就不劳而成而失言。如言是则以现量相违也。

辛三，破斥认为基不定之宗。壬一，其义是认为其本性不可确定为何物，本性不曾住于一处，以识而命名则如此而显。壬二，破斥其宗，此不确定之基如是生有寂之基，则究竟的解脱洁净之基也会变为最初的不净之基，或不净之基也会变为洁净之基而失言，因不能常住一地而变换无定之故。如言是，则无缘无故地佛陀也会迷惑，与有情不劳而得解脱而失言，因自始至终的解脱与迷惑两者不能常处一地之故。又或修习胜义之士没有领悟证悟定数之时而失言，因其证悟无定而会变为未悟，未证悟也会变为证悟之故。其是一物之时非无定，无定自身有定则即成有定而失言。

辛四，破斥认为基有定数是义之本位之宗。壬一，其宗之义是本性无变迁是雍仲之精华，现象不可变化如同水火一般。壬二，破斥其义，如果基有定数则应是无变化，如言是，则如同认为有我一样而失言，因认为有一个真实之物而有定数无变化之故，如同外道之我一般。如言唯周遍不成因是无实之体，那么无实有就不会有定数如同虚空一般，如言是则与先前所言相违。又本性无变而现象不可改变，则以道等包括改变不净之心续而失言，如言是则修道也成为徒劳而失言。

辛五。壬一，认为基可改变为诸物宗之义是：本性不曾偏袒于何方，现象可改变为何物，一切诸相均可显现。壬二，破斥，如基可改变，则其未曾改变之前是常还是无常，如是常则不可改变如同虚空一般，如是无常则不用改变，因已经改变之故。又有其基改变则，是自己改变还是他缘改变，如是自己改变则改变者与被改变者相违而不能应允。如是他缘所改变则，此他缘是蕴还是识。如是蕴则包括改变如同虚空不会被斩断改变一般。如是识则，前识灭而后识未生，与现时成同时而不能改变。又或即成有两心识而失言，因有所改变之基与能改变之识两者之故。

辛六。壬一，认为基可应允为何物之宗是：明智的本性无方位能显现诸物而可应允为诸物。壬二，破斥其宗，如能应允为诸物，则就要应允兔角与虚空之花、石女之子为实有之体等无尽头一般，基也将生无尽头之弊。又以实有而显的有法如不应允为基则即与能应允诸物之义相违，如应允为基则有法有实有、分类、同与不同等诸多一般其基也成如此而不能遮众多弊端。

辛七。壬一，认为基是众多之宗其义是：本性普遍显现而现象众多。壬二，破斥其义是：此众多者如是外境之现象，则现象众多般唯一之基也会成为众多而弊端不可阻，如认为是内之心识，则识之本性为刹那而基也成刹那而失言，识之思维众多般基也变为如此，识是烦恼他依一般基也变为如此而失言。如认为是两者的同体，则基即成内外两体，基即成所取与能取、基即成六识所断之体而失言。又如此是基，则不能成唯一而是众多之故。

庚三，括要是："各自主张"至"自解脱"，以一颂两句而示。如此其七宗是持有边之识，执着于领悟局部之智，对无言之物以言语而论，如同众盲人摸象一般。《雍仲叶斯》云："现象因是无定故，随意显现众多相，但又不能识其性，如同盲人摸象般。"因此明智之本性远离言词之谈与不可以意识定为唯一，无破立取舍而基以自然解脱而住。

己二，现应允本净任运无二的无弊之基有二：庚一，识别洁净之基；庚二，详论基之本性。庚一是："如此无可"至"任运居"，以两句而示。真性是本净而空之方面未成实有与相，自性任运天成而明相方面细微光明不灭而离常断两边。《乘次第》有云："基为大本净之义，任运自具正量使。"《圆满续》云："真性是为空性而，自性任运天成住。"认为此两义相异者如问，此两义在分开之时有弊，则此处难道没有一基有相违的两种实体之弊？答曰："非一非异"至"非异般"，以一颂两句而示。此两者要以性相与功用分别而讲，不然就会有堕入常断边之弊，与无须区分真性与自性两者。也非相异，如相异则就有认为是本净任运各自之弊。故此以空性胜义之分为本净，显分世俗之分是任运，只是借名而示，实体非异也非一而是无二唯一明点。性相极难言。也非基同而实体相异，真性自始而净不会迷惑成有情，自性任运之力或变化中骤然显现轮回而不违。如同临睡前，将睡之识的本身虽无梦境，但在明相中显现牛马等骤然之象也不违一般。

庚二，详论有二：辛一，示真性义之住法有云："如同黑暗"至"不曾偏一方"，以一颂两句而示。如此真性空之原始智自声不灭以语而显，但不是有相生灭之声。自性明亮的原始智以光身而住，但非为以显色、容颜与手足所显之身。悲心明智虽以通慧不灭而住，但已超越境与有境。《白色手册》云：

“真性自性悲心三者住。”《叶赤决定品》云:“普贤佛祖示法旨,我本有寂之主宰,真性本性悲心中,布局一切诸法是。”如同水晶在阳光下就会显现自身之光而光彩四溢,如置于阴暗中则自身之光内敛而不显现而住一般。真性自始而净虽不成何体,其之本性在任运之界原始之光彩五光与身之明相极其细微者,在外网未破之间虽以童子瓶身之本性,为一切有寂现象之显现之处而住,但无丁点偏袒实有与有相之分。

辛二,自性逆而讲述,真性以本净之分而量则:“真性本来净而无有生。”以一句而示。义之界如不以明智而悟则,词与文字虽不可言语,然不示则更不能证悟之故以教言而示,《狮子吼声》云:“无我我之先前时,无有三有界之名,无有五大种之名,无有佛陀有情名,一切之中我为先,我之自性极洁净,自始本净之本性,即是唯一始等觉,无可观看无可守,无可寻求无可修。”以自性任运而量则有云:“本性任运”至“显现处”,以两句而示。广而不偏私,狭而不偏袒,显现净者佛陀与不净有情之现象处,不亲显而以不灭任运之大净土自始而住。以两者之分而量则:“显空无二之中本来住。”以一句而示。如此真性法性无生而本净,自性明亮可生身与原始智而住为任运,悲心不灭具备两种通达之始智而以三种区分,也是以真性一体的主宰而住,《见论总断》云:“不可表明以词表明故,所表分类三种来区分,三种区分真性只为一,为使表明隐义而区分。”以上是基之真理,有应净之污要以道消除就能亲证两净之正果。《叶赤基之品》云:“未做所知之本性,疑虑所障未见其,因被称为基之名,证悟其基能知者,将其命为道之名,其之所知亲证者,将其命为正果名。”故此基道果三者是彼此观待之体,为示自基中显现基之现象有云:“其中五风”至“是无记”,以两颂两句而示。示未做作原始义云:“基之变化以自力产生变为持命之风,显现自己的五光彩。”如此基之真义内明童子瓶身,或极其细微的原始智五风之精华真性空为声、自性明亮为光、悲心明智为光线而住,此被具四支之命风吹动五光内明之界瓶身之网破,基不动中任运之光彩外显称为明智变为现象,同时悲心之力所显现的观察行相般之识以未知自己容貌之分,观待明而称为无明而住。自基任运珍宝之管浮动基相之力称为增慧分之光彩,此时本净之真性非何物,在如晴空般的本性中会产生自处有的基任运的八种显法。《智慧杜鹃》中以八明镜所命名，以《金汁经》之义而释则，如悲心般显现他利不灭而对有情生悲心；如光般显现现象不灭而，五原始智之自光如彩虹般的现象所满；如原始智般显现智慧不灭而一切现象如同道般显现；如身般显现真性不灭而内外之蕴与识能熟为身；如无二般显现见圆满而自平等密意中不动；边解脱般显现巧法不灭而不具迷惑自续者，洁净般显现原始智之门不灭而与真性本净相连，不净般显现轮回之门不灭而，以底下所显现六趣有情之现象能生他利如珍宝一般。如此外显之基相与、基任运、圆满果三者称为基道果之任运珍宝三管，《智力大自在续》云："基光管中始智是幻身，自性任运管中净土能自显，珍宝不变管中三身自然显。"因此依靠基之现象外显而生有寂两者基象任运者称为源头是生基。最初之基，本净与聚集串习处的阿赖耶识两者被称为悟基与迷基有《十二童子续》云："基之总义是为三，悟基迷基与生基，悟基是为大本净，迷基串习聚集处，生基任运为无记。"如此生基者基相之显法如悟其为自己之现象则为解脱之缘，未悟则成迷惑之缘，因而是生轮回与涅槃的有寂之门。《圆满续》云："真性悟迷区别中，将生轮回与涅槃。"又有《虚空幻化库》云："以基本净与、任运、无定三者而示也是指，真性本净、本性任运、任运之真理无定而显法无定，显现任何六入均要悟自显自脱的密意之奥妙。"其中显现在外基之现象是解脱之基，基之本净是解脱之地。此等是要义。其等现象不管悟或未悟均会以自力而融入最初之基，《金汁续》云："悲心融入悲心中，如同落日光辉般，所化能化皆洁净，光辉融入光辉中，如同彩虹无明显，自身融入自身中，如同童子瓶身般，通慧内明而居住，始智融入始智中，幼童抱入母怀般，明智解脱于基中，无二融入无二中，水滴融入水中般，有法法性融为一，边脱融入边脱中，虚空融入虚空般，居于雍仲法之界，不净融入洁净中，如同收拢帐篷绳，光明界中无变动，雪狮盘踞雪峰般，居于雍仲法身界。"八现象融入自己内界之融法以八喻体表明以引言讲述，如此外显的悲心融入内明悲心之融法如落日之光辉融入太阳一般，所化有情与能化佛陀之现象自然而净而不再显现。如此善于观察者能领悟此义。又有不净轮回之门，与洁净始智之门两者融入洁净之界中，使不净之现象自然消失。

戊五有二：己一，讲述以显现于外的基相相关联的普贤解脱法；己二，与无明有情之迷惑之法两者。已一又有三义：庚一，亲证解脱法；庚二，解脱后住于界中；庚三，能化净土之布局，“此时见基”至“等觉悟”，以一颂而示。如此接触自基中跃起的最初一刹那就使领悟基相的公正之识不在持为他物，能在最初一刹那间显现知自相无实的悟性，从而使寻思之流不在相续。在第二刹那时迷惑自然消失而增长原始智使基成熟为正果，自相融入本净而得最初的自然普贤佛，《无际遍布续》云：“真性界中自然地，神通光显意所见，明智显而亲证悟。”虽如此又有《光明心之明镜》云：“自始而住的普贤不被解脱与迷惑之语所染，任运的普贤知自相而可居自地。”所言者也重要须知之。其实两种普贤也是以对立面而分真性并非相异。是以观待基之有污与无污而分，本净加极净果所谓的具足二净是以任运普贤断去骤然的客尘而命名，此时隐于基中的一切任运之功德不劳而刹那圆满在自地自然解脱而觉悟，称之谓等觉悟。《虚空总断》云：“自地解脱脱觉悟，自性亲证现觉悟，刹那圆满等觉悟，将其谓之佛陀名。”

庚二，亲证解脱而居于本净之界住法为：“果实圆满”至“不显居”，以一颂一句而示。如此正果圆满内住的普贤虽以身、语、意、功德、业之大主宰而住，然还没有具足五无究竟界之相好无戏论之身。超出语声词字母之论述，虽具足通晓如所有与尽所有的通慧，然又离对境有境之观待。功德如珍宝一般无穷尽不亲显与虚空的变化相同之故，悲心之续不断为利乐量等虚空的众有情，虽不直接利乐然间接以能调之佛祖与佛法之相，以无边际如虚空般的幻化布局之大主宰，超越常断有相之法而居住。此是外显的色身坛城而成为一切涅槃功德的显现之处，内明细微原始智融而不昏沉以童子瓶身不显而住。《三身义续》云：“虽以明智原始智而住，行相不曾享用外对境，外网未破任运珍宝之，管中童子瓶身之住法，真性自性悲心三者住。”《聚密续》云：“法身住处法界中，真性为空离戏论，不变雍仲超无相，不动如空遍诸物，远离中边之方位，无有生灭双运身，住而化机不相异，身语功德业等成，刹土法界虚空之，遍及之处均能调。”

庚三，其本性中自任运之门亲显的有缘化机之现象中，显现报身刹土布局是：“何时始居”至“显现中”，以一颂一句而示。如此法界本净自始而住的法性之身，其本性中不动而，与有缘化机的现象相同的任运法身之力中，以外明任运密严刹土虚空无边际报身五种性坛城，法身功德不可思议大主宰布局如幻化而自显，虚空遍及何处法身之密意也遍及，刹土与始智身也遍布以五定之姿无时无量利乐化机之事，有《十二童子续》云："善逝普贤悲心本性中，加持明月清泉之水般，悲心之力肖像以光显，证悟者以各自导师显。"不净之化机六趣有情之现象中，显现化身佛之相是："自其之力"至"天空般"，以一颂两句而示。无缘享用报身深奥之语，虽不真实自不净轮回之门迷恋六趣迷惑之景象的不净化机之现象中，自报身而变化的遍布一切化机境地的佛祖与佛法，以有情之命运而显的业可使能度空轮回之业不劳而自然显现，如同珍宝与水月姿态之业能遍布虚空般而示，有前书云："其之加持显导师，导师之语佛陀意。"《中观两谛》云："身语意之变化身，随机而调如此般，以信而示法藏等，如同珍宝水月般。"

己二，不净有情迷惑之行相是："不知明相己象有情迷。"以一句而总示。如此见基相的心识无明之分，不知是自己的景象心识散逸而迷惑，如同梦境中恐怖景象般渐渐变粗而相续，明相回返而迷惑为不净三界六趣。《无际遍布续》云："以意而分现显色，见后寻踪幻化迷，思维粗分之分类，缘起有支亲自成，五毒烦恼轮回因，等至观乐无色界，浮动之缘成色界，烦恼业使成欲界。"其之本性分别而讲是："未证精华"至"众多苦"，以三颂一句而示。《幻网续》云："产生轮回之因是，分类有四而讲述，相续因与相应因，俱有能作近取因。"相续之因，基相显现时的意识不知自己也有如来藏而回返与己成同一，因而成为相续轮回之因称之谓本质同一之无明。前书云："相续因是如来藏，自己本身就有者，自己又不识其义，相续成为轮回因。"其中产生观察对境的细微之识，此也不知本性而回返，与其同时本质相同而相应因被称为俱生无明。《见论大鹏续》云："与其相应之因是，谓之俱生之无明。"《方便绳续》云："自然智之真理与，俱生同来之无明，时与真性是相同。"俱有能作之因是，此时意识思维之四轮浮动而使识隐入分别心而寻思的根本成为无明之分，称为遍计心识。《见论》云："与其俱有能作因，是为遍计之心识。"以四意识之思维怎样迷惑，《见解总断》云："遍计心识是以意之四轮而浮动，最初意能念而寻，以遍计意识观察，确定为对境与有境，以确定之意而持，对境所持观为自续。"此时的寻思渐渐增长以缘近取奠基迷惑是第四因,《见解》云:“己之分别近取因,习气具威能增长。”聚集此四因而增长四缘之姿,《甘露大自在神奇续》云:“缘之分类是为四,因缘者与所缘缘,增上缘与等无间。”其释云:“因缘之性相是饶益自果而生,所缘缘之性相是以对境之相而生,增上缘之性相是能主自果而生,等无间缘之性相是唯以对境意识而生。”因缘有《格排》云:“俱生等等无明增。”刚讲述的四因聚集中自然而生的饶益迷惑的迷惑具威者是因缘,如同人具备身体与手足自然有容貌一般。境之自光外明如五色彩缎的行相,与相应的所缘如同容貌显于明镜一般者是所缘缘。其中明智与法性持为己方,对境光之现象持为他方做主,人士之容貌与不知其就是显现在明镜中的肖像,而以容貌与明镜区分者是增上缘。其等因缘之时同的相同等无间缘。现显后一个对境而连接寻思之续,如此以根本无明与四缘所转变轮回之水,痛苦之海无边无际没有真性而如真实般显现的有之大城,如同海之本质虽是水,然结冰之时会变成坚硬如石基一般,轮回之本性虽为空性,然以迷惑所束缚而显现如坚硬实有般的现象,不知自己迷惑而如梦境中的乐苦一般,感受诸多痛苦而没有边际。如问基时有无迷惑,如没有则就成根本没有,因基无迷惑之故。有则本性同一而有还是相异而有,如本性同一而有则,迷惑之本质不能断或解脱否,因迷惑与基之本性无二而有故,如同炭与黑色一般。本性相异而有则有两个心识否,因基与迷惑相异故。为答此问,根本文云:“界中虽无迷惑力中生。”以一句而示。基无迷惑因基之真性为本净之故,如同太阳的中心没有黑暗一样。《始智绝顶》云:“基无无明之习气。”《雍仲大密》云:“基为光明之洁净,寻思而成常心故,为何区分内与外,何言有情与佛陀,实有真实而成时,珍宝幻化之钥匙,低劣贪恋怎回遮。”基本净也不会有根本不迷惑之弊,因自基之力中能显现诸多变化而会以此迷惑。《圆满续》云:“阿赖普生无实中,明与无明两者生。”《雍仲大密续》云:“其基是以能生住。”如问自基之力中是显现迷惑还是始智,如显迷惑则始智之相续断而修道也无果而失言,如显始智则迷惑之相续断而不修也能解脱而失言,则以本文而答:“明相虽现”至“生迷惑”,以两句而示。所显现的一切自己的景象虽以纯正的始智而显,然而因持他象的寻思之力增长而骤然生迷惑,《见论大鹏续》云:“所谓如来藏者是,无二是以同一住,转依成为始智而,不再亲自生轮回，虽有藏而不识义，相续即成轮回因。”如问轮回有无始终则：“轮回无有”至“总则无”，以一颂一句而示。如此前贤中有认为轮回有始有终之说，也有人认为有始而无终，反之认为有四项判断即四边等众说纷纭，其等的破立之详论在《域慧宝库》已论。此时轮回如以心续明智而论则就没有始终。《九部隐义》云：“无有始终心性中平等。”以理论证则也如此，有法心续明智，没有最初的生与最终之灭，如有则就有新生的明智，与最终灭而使相续断流。故此没有始终不可触及而住如同虚空一般。如轮回以无明而言则有始，《律经释》云：“无明生于界之中，未证悟者即始智。”以理论证，则有法迷惑之轮回，有始因自基心性之本性中生灭之故。如同虚空与彩虹云朵一般。如言就会有轮回之终也有的失言，因有最初的生处就会有最终的隐处则，如以三界的总体而言就没有最终，《经》云：“能度尽轮回之法是决不可能有。”如以人士个体而言则有终，有《经》云：“好似会度尽沃莫隆仁的众有情一般有众多有情得以解脱。”

戊六，现为讲述没有迷惑之真性而云：“如此三界”至“应毁之”，以两颂三句而示。三界六趣四生所摄的一切有情与以现象命名的万物本身没有丝毫实有，虽无实有然而如实有般显现，是以寻常幻觉持对境为实有现象也是如此显现，如同在光线微弱之处见一条形状如蛇的花绳，产生以为是蛇的幻觉而心生恐惧时，以绳为蛇的幻觉中只会显现如同真蛇般的现象，花绳的本质虽未变为真蛇，而是意识产生幻觉显现如蛇的现象而已。其实花绳并非真蛇一样，六趣所承受的一切痛苦只是在我执幻觉中如此显现，而基中本没有痛苦。真性为佛陀先前不曾迷惑，现如今也不迷惑，往后也不会迷惑之故。《无际遍布续》云：“如何迷惑本质是，如同真蛇花绳般，无绳则不执为蛇，误为蛇者是花绳，接触者是雍仲义。”因此就有领悟无我之信念，战胜烦恼之兵，不畏轮回之恐惧的佛陀之果，此轮回是纯正的迷惑，如同魔法师所变化的兵团或梦境的景象，因此应须以智慧之利刃斩断。

如此已示基和与其有关联的诸义之后，戊七，讲述一些大圆满之难点有二，《如身续之秘诀》云：“区分基与法身之区别，区分心与始智之区别。”先释己一之要义为：“有情者与”至“如污垢”，以一颂两句而示。此处先破他人之论，有些大乘人士认为阿赖耶识即是法身，有云：“最初佛陀普贤佛祖是，领悟阿赖耶识即解脱。”如言破此论之语则，如此阿赖耶识具污垢之故法身也成有污垢而失言，阿赖耶能产生一切迷惑之故，法身也成能产生迷惑而失言。如言是，那么就有即使修成佛陀之身也会产生迷惑而堕入有情之失言。以教言破斥则有《始觉续》云：“阿赖为见始智抛九霄，果返为因生儿又入腹，佛陀也惑胜义失世俗，如同基而并非洁净基。”所云般，如将阿赖耶识认为是见则将会使原始智抛至九霄云外、修无念而留、行成低劣之行、果也回返为因而种种弊端不可言喻。最初的本净基也有命名为阿赖耶识之时，《第六明灯》云：“阿赖无思是无记，真性本净虽无污，有寂利弊两者基。”此是有寂两者的显现之处而被命名为阿赖耶识。我宗是观待有情与佛陀之基而分阿赖耶与法身两者。其中阿赖耶是被无明主宰而具污垢，法身自始就不曾被污垢所染是以大本净而住。《三身义续》云：“基时没有污垢非实有，有污无记阿赖耶识是，本质无明两者是相异。”如此，阿赖耶是一切迷惑之业、心与心所、诸多习气之基础，法身是极其洁净的见、修、行与不可思议的始智之基础。桑堆在示阿赖耶与法身的真性时有云：“本性集烦轮回基，解脱涅槃法之基。”阿赖耶与法身两者之基界相同，此基界遍及佛陀与有情两者。能遍基界之分称为有污法身，污垢净时是以解脱之基而住，其之所净之分是阿赖耶，或无垢真性本净而为无垢法身。骤然的客尘能障完全消除而使具足两净的法身亲自显现之法，有《明智力自在续》云：“法身唯一明点者，上至佛陀之坛城，下至无间地域间，虽以遍及一切然，不同区别任然大，有污法身之时称，谓之阿赖耶识名，佛陀如入其中则，是以无垢法身住，又称法身菩提心，洁净其之本性中，没有阿赖耶之名。”如果比喻，则有污之法身如浑水，无垢法身是海水本性自始而净，阿赖耶如同污泥一般。其两者的本性分别而讲为：“一切习气”至“平等续中示”，以三句而示。阿赖耶之本质是以心与心所所汇聚的一切有寂之业与诸多习气之基础。有《聚密续》云：“阿赖真性诸多境，显现习气都汇聚。”简明地说，有《杜鹃续》云：“习气也是有两类。”是有漏善法与净法、一切轮回法的习气之器。言词有前书云：“虽没有产生蕴界与入，一切迷惑之因，然而自其本性中自然生而依附就为阿赖耶。”分类如《普贤平等续》所云：“最初的基相显现之时，观待观察对境的意识的相应无明成为迷惑基之分而为始义之阿赖耶。其时之意识不知自己的自性，针对外境而连接轮回而称为连接义之阿赖耶。其意识有身之习气，因而就成为血肉与光、意身等诸多能执之基而称为习气身之阿赖耶。其意识因有不净业与烦恼之习气，即成为产生诸多迷惑之基而称为诸多习气之阿赖耶。”有此四类。“法身最初”至“化之身”，以一颂而示。法身住于最初之基时，如同水晶之光隐入自身一样，自光隐入自身以离戏论而住，心智离开此基而迷惑之时，如同水晶在自光之中一样具明智之力而离迷惑。修习时证悟意识为唯一无戏论而具感受之分。真性是不被轮回之分所染明智大本净而超越词句之言论。《见解总断》云：“如言法身为何则，非为任何实有物，尽所有也不可言，任何也不能命名。”言词是，是一切有法的法性，法性之精华以身而住谓之法身。分类是以真性无生、变化不灭、性相无二之分而区分于法身、报身、化身三者。前书云：“法身无生自本净，报身不灭任运与，化身生灭无二而，虽示为三真性同。”

己二，区分心与原始智区别，示共同之义为：“心为无明”至“习气是”，心与根本无明相应具烦恼的寻常念力是应断之法，遮蔽始智之日如同云朵，始智与法身相应是各自自明智的主宰成为显空对治之法，与寻常念力不同在一处如同骄阳。《三身义续》云：“道路之时本净法身之，自明智慧显空对治法，无明阿赖所生心烦恼，成为所断之法两相异。”心是实有而能汇聚业与烦恼之习气，与原始智慧不会与心相汇聚于一处能焚烧一切分别心。《如身续之秘诀》云：“心者如水能聚诸习气，始智如同烈火焚习气。”明智有其遮蔽之心而谓之有情，其心也有取对境之总体现象的所取对境之心，与对其区别以观察精细而分的能取有境之心两者。外境之现象亲自显现者是自迷惑之心显现，有心之时幻觉不可阻挡，心灭则幻觉自然会消失。如言即使心灭，也会成为如同蕴与黑暗一般而不可阻挡，则心虽灭然而心的解脱之基明智不会灭，而明智不断。《基始觉续》云：“心以基脱始智本性住。”明智无变化如同虚空一般，心之本性如风一般骤然而生。前书云：“不变之中浮动如风至。”故此心与始智性相不同有前书云：“心有思维明智无思维，心生两取始智生光明，心力五续智力生五种，心为能思始智无浮动，心只拆心始智生化身。”《钉经》云：“心与心性要识别。”所言般，心具分别心是轮回之法，心性无分别思维离戏论是涅槃之法。心与心性有很大的区别不可视为相同。《六教言》云:“未有不属心之佛。”《大圆满》云:“不修心就不解脱。”其等所言是指心性而并非指两取寻常之心,要辨别如此所言。修得正果之时能断一切阿赖耶习气等心之污垢,明智融入界中而不再迷惑,有《三身义续》云:“得正果时一切有情之,相续中的本净原始智,亲自证悟阿赖习气等,一切污垢能断得佛果。”最初的任运之基与最终的解脱地本净两者虽然是同质之体,然而是以往后是否还会成为迷惑之基而区分。最终的解脱地本净与现今道之明智本净两者真性虽不异,然以是否以实有而住也是以风心是否洁净而区分的,此等是难点须知之。

戊八,现讲述各自之本性为:“心为两取”至“不净心”,以三句而示。心之真性有《始智明点》云:“执对境与有境之迷惑思维本性无明者即是。”言词是以两取心而生执对境有境而称为心。分类有洁净之心与不净之心。前者也有四禅定与四无色是无思维之心,信与慈悲等是有思维之心。不净之心是一切五毒烦恼之方。心之区别中确定心之住处是:“依为全身”至“又又转”,以一颂一句而示。心之所依之处《金筷续》云:“一般遍及全身而,尤其依附在上身。”住处自心脏连接肺脏之间有如麦草一样的脉管,内中有智力乘风马而住。《叶赤》云:“心是有风居于内。”风如四肢健全的瞎马,智力如瘸腿而有目之骑士一般。《金筷续》云:“风马行而乘意人。”心间的智力与肺脉中的风相混合而生心,浮动者为风,观察外境的形状与显色者是意,风与心意无二而住,有前书云:“心动风思无区别,烟汽百分之马尾,诸多显色诸形状,名也逾言量逾数。”风在自处息灭则智力隐入明智之中,就不再产生胡思乱想的寻思,故修习使风静止之法是要点。心所运行之道是命脉之中,在此中游走心之坐骑命风,有《续之帝王》云:“心源红色命脉中,入而乘坐风之骑。”游走之门有前书云:“五门一切孔中行,尤其游走在口鼻,真性三毒与五毒。”《叶赤》云:“心之力为轮回法,功用能增诸乐苦,其果轮回三界中。”故此心为轮回之法应须消净,是骤然而易毁。如不悟则自无始时起串习深厚而难消除。

为示原始智之本性:“智慧极净”至“如所尽所智。”以两颂两句而示。原始智之真性,本性是极净而空。以住法而言则光明之现象底明而不灭,以显法而言则细微内明中自然显现身与刹土之大现象。《叶赤塔塞》云:“原始智之真性是，本性极净是法身，住法光象为报身，现象无有内外明，自然始智是纯正，超越实有有相境，三身无二精华也。”言词是，原始为自性洁净如虚空，自己知其与他物不共而称为智。《根本续日光明灯》云：“原始超越能表境，智是明智力圆满。”

分类有三：基中所住的原始智；执性相的原始智；遍及对境的原始智。其中基中所住的原始智，《金筷续》云：“空显不灭三重住。”真性为空的原始智如同晴空，本性明亮的原始智如同太阳或孔雀之蛋一般自光内明。悲心普遍的原始智通慧不灭可生通慧如同云朵与雨水。《叶赤决定品》云：“真性本性悲心喻，孔雀蛋与太阳或，虚空云朵雨水般。”身与原始智的现象之显现之处不灭之喻如水晶一般。前书云：“又或如同水晶般。”法身虽如同虚空没有何体，然通慧之分不灭，有《紫色经函》云：“法身无实空性中，悲心不灭而显现。”原始智之喻体如瓶中之明灯，《叶赤决定品》云：“如同瓶中之明灯，始智内中自明也。”身如瓶之身不显而住。《金汁续》云：“如同童子瓶身般。”执性相的原始智，《聚密续》云：“法界真性为空中，明镜始智是明显，平等真性不可分，妙观察智不混淆，成所做智不会纵。”此五智的对境与业与功用不同而称为执性相的原始智。前书云：“其中明镜始智的，对境观待为法身，业是示身与刹土，功用色身别不得，平等对境观报身，业是无戏论而聚，功用证悟法真谛，妙察对境现觉身，业是功德门不灭，功用两利皆圆满，成所对境是化身，业是化身不灭变，功用种姓相异生，空智对境观无灭，业是没有何业做，功用洞晓一切法。”又以戏论则各有五智而为二十五原始智，各自又以尽所有与如所有而分则为五十，遍知一切智也有五智以尽所有与如所有而分为十，共六十智，又加自明原始智为六十一智。《雍仲业净》云：“通慧始智具足六十一。”遍及对境的原始智，尽所有的所知之行相显现的一切均不混淆而洞晓。如所有所知的真谛离戏论如虚空般洞晓。又如广而戏论则有明智界之经典中所言的六原始智所摄的明智之分类有八十种，是在《域慧宝库》所言者即是。

原始智区别之密肯定之处是：“依为色蕴”至“得法身”，以一颂三句而示。原始智之所依处是色蕴，有《八品秘诀》云：“法身之境是上身，报身之境是头，化身之境是脊梁又或是全身。”住处有前书云：“居于自己心脏中。”宫殿是五光无量宫,《白色手册》云:“空性明智精华者,明智明灯精华者,明灯光之宫殿者。”所行之道是精脉、血脉、遍动脉、夏乌金四脉,尤其游走于显现对境之道自心脏至双目的白色之脉,如白丝交叉者之中。《叶赤塔塞》云:“白净内空之脉中,明点血等未满间,游走大原始之智,其即称为始智道。”显现真性空光之门为囟门,显现本性光明之门为双目。《金筷续》云:“远境水灯显门与,隐蔽头顶囟门是。”悲心明智之光自肺脉而显。所显现者是两明灯,法界洁净之灯的真性如字母那茹一般,现象自蓝增长成遍及虚空。明点空灯的真性如孔雀之花翎一般,现象为自明圆形有五环相绕。现象也是如在心间之时般显现,《叶赤塔塞》云:“洁净法界明灯是,居于普明珍宝界,住法如何生现象。”功用是摧毁一切无明与迷惑,将轮回度至涅槃,明智成熟为身修得最初法性之地。其果是界与原始智不即不离圆满而修得大乐法身。《金筷续》云:“功用能除两取心,其果摧毁轮回根,如想解脱须修道,无余虹化真希奇。”雍仲本教法藏宝库中,示本性大圆满基之真谛与有寂的过程为第十九品之释。

第二十品　大圆满之道

戊九,现为确定大圆满道诀窍大密之定数,有根本文云:“对何以识而量有三类。”以一句而示,正所谓《聚密续》云:“置于了空心识部,置于不劳法界部,置于本脱诀窍部。”所言般,己一,心识部是置于了空神变自显之上,认为没有任何除心性之外的诸法而超出所断之边;己二,法界部是置于大始空之界,认为一切诸法自无真性之界不动而超出对治之边;己三,诀窍部是置于本来解脱普遍解脱之上,没有任何有无是否勤劳等而自所治对治之边解脱。己一,心识部是:“心部认为”至“所断尽”,以两句而示。《叶赤前言》云:“所谓三部是,庚一,认为有寂本来解脱的心识部;庚二,使力相成为基净的心识部;庚三,执变化为饰的心识部。”庚一又有二:辛一,认为现象是心之一方者;辛二,认为果是心的起源的两部。辛一,虽显诸相然心力之变化现象如同镜中肖像一样,没有真性而无利害。《雍仲精华唯一续》云:“自己性相无生而,他缘不能摧与毁,故此变化无阻显。”心性是一切的显现之处如同明镜一般，力可显现如同明镜的清澈度一般，能显现一切变化如同明镜之肖像，其实一切肖像与清澈度都不超出明镜以外一般，一切力之现象变化均被肯定为心性。以此见回遮寻常之现象。第二，轮回之源果法性之界确定不再生轮回而，如同海涛自然平息在大海一样认为轮回解脱为果。《普聚变化续》云："自始无行净解脱，虚空神变无二脱，证悟智力明相脱，轮回涅槃以果脱。"

辛二有二：壬一，确定误障；壬二，因源失真。壬一，认为前八乘中四因乘不曾超出两取之心，居士与比丘两乘为断道，太白乘以阻而修，叶幸乘也有贪恋，其等以各自之意识偏私而误，此乘中意识与宗派唯是心，因而没有失误者与基而不生失误。《虚空遍域续》云："辛饶具足明智者，制止断阻贪恋识，请观自显普脱义。"

壬二，认为轮回与涅槃之基是心，心又无真性而有寂所立之因源失真，没有迷惑与解脱而善恶无利害。《有寂光明圆满续》云："一切主体菩提之心性，违与不违一切疑虑消，观察明相菩提心中同。"

庚三有三：辛一，自然原始智无偏袒；辛二，偏私实有自成；辛三，超越离意偏袒。辛一，认为自然原始智虽遍及一切有寂，然不以有无而所缘，明相不偏为实有之方，空性不偏于无实之方。显空自显自脱而无须任何立破之因。《雍仲精华唯一续》云："具相法心一切名，自然明点法性的，无二边基不断离，其之界中普解脱。"辛二，认为自然原始智无根基真性清净显现一切现象不是何体，因而无须任何疑虑与取舍，如有就不能成事。《九阳汇集》云："具足有缘难修无缘事，如有疑虑怎自边中脱，取舍难识无缘之深义，贪恋者无大圆满之义。"辛三，自然原始智之力中显现任何变化意识观察自然解脱而不区分真假，显现何物均以自相无基而显。《洁净无垢续》云："现象无方遍布者，转动离戏义之矛，未断而显如所义，无有取识始智明。"

己二，法界部为："法界部视"至"对治边"，以两句而示。此真性是一切诸法的法性普贤母广大界中，明智自显之饰如同大海中显现星曜之倒影般，任何力之现象始解脱大无基中自然而净。分则有：庚一，黑界无因之部；庚二，斑斓诸多而论部；庚三，白色论为心部；庚四，确定无边因果之部。庚一，认为一切诸法可汇聚于自然原始智，自然原始智又超越因缘而无可观待有法与法性，任何现象均不超出空性之界。《大教言集经续》云：“自然始智纯正广大者，超越受边始智大加持，一切之源如空离劳作，执边而误不障平等也。”庚二，认为虽显现众多之象也是自己的变化无须破立我无基而没有利害。《虚空广域》云：“大始圆满菩提心，是以诸法主宰故，无有取舍之本性，乐与痛苦虽遍及，但无偏袒所执心。”庚三，认为外之现象、内心识、中间的寻思等一切在心性之界本来解脱、本来为空、本来清净而现象与意识、寻思三者唯聚于明智。《虚空广域》云：“普生无戏菩提心，显现何物无弊而，故此唯一精华是。”庚四，自然原始智无因果，自然原始智非因，也非自因中所生之果，果不观待因之故，果无须修而未修之果本来就在自身圆满而住。《童子续》云：“菩提心本无因而，非自因中所生果。”《叶赤前言》中所言界有九种，是内部所分的分类。如此黑界有业悲心神变的三黑界与斑斓有与心识、法界、诀窍部相同的三部斑斓宗，白色有无可言喻自显部与见修双运的白法界、无边法界、外内密空性为九部。其等在《域慧宝库》中已详论。一切法界部汇聚一起就可摄入三法界或大始智界之中。始智之界是一切现象确定为法性，法性确定为无生，无生之义置于现今无做作的现象与心之上，一切诸法自真性无生之界而解脱。

己三，诀窍部是：“尤其诀窍”至“无未解”，以三句而示。如此心识部以明分融为一体，与法界部专注于深奥之界。一个有贪恋力之现象之污，另一个极易生落入本性之障。诀窍部是深明同分与不以偏袒与寻思而落伍，能扼要如同火灸一样而比其等优越，此宗不断任何而无大执之心，有寂诸法无根基真性为空如同镜中的肖像一样，基中没有之故，显现任何现象也不违，一切诸法不曾有未解脱之故。分则有：庚一，零星；庚二，言语；庚三，相续自宗所示。庚一，超出意识的本性是自然而无须劳作，是本来解脱而可顺其自然。《化身自显续》云：“自显本来如空遍布般，勤与劳作辛饶多疲劳，故此应取无有取舍义。”此是将自显如日轮者不被观察之云所遮蔽之义，为所修之道而认为自此能生解脱。

庚二，以身之姿势束缚脉，以脉之要义束缚风，擒心识而使法性母子相融，寻思在自己之基平息，普遍如空之界中原始智普遍显现而斩断有寂，《见解总断》云：“未做作之法性被，未障蔽之心性以，不散逸之等持在，不动真性中修练。”

庚三，本性无定论，显何也不取舍，果不用修，一切诸法确定在自身而不用做何事。分则有：辛一，收束诸见；辛二，剖刺除障；辛三，隐义亲掘而显露；辛四，言语自显四部。辛一，真性没有是否与有无而超出见修，认为观察无定论解脱为无生之空。《希有续》云：“颠倒者与真实菩提心性者，法性菩提心无顺与逆之分，正邪观察菩提心中本来同。”辛二，领悟无劳作的密意之底，消除见修行之障而真实领悟自性，一切诸法不违背显于道。《根除轮回经》云：“无根基之法性者，无思无缘无两取，无生无灭无戏论，无我无实无变迁，无也超出无之边。”辛三，见修行那种有效就转变其义而修，探索境智净明的无分别智之深意。辛四，没有可修而无真性，没有不可修而无舍，自然显露的自性没有破立之因。分则有：壬一，追踪迷惑之基；壬二，扼明点之要义。壬一，追踪观察之源而识心之弊端，探索有境而境之现象以无实有而显使迷惑在基中消除。《经释》云：“领悟心之虚空远离诸方位，如同虚空之界所住大种者，虚空之外没有大种名。”

壬二，此处应确定之义，分则有如同帝王宫殿般的外部，与宝库般的内部，密部与极密部。内部如同宝库之钥匙，密部如同见到库中所藏之宝，极密部如同享用珍宝一般。如此四部的区别为以论理而确定：“如此大圆满”至“乌云般”，以一颂而示。前八乘与心识部、法界部、诀窍部等以先后而渐渐深奥，快捷而道之区别极大，此四部的特殊之处也是修超出心识的自明智，有《三身义续》云：“如此诸法密意虽相同，道之要义区别极为大，大圆满之修法诸要点，是以区分心与明智也。”明智的真性是识与明智自明，性相是超越生灭依止，功用是实有的现象度至光明，分别心度至原始智，轮回度至涅槃。明智之境是基界空，自容自显无灭的纯正心智。其之能障是心。界如虚空而明智如日，心如乌云一般遮蔽之法相同。如此心与明智真性不同，有“心有分别”至“之区别”，以一颂而示。如此在阿赖耶识中汇聚诸识之分是心，与外境相融而显现能取之心与所取之境的两取而汇聚于轮回。《无际普遍》云：“各自区别之心识，不乐轮回因而误。”明智是真性之识自性于无戏论中不动不依止何处不成何体，是识、明显、明智、如来之藏。心是有分别而超越意识的明智不会寻思，明智是依止佛陀之真性而心依止在有情之真性,《如身续之秘诀》云:“佛陀之基无分别,有情之基分别心。”在道时无分别之意识自明者就是自明智对此不做作而依止就没有其他可修持之法。依此就可使心之寻思渐消而亲证明智而成佛陀。在禅定之时心与明智以无分别寻思之分虽似相同,但明智是纯正离遮蔽没有生灭变迁而超越见修之识,心虽是无分别自明而依止,与意相融渐生之识在自身盘踞而有无明之分不识自己的性相而愚钝。心之对治是明智而明智没有对治。境象是以各自明智见,对其行相生观察是心即有生灭之自性。心是明智力之现象,消除之时也是消除在明智之真性中,明智的能障之心消除而命之谓明智亲证。故此区别心与明智是极其重要。

如此之明智本性以四形势而确定:“大圆自明”至“不间断”,以一颂一句而示。此有四义:癸一,明智无基纯正佛陀与有情本来就有,没有任何大小优劣而真性不可做作,明智的本性不能修持。《无际遍布续》云:“真性不做一切基,遍布如同虚空界,无有优劣皆遍及,无有大小均平等。”《乘次第》有:“本来圆满现今不用寻。”癸二,如此所依止的力中虽显现有寂两者,然显法自然无偏袒而无须破立之因,真性中不成何物不相异有《六明灯》云:“无偏神变均显现,各自并非相异而,对诸万物如虚空,一切有寂皆普及。”癸三,如此显法以众多之景象而显,但不是所显的一切,所显者无真性而无所缘。《无际遍布续》云:“诸法自性为幻景,一切均无此之义,意识之境所成者,众多之有一切皆,真性无实离戏论。”癸四,如此明智没有始终,明智的本性没有束缚与解除解脱无间。前书云:“万物自脱大乐法身得,名言缚解一切皆为空。”《聚密续》云:“自脱至脱之大道。”

戊十,将解脱之法分别而讲是:“是为本脱”至“众多言”,以一颂一句而示,以每句示一义。己一,本来解脱,本来如虚空就是没有最初之词,解脱也是在无始时就已解脱。虚空本来为空般明智也本来解脱。《三身义续》云:“本脱本净显何皆法性。”《虚空幻化库》云:“本来解脱不曾堕轮回。”因此不用以意识做作而解脱,显现任何也无须以意识做作,可自然放置即可。《金龟续》云:“诸多如电显也自然置。”

己二,自我解脱,自己的一切所显现的现象是对己身未做作而显,《狮子吼声》云:“自然之性未做作,其即如此而显现。”解脱是一切所显现是以自我之真性而解脱无须观待其他之缘自我已然解脱。《聚密续》云:“无有作者自解脱,自然始智是一圆。”

己三,裸露解脱,明智裸露而显时不能以意识解脱,自性为空对何也不观察自显而鲜明,自解脱而清晰无定论而住。《无际遍布续》云:“无有来去真性中,无缘鲜明而依止,对何不生分别心。”《见解总断》云:“无有定论生灭空而脱。”故此自我解脱而无须修持任何对治之法。前书云:“一切所显自显自解脱,所显皆为我象无实有。”又云:“思维骤然所生者,专注而视忽然脱,无之始智鲜明者,即为超越原始智。”对外境生分别心时,以明智专注而视就会在自身忽然而解脱,是自己识自己的自性而并非新生的解脱。观察无实有而没有任何可解脱者。

己四,边际解脱,明智不在常断生灭显空有无,不依止四边不断而自一切戏论之边解脱。《绝顶巨界》云:“离四边而成中观,无有中边法之身。”一切诸边均不超出明智真性而未断,明智不依止于两边与两无边而自诸边中解脱。《虚空广域》云:“常断两者无二边中脱。”

己五,一解脱,诸法即为明智而明智解脱则一切也解脱。明智空而一切皆空,无有一与众多之名言。《绝顶巨界》云:“此即解一结而百结自解,一漆木内实则都实,一芦苇内空则皆空一般,明智解脱而一切皆得解脱。”如一切泉水皆是水一般,一切诸法皆为明智而非其他。明智真性为空般,诸法真性皆空,一切优劣利弊在空界无真性同一而称其为平等。空性没有任何不平等之故。领悟明智真性的平等能使一切不等均可解脱为平等。如不证悟则只以词句是不会悟其义。《金龟续》云:“不具始等法识则,词等难除分别风。”

如此,庚一,真性;庚二,显法;庚三,空性;庚四,解脱法中可分见、修、行、果各四法揭露有界之弊端。庚一是:“本性不断”至“任运成”,以一颂的每句示一义。辛一,见,有寂道三者的诸法明智不曾断,此等的根基有而以力中所显,真性与力象均无实有而大圆满见之正行是明智力象自然解脱。《无上果修法经》云:“遍知一切的真性是明智而示,通慧是空性而示诸法。”辛二,修法,明智不堕入有无两者无二的任何之边,不偏袒何方在自然原始智之界三时不动而依止。以真性而言没有修与不修,因真性为空而无变迁之故。以道而言不修则不能自迷惑中解脱，要修持明智自显者不以观察劳作而染的真性，《六教言》云：“自始没有精华者，自己要以已熟悉。”辛三，行，善恶、是两者、非两者均为自力中显现而不灭，自象无世不贪恋而行。但是初修者如以两取而混淆善恶而修则即如诱惑，有《如衣之秘诀》云：“为悟不混圆满之见则，阿赖之中所聚之习气，未空之间与业不分离，如言无因果则似诱惑。”辛四，果，修持任何见、修、行、果时正果任运而成，因真性自法身中未变迁之故。因此在未曾真正证悟正果之间，道与因果之名言也不灭胜义只是以无二而住，《雍仲唯一精华续》云：“名言区分诸法心，本性无二本来同，其等本无生因故，所生之果不会有。”

庚二，显法的见修行果是：“显法无定”至“与取舍”，以一颂而示。辛一，如此力之现象中虽无定而显诸象，然没有真性而空，变化不灭而显，显空无二而住，有《雍仲绝顶》云：“识与实有真性同，如同金与金色般，不可区分之本性，普及如同虚空住。”如同实有般显现也是以意识所显，对境自身没有实有，故此一切诸法只是以幻象而住，《无际遍布续》云：“故此品类皆幻象，执实幻象镜中像，误识幻象绳与蛇，念相幻象如闪电，见境幻象彩虹云，邪念幻象黄海螺，习气幻象如梦境，相异幻象如双月，故此皆以幻象示。”辛二，如此一切所显是纯正自然原始智，其实真性自大乐之界不动而无显，力之现象未灭而不没落，即使能摧毁三千世界的火水风三劫而至，也不能改变自然原始智，《基始觉续》云：“胜义大乐之中不动而，现象没有变为净之力。”辛三，如此明智的外之行为是外道邪教之行，与内之行为是内道辛饶八乘的诸行，不破力而行其诸行，但如不具备见之深义唯以词句不能成事。《幸拉悲心库》云：“所立因之词句不会成。”辛四是，如此一切唯是法性之界而不烦恼与轮回，对治原始智与涅槃无所取，有《六明灯》云：“一大界中一切住，平等之界无高低。”

庚三，空性的见修行果是：“空性一切”至“己身具”，以一颂的每句示一义。辛一，是有情也与佛陀不违，是佛陀也与有情不违，因有情与佛陀两者的真性是法性之故。《叶赤》云：“任何均是都可以，万物法性是真性。”辛二，有寂的诸法虽不相混淆而各自明显，然自普贤之界不成超越。《经释》云：“如知皆为普贤真性则，外之有色观色而成空，内之有情观心而成空，一切观为善而生灭法。”辛三，一切净与不净皆为明智之饰或变化而显无须取舍。消除有无之边云：“一切不同断现象之法，无烦恼与五无间等等，自明饰而显现不断不可舍。”辛四，以道而言时一切利与弊，轮回与涅槃皆是自明智力的现象自然显现而无须破立。以果而言时，轮回与弊端不断而自净，佛陀与功德不修自得之姿任运天成。《普贤心之要义》云：“道路之时无取舍，果时任运自然成。”

庚四，解脱法的四义是：“不断任何”至“实明慧。”以一颂的每句示一义。辛一，见，现象与空、毒与始智、佛陀与有情等一切诸法是自己之力未断而不住何处也无须取。《六教言》云：“一切皆为佛陀无须舍，无须舍时岂有可取者。”辛二，修，一切明智与所生的力之现象皆无实有，没有明智所能依之法。《始智绝顶》云：“火水土风等大种，心性依处不观待。”因此是要修持缘起纯正的明智之真性。辛三，行，阿赖耶法性纯正空性领悟之时，就无汇聚业与习气之器而自然消失，如同虚空中不可绘画一样。《虚空幻化库》云：“法性无空纯正而，没有汇聚习气处。”证悟此义的菩萨不管做任何善恶无记之业就不会有习气之痕迹，称之谓行虚空无痕。《虚空超越劳作》云：“鸟飞空中无痕般，无误之道是我示。”辛四，没有可觉悟而欲望消失，没有可堕入的轮回而疑虑也消失。领悟有寂是真实的明智而果不从他处求。《九部明灯》云：“无有顾虑真性中，确定果自解脱则，幸拉嘎布之正果。”此见修行果十六之括要是：“见之要旨”至“开悟束”，以一句而示。如此大圆满的一切见之要点是约束于法性顶降，任何以意识所命名的诸法无劳作而自然显现，以法性无惑鲜明而见是法性顶降。一切修法之要点是要约束于明智直射。突然而生的分别心忽然解脱至自然明智是修法直射。一切行之要点要约束于明智自然而生，做任何四威仪以不做作自性而行即是明智自生。一切果之要点要约束于三身开悟，对虚空与土水火风与六趣有情、烦恼五毒等没有权衡偏袒而三身与原始智开悟。此等十六所知一切之要点要约束于现今自己的唯一自明智，因其等未超越自明智之故。束缚是：“其等判于”至“而束缚”，以三句而示。如此见、修、行、果四四一十六义要决定于现今的现象无基不灭之上；要括要于法性唯一自明智之上；扼要于不劳作离边之上，释要于有寂无二。确定于法性无生灭之界。是以此五义而束缚。

现以明智自己的四要点确定明智空而无根无劳作之上。三誓言是:“何时源处”至“无有空”,以两句而示。要确定自明智最初没有源处,中间没有依止处,最终没有去处。明智最初没有所生之源,因在显方与空方,与蕴心等一切之中不能指出明智的最初之源故。因明智非自因中所生也非以缘而生之故。中间没有所依止之处,在内外中何地不能指出明智的住处之故。如有,则要知所依止者的真性等,要观察如何而依止,有无形状与显色等,因没有如此之故,最终没有去处。最初没有来处最终就没有去处,观察所行之识也不成何物真性为空之故。《金汁续》云:“辛饶神也曾告诫,最初心之源处与,依处去处要观察,修心即知心真性。”三所立之因是:“是为自然”至“无变动”,以两句而示。以真性本性大主宰三大因,知一切诸法是自然原始智,本性中不动而真性本来洁净之故。《无际遍布续》云:“本性一切之根基,本来就如大海般,万物诸法之源处,不动本来洁净也。”现象是无定众多而显,本性非何而可现象任何之故。《狮子吼声》云:“本性就是无定而,此即如此而显现。”义自法身而不变,显现诸象皆汇聚于大主宰之界真性没有实有之相故。《无际遍布续》云:“本性始智诸多力,无二之义中圆满,谓之大主宰之名。”三相信是:“明慧无因”至“生死边中越”,以两句而示。要相信明智之基不可表述、道没有以劳作而修、果没有所得。因明智之基不可比喻,因明智自然者没有最初的能生之因、所生之源、所依附处之故。《虚空幻化库》云:“明智菩提之心者,无基无依无住处,没有最初所生因。”明智之道没有劳作,中间没有能生之缘,一切诸法真性无基而本性骤然,性相无定之故。以劳作所修之道没有如来之密意。有《六教言》云:“修持劳作道之诸人士,又又冶炼银也难生铁。”明智之果没有可得,最终没有去处,果不能从他处修得,菩提心无生灭之故。《九阳汇集》云:“始智界与果边无所依。”

确定弃事大无戏论有无所作之十二法是:“四需要义”至“大无为”,以两颂两句而示。四所需是:能颠倒所修、不畏他人增损、不思夜间之事、不追随声与名言之后。如具足此四义则能斩一切恐怖的深渊。三自信是:别说得暂时的通慧或细微的暖兆,即使亲瞻普贤佛容也确定是自心而不在他处,不会生欢喜之心即是断除欲望的自信;别说是突然而至的病痛与痛苦,就是亲见无间地狱也确定为自心而非他就无恐惧,即是消除疑虑的自信;别说是示名声与声明学、正量学之法，就是辛饶弥沃佛亲自讲经也确定为自己的现象而不追随词句之后，即是对大圆满宗不厌返的自信。以五弃事确定法性是：自明智如虚空之义以劳作不能成而确定是离劳作大无戏论；一切皆是自己的现象没有丝毫不同无可断，对治也无须修持而确定是自象大乐。如此所显现法性之饰是纯正自然原始智确定显何象皆是无二平等性之界；一切有寂诸法自法性之界以无显而自显，以无解脱而自解脱，没有丝毫未解脱与解脱而确定为本来大解脱；确定明智的真性没有解脱与未解脱的利害，自所断轮回与所修涅槃，地道乘等一切之边中解脱，有劳作的见修行果穷尽，无劳作如虚空之界中三时无变迁为五确定。如问前八乘的一切见行均无意义则，其等是入有劳作之道而修虽不入其道，但功德自然而得知为自己的变化能斩断一切歧途。因此大圆满之宗一切诸法摄于无劳作之中，超出劳作的密意大普遍的明智裸露而显者以专注不间断而修是能作专注所作，归总是无所作。

如此已示明智扼要于自身大圆满宗究竟四部，密义决定之处真性明智扼要胜观之诀窍，现为示比此更密的光明雍仲精华胜观的明智扼要之法超越的诸诀窍为："尤其光明超越诀窍为。"以一句而示。此有两义，为示比胜观更为特殊之处有云："非为外生"至"其深义"，以两颂三句而示。以每句示一义，第一，两取清静的特殊之处，胜观唯能确定明相无基与心自然解脱之义，而超越能依靠真性与胜观的明智使所取之境清静为光，使能取之心以明智解脱。《叶赤塔塞》云："两取无有而洁净，真性之中大佛陀。"第二，蕴自相的区别，前者只能使身化为微尘，而超越能使内大种清静的色蕴化为光，使其他蕴清静以大往生之身直至度尽轮回之间能行他利。前书云："现象五蕴明相也，不断自相静乃大。"第三，识清静之区别，前者因幻象不灭而幻觉不灭而难解脱，超越不以有境与对境相观待，幻觉回返而使境与心以菩萨与女菩萨而解脱。前书云："八识八境以男女，菩萨解脱乃为大。"第四，光明亲证的区别，前者只是真性了空而未见自光观待其他对境的景象，超越扼要而使真性之义以胜观而见，实体的自相以光明而净他利不在其他处。前书云："无境自己大明相，他利不在他处大。"第五，果不用寻求之区别，前者之果以粗幻觉所遮蔽而成隐蔽之分，超越使明相够量而证在今生就得果而无须等到后时。前书云:“正果本有无须寻,未寻任运乃为大。”第六,无须劳作的区别,前者非在道时而是认为随后才得果,因而是有劳作,超越认为三身是道之现象而超出劳作。前书云:“自身本来就有而,超出劳作边乃大。”第七,自相亲证的区别,前者六根之门不净而要找寻心之清静之分,超越使光明之门以原始智之风而开启见法性之光,歧途少而与义不即不离。前书云:“亲证自己明相义,义不即离乃为大。”第八,地之区别,前者唯度心而不能度明相与身,超越能将其等度至无所行之义,可在今生修至不变雍仲地。前书云:“不变雍仲之地是,义无所行乃为大。”第九,道之区别,前者唯能示去处与似在解脱处,幻景未净而不能至其地,超越使幻景净与光明能至真正的解脱处。前书云:“没有可行至尊道,本来无缘乃为大。”第十,诀窍的区别,一切诸法汇聚于大主宰,而大主宰的真性是光明空性,能使一切诸法以光明空性清静之法,胜观是不能修成的,唯有任运超越可修而以诀窍而特殊。前书云:“诸法皆为大主宰,下乘不能知其义,故此就示大主宰。”

现讲述具其等特殊处的无上之道为:“具此特征”至“为护法”,以五颂两句而示。此等是自密续之王《明智杜鹃》中所引,是极密之故,以空性母天语所示。释此义是:以我佛遍知一切自法性之界以调化大千世界的众有情之导师而降时,自母腹生而养育之事一语双关是以不了义而示,胜义是自明原始智是没有何物而无实有,是佛陀之法八万四千的精华,是修大菩萨的至尊依。谢童伟西是心脏,自明智居住在各自的心间,自主长嘴之雀是指自明智固有的五彩之光。居住在银朱之峰是指明智之光在心至肺脏之间的脉中。鸟王杜鹃为坐骑是指明智之光与肺风相融,而自其力中生心即分别之心。红岩银朱窝中掏出是指明智之光融入明智而肺风自然平息,此时分别心也灭而不再生。乘坐智慧幻化鸟是指明智入清静光脉之中,又称为乘坐始智变化之马。驰其良驹而奔驰是指明智具光者被原始智风吹动。此时有四大天王托其足,是有四要点:身语心之要点、能束缚门之要点、所束缚基之要点、风智须缓慢之要。此四要点如同天王一般,我佛被天神、非天、人、龙王等持教四大天王拥戴之时,就可在三界中随意大转法轮一样,如具足此四要点,则明智就可以主宰不可思议的原始智明相。其中三门之要点中,身之要点是:为使一切有情自五毒烦恼中得解脱,与亲证五身之故,要以五姿势而修,《六明点》云:“狮象仙人母鹅与岩羊。”又有《光明明灯》云:“雄狮骄姿与,大象展姿与,仙人蹲姿与,母鹅侧行姿与,岩羊登山姿。”如从简,则所净五毒可摄入三毒自此解脱之义,与所得的五身可摄入三身而亲证之故,此五姿也可摄入三姿,《蓝镜》与《金鬘续》相同有云:“法身雄狮之姿与,报身大象之姿态、化身是为仙人姿。”又有《征兆明灯》云:“不以身姿束缚则,就不生三身之明相,故身姿极为重要。”语之要点,前书云:“如不禁语则,就难见无言之义,不能亲证唯一明点。”此时自口中慢慢呼气而又缓慢吸气要修使风慢行之法。六要义与六明点中所言的擒风之法是强行使光明显现之法,是介绍心性之宗,非恒常修习之法。心之要点有六要点:“不随外境之后,不观察心识,不关联前后两者,如此对何事皆以无所持而置于真性中。”如此修习可使真性无分别离戏论。自然之光自显而分清浊。能使悲心之光、明智之续不间断。门之要点是《征兆明灯》云:“如不以双目的视法束缚明智,则明智不会亲显。”视法以多而言,则前面所讲述的五姿有五种视法,依次是仰视、直视、俯视、右视、左视。摄则如《金鬘续》而言有:“法身视法是仰视,化身视法为俯视,报身侧视是要点。”如此初修者以双目微睁看太阳时要看太阳以下一尺之处是要点。《金鬘续》云:“稍稍降至太阳下,双目微睁不动视。”眼识不好或眼睛难忍则有《蓝纸》云:“要以布块直接授。”是以蓝布蒙面或在蓝布之帐中凝视。境之要点是:明灯之境为虚空,明智之境是界,原始智之境是明镜,光之境是明智,根识明灯要凝视外境虚空,能量对境的明智专注于内境界之明相中,界原始智的明相明点空灯与连环套等要专注于密境明智净分如明镜中。光明的现象与任何意识极密之境、依止基之始智,无断、聚、贪自显自脱地置于自然慧灯之真性中。幻化四大风者托而行是指特殊的四大脉,如同风能托一切世间万物一般,特殊的四大脉能生一切光明之象,能托至自法性现前相至证悟增长相、明智如量相之间。四脉,《六明点》云:“总之集四之蕴是,虽是脉之网络而,有功用的脉有四。”嘎豆金大脉、白丝经纬脉、细而相绕脉、水晶管脉。第一,在中脉与心间相连而是生光明相之依。第二,内脉直立中分两脉,一脉连右眼是观外境之依,一脉连囟门是明智无分别而显之依与心识往生之道。第三,自四轮中而生,一端连左眼是显现光明象之依。第四,自心脏连双目对己显现而有隐入其中，是显现无量连环套之依。有界四大烈火使暖平是指四明灯、远境水灯、法界净灯、明点空灯、自然慧灯，是《二十一钉续》所言。任何一灯也能使原本不显而难见的空色光与明点、身之明相等亲显而见。对一切都使原始智之暖分平等。如同有界的明灯或变化的烈火能使一切万物明亮而暖和，使草木与五谷成熟一般。远境水灯或远索水灯是能显之门，《金汁续》云："轮回抛至远处而谓远，明智自显而依止为索，本性是父母精血之精华水而称为水，因显现具足五原始智的光明而称为明灯。"《二十一钉续》云："远索水灯能，驱除世界暗。"此中唯显光明与明点、身等光明之现象，不见幻景也称为洁净远索，依与所依以脉的真性确定，有《始觉续》云："白而柔软内空脉，明亮明灯行白光，其兆眼中显光环。"法界净灯，有《钉续》云："阿赖界之明灯能，消除偏袒意识暗。"所显之基以阿赖普基命名是外现之光，其实是对自己的真性命名。此内界空力与外显五光界之中显现何象皆是自性之象无须破立。明点空灯是所显现的行相能显之依。前书云："胜观显现明灯能，驱除空尽意识暗。"内界空光是明点空灯，内之明智之光胜观明智以连环套之象而显。自然慧灯是，自性的明智离生灭住而真性清净裸露者。前书云："明智始智明灯能，驱除无明意识暗。"分则有将要讲述的能解脱的智慧等四智慧。法界净灯与自然慧灯如同明智真性的依与能依，以远境水灯所见的明点空灯与连环套两者是有劳作的所缘之依。又如六明灯所言则，依止基之明灯使基与明智，力等如何依止，紫达肉灯能示依止于何处，是基之两灯与白软脉灯能示自何道而生，远境水灯能示自何门显现是道之两灯，介绍净土之灯能示如何修义，中阴时灯能示幻觉至何边界，是果之两灯等六灯。如以明灯续与钉续两续而言则，身之精华紫达肉之明灯，脉之精华白软脉之明灯，门之精华远境水之明灯三灯是外器之三灯。外显之精华内法界清净之明灯，内显之精华明点空灯，所显处精华自然慧灯等是内之三明灯。介绍净土的明灯与中阴时灯是情器双运之明灯。金色之地持为居住地是指法界明智之境，界是自蓝色中显现五彩之光，明智是虽在心间光显于外境命名为明智是连环套之现象。内身明智住于光室，外连环套明点空灯等住于光环之中。金色之地是指自界中显现何象是自内明智之光外显而无须优劣顾虑。延续四水福泽之相续是指四明相即四现象，《聚密续》云：

“依靠六要四现象，现前增长如量尽。”六要点是前述的身语意之三要与门境风智缓慢的三要点。

四明相是：法性现前相、证悟增长相、明智如量相、法性遍尽相。如同在达瑟沃莫隆仁洲之中心有雍仲九重山，此山四面有四水流向四方而延续有情之命续与福泽之相续使所净清静一般，此四大相直至如量之间能延续光明之现象能将一切实体清静于光明空性之中。

其中第一法性现前相是：以前述的四要点或六要点束缚而视，自界相虹光之中显现明点，雍仲连环套如同金色之绳一般显现，即是明智之光而称为法性，能以眼睛亲自看见而称为现前，是超越喻义兆三者之义。其中的明智与主宰是同一而其实无有。无须依靠喻体非相传，无须观待征兆而自然现象。又以身直即挺胸不动与，语直即不言，心直即无思维就可亲见。《金汁续》云：“三直佑护之中引。”明相是显现界虹光与明点空灯，与雍仲连环套之现象。有《征兆明灯》云：“明点空灯是时隐时现。”修法，《蓝色明镜》云：“界在初时修眉间的黑点，显光时就如字母那汝一般会显现在空中。”增长之法，《三身义续》云：“最初自眉间中自光的，蓝色大普遍的光线中，依次增长虚空彩虹或。”是自明点与连环套间依次显现。要点是上际最初的蓝光中自显五彩虹光，内有光圈环绕的明点莲花瓣是界之环。环中的明智连环套要不游动而止。分界是直至显现三环相连之间，此时内之心识也可擒至所取境，如同落网之鸟。解脱之分界有《征兆明灯》云：“此时就是辞世也可在两世之后遇此诀窍而得解脱是无须质疑的。”

第二，证悟增长相。所证悟的印象有二，其中识之印象是乐显无分别等等。显象之印象是光明的诸相。增长是光的现象逐渐增多增大，心识的禅定逐渐稳固，逐渐安乐。现象是界五光之相渐渐增长，与明点空灯也恒常显现，《征兆明灯》云：“界清静明灯是离开眉间而显。”此等在自己未见之间是不会知道的。前书云：“不如量则难知其深义。”修法是《精华续》云：“天晴有太阳光时，早晨双目微睁看太阳之侧，然后慢慢下降，之后引至南方，傍晚也观日光，正午时背对太阳而观晴空之中。”《金汁续》云：“夜晚着重专注而，白昼要以日光修，光明昼夜相融也。”昼夜要修持光明的瑜珈，增长之法是显色的五明相与形色的五明相，自界中熟原始智的五明相等以一生一灭之法显现。明点也自小豆般增长至盾牌一般，要点是此等光之现象增长到如布匹大小时双目的视法，有《象雄耳传》云："见月牙与色极白，此时仰视是要点。见直立与色极红，此时俯视是要点，见方形与色极黄，此时右视是要点。见圆形与色极绿，此时左视是要点，见三角与色极蓝，侧视又或视中心，五全平视前方空。"分界是显现半身或全身之间。此时内心分别心的思维细微，如重病在身的患者一般而住自明智比先前更明显。解脱之兆，《征兆明灯》云："如在此时辞世则就不会轮回而降生于化身佛之刹土。"光显现如同布匹之象时一切皆如此，显现如地域般时可在中阴时得解脱。此等之时有《征兆明灯》云："身成刹土之身不生微虫，不想做任何善恶之事，身无皱纹不思饮食，不想与自己的现象分离，如同行走在空中之意识与不想与人同住，不言迷惑之语常如哑者行。"

第三，明智如量相。明智是显境的明智不能与任何空性区分，胜观的明智是雍仲连环套，依止基的明智不能区分真性本性悲心三者。持基的明智是一切心识的所显处。持性相的明智自无明中回返明智之分五依止中，此是胜观的明智连环套。量是显现身即单身菩萨、夫妇、成群、主仆与坛城圆满。如量是此等现象皆圆满。明相是显现光与明点与身之现象等。《八品》云："原始智之光自眼而显一切万物以光而显。"看何皆显光中就会显明点。《征兆明灯》云："此等明点大小自前者般至众多满地域般显现，各自又有五色光环的明相。"每个明点之中各自有五佛的明相，此时现象不会动，大种蕴明相皆自灭，不会显现实体之象。会显现自己手指的现象。身是依止在自身，《八品》云："法身依止自己之心间，纯正原始智身依止在双目中，报身依止在脑中，悲心化身依止在脊椎的脉中，明点自然之身依止在一切脉中，佛陀五身依止在自身。"法身是具足成群。自己显现其等现象的显法，前书云："明智始智依附在自身，依止在心脏，以身显现，是光，成熟在自己的眼睛，显现是以眼睛能见之象而显。"修法，前书云："善男子佛陀之身明相不灭显现于境，要置于心无分别大离戏论中。"分界是直至现象完全消失之间。此时内心也不生思维，因所游动之风已清静之故。如天花痊愈后就不会再生一般，分别心也不会再生。此时有《八品》云："身纯正、脉纯正、对境纯正、眼睛纯正、明智纯正、心识纯正而显。"会亲显六纯正，身以光而显，能见依止脉中的字母、明点与身等，大种的实体净，眼睛所见皆为光明之象，幻觉尽，密意无变迁。解脱之分界是在今生觉悟而成佛。《征兆明灯》云："此即三身之贪恋自断，是三身在道时圆满之量。"又由"其以三身而分是，以身姿束缚是在道时斩断化身的增损。之后显现明点空灯至明点中各显五佛之间是在道时斩断报身的增损。自不显自己之身至，唯显光之手指间是在道时斩断法身的增损。"

第四，法性遍尽相。法是一切显智皆是明智，性是明智的真性如虚空一般，遍尽是外之土石山峰，内幻身实体，密分别心的一切思维等在明智的真性中无本性而称为遍尽。明相是如同无乌云遮蔽的太阳一般，悲心原始智的明相之相续不间断显现。此时有《八品》云："明智不偏袒而显，明相融入明智中，明相被明智主宰，明智与本净之地圆满。"迷惑的刹那心消失而明智隐入本净内界中。不入内界是大往生之身如同大上师占巴南喀与李西达让大师一般。李西大师曰："吾身以光而依止，光离显色之有相，吾语以法而散射，法是三法藏而示，吾之意是原始智，真性本性悲心住。"如所言一般。其如不行他利之业则有《金鬘续》云："不要专注与手指之明相，专注于界之明相，能使蕴以光身所显者融入最初的本净之界，以内明童子瓶身，度至普贤佛之地，始智的通慧不以外明显现，内明大任运之界中永久依止无许疑虑。三昧耶。"衲之《域慧宝库》、《精义》与此经是密宗的精华，因而极其难懂，因此，如参照此三部经典，则在一部中未详论之义会在其他中有详论，定能领悟许多深奥之义。一切星辰升于其腰际是指将显色、形色与界之饰圆满的明相与明点相连，现前与如量之间以增长之姿所显的现象，称为升于腰际。其有显现五原始智的五光与直立、辐显、方角、布匹之相、地域一样显现是色之现象。显现箩筛之相、半满璎珞、鲜花之团、种性标志之相，城郭之相是形色之相。显现宝塔、铁钩、天杖、箭、矛之相是自界中成熟原始智，是界饰圆满之量。五明灯在顶亮是指明智如量至亲证五原始智，其是明相增长的尽头因而称为顶，此时实体尽而亲证空性原始智。一切大光明之明相无边际而亲证明镜智，显现何物皆是自己的现象而取舍尽而亲证平等智。明相在五大种刹土中明显，身之脉中显现明点，与身之明相不可思议的自相分别见而亲证妙观察智。对生与入自主而亲证成所做智。对生自主而修成大往生之身而行利有情之事。对入自主能在刹那间融入最初的本净，具足此两自主就能随意行事。八部明亮之灯饰于身是指，任运八门，明显是内光外显而明显，如同依靠洁净的明镜就能知自己的容貌美与丑一般，任运的明相能知明智自己的性相。八是有八种显法，显现之时是在基象浮动与中阴、修道之时。饰于身是指基中的基象任运天成而依止。密之三字真言置于心是指，三身以道之现象显现而圆满之义。密者是果在道时就能圆满是其他乘不能修成的，所以称为密。三字是指三身，其在道时就圆满而称为置于心。四季四王妃众结后行。四结行是，光明的明相最初生，之后增长，中间成熟，最后汇聚于法性中。如同四季可使花草树木生增熟汇聚一般。《义续》云："不动住与得与自信四。"第一，三不动，身不动而眼不动，可使界之连环套不动，依止在此境就可在原始智不动的真性中使心灭，而能依止于法身光明始智中。第二，三住之量，一切超越的现象以胜观的纯正明智引发而修使能动之风尽而生三住的现象，前书云："外之现象能动风尽而，界智无走动而住自处，内之五蕴能动风尽而，身也不晃动而如法住，密之分别能动风尽而，不生分别之心而能住。"第三，三得，如此串习就能使外之现象、内身、密风心三者自主，而明相没落于刹土，幻身没落于光身，分别心没落于法性之界而亲证佛果。第四，以四自信解脱之法，此时就会从怕不能修成佛陀的顾虑与想修佛果的愿心，怕堕如轮回的顾虑与想解脱轮回的愿心中解脱。聚密云："四自信满有寂脱。"眷众四大良臣为护法是指四智慧，如此有寂的显门分别开启的智慧，与明智真性相同的汇聚的智慧，与以明智之力自然解脱的解脱智，与明智之界无本心而动的能动智慧此四，是自然慧灯的分类。此是以智慧的显分中唯以名而分。如此没有能知自己真性的智慧则就不知内界纯正空性的性相，如同黑暗而就会自所有智中迷乱。无自然而不混淆地识外境现象的识自容的妙观察智，则就会从尽所有智中迷乱而不得遍识一切智，只能误入歧途。故此唯有识外空内空、外明内明的特殊智慧才能识一切无分别、不离明智之真性，不会与意识同住，任何对治也不能治，识迷惑之弊，正确知道明智的真性。《征兆明灯》云："意与明智分离是，显现众多明相时。"所言般，意自明智中回返。"自明杜鹃"至"畏惧行"，以两句而示。如此刚刚所讲述的超越的四十一要点所摄的明智人士能将一切轮回在今生就能解脱至光明空性之界而无所畏惧。“三马连续”至“而觉悟”，以三句而示。如此三马者，明智的自风无记者是因，如遇逆缘时就会变为烦恼之风做能成熟轮回之业。如以禅定束缚则就会变成原始智风而度尽三界九地、胜解行四地、雍仲乘十地与三地度交而在无二大雍仲地之界中以本净童子瓶身而亲证佛果。此等地道也可在今生无修行而得。雍仲本教法藏宝库中，示不共之道是第二十品之释。

第二十一品　大圆满之果

戊十一，现为确定绝顶无上至尊乘的究竟之果有云：“其等道路”至“也显现”，以一颂一句而示。如此以基与道所修成之果是：有情之相续中自无始时起就有如来藏的基界，在三时可以以本净与基始觉等命名，因真性本来就未曾被污垢所染，本性以离污而依止之故。但并非没有最初之基界中所显现的基相以我执习气增长而显现的幻觉之分，与从心与心所中所生的八识近取的五蕴等客尘。依止自己的污垢对自己的本性不曾染而以能离垢而依止。如同水虽与混浊同在，但水之本性不曾被混浊所染，是可以离混浊而依止。虚空可以离云朵之遮蔽与金子可以离锈气一般。《性相广释》云：“水与虚空金子般，本性净而是洁净。”因此精通正确与不异道无劳作的要点就能将客尘，以串习领悟一切诸法空而无我的明智之力消除。如同无垢的如意珍宝中一切所求能任运天成一般，阿赖耶的污垢清静后所亲证的自性身与始智不即离之真性，则自他两利就能任运天成。《普聚》云：“心界有污就是基，悟无我是了慧道，离其污垢究竟果。”为示基界是解脱地而有云：“域慧无二”至“大宫殿”，以两句而示。域与始智无二的本净珍宝之孔是究竟的解脱之地，一切戏论平息的密界是一切道之所行之地、一切密意的绝顶、一切三时佛陀所涅槃之地，解脱之地是以宫殿而命名。《明智相续绳》云：“任何无缘法性中，建诸密意之宫殿，即是佛陀涅槃地。”又有：“三时佛陀是宫殿。”基之性相与五身之刹土关联而言则有《普贤法旨释》云：“本来觉悟的幸拉宫殿，如同珍宝般显现而是嘎塞宫殿，没有终点是果塞宫殿，任运而是塞杰宫殿，不显现任何显色是南塞宫殿。如此如同虚空般清静之界中，有未遮蔽的明智普贤辛拉沃嘎居住。”前两句是示本净的真性始觉悟非平等空性而是如珍宝一般依止。第三、四、五句示如此的内界没有终点，五光任运也不以显色与有相而显现。第六、七句示本净与任运无二如同虚空般清静之界中，悲心普遍的明智遍知一切智普贤佛真性本净断一切客尘，而成为洁净的基界是究竟的解脱地。

根器优、中、劣三者至其界的解脱之法是：“何人今世”至“一明点”，以一颂而示。如此根器聪慧今生解脱者，是外大种的实体与内心的污垢皆尽而解脱与本净之地，是以超越使化为微尘以光明而显，对生入自主成往生之身又融入内界时，胜观使身成微尘，心成法性。此两者在本净之地圆满是心识融入虚空，虚空以本净的自光而显时，解脱也以法性无中阴觉悟而属今生解脱之列。自此依而离的后者之分是此之故。大种的融入法圆满而明相、增相与得相的八十本性灭，而证悟本净法身的光明显现而得解脱。八十本性，《道现觉续》云：“嗔心所属卅三思维灭。”如此，离欲的本性是嗔心，对对境持不悦意之心其有小中大三类，感受不明显而分小(1)，虽明显但时间短暂不能成事而为中(2)，既明显时间又长能促事而为大(3)，意之去者是对外境寻思，来者是内之寻思是寻思两者(4)，忧伤是离悦意的感受，小(5)、中(6)、大(7)以离欲而分大小如上。静(8)是如同疲劳一样痴呆而非念知，分别心(9)是持有相之想，畏惧小(10)、中(11)、大(12)，贪著是喜爱悦意之物也有三(13)(14)(15)。取(16)是对想入所喜爱之境，如饥似渴的不安之心(17)，受是乐苦舍三感受(18)(19)(20)，见者(21)是亲见，见(22)是所见的做事者，能持(23)基是对所见之境不真者以持如真之念的误识，区分可做与不可做的分别心(24)，知羞耻(25)是自己堕落或不想堕落，怕人耻笑(26)是对恶业有顾忌，知耻也属其中。对悦意之有情生愿其离苦的慈心(27)，愿其遇安乐的悲心也有小中大三种(28)(29)(30)，犹豫而不坚定是顾虑(31)，不爱布施想积财是吝啬(32)，对他人的圆满处生不喜之心是嫉妒(33)即三十三种嗔心。《道现觉续》云：“贪心所属四十思维灭。”贪恋(1)所得之境，对已得者贪著(2)，对悦意者一见钟情是喜欢有小中大三种(3)(4)(5)，所想事成的欢喜是悦(6)，又又感受其乐是极乐(7)，以新得之乐使心旷神怡是奇异(8)，心思悦意之境是笑(9)，以乐受满足是如意(10)，搂抱(11)是以贪恋之心想做爱、接吻(12)是又又想做爱之心,想持之心(13)是想延续做爱之相续,坚定(14)是所想之念不能改变,喜欢为善是精进(15),以种性等自大是我慢(16),愿所做之事圆满成功之心作功(17),贪心是夺(18),想毁坏之力(19),喜欢做寻常事是乐(20),对艰难的事情也不畏惧有小中大三不畏(21)(22)(23),傲慢(24)是忿怒想争执,想装扮的俱娇媚(25),记仇(26)的怨恨,随喜善业的善(27),想让他人听懂的语明(28),如实而言的真实(29),非真实(30)即想打诳语,坚守誓言的决定(31),以对境所生的厌烦而不想持对境的不近取(32),想施舍之心(33),促使(34)他人做事之心,愿自障中解脱的英勇之心(35),不顾忌恶业的无耻(36),想引诱他人的狡诈(37),执着于邪恶之见的邪见(38),糟蹋他人的身体财物也不以为然的不驯(39),想掩盖自己过失的谄(40)即不诚。前书云:"痴心所属七分别心灭。"以贪心使心迷惑的无明是贪心所染的中间者不清醒的无明(1),如此念知消退的健忘(2),将大小与声色等颠倒而持的迷惑(3),不爱说话的寡言(4),对一切对境生厌烦心(5),不喜做善的懈怠(6),难做决定的犹豫(7)合计是八十本性。根器中者在中阴解脱是知法性中阴的四明相均为自己的现象而得解脱。根器劣者可解脱于本性化身刹土。生于此处的前因,是在道时上师介绍心间法性之光,灌超越明智力之顶,与之后也誓言洁净而修习昼夜的光明使见大圆满之门。《金镟续》云:"如识有界中阴则,生六趣的习气尽,能以化身得解脱,洁净愿心连接则,来世无遗真希奇。"化身佛的刹土是:东方有妙喜刹土,北方有业圆满刹土,西方有莲花重叠刹土,南方有瑞祥刹土,中间为任运刹土。其等依次是以金、蓝宝石、红宝石、吠琉璃、水晶建成的无量殿中,有光明自成佛、格拉噶秀佛、谢智尼麦佛、噶哇东智佛、沃嘎尼增佛,对各自的眷众宣讲雍仲佛法。外器内情的布局圆满而以不可思议功德为装饰,其等刹土的上方有法性忿怒刹土是化身佛忿怒明王的刹土,以尸林布局极其恐怖的无量宫殿中有忿怒明王宽江卡,有不可思议的化身眷众环绕。将生何地的相续成熟而在空中显现忿怒明王刹土,以此加持力消除一切所知障而在本净之地亲得证悟。其等在自己的心间五原始智之光与大脑海螺之宫殿本来依止中自然显现而称为自然化身刹土。如此以根器优劣而解脱之时虽有先后,但究竟的解脱地是本净之界不异，以唯一明点圆满而所得之果相同。《密圆满续》云："一切诸法果相同。"

如此一切诸法在界中穷尽之法是："其时暂断"至"极圆满"，以三句而示。此时一切迷惑之法穷尽而至轮回的尽头。果亲证而道法穷尽。果如望日的明月一样圆满而没有可行之处而是究竟穷尽。《二十一钉续》云："烦恼穷尽轮回之水断，道法穷尽度至大乐境。"穷尽也非断或灭，所生之源与解脱之边是依基而如同一切水流源自大海最终又纳入大海一样，《二十一钉续》云："明相穷尽并非断与灭，所生源与解脱边依于此，无尽无灭三时无间断。"

涅槃之门界中亲证之法是："外显报身"至"不外显"，以一颂而示。如此外明任运报身刹土的景象隐入内界之时，佛陀之身如来静猛主仆的一切明相、语之八万四千法门、意之六十一智、功德刹土、无量殿、宝座、装饰物等原始智不可思议的明相、业之四业门的无量教法、乘之分类四十五乘等一切在都无自性之界亲证佛果之法。有《九部隐义》云："问：一切佛身亲证于何处，佛曰：亲证于不变雍仲之身。一切语亲证于何处，亲证于无本性之语。一切意亲证于何处，亲证于平等无迷惑之意。一切功德亲证于何处，亲证于善普生的功德。一切业亲证于何处，亲证于无劳作任运之业。一切果亲证于何处，亲证于无上洁净圆满之果。一切之一切亲证于何处，亲证于基真性无做作唯一明点。"本净法身之界三时不动为身、不灭为语、不惑为意、善普生为功德、任运为业、一切道法圆满而为果、中断以一解脱而为唯一明点。如此自相的身与始智的明相外明的受用报身坛城，如同水晶之光隐入自身一样，隐入法身均不显于外。

依止在界中的本性如何，有云："其时本净"至"界中居"，以一颂两句而示。此时色身于内界圆满，本净在自地真性与力象无二而依止，一切诸法在皆不是的唯一基之真性中汇聚。《叶赤塔塞》云："一切诸法摄于基，铁水汇集铁一般。"此时轮回的根基断，迷惑消失于界中，基道果相融，称为始智汇聚于界。《绝顶巨界》云："心识思维觉醒意念失于界，根除分别心而佛陀由自得，两现自然解脱根除轮回基，斩断我执绳索无我而涅槃，迷惑净于基而通慧始智显，基道果等相融正果至尽头，明相以空解脱有寂在基净，心性无分支而地道同圆满。”如此圆满任运珍宝之孔，最初的穷尽之地，得大本净童子瓶身而内明细微的原始智融而不惑地依止。此以身而命名是：三身究竟自性身。《道现觉续》云：“无烦恼的法性洁净者，自性至尊之身无边际，能得者们所得的深义，自然始觉悟的此身是，大洁净的极净无上者，一体有三身的主宰是，具足无量业之变化力，佛陀中的至尊大佛陀，得此之上无他可得故，无上正果尽人皆知的，一切征兆功德圆满住，所修究竟是为得此也。”此即已得与能得一切中所得的重要之义。真性本净本性洁净是具足两净的三身之主，是不可思议的色身之源，没有比此更高与更究竟的其他果而称为无上果，基中本来就有以离污垢之果而使果的十一标志与一切功德圆满。是一切佛子大勇识所勤修之果，所修之义究竟空性洁净以勤修，是为得觉悟三身之主之故才勤修的。如此法身唯一明点不依止于上下方位内外中边任何之中而真性离言语，一切戏论净而在离显空常断等九边之界三时无变迁而依止。《无际遍布续》云：“大离诸边此义是，皆不能障而依止，脱离显空两分是，非为显分明智力，非为空分自本净，显空离戏论而住，无二大乐之空性，脱离有无两边是，不是有边本性显，非为无有真性空，有无离戏论而住，真性无做之空性，脱离破立两边是，不是破而离烦恼，非为立而得法身，破立离戏论而住，自然本性之空性，脱离取舍之边是，不是舍分因果净，非为取分任运成，取舍离戏论而住，无垢洁净之空性，脱离生灭两边是，不是生而始智明，非为灭而幻觉净，生灭离戏论而住，本性无劳作空性，脱离常断两边是，不是常而无变迁，非为断而思维净，常断离戏论而住，自然法性之空性，脱离动勤两边是，不是动而力圆满，非为勤而界平等，动勤离戏论而住，本净离戏论空性，脱离生入两边是，不是生而明智显，非为入而无施离，生入离戏论而住，未障自显之空性。脱离集散两边是，不是散而一切明，非为集而界中同，集散离戏论而住，大明点之空性也。”如问究竟的解脱地是否是最初之基，如是则会回返，因以能生迷惑而分故，是有寂两者之基故。如言否，则就会与解脱地是最初之言相违，《九部钥匙》云：“尊敬的父亲，果非最初之基，离污垢，基虽断又未断，没有不观待基之果。”将基本来自然洁净的法身，以离一切骤然客尘之果洁净法身所饰是具足两净的法身。《叶赤塔塞》云：“基为洁净法身者，果洁净的法身饰，其义三身不即离。”

“即便如此”至“之性相”，以三句而示。如此之果离应允无置处。三时何时均以空性刹那也不动以不明显而依止。即使如此也非平等之空，身与原始智的明相可以显现，《始觉续》云：“如此法性洁净至尊显，唯一明点始觉悟之基，其如无身空而离四边，黑无义中超越法性身，自光始智光显具通慧，无有前后悲心光散射，身无始智就无明智或，实有恒常不是佛陀而，遍知一切之王明智等，无惑不变无思一切显，无我佛陀无死任运成，不享始智之界如瘸盲，自觉悟如胎儿死于腹，故此自明始智不偏袒，无际普遍不偏私之界，遍及一切如意广大住。”所言之义是：基如无身则是偏私于空，无能修之依如同旷野一般，无所行之道如同黑暗一样，无解脱之边如同无色四边一样。身如无始智，则空就如同无明之虚空一样，是实有就如泥塑，始智如不能享用界则，自己觉悟也如同胎儿死在母腹一样，真性如不成无显则如同盲人寻找虚空之边一样。故此基中有身，在本净之地没有以实有而成者，有自其界或其分中所生之基，《明智力灌顶续》云：“自始未寻任运佛陀身，非为纯显空性雍仲义，不是纯空明相不可灭。”身有原始智而始智也是无际、无边、不偏私、表里如一、无量、不狭、大遍布、无竭、无变化、享用自容之界不外散而通慧不灭，内明无分别而依止。如此本净任运无二的本性即不是他人相续的明相，也不是自己相续中所成。前书云：“不是他续自相洁净界，也非自续自始本来住。”菩萨无戏论认为：法身是洁净之空，却不知细微之身与原始智在内界中以不显现而依止之分，在他人的现象中所生的佛陀的悲心与业也认为如同珍宝与水月一般无分别心而以化机的愿心显现。《两谛》云：“身语意的诸化身，以信而显说法等，如意珍宝水月般。”此时在内界虽不亲显，然而在他人的现象中悲心之力不间断如同如意珍宝一样。《叶赤决定品》云：“非亲依止自然生，如同如意珍宝般。”因本性是任运而无须观待愿心之因，自内明中以外显的色身与业等自然而生。前书云：“法性显现法身是，水晶显现日光般。”现以依止在内界的法性三身的真性连接而示自其中生外明色身的布局之法的略表是：“其中法身”至“不可思”，以两句而示。如此界法身的真性中虽不亲在，然细微的原始智唯以内明现象中向外蔓延，在化机的现象中自然显现身与始智的不可思议的明相。

详论为总示身之分类有云：“本质不变”至“大安乐”，以两句而示。外明内明何时皆是在自性的真理空而大自显不变而被称为：界常不变雍仲之身。是以境、时、寿命、身、原始智等不变迁的五分而命名的。《基始觉续》云："最初基之自然原始智，境之不变法性雍仲界，时之不变三时唯一者，寿之不变生灭边中离，身是不变大安乐之身，始智不变自然洁净住。"身分两身是法身与色身，因性相宗认为是自福资粮与慧资粮两者而生。阿嘎太白宗认为是以方便生起与智慧圆满次第所修成。无上宗认为本来在自身以任运而住，无须观待因而自然显现。《聚密大圆满义续》云："法身者与色之身，两身之分现显也，福资粮与慧资粮，有相无相两者使，智巧之法而示是。"以三身而分是有前书云："法身如同虚空中，显现报身如骄阳，化身光与水月般。"以四身而分，前书云："法身报身变化身，大安乐之四身使，能行一切有情业。"大安乐身是不变雍仲身的异名，《始觉续》云："身是不变大安乐之身。"又或三身无二任运就是大安乐之身。《大圆满义续》云："如同如意珍宝般，三身任运大安乐。"以五身而分是："自始本质"至"法身佛"，以两颂一句而示。如此界本净的明智自无始时起自然洁净而离变迁，根器优中劣三者共同的根本位，是自身本来就有非新得而知其自性则亲证。基界无始终以基、道、果之真性而依止是不变雍仲之身。前书云："一切无二雍仲身，其即无得所得法，示其即为根本位。"

界自然洁净的不变雍仲身清除骤然的一切客尘，修成知竭尽与无生的原始智而具足两净的真性者即为现觉身。以言词而释义则是亲现与菩提、示身。亲现也有真实所见与真实所显现两种。真实所见也有近似真实与半真实、洁净真实等，是见第一原始智至现证之间断证功德增长之身。入道而见朦胧的原始智是近似真实，菩提虽有真实原始智然刹土等有边而是半真实，佛陀的原始智如实而知，洞晓一切所知唯是唯一真实而是洁净真实。菩提唯命名于果则是不生而为菩，不灭而为提。以因果两者命名则是：消除两障而是菩，圆满两资粮而是提。唯以因命名则是：消除因有情之恶业而是菩，汇集果佛陀的功德而是提。身是洁净原始智身而为身。有《基始觉续》云："如此不灭始智明点其，真实现前洁净真实与，半真近似佛菩有情相，对此真实何言菩提则，以果而言不生不灭与，以道而言除障资圆满，以因而言有情度为佛。"现证是以原始智断证圆满之分而量的七部果法所摄的如同大海般功德的主宰。七部果法是：辛饶的十八不共佛法、八解脱法、如来十力、四无畏、三无守、三念住、三不忘、果的十一标志等圆满。此等的分支将在《教理宝库》中详论。

法身的真性是自然原始智内明虽离诸戏论，然而是遍知一切智的显现之处。《幻化续》云："细微始智内中明，无缘显处法之身。"自性身与法身的区别是：自性明智与外所取之境不混而入境之识与思维的细微分别心等消失，内能取意识的持法一切世俗也在自性无生灭中自然消失，以三界所摄的心与心所的近取中所生的一切轮回缘起灭，而所灭之基的自性身的妙观察智增长而成法身。离常断一切之边的真性使法性三身始智真实显现之法，《始觉续》云："最初无生自性之身使，洁净脉中转依法身与，加行之风所修现证身，燃烧明点而生大乐身。"自性身是三身的法性而依脉风明点之要点，以法性之明智使自己的本性三身原始智现证。自行身与法身是具足两净之身真性相同。始智断证圆满是明智的真性，以二十一性相圆满之分而区分原始智法身。"法性三身"至"亲自现"，以两颂三句而示。如此不变雍仲身与现证身、法身此法性三身的本性是唯以最初的内明原始智本性现证之分而命名。其实法界超出有无显空常断生灭等等诸边与四边。中边与方位上下等均不能表明的无量宫殿中有自然明智辛拉沃噶佛。不能以喻与方便之法表明不可言喻之义，所知与观察之心等一切境中超越，如同晦日之月隐没于空一般，虽在他人的现象以不显现而住，然色身遍知一切的变化外明显现的始智之光何时也无间断。化机的现象中真实显现报身与化身的现象。报身与化身的现象将在后面论述。

现分别讲述三身的本性总义是："三身果道明相并非异。"以一句而示。如此因性相宗认为修得三身的唯一之因是两资粮圆满。大圆满之宗认为唯串习自然原始智，使串习之力圆满而得三身之果。《大圆满义续》云："真性为空力圆满，修得法身离戏论，自性自显力圆满，修得报身五定身，性相无二力圆满，修得化身五不定。"自明智的真性离戏论为空性，其自相如幻景与梦境一般，其力以诸多而散，其三者无二不相异而真性无生、自性不灭、性相不依止的平等明智自显无做作的相续要延续者，是道之命脉是真正之果。如问三身是否是究竟之果，如是，则就与认为三身在道之明相中圆满之义相违，如不是，则就同悲心菩萨宗所言相同，如此相问则答曰："三身是果。"《十二童子续》云："果之总义是有三，法身报身化身三。"如言与悲心菩萨宗相同则非也，悲心菩萨宗认为三身是究竟之果，此宗虽认为三身为果，但法身的高身使入本净内界如室中，为利有情而做报身之庄严自此增长而使显没两者均在内界而做，《经释》云："法身者的高身是，无生入的心性无做作，不能表明比法身还大，无广狭而比空更广阔，轮回无基唯有涅槃义，涅槃之义超出能喻言，没有以身命名之处法身命名处，没有基与无基悟未悟，如同离有相的虚空般，显形色无虚空均不显，无相以空普遍明显般，故此无命名处高至尊。"认为三身是果也与道相不违，本净的内界如帝王的宫殿，三身如原始智的内界而不亲自显现时，如同深居皇宫大内的帝王，寻常百姓虽不能见，但帝王仍在皇宫内一样。帝王出宫时仍是帝王，身与原始智入内界虽不亲自显现，然果亲证而住，对外显现时以法身中显现两色身而行他利之事，在外显现时虽是道之明相也与果不违，入内时在界中以密意离边而依止。如此自相融于界中使得我利的大息虽无行相之法，唯以依与能依言词所表明的化机的幻景中的轮回还在，为行自相化机的他利之事，自内界中显现两色身之明相，将他人自幻觉之梦中惊醒，使他利任运而成，谓之曰：两利圆满的佛陀是究竟之果。如此内界与外明道之明相不加区分而认为三身即是究竟之果，则就问此三身是同体还是异体，如是同体则与法身同体，或与报身同体，又或与化身同体。如是与法身同体则两色身将永久不显而失言，因法身不显之故。与报身同体，则法身即成有相而失言，因报身显现原始智的变化之故。与化身同体，则另两身是以实有有色而失言，因化身是以实有有色而显现之故。三身是异体，则三身即成实有而失言，因有彼此相异的三者之故。如同幻觉中显现的蕴一般。因此三身明智真性同一而行相各异，一一而生如同虚空中生云朵，云朵中生雨点一样。《大圆满义续》云："法身如同虚空均遍布。报身如云明相对境显，化身如雨能圆有情愿，一一而生无二虚空界，证悟如量瑜珈悟此义。"法身中为他利而生两色身之明相，则在法身之界不动中对业将净的十地菩萨以报身的明相而显现，对业未净的六趣有情以化身的明相显现而行利众之业。《六教言》云："法身之中不动而，为利有情皆显现。"又有《见解总断》云："法身如同虚空的非实有之中，显现如同骄阳般的受用报身，又自此显现如同日光的化身，为调六趣有情而变化能化的六辛饶，三千大千世界中变化千万化身而行利乐有情之业，如同日光遍及一切一般。”

为示三身各自之本性，第一，法身的本性是：“法身本质”至“空与雨”，以三颂而示。如此法身的真性是离言语之喻自然原始智均不显现。《大圆满义续》云：“法身真性一切均不显。”此真性的依止之法是与任何均不混淆而住，此真性的本性不被污垢所染本来洁净，此真性的性相是空而明智的精华。此真性的悲心不与任何相混有不分而无二。言词是，法是佛陀之地的一切无竭之法均与明智连接，身是以明智无变迁之分而言的。《地道幻灯》云：“法是不动身不变。”喻体是普及一切而无实有如同虚空一般。经云：“法性真谛之身虚空一样空。”自性是身与眷众、时、居住之境、所示之法均无而是具足五无的究竟之界。分则有基道果三种。基始觉的法身是对一切有寂本来就普遍而依止。《宝塔》云：“法身是大普遍也。”道现觉法身是自见道至十地后际之间的菩萨心续的原始智。《六教言》云：“始依始遍无求之帝王，刚证悟使亲得佛陀果。”果等觉法身唯是佛陀相续的原始智，具足两净的法身大乐者。传承是具足洁净证悟的一切证士圣者所持。《义续》云：“传承证悟之士持。”对何显现是对众佛陀显现，具足两净之果的法身是一切佛陀无误的受用之境。他利之业是能行虚空遍及的一切有情之业。前书云：“能做虚空遍及有情业。”虽不直接行利有情之业，然以间接而行有情之业如同虚空的云朵与雨点一样。

为示报身的真性：“报身本质”至“十法具”，以一颂而示。如此报身的真性是本性不动之身一切相好与功德俱全，真性性相是具足不变雍仲十法。雍仲十法，《九部隐义》云：“得万物不变的雍仲；得法不变的雍仲；得心不变的雍仲；得天神不变的雍仲；得境不变的雍仲；得显色不变的雍仲；得原始智不变的雍仲；得等持不变的雍仲；得密意不变的雍仲；得果不变的雍仲。”如上所言，第一，一切万物虽在虚空中成坏，但虚空无成坏而得万物不变的雍仲，报身之刹土是离一切毁坏。第二，八万四千法门虽在法性界之经典中显现与隐没，然法性的经典没有所生之处与隐没之地而得法不变的雍仲，报身的刹土没有词与字母。第三，一切心与心所虽在心性明智的真性中生灭，但菩提心没有生灭而得心性不变的雍仲，报身决不会有心与心所的一切分别心的思维。第四，一切息增怀伏的不可思议的天神团体虽以辛拉沃噶佛为变化之源与汇集之处，但辛拉沃噶无变迁又变化无阻而得天神不变的雍仲，自辛拉中随化机之需而产生静猛的明相与化身的变化。第五，一切六趣之境虽均有变迁，然法性之界无变迁而得境不变雍仲，报身的刹土决没有变迁。第六，五显色虽有变化，但光明固有之光如虚空之色者没有变化而得色不变雍仲，报身的相好等与刹土的布局均具足五色光明。第七，六十一原始智等一切始智虽均在空性始智中散聚，然空性智无变迁而显法不灭而得始智不变的雍仲，以身与始智双运而自显不可思议的无边无际的刹土。第八，三百六十等持，及数十万等持之门虽也是以皆不是的等持而散聚，然皆不是的等持不动而得等持不变的雍仲，心性恒常在不动等持中自然而住。第九，一切密意虽均是从任运的密意中散放，但任运的密意没有可寻求而得密意不变的雍仲，离坐立的密意依止在大自境中。第十，果得佛陀之果，佛陀之果没有生老病死而得果不变的雍仲使身无生死，其原始智心是法身，相好圆满之身为报身，业以化身显现而三身圆满之果。

“言词自享”至“大庄严”，以三句而示。报身的言词是，受用是自己享用自相原始智之明相，相好等功德未有不全而是圆满，身是自相自显大庄严。“喻为自明无思如日月。”以一句而示。喻体是，自显而无分别心如同日月。《经》云：“受用报身如同日月一般明。”“本质刹土”至“以决定而显。”以两句而示。本性是身与眷众、时、处、佛法等五定而称为具足五定。《地道幻灯》云：“具足五定菩萨见。”所住之处的定数，有三色究竟中的世间之处的色究竟天是，十七色界的最高处色究竟天之处。此处不是有相轮回之下方而称为色究竟天。《经》云：“色究竟天色已尽之边。”自相任运的色究竟天是，报身的决定之处。《无上正果修法经》云：“色究竟天之宫殿，报身辛拉沃噶住。”洁净义之色究竟天，是各自的心间法之宫殿中依止的自明智普贤佛的大离边之界。身之定数，是身定以相好装饰；时之定数，是住世乃至轮回未空之间；佛法之定数，是唯示大乘之法；眷众之定数，是唯有十地雍仲菩萨环绕。

“分则内界”至“三报身”，以一颂而示。分类有三：本净的内界中以自然圆满的具足五光之身，以未亲显之分而称为不可命名的报身。自其界中外显的基相或中阴或证士的道之现象而显现者是法性之法身。光与光环显色圆满之界中，显现坛城与团体的不可思议的明相，法器与饰、装束均明显显现，此时为度有情而自法身的内界中自显的受用报身，具足悲心之力、原始智之目、光能暖一切有情、行相具足遍知一切的原始智，不变雍仲的十法圆满得而以现证之分称为可命名的报身。其又以种性而分则有静、猛两种，静相报身也有五种性，《地道幻灯》云："静猛者与五种等。"自界中显现五原始智，又自此显现的五光中五十功德庄严的圆满之法，《虚空总断见之品》云："其佛陀之心性中，明智始智离遮蔽，原始智有五分类，分类又有五显色，五显色中五刹土，五刹土中五宫殿，五宫殿中五宝座，五宝座上五尊佛，五尊佛中五尊身，五身特殊五功德，其有智慧五喜部，其有所行之五业，五业圆满五净土，如此各五分类十，极其圆满为报身，时与处与身眷属，法等极其圆满而，报身具足五圆满，本来就无痛苦名，自始大乐佛刹土，本来自然任运成。"如此佛像与经典、佛塔等是纪念如来佛的身语意之因，可成所缘之依而称为设置依之报身。如此无可命名的报身与可命名的报身、设依等是报身的分类。"传承生满具经验者持。"以一句而示。报身的传承有《大圆满义续》云："传承生满具经验者持。""显是得地圣贤均可见。"以一句而示。报身对何人显现则，一切得地的圣者均可见报身之身。"利益心识"至"变化行"，以两句而示。利众之业有《义续》云："明相遍及有情他利行，静相猛相双运与无定，主仆等等具足众多相。"报身有静相与猛相，静猛混合之相与无定之相等，又有尊者与眷属等不可思议的明相而行利乐有情之业。猛相坛城是八十六饮血明王等以调伏对象的降服者之相而显现。饮血之义，《茹巴续》云："因饮轮回之血海，故命大饮血之名。"

为确定化身的本性有："化身本性"至"无思中"，以两句而示。如此化身的本性是为他利而以众多无定而变化。《托拜》云："如同日光水月一般而，无欲之力变化众多相。"此真性的依止法是自贪欲中解脱，等持之心无分别之真性中平等而住。"言词随机"至"具足身"，以两句而示。言词是随化机之需而以相应的变化而调化是为化身。此是以同显之色具足相好而称为身。《地道幻灯》云："随机而化是化身。""喻为可行"至"彩虹般"，以两句而示。

喻体是，有功用以众多现象而显现如同幻化的魔术或，又与世间的美饰无定而化如同彩虹一般。《经》云："均可变化之身彩虹一般美。""本质身与"至"而众多"，以两句而示。化身的本性是身、眷属、时、处、法等五无定而称为具足五无定。《地道》云："五无定于化机显。"身无定而变化众多。处无定而任何地方均会显身。利众之量无定而寿无定。法无定而能示众多乘之法。眷属无定以众多现象而显。

"分类殊胜"至"辛饶三"，以一颂三句而示。分类以共同之宗则有四，其中殊胜化身，如现今调化堪忍刹大千世界的我佛辛饶弥沃一般。事业化身是佛陀之言写于书卷的一切经典，此最初是自佛陀之语变化，中间以具足智慧的书写者写成，是事业的至尊，与是佛陀对有情示取舍之处的译师而称为事业化身。《塞弥经》云："事尊善业之译师"。如此佛陀的佛像与佛塔等，又有如意珍宝与如意树等能生五妙欲，衣食与江河等能如有情之需，以蕴而变化广行利乐有情的一切业均是事业化身。受生化身是舍前世而又以变化而降生的化身，如以三时佛陀而言，则就如天童达巴、萨巴、谢巴三者一般。无定化身是众佛陀为利有情而在瞬间变化的化身，如同我佛为调化外道而以外道导师夏日拉扎之相而变化的化身一样。又如圣者祖幸嘉瓦大师变化为占卜师耿谢堂布一般。又有《普聚》云："猎户妓女等众相，变化身使众化机，不抛弃而能教化。"如言般，有众多变化成猎户、妓女、猴子、狗等而行利乐有情者即是。

不共大乘宗，《杜鹃》云："始觉悟之辛饶与，悲心变化辛饶与，人士因之三辛饶。"悲心佛辛拉沃噶，自法身之界变化而是始觉悟的辛饶，此称为辛拉沃噶之言词，是十方一切辛饶之祖师根本之神而为辛拉，沃噶，是内住之时光者，是本净的真性任运之界中身与始智所显处不灭而无隐没之寸光而住是光，噶者，是此光有不曾被显色与实有之相所染而为噶，即白色。外明之时沃即光，是自内明的寸光的显现处布局外明任运报身刹土而是沃，噶是此唯是洁净之光而未曾被不净之光所染而为噶。此有教言可为证，《九部隐义》云："所谓辛拉者即一切辛饶之根本之神而称为辛拉，沃噶是心之光辉不曾被习气所染。"《绝耶》云："辛拉是三世一切辛饶的根本之神，生也是自此而生，没也是没入其中，依止也是依止在其真性，故称为辛拉。沃噶，是光明具足一显色，为芸芸有情之业而虽散发于十方，如水晶一般的白光不被习气所染的寸光在自己的心间而称为沃噶。”心间光明是指本净之界任运五光以内明而依止者。一寸是指在内明之时虽不亲显然也不隐没，外明之时光明虽散放于十方，但最初显处之光没有盈亏而言。始觉悟的辛饶大悲心的加持中所变化的具足悲心与神通的化身贤劫千佛等十七万佛陀是悲心变化的辛饶。有漏的因有情修习果佛陀的辛饶是人士因辛饶是三类。

“传承三门具戒律者持。”以一句而示。传承，《义续》云：“化身的传承是具足身语意三戒律之士所持。”“有缘凡人也可瞻其容。”以一句而示。对何人显现，则一切有缘的凡夫也能亲瞻尊容。“明慧遍及有情业可行。”以一句而示。利他之业，前书云：“化身佛如光明雨水般，明智遍布有情业均行。”如此两色身在法身之界真性同一而现象不同而行利他之业。前书云：“一切汇聚虚空之界般，法界本净虚空界中翔。”三身的自性中有轮回依止、轮回之性相虽分别而知，三身没有居处的高低与乐苦、我执的自续分别心，《经释明灯》云：“三身洁净轮回自然住，洁净之义大小之别与，眷属至尊所化能化等，不具因是平等证悟故，不具备者如来大至尊。”“所依智慧普明明深义。”以一句而示。讲述所依原始智的本性，如此原始智的本性是普明而悟义。《地道幻灯》云：“普明悟义是始智。”“知原始之义谓原始智。”以一句而示，言词，《明点界述》云：“证悟原始之深义，故此称为原始智。”“界之自力无实显众多。”以一句而示。其义是界之自光无定众多而显，《十二童子续》云：“界为空而不偏私，始智明而非实有。”始智与光的区别，如同金与金色一般，量自己的本性者是智慧，智慧的精华是明智，《明智力灌顶》云：“须知精华是为三，空性具始智精华，始智具智慧精华，智慧具明智精华。”洞晓自己的本性，《库》云：“知己本性是为空，自明智的性相是，虚空普显是性相。”

“法身基中”至“尽所有”，以一颂三句而示。原始智之分类有三，法身基位的原始智有三，真性本性悲心无二中，以外明的身与刹土无量殿等不可思议的明相如化机之愿。持报身性相的五始智成五身的真性，自此五原始智中各分十二智合计是六十，加自然原始智就是六十一，比此更广而言之就有八万四千以身与始智双运而亲自显现行利众之业，《地道》云：“分类总言是为五，空性平等明镜与，妙观察与成所作，其等各有十二智，自然始智六十一，广言八万四千智。”化身的两始智，是遍及一切所知，一切显分的所属尽所有洞晓的尽所有智，一切空性的所属如所有洞晓的如所有智。一切原始智摄则就可汇聚于其两智之中，前书云：“摄则尽如所有智。”原始智的功用是《明点界述释》云：“是知而领悟之智使，业与烦恼的习气不依止而清除。”分则明镜智能遍知一切使未遮蔽者显现，平等智无我执与忌妒，一切离戏论而使平息。妙观察智使身与原始智、种性与刹土等不灭。成所作智使任何功德之义显现而自他两利皆圆满。空性智使一切有寂诸法皆成空而无相。“空性平等”至“属两谛”，以两句而示。入对境之法是空性与平等智入所缘境胜义谛，成所作与妙观察智是入世俗谛，明镜智以两谛为所缘而入。《地道》云：“空性平等是胜义，成作妙察为世俗，明镜智属两谛中。”“空性法身”至“报身中”，以两句而示。三身中以属于何身则，有《十万精华经》云：“法性界之始智属法身，成做作智属于化身与，其余三智属于报身中。”

“所行业绩”至“众有情”，以两句而示。所行之业有二：第一，得地菩萨的业，是行他利的众佛陀的悲心自上以化身上师之姿而降生的诸圣者，以化机之根器而宣讲佛法，引导众有情向善，与又以愿心与有缘而将有情度至解脱之地，将居住其他地域的无量有情以引至解脱。《托拜》云：“得地菩萨广行他利法，佛陀身语意之光辉中，十方刹土菩萨无量数，人士之姿降生度有情，所生之境他利将圆满，何处刹土无量度解脱。”“化身佛祖”至“语意调”，以两句而示。化身佛行他利之事有三，第一，业洁净的化身，六调化佛，六趣的自相中各自显现一佛而行他利之业。尤其对南赡部洲以佛祖敦巴辛饶弥沃佛而降生而行他利之业，有前书云：“化身佛行他利之业是，福泽大而易调之时以，佛祖身之庄严而行事，福泽中而难调之时以，佛陀之语引导有情众，福泽小而极其难调时，佛祖以意引导众有情。”此佛在三十三天之境变化为密宗佛其美祖普之身，以身语意的九大神通对桑萨与桑堆、哇辛等三圣士与天人龙之三圣等广传密宗大乘之教法。其九大神通是：上身有原始智神的千般神通、脚底下转五大种之轮、头有昙花之髻散射七十万光辉，是身神通的三标志。秘诀的佛法二十七万在心间，神变佛法如大海一般精通与心，普贤佛的密意如同虚空般明于心，是悲心原始智的三标志。

易懂而明了的秘诀之法自喉间宣讲；密语如大江之流般自齿间宣讲；一切伟大的佛法自舌尖宣讲，是语的三标志。

“十亿赡部”至“调化机”，以两句而示。众多现相的化身，是在十亿赡部洲变化十亿化身，以始觉悟之力中对化机的现象以相同之姿而现象，所降生之时与所调化之境，所行之业等均同。“如此一千”至“圆满成”，以两句而示。如此贤劫辈出的化身是一千零二位贤劫佛，自同一法身的自光中显现，度尽一个大千世界的有情而是化身之业圆满。“本质无有”至“特征是”，以三句而示。如此众佛陀的业的真性是无所持之分别、任运天成、众多而显、广大、无偏私、无间六特征，《集地道论》云：“所行之业六特征，虽离所持所需生，如同如意珍宝般，离劳作而业天成，如同泥中金刚橛，因信相异显众相，续绳长而又延伸，无边之故是广大，不分平等不偏袒。”佛陀虽断舍所持心而无动力之缘，但也非不生他利之事，因性相宗认为是以愿心之力，与果大乘认为有本性任运之显处使他利无劳作而生，如同如意珍宝与如意树一般。《五部总持》云：“断所持而能生如意者，如同如意宝与如意树。”如此佛陀之业是任运天成，因佛陀离劳作也能使他利任运天成之故。前书云：“无劳作而使业任运成。”佛陀之业又是以众多之相而显，因化机的胜解各异般业也以各异而显。《托拜》云：“无欲之力众多均变化。”是广大有情无边际，而一切有情的顺缘就可使佛陀之业能入之故。《经》云：“天人导师恶趣灯，如舟如筏如道梯，解脱乐道除弊身。”此无偏袒，悲心无盈亏而业也对有情无偏私而平等而行。《托拜》云：“非以偏袒一切平等度。”有不间断，因轮回之相续如绳而长，故此佛陀之业也延伸之故。《地道》云：“不间断而恒常住。”如有人问轮回会尽，因轮回无添加而消减不断而有故，因没有新生的心识而具足四悲心恒常不断之故，则答曰：有法所知。轮回虽无添加之分，消减不间断而有，然不会有轮回成空的失言，因轮回的有情无边之故，如同虚空一般。“言词智慧悲心行故谓。”以一句而示。言词是，佛陀的始智与大悲心之业为化机行使业与烦恼消除而度至佛陀之地，《地道幻灯》云：“始智悲心业乃言。”

“分有息增”至“与降伏”，以两句而示。分类有四：为威慑而示息业；为引领而示增业；为能熟而示怀业；为降伏而示伏业。前书云：“息增熟伏是四业，威慑降服能熟与，引领等四观待分。”以胜义而言虽均不成，然是以化机的现象中以相异的明相所显而分。分类也是以调化化机的难度而分四类。“功用任何他利能圆满。”以一句而示。功用是使化机的病魔业障等平息即消除，使寿与福泽权势等增长，使相续成熟而得解脱，降服凶暴之辈与使任何他利皆成圆满。此等有前书云：“分法现象相异而，化机之姿为定数”。又有：“熟与他利使圆满。”如此佛陀之业与雍仲佛法三时不灭的五大标志有佛陀亲自遗留，《音释》云：“冬之佛母坚忍而使雪山在炎热的夏季也不消融是雍仲佛法三时不变的标志；夏之佛母坚忍而使大海中心与清泉之源在严冬也不结冰是雍仲佛法不变的标志；柏树曾被吹仙气而有甘露，故此柏树四季长青是雍仲佛法三时不变的标志；麻黄草曾被佛祖的唾沫滋润而具甘露，故此麻黄草在夏季青而冬季也青是雍仲佛法三时不变的标志。此等是佛陀的神通，为他利自身中变化成蓝色杜鹃鸟，因而本教师喜好蓝色的衣衫也是象征真性的虚空能住多久，雍仲佛法也不变的标志。”如此化身的业圆满根除轮回，化机有情与能调佛祖的诸明相也融入成化身自相的原始智的唯一轮中，如同水月融入空中之月一般，自然融入报身坛城的原始智的变化之中。此时没有如同盛水器物般的有情，而水月般能调的化身也自然相融于报身如空月般之坛城中。有如晦日之月隐没于虚空一般也汇聚于法身之界外不显现任何之相，如虚空的本性三时无变迁而住，是法界究竟大安乐之果。此时中观无戏论者在禅定之中以等持非未定的法性的果任运之界入涅槃。行他利的悲心之续唯以未断之姿而任何身与始智均没有实有。《五十万颂》云：“不动虚空之本性，智慧波罗密度是，轮回束缚中解脱，清静之界入涅槃，法身大安乐之身，至尽处的始智是，究竟无边离戏论，即成空性的本性，身与始智均无有。”此也只是以不亲显而言，并非指身与始智永久断而唯偏于空分而住之义。《达本》云：“空性光明的精华，空性悲心之精华，空性始智之精华。”如此大圆满宗认为，在此界的真性中身与始智不亲在与中观宗相同，唯以内明任运而住就称为童子瓶身。其他宗派虽对此极力炫耀，然唯词句而其实在界中依止时与对他人的现象中显现色身庄严的明相等均无区别，故此中观与大圆满两宗的密意相同，空性自常断等诸边中超越之义在不可言喻的真性中三时无变迁而住。有《达本》云：“以得无穷尽虚空之身的真性而住。”是此义。雍仲本教法藏宝库中，示圆满果之密义，以第二十一品使难懂的密宗果乘无上之宗的释文已圆满讲述。

长时发心两资三无量时圆满现觉悟，为调堪忍刹土百寿怙主又降之佛祖，显现四十五字相好极饰身中光辉分，十亿之数散聚十方佛陀之中极为尊，六十音示八万四千法门驱意暗之语，力与无畏不混等等六十一智圆满意，语与意时教之导师等使有情度解脱，其之密语南北中藏三部九乘亲自在，色究竟与三十三天佛祖其美祖普佛，亲传天人龙境所传密与心宗大乘法，因与果之密意汇聚行与修与禅定等，不余顿时能示法藏珍宝大库唯是此，殊胜诸佛智悲之海大资圣者具金女，搅拌而生文殊菩萨以人而显之神变，辛教花园能盛具足千光美族十圣贤，对其生信持宝依中三智慧的花瓣艳，如同难至虚空之边非为凡夫所行处，如同大海深不可测智慧弱者怎能识，如意宝般诸事如愿但对无勤慧如石，经续密义虽难领悟如意珍宝唯此库，此库功德不漏之主佛陀心之密库中，亲取四门五库精华不尽智慧之源头，有缘善士愿解脱者为时不长一生中，能入童子瓶身之城如同盲人之向导，大地以金满也难买无价之宝法藏库，具威士与菩萨六饰六师十三四圣者，智西巴美辛与巴丹曼日圣贤诸传承，妙言千轮骄阳之光又在此处极炫耀，即便如此五浊世时任何化机智慧弱，广论之义难能全修略义也难使圆满，为应化机意识之器妙言甘露之筵席，前贤开派祖师诸圣教中衲所得，此有极深轮回之海集之波涛所扰的，非福之业自相如同凶残水怪腹脏中，所陷之众本为父母佛陀又又所讲故，其等自此引领导师佛陀也是此经也。如此内教一切宗之基，教之精华觉悟雍仲本，见思各五观而观察境，沃莫洲中佛对眷属示，辛饶法太子尊穆确师，区分教法大转佛法轮，各自之境赡部六译师，译后各自境中广传教，尤其雪域吐蕃地域中，尼赤赞布穆辛南喀时，政教同创本教兴于蕃，从此至今雍仲佛法住，然而法王赤松德赞时，本教虽有少许没落然，佛祖愿心具威不会衰，教法兴衰是以有情福，如今之时有情妒心重，佛陀语教释迦教法也，烦恼忌妒之士所持时，教之精华本教以权贬，如此恶世时之混浊时，雍仲佛法唯有外表时，追随者也唯做今世事，昔兴教法之部依次衰，如思此事本人夏匝巴，寿与财物均已舍于教，堪忍种种磨难修佛事，后来之人也应思其恩，老衲所传经典现有者，均是自宗经续精华义，如同先贤圣者之良习，他宗未染应生信念处。少许戏论之词宣讲善法佛陀教中得，先贤诸圣海之妙语代出汇聚一处义，今在此地不灭恒常住而讲修之传统，如法传使教与他利两利增长得圆满，我与此法有关系者自此一切轮回中，法与善相从不舍弃愿能恒常享用之，吉祥圣者珍宝宝瓶甘露续般吉祥海螺妙音威名诸世界中恒传得吉祥，吉祥圣者吉祥之结无惑意中吉祥金鱼智巧双运众生不动而住得吉祥，吉祥圣者无垢莲花离弊一般吉祥法轮主宰三大世界离弊清静得吉祥，吉祥圣者教法之幢不落长久吉祥白伞三有有情雍仲佛法长佑得吉祥。

《雍仲本教法藏宝库》二十一品有两部释文，是由普明扎知格桑丹贝尼玛与辛教之饰耿卓扎巴的第六世仁真卓堆扎巴与楚欠王的国师尼赤桑杰丹增等所请，尤其是上下部多甘思地区的大寺通卓楚的首席活佛牟兰丹贝坚赞以十两银元及哈达所请，又有琼噶族的政教之王索南旺堆叔侄两人与多弥娘容贡加寺的两位夏达活佛及僧众献丰厚的财物所请，信奉如来长寿父子三尊者的多甘夏匝巴玖美旺布撰写。书写者是弟子喜饶确丹与格桑，愿此能成为利乐教法与有情之大因。

附录

佛经名藏汉对照表

གཞི་ཡེ་སངས་རྒྱས་པའི་རྒྱུད།	《基始觉续》
ལམ་མངོན་སངས་རྒྱས་པའི་རྒྱུད།	《道现觉续》
འབྲས་བུ་རྫོགས་སངས་རྒྱས་པའི་རྒྱུད།	《果等觉续》
ཀློང་རྒྱས།	《增界》
སྣོད་བཅུ་ཆགས་འཇིག་མདོ།	《情器成坏经》
སེམས་ལུང་བསྟན་པའི་སྒྲོན་མ།	《心经教之明灯》
རྩ་རྒྱུད།	《根本续》
མཐོ་ཐོག་མཛོད།	《高上库》
མཐོ་ཐོག་སྤྱི་རྒྱུག	《高上遍行》
མདོ་འདུས།	《集经》
གསང་བ་འདུས་པ་ཐབས་ཆེན་ཡབ་རྒྱུད།	《密集大方便父续》
རྩ་བ་གཅིག་ལ་རྣམ་པར་བཀྲང་བའི་རྒྱུད།	《以一根而分之续》
སྲིད་པ་བདེ་འགྲོ་འཕྱོང་།	《有界善趣集》
དཀར་པོ་གསུམ་སྦྱོར།	《洁白三法》
རྣམ་འབྱེད་འཕྲུལ་སྒྲོན།	《解析幻化明灯》
ལས་ཐིག	《业之明点》
མདོ་གཟེར་མིག	《塞弥经》
ཁྱིམ་སྤངས་རབ་བྱུང་མདོ།	《舍家受戒经》
ཁྱེའུ་ཆུང་ལ་གདམས་པ།	《告诫童子经》
རྒྱུ་འབྲས་རྣམ་པར་འབྱེད་པའི་མདོ།	《解析因果经》
དངོས་པོའི་ཐིག་ལེ།	《实有明点》
རིག་པ་རྩེ་འབུམ།	《智慧顶十万颂》
རྣམ་དག་པད་མ་ཀློང་ཡངས།	《洁净莲花阔界》
ལྡེ་མིག་དགུ་སྐོར།	《九部钥匙》
འདུལ་བ་ཀུན་འབྱུང་དབྱིངས་དག	《律经普生净界》
ཁྲོ་རྒྱུད།	《忿怒明王续》
སྲིད་པའི་འབུམ།	《有界十万颂》
ལུང་རྒྱུད།	《教续》
བདུད་འདུལ་མདོ།	《伏魔经》
སྒྱུ་འཕྲུལ་དྲ་བ།	《幻网续》

ཡེར་བའི་བོན་སྐོར།	《叶巴法部》
སྒྲོན་མ་མུན་སེལ།	《驱暗明灯》
སུམ་བརྒྱ་བ།	《三百二十颂》
བྱམས་མ་རྩ་རྒྱུད།	《慈母根本续》
ཡང་རྩེ་ཀློང་ཆེན།	《绝顶巨界》
རྒྱུད་གུ་ཡ།	《格雅续》
སྒྲ་འགྲེལ།	《音释》
ཡེ་ཁྲི་དམ་ཚིག་འཕྱོང་།	《叶赤·誓言集》
འབུམ།	《十万颂》
དྲང་བ་དོན་གྱི་མདོ།	《不了义经》
རྒྱལ་པོ་ཀྱེ་ཤ་མྱ་ངན་སྦྱོང་བའི་མདོ།	《杰夏王消罪经》
བཅུད་འདུས་ཉི་འོད་གདལ་བ།	《聚精华日光普照》
རྩ་འགྲེལ།	《根本释》
དྲི་མེད་གཟི་བརྗིད།	《无垢光荣经》
ས་ལམ་འཕྲུལ་སྒྲོན།	《地道幻灯》
འཕྲུལ་ལྡེ།	《幻化钥匙》
མཁས་བཞིའི་མཛོད་འགྲེལ།	《四圣库释》
ནམ་མཁའ་སེམས་མཛོད།	《虚空心库》
གཡུང་དྲུང་ལས་དག	《雍仲业净》
ཤ་འབལ།	《夏巴》
སྣོད་བཅུད་མཛོད།	《情器库》
བསྡུས་དོན་རྣམ་ངེས།	《略义定经》
གབ་འགྲེལ།	《隐义释》
ཐེག་པ་ཆེན་པོའི་མདོ།	《大乘经》
རྩེ་འབུམ།	《绝顶十万颂》
དགེ་བསྙེན་ཐེག་པའི་མདོ།	《居士乘经》
མཛོད་ཀུན་འདུས།	《普集库》
ཁམས་བརྒྱད་འབུམ།	《八界十万颂》
ལྟ་བ་སྤྱི་གཅོད།	《见解总断》
ཞི་ཁྲོ་རྩ་འགྲེལ།	《静猛根本释》

ཉོན་མོངས་རང་གྲོལ་གྱི་རྒྱུད།	《烦恼自然解脱续》
ཀུན་བཟང་ལུང་ཆེན།	《普贤大教言》
མངོན་རྟོགས་ལམ་རིམ།	《现观道路次第》
གསས་མཁར་སུམ་བརྒྱ་དྲུག་བཅུའི་འབུམ།	《三百六十神坛十万颂》
རྩ་རྒྱུད་ཉི་ཟེར་སྒྲོན་མ།	《根本续日光明灯》
སྤྱི་སྤུངས་དོན་རྒྱུད།	《总集义续》
སྡུད་པ།	《摄经》
ནོར་བུ་འོད་འབར།	《吐焰珍宝》
འཕྲུལ་གྱི་ཡི་གེར་བསྟོད་པའི་མདོ།	《赞神变文字经》
ལྟ་བ་ཁྱུང་ཆེན།	《见论大鹏续》
མ་རྒྱུད་ཐུགས་རྗེ་ཉི་མ།	《母续悲心骄阳》
སྟོབས་ཀྱི་ཐིག་ལེ།	《力之明点》
བྱམས་འབུམ།	《慈母十万颂》
སྐུ་གདུང་བསྟན་པ་རྗེས་བཞག་གི་མདོ།	《佛塔教法遗留经》
རྣམ་རྒྱལ་གཟུངས་ཆེན།	《尊胜大总持》
འབུམ་ཏིག	《十万精华经》
ཁྲོ་གཉན་བསྐལ་བཟང་།	《楚年贤劫经》
མདོ་སྡེ་ཉི་ཤུ་པ།	《律经二十部》
གཞི་ལམ་འབྲས་བུའི་རྣམ་འབྱེད།	《基道果之论》
དབུ་མ་བདེན་གཉིས།	《中观两谛》
ཀླུ་འབུམ།	《济龙经》
རྣམ་འབྱེད་ཉི་འོད།	《解析日光经》
སྡེ་བཞིའི་མདོ།	《四部经》
ལམ་རིམ་དྲུག་བཅུ་པ།	《道路次第六十颂》
འདུལ་རྒྱུད།	《律经续》
བྱང་སེམས་ལྔ་བཅུ་པ།	《菩提心五十颂》
མདོ་ཕྲན།	《微经》
ཚིག་བཞི་བཀའ་འགྲེལ།	《四言法旨释》
ཚིག་བཞི་མདོ།	《四言律经》
ཁུ་བྱུག	《杜鹃续》

སྒྲོན་མ་དྲུག	《六部明灯》
མདོ་ཡན་ལག་བརྒྱད་པ།	《八支律经》
ལྷ་ཡི་མེ་ལོང་།	《天之明镜》
ཡེ་ཤེས་གསལ་སྒྲོན།	《始智明灯》
ལྔ་བཅུ་པ།	《五十颂》
གབ་པ་དགུ་སྐོར།	《九部隐义经》
ཐེག་རིམ།	《乘次第》
ཁྲབ་པ་སྣང་ལྡན་གྱི་ཐེག་པའི་རབ་དབྱེ།	《恰巴郎登所著乘之论》
ཡེ་ཁྲི་ལ་བཟླའི་བམ་པོ།	《叶赤·决定品》
ཡེ་ཁྲི་མཐའ་སེལ་ནམ་མཁའ་དཀར་པོའི་རྒྱུད།	《叶赤塔色·太白虚空续》
འདུལ་བ་ཕལ་ཆེན་སྡོམ་བྱེད་རྒྱུད།	《律经大众能束续》
མདོ་ཡན་ལག་བདུན་པ།	《七支律经》
བླ་མེད་གོ་འཕང་སྒྲུབ་ཐབས་མདོ།	《无上正果修法经》
ས་ལམ་ཀུན་ལས་བཏུས་པ།	《集地道论》
དུ་མ་བརྒྱན་པའི་མདོ།	《若干饰之经》
སྙན་བརྒྱུད།	《耳传》
གསེར་གྱི་ལུང་བརྣན།	《金字重言》
ཐོག་འབེབ།	《托拜》
དགུ་འཕར།	《格拍》
བསླབ་བཏུས།	《集学论》
ཁྲི་རྗེ་ལུང་བསྟན་མདོ།	《赤杰预言经》
གཡུང་དྲུང་ཡང་རྩེ་ལུང་དོན་ས་ལམ།	《雍仲绝顶教义地道论》
གསང་བ་ཐབས་ཞགས།	《密续方便绳》
ཉི་མ་དགུ་སྐོར།	《九部骄阳》
ཐེག་པ་ཆེན་པོའི་མདོ་ཡུམ་གྱི་སྙིང་པོ།།	《大乘经慈母精华》
ལམ་མངོན་སངས་རྒྱས་པའི་རྒྱུད་ཀྱི་སྨོན་ལམ་འགྲེལ་བ།	《道现觉续愿心品之释》
གཏན་ཚིགས་ངེས་པའི་གལ་མདོ།	《定因要经》
སོ་སོའི་ཁམས།	《各自界》
སྤྱི་སྤུངས་གསང་བ་འདུས་པའི་རྒྱུད།	《总集聚密续》
རིགས་པ་དྲུག་བཅུ་པ།	《六十正理论》

ཚད་མ་རྣམ་འབྱེད།	《因明解析》
ཚེ་དབང་བོད་ཡུལ་མ།	《藏传长寿经》
བདེན་གཉིས་ཀྱི་འགྲེལ་པ།	《两谛之释》
ཚད་མ་སྨྲ་བའི་སེང་གེ	《因明言狮》
གཅིག་ལ་རྣམ་པར་བཀྲང་བའི་རྒྱུད།	《一根而分续》
བྱམས་མ་འབུམ་ལྔ།	《慈母五经》
སྟོང་པའི་ཁམས།	《空界论》
ཁམས་ཡོངས་སུ་གཅོད་པའི་མདོ།	《界极断经》
བྱམས་མ་རྩ་བའི་འབུམ།	《慈母根本十万颂》
ཀུན་ཏུ་བཟང་པོ་མཉམ་པ་ཉིད་ཀྱི་རྒྱུད།	《普贤平等续》
འདུལ་འབུམ།	《律经十万颂》
ས་ལམ་གྱི་སྨོན་ལམ།	《地道发愿经》
རྒྱུད་བུ་ཆུང་བཅུ་གཉིས།	《十二童子续》
བྱང་ཆུབ་སྒྲུབ་ཐབས་ཀྱི་མདོ།	《修菩提经》
གསང་དོན་རྣམ་འབྱེད།	《密义解析》
སེམས་ཉིད་མེ་ལོང་།	《心性明镜》
ནམ་མཁའ་སྤྱི་གཅོད།	《虚空总断》
འཕྲུལ་ཁྲུག	《赤克》
སྤྱི་སྤུངས་ལུང་རྒྱུད།	《总集教言续》
ཕ་རྒྱུད་སྡོང་པོ་དགུ་འདུས།	《父续聚九树》
ཐབས་ཆེན་མཁའ་ཡི་རྒྱུད།	《大方便虚空续》
ཀུན་སྐྱོབས་བྱམས་མ་ཆེན་མོ་རྩ་བའི་རྒྱུད།	《普佑大慈母根本续》
ཐུགས་ཀྱི་ཡང་གབ།	《意之极隐》
གསང་བའི་ལྡེ་མིག	《密义钥匙》
ཐིག་ལེ་སུམ་དྲིལ།	《明点三卷》
ས་མ་ཡ་འབུམ་སྡེ།	《十万部三昧耶》
གཡུང་དྲུང་ཡོངས་རྫོགས།	《雍仲普满》
ལུང་ནོན་ཆུང་བ།	《小重言》
ལུང་གི་རྒྱུན་ཐག	《教言流绳》
རྒྱུན་ཐག	《流绳》

མན་ངག་ལྷུག་པ།	《密诀散文》
རྩོག་པ་བཞག	《绝耶》
གཡུང་དྲུང་གསང་བའི་དབང་རྒྱུད།	《雍仲密宗灌顶续》
མེ་རི་འབར་བའི་རྒྱུད།	《火焰燃烧续》
བདུད་འདུལ་མེ་རི་འཁྲུལ་བ་དབང་གི་རྒྱུད།	《伏魔火焰旋聚灌顶续》
དབང་རྒྱུད་ཀློང་ཆེན་རབ་འབྱམས།	《灌顶续无边巨界》
རིག་པ་རྩལ་དབང་།	《明智威力灌顶》
ཀུན་འདུས་རིན་ཆེན་རྩ་རྒྱུད།	《普聚珍宝根本续》
གསང་བ་ཡང་རྩེ་རྫོགས་པ་ཆེན་པོ།	《极密绝顶大圆满》
སྤྱི་སྤུངས་དམ་ཚིག་གི་རྒྱུད།	《总集誓言续》
བསེན་ཐུབ་ངེས་པའི་རྒྱུད།	《塞吐定续》
ཆུ་བོ་རབ་འབྱམས།	《广大水流》
གཞི་དམ་ཚིག་གིས་གཟུང་བའི་རྒྱུད།	《基誓言所执续》
གུ་ཡ་སྲོག་འཛིན་གཡུང་དྲུང་གསང་བའི་རྒྱུད།	《格雅执命雍仲密续》
ཀ་བ་ནག་པོའི་རྒྱུད།	《黑柱续》
ཁྲོ་བོ་དབང་ཆེན།	《忿怒大自在》
བ་ག་མངོན་རྫོགས་ཀྱི་རྒྱུད།	《瓦嘎现满续》
གནད་དྲུག་པ།	《六要部》
གཟེར་བུ་ཉེར་གཅིག	《二十一钉经》
ཡང་རྩེ་ཀློང་ཆེན་བར་དོ་གནད་ཀྱི་སྒྲོན་མ།	《绝顶巨界之中阴要义明灯》
འཕེན་པ་ལམ་འཁྱེར།	《转变抛法经》
མེ་རི་འཁོར་ལོ་གསང་བའི་རྒྱུད།	《密续火焰轮》
རིན་ཆེན་སྤུངས་འབུམ།	《珍宝十万颂》
སྲིད་པའི་འབུམ་དགུ	《有界九部十万颂》
གསེར་གྱི་རུས་སྦལ།	《金龟续》
རྒྱུད་བདེ་བའི་འཁོར་ལོ།	《乐轮续》
མུ་མེད་གདལ་བའི་རྒྱུད།	《无际遍布续》
གཡུང་དྲུང་ཡེ་སྲིད།	《雍仲始有》
སེང་གེ་སྒྲ་བསྒྲགས།	《狮子吼声》
རིག་པ་ཁུ་བྱུག	《智慧杜鹃》

གསེར་གྱི་ཞུན་མ།	《金汁续》
ཕུན་སུམ་ཚོགས་པའི་རྒྱུད།	《圆满续》
འོད་ཟེར་སེམས་ཀྱི་མེ་ལོང་།	《光明心之明镜》
ཡེ་ཁྱི་མོའི་གནས་རྒྱུད།	《原始根本界续》
རིན་ཆེན་སྤུངས་འབུམ།	《珍宝集十万颂》
གཏེར་འབུམ།	《宝藏十万颂》
འཁོར་བའི་རྒྱུ་ལྡོག་གི་རྒྱུད།	《返轮回因之续》
རིག་པ་རྒྱུན་ཐག།	《明智相续绳续》
བདུད་རྩི་དབང་ཆེན་ངོ་མཚར་གྱི་རྒྱུད།	《甘露大自在神奇续》
ལུང་དྲུག	《六教言》
གསེར་ཐུར།	《金筷续》
རྒྱུད་ཀྱི་རྒྱལ་པོ།	《续之帝王》
པོ་ཏི་སྨུག་གུ	《紫色经函》
གདམས་པ་ལེའུ་བརྒྱད་པ།	《八品秘诀》
བེའུ་བུམ་སྐྱ་ཙ་མ།	《白色手册》
གཡུང་དྲུང་སྙིང་པོ་ཉག་གཅིག་གི་རྒྱུད།	《雍仲精华唯一续》
རྣམ་དག་དྲི་མེད་ཀྱི་རྒྱུད།	《洁净无垢续》
འཁོར་འདས་འོད་གསལ་རྫོགས་པའི་རྒྱུད།	《有寂光明圆满续》
ནམ་མཁའ་དབྱིངས་ཁྱབ་ཀྱི་རྒྱུད།	《虚空遍域续》
ཉི་མ་དགུ་འདུས།	《九阳汇集》
ལུང་ཆེན་མདོ་འདུས་ཀྱི་རྒྱུད།	《大教言集经续》
རོལ་པ་རང་ཤར་གྱི་རྒྱུད།	《化身自显续》
རྨད་དུ་བྱུང་བའི་རྒྱུད།	《希有续》
འཁོར་བ་དོང་སྤྲུགས།	《根除轮回经》
མདོ་འགྲེལ།	《经释》
སྐུ་གསུམ་དོན་རྒྱུད།	《三身义续》
མུ་མེད་བདལ་བ།	《无际遍布续》
ལུས་རྒྱུད་དང་འདྲ་བའི་གདམས་པ།	《如身续之秘诀》
སྒྲོན་མ་དྲུག་པ།	《六明灯》
ཀུན་བཟང་ཐུགས་ཀྱི་བརྣགས་པ།	《普贤心之要义》

ནམ་མཁའ་རྩོལ་འདས།	《虚空超越劳作续》
མཐིང་གི་མེ་ལུང་།	《蓝镜》
གསེར་ཕྲེང་།	《金鬘续》
རྟགས་ཚད་སྒྲོན་མ།	《征兆明灯》
ཞང་ཞུང་སྙན་རྒྱུད།	《象雄耳传》
མཚན་ཉིད་རབ་དབྱེ།	《性相广释》
ཀུན་བཟང་བཀའ་འགྲེལ།	《普贤法旨释》
གསང་འདུས་རྫོགས་ཆེན་དོན་རྒྱུད།	《聚密大圆满义续》
འོད་གསལ་སྒྲོན་མ།	《光明明点》
ཐིག་ལེ་དབྱིངས་འགྲེལ།	《明点界述释》
གཟུངས་སྡེ་ལྔ་པ།	《五部总持》
ཐིག་ལེ་དྲུག་པ།	《六明点》
ལུང་རིག་མཛོད།	《教理宝库》
གཏེར་འབུམ།	《宝藏十万颂》
དབྱིངས་རིག་མཛོད།	《域慧宝库》
ནམ་མཁའ་འཕྲུལ་མཛོད།	《虚空幻化库》
ཕུན་སུམ་ཚོགས་པའི་རྒྱུད།	《圆满续》
ནམ་མཁའ་དབྱིངས་ཡངས།	《虚空广域》

三界天神的身高与寿命一览表

三界天神之名	身高	寿命
四王天	125 弓	9000000 年
三十三天	250 弓	36000000 年
时分天	375 弓	144000000 年
知足天	1 俱卢舍	576000000 年
乐化天	1.25 俱卢舍	2304000000 年
他化自在天	1.5 俱卢舍	9216000000 年
梵众天	0.5 由旬	20 中劫
梵辅天	1 由旬	40 中劫
大梵天	1.5 由旬	60 中劫
少光天	2 由旬	2 大劫
净光天	4 由旬	4 大劫
无量光天	8 由旬	8 大劫
少净天	16 由旬	16 大劫
遍净天	32 由旬	32 大劫
无量净天	64 由旬	64 大劫
无云天	128 由旬	128 大劫
为福天	256 由旬	256 大劫
广果天	512 由旬	512 大劫
无想天	1024 由旬	1024 大劫
无烦天	2048 由旬	2048 大劫
善现天	4096 由旬	4096 大劫
善见天	8192 由旬	8192 大劫
色究竟天	16384 由旬	16384 大劫
空无边处	无色界没有色身，所以就没有身高可言。	20000 大劫
识无边处		40000 大劫
无所有处		60000 大劫
非想非非想处		80000 大劫

后　记

我有幸生于雍仲本教盛传的贤劫之中,又有缘自小接触佛法。虽学无所成，但在甘青地区的雍仲本教大德怙主文加格勒龙珠嘉措座前修习佛法,感受到了雍仲本教博大精深的妙法。曾听大师讲授了好几部有关雍仲本教道次第方面的佛经，特别是大虹化师夏尔匝仁波切扎西坚赞所作的《法藏宝库》一书,在文加大师座前有幸无间断地听了两遍。因为有些道次第方面的经书只限于显宗道次第,而很少涉及到密宗,更别说大圆满之义,只有此书较为系统地讲解了显、密、大圆满三宗的次第,所以觉得此书是雍仲本教道次第方面最好的经典。因此对此书情有独钟,遂萌发了翻译此书的念头。

在此后实际翻译之时却遇到了一些困难,正所谓“书到用时方恨少”。主要是自己没有受过系统的翻译方面的训练,没有这方面的经验,汉语表述能力不强,还有个别比较生僻的雍仲本教术语,既不见载于《藏汉大辞典》,又不见载于其他藏文辞典,所以很难精确地翻译。加之此书是以本释的形式讲述,根本文一句九言,虚词很少,可谓字字珠玑,漏一字有可能会漏掉一义，且有时一句也分前后两义，所以翻译时一定要依原文翻译，自由性不太大，极有可能会导致一些语法上面的偏差。虽谨慎翻译再三斟酌，仍有许多不足之处，在此只能祈请大德高僧及三宝恕我无精确翻译佛经的能力却擅作译师的越俎代庖之罪。

此书在翻译时得到了父母及家人的全力支持，给我创造了一切有利条件，使我能安心工作。在出版时得到了中央民大藏学院院长才让太博士、青海民族出版社索洛表哥的鼎力帮助，在编辑时又得到青海人民出版社戴发望的指导，将章节的分法按照天干地支排序，极大地方便了读者，在版式设计等方面得到表侄女周毛先的大力帮助，在资金方面又得到索布老先生与昌都丁青县郭加寺格勒次成堪布以及家人的资助，才能得以出版发行。在此一并致以最诚挚的感谢！

最后，祈愿雍仲佛法繁荣昌盛！常住于世！贤哲辈出！此书所有的功德皆回向于六道众生，愿一切有功于此书和得遇此书之芸芸众生能早日解脱轮回之苦海，证得无上三身佛陀之果！

壬辰年暮春三月

卡纳尔·格桑嘉措活佛